Les Éditions du Boréal
4447, rue Saint-Denis
Montréal (Québec) H2J 2L2
www.editionsboreal.qc.ca

L'Équilibre
sacré

ŒUVRES DE DAVID SUZUKI EN LANGUE FRANÇAISE

Enfin de bonnes nouvelles, mille et un moyens d'aider la planète (en collaboration avec Holly Dressel), Boréal, 2007.

Ma vie, Boréal, 2006 ; coll. « Boréal compact », 2007.

L'Arbre, une vie (en collaboration avec Wayne Grady), illustrations de Robert Bateman, Boréal, 2005.

La Sagesse des anciens (en collaboration avec Peter Knudtson), Éditions du Rocher, 1996.

En route vers l'an 2040, un portrait saisissant de l'état actuel de notre planète et des illusions qui menacent notre avenir (en collaboration avec Anita Gordon), Libre expression, 1993.

POUR ENFANTS

Écolo-jeux (en collaboration avec Kathy Vanderlinden), Trécarré, 2001.

David Suzuki

en collaboration avec Amanda McConnell
et Adrienne Mason

L'Équilibre
sacré

Redécouvrir sa place dans la nature

traduit de l'anglais (Canada) par Jean Chapdelaine Gagnon

Édition mise à jour et augmentée

Boréal

Les Éditions du Boréal reconnaissent l'aide financière du gouvernement du Canada
par l'entremise du Programme d'aide au développement de l'industrie de l'édition (PADIÉ)
pour ses activités d'édition et remercient le Conseil des Arts du Canada pour son soutien financier.

Les Éditions du Boréal sont inscrites au Programme d'aide aux entreprises du livre
et de l'édition spécialisée de la SODEC et bénéficient du Programme de crédit d'impôt
pour l'édition de livres du gouvernement du Québec.

Couverture : Jean Lemire, *Mission antarctique*

L'édition originale de cet ouvrage est parue en 2007 chez Greystone Books sous le titre *The Sacred Balance : Rediscovering our Place in Nature.*

Diffusion au Canada : Dimedia

Catalogage avant publication de Bibliothèque et Archives Canada
Suzuki, David, 1936-
    L'Équilibre sacré : redécouvrir sa place dans la nature.
    Éd. rev. et augm.
    Traduction de : The Sacred Balance.
    Comprend des réf. bibliogr. et un index.
    ISBN 978-2-7646-0555-4
    1. Écologie humaine. 2. Écologie sociale. 3. Homme – Influence sur la nature. 4. Philosophie de la nature.
5. Environnement – Dégradation. 6. Environnement – Protection. I. McConnell, Amanda. II. Mason,
Adrienne. III. Titre.

GF80.S8914   2007   304.2   c2007-942101-6

Je dédie ce livre, avec amour,
à Kaoru et Setsu, mes parents,
qui m'ont appris à aimer la nature
et à respecter mes aînés ;
à Tamiko, Troy, Laura, Severn et Sarika,
mes enfants, qui ont tourné mon regard vers l'avenir ;
et à Tara, ma femme, ma partenaire et ma meilleure amie,
qui m'a montré le sens des mots « amour » et « engagement ».

Préface à l'édition révisée

Quand j'ai publié ce livre, voilà une décennie, je voulais persuader les gens de définir les réels besoins essentiels des humains. Dix ans plus tôt, en 1988, des gens sur toute la planète avaient désigné l'environnement comme leur plus grand sujet d'inquiétude. Aux États-Unis, en réponse à cette inquiétude, George H. W. Bush promettait d'être « un président environnementaliste » s'il était élu. Malheureusement, une fois au pouvoir, il a rapidement montré à quel point les promesses électorales peuvent être creuses.

La même année, la première ministre britannique, Margaret Thatcher, déclarait à la télé être une écolo pendant que Brian Mulroney, le premier ministre canadien nouvellement élu, manifestait son souci de l'environnement en nommant ministre de l'Environnement sa plus grande vedette, Lucien Bouchard. J'étais en train de préparer It's a Matter of Survival, une série de cinq émissions pour la radio de CBC, et j'ai interviewé Bouchard peu après sa nomination. Quand je lui ai demandé quel était le problème environnemental le plus urgent auquel faisait face le Canada, il m'a spontanément répondu : « Le réchauffement climatique.

— À quel point est-ce grave ?

— Cela menace la survie de notre espèce », a-t-il dit et il a préconisé d'importants efforts pour réduire les émissions de gaz à effet de serre.

Toujours en 1988, Mulroney a demandé à un homme politique hautement respecté, Stephen Lewis, de présider une séance d'une conférence sur l'atmosphère qui se tenait à Toronto. Les climatologues étaient à ce point alarmés par le réchauffement de la planète qu'ils ont émis à la fin de la conférence un communiqué de presse affirmant que le réchauffement climatique représentait une menace à la survie de l'humanité, « la plus importante après les armes atomiques », et ont réclamé en quinze ans une réduction de 20 % des émissions de gaz à effet de serre par rapport aux niveaux de 1988.

Bref, l'inquiétude dans le public était grande, le ministre de l'Environnement déclarait que le réchauffement climatique menaçait la survie même de notre espèce et des scientifiques appelaient à l'action en fixant une cible précise aux réductions d'émissions de gaz à effet de serre. Si nous avions pris au sérieux ces avertissements et agi pour atteindre cet objectif, nous aurions dépassé depuis un moment déjà les cibles de Kyoto (fixées, pour l'an 2012, entre 5 % et 6 % sous les niveaux de 1990), et le problème des changements climatiques serait beaucoup moins aigu et moins complexe. Mais nous n'avons tenu aucun compte des avertissements.

Peu après, et même si le World Watch Institute avait décrété que les années 1990 seraient la « Décennie de la volte-face », une période de dix ans pendant laquelle l'humanité devait dévier de sa course destructrice et emprunter le chemin du développement durable, l'environnement a disparu des sondages. En lieu et place, les médias se sont tournés vers la hausse vertigineuse de l'indice Dow Jones (qui, d'abord sous la barre des 2 000 points, a grimpé au-dessus des 10 000 points), l'éclatement de la bulle Internet, les scandales financiers — d'Enron à Tyco, en passant par WorldCom — et le bogue de l'an 2000.

Presque deux décennies plus tard, l'inquiétude au sujet de l'environnement grandissait encore une fois. Pendant des années, j'avais évoqué l'idée de traverser le Canada en autocar pour engager la discussion avec le grand public ; l'idée m'avait été inspirée par le fameux Chautauqua Forum tenu aux États-Unis à l'orée du XXe siècle. En 2006, le personnel de la Fondation David Suzuki me prenait au mot alors que l'environnement, révélaient les sondages, se hissait au second rang des priorités de l'opinion publique canadienne, derrière la santé. En raison de l'ouragan Katrina aux États-Unis et d'une sécheresse prolongée en Australie, Américains et Australiens étaient de plus en plus sensibles aux changements climatiques et préoccupés par le phénomène. Pour moi, la santé et l'environnement sont indissociables : impossible d'être en santé sans une planète en santé. Nous avons donc décidé de traverser le Canada en autocar pour partager des idées avec les gens et les écouter. Nous avons demandé aux Canadiens de nous dire ce qu'ils feraient pour l'environnement s'ils étaient premier ministre.

Depuis des années, les médias faisaient état d'événements — tempêtes meurtrières, incendies destructeurs, inondations colossales, infestations de dendroctone du pin, etc. — qui corroboraient les prédictions des climatologues et renforçaient le sentiment, dans la population, que quelque chose n'allait pas. An Inconvenient Truth, documentaire de l'ex-vice-président Al Gore, a alors exacerbé la prise de conscience et l'inquiétude populaire quant au réchauffement de la planète.

Le 1er février 2007, au moment où j'entreprenais à St. John's, à Terre-Neuve, ma traversée du pays en autocar, le climat et l'environnement avaient été propulsés au sommet des priorités de la population canadienne. En Australie, le premier ministre John Howard était forcé de reconnaître la réalité des changements climatiques pendant qu'aux États-Unis le gouverneur de la Californie, Arnold Schwarzenegger, devenait l'improbable porte-étendard du mouvement environnementaliste par ses mesures pour réduire les émissions de gaz à effet de serre. Le 28 février, j'entrais à Victoria, en Colombie-Britannique, et je m'envolais pour Ottawa deux jours plus tard, après m'être entretenu avec plus de 30 000 personnes, dont plus de 600 avaient été enregistrées sur vidéo en train d'exposer ce qu'elles feraient pour l'environnement si elles étaient premier ministre. Il était clair, encore une fois, que les gens voulaient qu'on passe à l'action sur les grandes questions environnementales et qu'ils étaient disposés à consentir les sacrifices nécessaires pour un avenir plus sûr.

Aujourd'hui, il ne saurait faire de doute que les changements climatiques frappent de plein fouet, mais le défi de réduire nos émissions est beaucoup plus ardu et plus coûteux qu'il ne l'était voilà une décennie, ou deux, à cause de notre échec à juguler nos émissions et à procéder à des réductions. Pourtant, même maintenant et malgré toutes les preuves, l'opposition à d'importantes réductions persiste, opposition inspirée d'abord et avant tout par de menaçantes prédictions de coûts, de pertes d'emplois et de désastre économique. Plus que jamais, il faut nous entendre sur la définition des besoins essentiels de l'humanité, et parvenir à ce faire reste l'objectif premier de ce livre.

Dans la décennie qui a suivi la première édition de cet ouvrage, plusieurs découvertes scientifiques ont étayé notre prémisse de base et en ont élargi la portée. Par exemple, de nouvelles techniques de manipulation et de séquençage de l'ADN nous ont éclairés sur les origines et les déplacements des êtres humains sur la planète. Les pages qui suivent font état de ces importantes découvertes récentes et de plusieurs autres relatives au développement et à la plasticité du cerveau, de même qu'au rôle subtil des hormones dans la régulation de notre développement. Elles s'intéressent aussi à la façon dont les transformations sociales — la consommation toujours croissante, l'urbanisation, voire la surprotection de nos enfants qui passent beaucoup moins de temps à explorer le monde extérieur que leurs parents et grands-parents — peuvent affecter l'environnement et influer sur nos rapports avec lui.

Ce livre présente aussi une bonne quantité de nouvelles données sur notre atmosphère et les changements climatiques. Nous remontons le temps pour montrer comment

de minuscules microbes, appelés cyanobactéries, ont changé à jamais notre planète lorsqu'ils ont mis au point un moyen de capturer l'énergie solaire. Avec le temps, l'atmosphère s'est modifiée jusqu'à ce qu'elle parvienne à son présent état, riche en oxygène, qui
permet la vie animale. Mais notre atmosphère est de nouveau en train de changer. Les
scientifiques ont découvert que des polluants atmosphériques peuvent « bondir » pour se
retrouver dans des régions situées à des milliers de kilomètres de leur lieu d'origine. De
nouvelles statistiques ont démontré l'influence de la forêt humide d'Amazonie sur le climat et les modèles météorologiques du monde entier. Et, bien entendu, l'activité humaine
entraîne une plus grande concentration de gaz à effet de serre, problème environnemental le plus pressant de nos jours.

Ce livre a subi une profonde mise à jour depuis sa première édition. Ainsi, on y
traite des progrès du Projet du génome humain, de l'état actuel du lac Érié et de la mer
d'Aral, de même que des plus récentes statistiques sur la biodiversité de la planète. Des
expéditions visant à recenser la vie aux pôles, dans les océans et même sous la croûte
terrestre nous apprennent combien nous savons peu de choses de la diversité de la vie sur
Terre. Il s'écoule rarement une semaine sans qu'on découvre de nouvelles espèces et,
dans certaines régions, l'abondance de formes vivantes et la richesse de leur interaction
sont renversantes : une seule poignée de mousse peut abriter jusqu'à 280 000 organismes individuels. Nous explorons entre les choses vivantes — entre le saumon et les
arbres, entre les incendies et les forêts saines, entre l'argile et la vie elle-même — des
liens complexes qui nous étaient impensables il y a seulement quelques décennies.

Certaines des nouvelles découvertes scientifiques les plus fascinantes ont trait à la
chimie de l'amour et aux changements que subit notre corps quand nous donnons ou
recevons de l'amour. Il y a aujourd'hui abondance de preuves démontrant que, sans la
nourriture affective qu'est le toucher, humains et animaux échouent à bien se développer. De nouvelles recherches indiquent en outre que les êtres humains pourraient avoir
une propension innée à entretenir des croyances spirituelles et être naturellement enclins
à croire à une distinction entre le corps et l'âme.

Ce qui n'a pas changé depuis la première édition de ce livre, c'est notre conviction
que nous pouvons mener une vie riche et gratifiante sans saper les éléments mêmes qui
la rendent possible.

Depuis les années 1960, époque où j'ai commencé à m'occuper de questions environnementales, j'ai été à même de constater que, dans les luttes contre les coupes à blanc,
les mégabarrages, la pollution chimique et le reste, deux camps s'opposent invariablement. Chacun diabolise l'autre de telle façon qu'il y a toujours un perdant, quel que

soit le dénouement. Dans chaque affrontement, les croyances et les valeurs défendues par les camps adverses sont radicalement différentes. Dans ces conditions, on est contraint de choisir entre les chouettes tachetées et les gens, les emplois et les parcs, l'environnement et l'économie. Dans notre combat pour assurer un avenir à nos petits-enfants et à toutes les générations futures, nous ne pouvons nous permettre qu'il y ait des perdants.

Je me suis efforcé de reconnaître le fait que les gens auxquels je m'opposais dans ces luttes étaient comme moi des parents, qu'ils se préoccupaient autant que moi de l'avenir et croyaient aussi fermement en leurs positions que moi-même en les miennes. Une fois, nous avions pris des arrangements pour filmer un groupe de travailleurs forestiers de l'île de Vancouver pour une émission spéciale de The Nature of Things intitulée « Voices in the Forest » (Des voix dans la forêt). Quand je suis arrivé avec l'équipe technique et que nous avons commencé à filmer, les travailleurs forestiers ont vertement critiqué les environnementalistes parce que ces derniers leur faisaient perdre leurs emplois. Finalement, je leur ai dit que je ne connaissais aucun environnementaliste opposé à l'exploitation forestière. Nous voulions simplement nous assurer que leurs enfants et leurs petits-enfants pourraient continuer à exploiter des forêts aussi riches que celles dans lesquelles eux-mêmes besognaient.

Immédiatement, l'un des hommes s'est exclamé : « Je refuse que mes enfants deviennent des travailleurs de la forêt. Il n'y aura même plus assez d'arbres debout à ce moment-là ! » Ç'a été un moment bouleversant parce que j'ai saisi alors que nous ne parlions pas des mêmes choses. Les forestiers savaient que leurs façons de faire n'étaient pas durables, mais leur premier souci était la question pratique du paiement des factures d'épicerie, de l'hypothèque et des mensualités pour la voiture, alors que les environnementalistes se portaient à la défense de l'intégrité et de la productivité des forêts. J'ai compris qu'il fallait trouver un terrain commun et une langue commune. Nous ne pouvions pas continuer à trifouiller la planète et à la réduire peu à peu en pièces. Rien n'illustre mieux cela que le débat actuel au Canada sur la manière d'aborder les changements climatiques. Tandis que les environnementalistes et les partis d'opposition exigent l'adhésion au Protocole de Kyoto, ratifié en 2002 par l'ex-premier ministre Jean Chrétien, le ministre fédéral de l'Environnement soutient en 2007 que l'économie ne pourrait en supporter les coûts, trop élevés pour atteindre d'aussi maigres objectifs. Le défi est de définir un minimum que tous puissent soutenir.

L'environnement est si fondamental à la poursuite de notre existence qu'il doit transcender le politique et devenir une valeur centrale pour tous les membres de la société. *Permettez que j'illustre ce que je veux dire par un exemple plus trivial. Au début des années 1940, quand j'étais encore un gamin, il y avait partout des écriteaux interdisant de cracher, sans quoi les gens auraient expectoré sur le plancher des tramways et des immeubles. De nos jours, nous serions choqués qu'une personne crache sur un plancher ; il n'y a pourtant ni écriteau ni aide-mémoire pour nous rappeler de nous en abstenir. Dans notre société, il est maintenant convenu que cela ne se fait pas : ne pas cracher en public est une vertu que nous tenons tous comme allant de soi. Il faut que nous en arrivions au même point dans nos rapports avec le monde naturel, de telle façon que nous n'ayons plus à dicter aux gens leur conduite parce qu'ils auront compris que nous sommes dépendants de la nature et de ses bons services en tant qu'êtres biologiques. Par conséquent, que les hommes politiques soient de gauche ou de droite n'importera plus, puisque tous les membres de la société accepteront les mêmes prémisses de base.*

Ce livre a pris forme dans mon esprit à mesure que se concrétisait mon engagement auprès des peuples autochtones, à partir de la fin des années 1970. À travers eux, j'ai acquis une manière profondément différente de voir le monde. Pour les autochtones, le corps ne s'arrête pas à la surface de la peau ni au bout des doigts. Pour eux, la Terre est réellement leur Mère, et leur histoire, leur culture et leur raison d'être s'incarnent dans un territoire. Le sentiment autochtone de l'interrelation de toutes choses en ce monde est aisément démontrable et scientifiquement irréfutable.

Le cœur même de cet ouvrage est le fait — corroboré par la science — que chacun de nous est on ne peut plus littéralement composé d'air, d'eau, de sol et de lumière solaire, et que le tissu des choses vivantes sur la planète assainit et renouvelle ces éléments essentiels à la vie. Par ailleurs, en tant que créatures sociales et spirituelles, nous avons besoin d'amour et d'intériorité pour mener une existence pleine et entière. Telles sont les pierres d'assise de modes de vie et de sociétés durables que décrit L'Équilibre sacré.

Les historiens de demain définiront sûrement le XXe siècle comme une période de changement transitoire inouï dans la population humaine, une ère de prouesse technologique, de croissance économique et de productivité industrielle. La population d'êtres humains a crû prodigieusement, ce qui a fait de nous le mammifère le plus nombreux sur Terre. Notre plus grande habileté technologique nous permet d'exploiter à grande échelle les ressources de la planète : arbres, poissons, minéraux, nourritures, etc. L'économie mondiale sonde la planète entière en quête de matériaux bruts et propose au monde une corne d'abondance débordante de produits de consommation. Ces facteurs réunis ont amplifié notre empreinte écologique, qui excède la capacité de la Terre à s'as-

sainir et à se régénérer. Ce qu'il nous faut maintenant, c'est définir nos besoins les plus fondamentaux, autour desquels devront s'organiser les sociétés et les économies.

En 2007, on accole le préfixe « éco » à des groupes et des activités pour spécifier qu'ils sont « verts ». Ainsi les militants environnementalistes se qualifient-ils eux-mêmes d'écoguerriers ; d'autres parlent d'écoforesterie, d'écotourisme, d'écopsychologie et ainsi de suite. « Éco » vient du mot grec oikos, *qui signifie habitat, maison. L'écologie, c'est l'étude de l'habitat, tandis que l'économie étudie la gestion de l'habitat. Les écologistes s'emploient à définir les conditions et les principes qui gouvernent la capacité de la vie à s'épanouir dans le temps et à changer. Nos sociétés et nos constructions, comme l'économie, doivent s'adapter à ces fondements définis par l'écologie. Aujourd'hui, le défi est de réintroduire l'« éco » dans l'économie et dans chaque aspect de notre existence.*

David Suzuki, 2007

Prologue

Supposons que, voilà 200 000 ans, des biologistes d'une autre galaxie, en quête de formes de vie dans d'autres parties de l'univers, aient découvert la Terre et stationné leur véhicule spatial au-dessus de la vallée du Rift, en Afrique. Au moment de la naissance de notre espèce, mammouths, félins à dents de sabre, énormes dinornis et paresseux géants parcouraient la planète. Les visiteurs intergalactiques auraient donc contemplé de vastes savanes grouillantes de plantes et d'animaux merveilleux, dont une espèce nouvellement apparue, *Homo sapiens.*

Il est hautement improbable que ces scientifiques extraterrestres auraient alors concentré leur attention sur le nouveau-né de l'espèce des hominidés (ces singes qui adoptent la station debout) en pressentant son accession phénoménalement rapide à la prééminence sur les autres espèces à peine 200 000 ans plus tard. Après tout, les premiers humains vivaient en petits groupes familiaux qui ne rivalisaient pas avec les immenses hardes de bêtes sauvages et d'antilopes. En comparaison avec plusieurs autres espèces, ils n'étaient pas spécialement imposants, rapides ou puissants, ni doués d'une particulière acuité sensorielle. Les premiers humains étaient dotés d'une caractéristique de survie invisible parce qu'elle était enfermée dans leur boîte crânienne et ne se manifestait que dans leur comportement. Leur énorme et complexe cerveau leur conférait une prodigieuse intelligence en plus d'une formidable capacité de mémorisation, d'une insatiable curiosité et d'une étonnante créativité, des habiletés qui compensaient largement leurs insuffisances physiques et sensorielles.

Ce cerveau humain qui avait depuis peu atteint ce stade d'évolution avait inventé un concept original : l'avenir. En réalité, seuls le présent et nos souvenirs du passé existent ; en créant la notion d'un avenir, nous étions les seuls à pouvoir influencer les événements à venir par nos actions dans le présent. En nous projetant dans l'avenir, nous pouvions anticiper le danger potentiel et les bonnes occasions. La faculté de prévoir a été le grand avantage qui a catapulté *Homo sapiens* dans une position de prédominance sur la planète.

François Jacob, éminent lauréat du prix Nobel, avance que le cerveau est « matériellement configuré » pour réclamer de l'ordre. Le chaos nous terrifie parce que, quand nous n'arrivons pas à discerner les causes et les effets, nous sommes incapables de comprendre et de contrôler les forces cosmiques qui s'exercent sur notre existence. Les premiers humains ont observé que la nature présentait certains modèles prévisibles : le rythme diurne, ou le mouvement du Soleil, la course de la Lune et des étoiles, les marées, les saisons, la migration animale et la succession des végétaux. Ils ont réussi à tirer parti de ces régularités pour leur bénéfice et pour éviter les risques potentiels.

Avec le temps, toutes les sociétés humaines ont développé des cultures qui inculquent à leurs membres une compréhension de leur place sur Terre et dans le cosmos. Le savoir collectif, les croyances, les langues et les chansons de chaque société constituent ce que les anthropologues appellent une vision du monde. Chaque vision du monde reconnaît que toute chose est liée à tout le reste, que rien n'existe isolément. Les peuples ont toujours su que nous, êtres humains, sommes profondément enracinés dans le monde naturel et que nous en dépendons.

Dans un tel monde d'interrelation, chaque geste a des conséquences et, comme nous appartenons au monde, nous avons la responsabilité d'agir de manière à le garder en bon état. Plusieurs de nos rituels, chansons, prières et cérémonies réaffirment notre dépendance à l'endroit de la nature et notre engagement à nous conduire comme il convient. Il en a été ainsi pendant presque toute l'existence de l'humanité jusqu'à ce jour, dans le monde entier.

Du singe nu à la superespèce

Soudainement, au cours du siècle dernier, *Homo sapiens* a subi une transformation radicale et il est devenu un nouveau type de puissance que j'appelle une « superespèce ». Pour la première fois depuis les débuts de la vie sur Terre, il y a 3,8 milliards d'années, une espèce — l'humanité — est en voie de modifier le caractère biologique, physique et chimique de la planète à l'échelle géologique. Cette mutation en superespèce s'est opérée à une vitesse phénoménale en raison d'un certain nombre de facteurs. L'un d'eux est le nombre. Il avait fallu toute l'histoire de l'humanité pour atteindre, au début du XIXᵉ siècle, le milliard d'individus. Une centaine d'années plus tard, à ma naissance en 1936, il y avait deux milliards d'êtres humains sur Terre. Depuis que je suis né, la population de la planète a triplé. Ainsi, par la seule vertu du nombre, l'« empreinte écologique » de notre espèce sur la Terre s'est-elle extraordinairement amplifiée : nous devons tous manger, respirer et boire, nous vêtir et nous abriter.

Nous constituons maintenant l'espèce de mammifères la plus nombreuse sur la planète, mais notre incidence écologique, contrairement à celle des autres espèces, a été grandement intensifiée par la technologie. Presque toutes les innovations technologiques modernes ont eu lieu au cours du dernier siècle, ce qui a fait du coup s'accroître exponentiellement la portée et l'étendue de notre capacité à exploiter notre milieu. L'explosion de la demande pour des produits alimente l'exploitation des ressources, et satisfaire à cette demande est devenu une composante cruciale de la croissance économique. La surconsommation dans le monde industrialisé sert de modèle aux gens des pays en voie de développement maintenant que la mondialisation a transformé la population de la planète entière en un marché d'acheteurs potentiels. La surpopulation, la technologie, la consommation et la mondialisation de l'économie ont fait de nous un nouveau genre de force sur la planète.

Pendant toute notre évolution, nous avons été un animal tribal et local. Au cours de notre vie, nous rencontrions une centaine d'humains, sur un territoire de quelques centaines de kilomètres. Nous n'avions pas à nous soucier des tribus établies de l'autre côté de la montagne ni de celles vivant par-delà l'océan, pas plus que nous n'avions à nous inquiéter des répercussions collectives de notre espèce dans son ensemble, parce que notre empreinte écologique était beaucoup plus ténue et que la nature, apparemment vaste, semblait se régénérer d'elle-même perpétuellement. Nous avons accédé si rapidement à notre condition de superespèce que nous commençons tout juste à prendre conscience de notre nouveau degré de responsabilité collective. En témoigne une nouvelle prise de conscience : considérée dans son ensemble, l'activité humaine est la principale cause du déclin qui touche présentement la riche diversité et la productivité de la biosphère dont dépend la vie sur Terre.

Un monde fracassé

Tandis que nous accédions à la condition de superespèce, notre ancienne compréhension de la subtile interrelation de toute vie a volé en éclats. Il nous est de plus en plus difficile de reconnaître les liens qui nous donnaient jadis un sentiment d'appartenance. Après tout, nous sommes inondés d'aliments et d'objets qui viennent des quatre coins du monde, de telle façon que nous ne nous étonnons guère d'acheter des fraises et des cerises fraîches au beau milieu de l'hiver. Les contraintes des lieux et des saisons sont levées par l'économie mondiale. La parcellisation du monde a été exacerbée par le fait que les êtres humains sont passés, à une vitesse ahurissante, d'un mode d'habitation majoritairement rural aux grandes concentrations urbaines. Dans les cités populeuses, il devient facile de considérer que nous sommes différents de toutes les autres espèces en ce que nous créons notre propre habitat et échappons, de ce fait, aux contraintes de la nature. Or, c'est la nature qui assainit l'eau, crée l'air, décompose les effluents, absorbe les déchets, génère l'électricité et produit la nourriture ; dans les villes, on présume que ces « services de l'écosystème » sont l'œuvre des rouages de l'économie.

Pis encore, puisque nous recourons de plus en plus à des sources d'information « ésotériques », il nous manque le contexte, l'histoire et la formation nécessaires pour intégrer les « données » et événements nouveaux, et notre monde se fragmente en morceaux et en pièces détachées. En outre, alors que nous attendons de la science qu'elle nous révèle les secrets du cosmos, sa méthodologie essentiellement réductionniste se concentre sur des parties de la nature. Et comme c'est en pièces que le monde autour de nous est passé à la loupe, nous perdons de vue les rythmes, les modèles et les cycles dans lesquels ces pièces s'inscrivent ; ainsi, toutes les connaissances obtenues par de tels procédés n'offrent que compréhension et maîtrise illusoires. Finalement, alors que les politiques, les télécommunications et les entreprises transnationales occupent la scène mondiale, le sens du local est battu en brèche.

Voilà où nous en sommes en ce début de troisième millénaire. D'espèce vivant en harmonie avec son milieu comme la plupart des autres, nous nous sommes métamorphosés à une vitesse fulgurante en une force sans précédent. Comme une espèce introduite sans contraintes dans un nouvel environnement, nous avons proliféré bien au-delà de la capacité de notre milieu à nous supporter. Il est évident, d'après l'expérience des deux derniers siècles, que la voie sur laquelle nous nous sommes engagés après la révolution industrielle nous conduit de plus en plus à un violent conflit avec les systèmes d'entretien de la vie du monde naturel. Quoique le mouvement environnemental existe depuis quarante années, nous n'avons pas encore changé le cap.

La marche de l'écologisme

Comme des millions de personnes partout sur la planète, j'ai été électrisé en 1962 par l'éloquent appel à l'action que lançait Rachel Carson dans son livre *Silent Spring*. Nous avons été entraînés dans ce qui est devenu le « mouvement environnementaliste ». En Colombie-Britannique, nous avons manifesté contre diverses menaces : les essais américains d'armes nucléaires à Amchitka, dans les îles Aléoutiennes (une manifestation qui a donné naissance à Greenpeace, à Vancouver) ; les coupes à blanc dans la province ; la proposition d'exploration pétrolifère au large des côtes ; le projet de barrage sur le site C de la rivière de La Paix ; la pollution de l'air et de l'eau par les papetières. Dans mon esprit, le problème venait de ce que nous puisions beaucoup trop dans notre environnement et y rejetions beaucoup trop de déchets. Dans cette perspective, la solution consistait à fixer des limites quant aux quantités et à la nature de ce qu'on pouvait extraire de la biosphère pour l'usage de l'homme et quant aux quantités et à la nature de ce qu'on pouvait rejeter dans notre milieu, puis à nous assurer de faire respecter les réglementations. Alors, en plus des manifestations, des marches de protestation et des barricades, plusieurs d'entre nous ont exercé des pressions sur les hommes politiques pour que l'on préserve davantage de parcs, que l'on mette en application des législations sur la qualité de l'air et de l'eau, que l'on adopte des lois pour la protection des espèces menacées et que l'on crée des agences qui feraient observer les réglementations. À la parution de *Silent Spring* en 1962, aucun gouvernement sur Terre n'avait de ministre ni de ministère de l'Environnement.

Mais le livre de Carson lui-même témoignait de la nécessité de procéder à une analyse approfondie. En lisant cet ouvrage, j'ai été atterré de me rendre compte que les systèmes expérimentaux que les scientifiques étudient dans des fioles ou sous des cloches de verre sont des artéfacts, des simplifications censées reproduire le monde réel, mais coupées du cadre dans lequel existent ces systèmes simplifiés et sans les rythmes, modèles et cycles qui exercent leur action sur la Terre. Cette prise de conscience m'a causé un choc profond et m'a déterminé à sortir du laboratoire pour considérer le vrai monde.

Plus je m'intéressais aux questions environnementales, plus il devenait clair que mon engagement relativement primaire ne suffirait pas parce que nous étions trop ignorants pour prévoir les conséquences de nos agissements et pour fixer les limites appropriées. Le livre de Carson abordait le sujet du DDT. Quand Paul Mueller, à l'emploi de la société de produits chimiques Geigy, en Suisse, a découvert dans les années 1930 que le DDT tuait les insectes, les bénéfices économiques d'un pesticide chimique sont tout de suite apparus évidents. Claironnant l'imminente victoire de la science sur les insectes nuisibles et les maladies et dommages aux récoltes qui leur sont associés, Geigy a fait breveter la découverte et a engrangé des millions. Mueller, quant à lui, a reçu le prix Nobel de chimie en 1948. Des années plus tard, quand les ornithologues ont signalé la baisse des populations d'aigles et de faucons, les biologistes ont enquêté et découvert le phénomène de la « bioamplification », processus jusque-là inconnu par lequel des composés sont de plus en plus concentrés à mesure qu'ils remontent la chaîne alimentaire. Comment aurait-on pu fixer des limites à l'utilisation du DDT au début des années 1940, alors que l'existence du processus biologique qu'est la bioamplification nous était inconnue jusqu'à ce que des espèces d'oiseaux commencent à disparaître ?

De la même façon, les CFC (chlorofluorocarbones) ont été salués comme une merveille créée par la chimie. Chimiquement inertes, ces molécules complexes ne réagissent pas avec d'autres composés et, de ce fait, constituent d'excellents propulseurs, dans les bombes à aérosols, pour des substances comme les désodorisants. Personne ne se doutait que, en raison de leur stabilité, les CFC persisteraient dans l'environnement et dériveraient jusque dans la haute atmosphère où les rayons ultraviolets libéreraient les radicaux libres de chlore destructeurs d'ozone. La plupart des gens n'avaient jamais entendu parler de la couche d'ozone, et personne n'aurait pu prévoir les effets à long terme des CFC. Alors comment aurait-on pu réglementer ces composés ? Je suis absolument certain que les organismes génétiquement modifiés (OGM) auront eux aussi des conséquences négatives inattendues en dépit des avantages que leur prêtent les compagnies biotechnologiques. Mais si nous n'en savons pas assez pour prévoir les conséquences à long terme de l'innovation technologique, comment gérer ses répercussions ? En tant que scientifique, j'étais hanté par cette question sans réponse.

Une porte de sortie

À la fin des années 1970, j'ai acquis une compréhension cruciale pour me sortir de cette impasse. En tant qu'animateur de la série télévisée *The Nature of Things*, en ondes depuis longtemps, j'avais entendu parler de la bataille qui faisait rage autour de la coupe à blanc dans les îles de la Reine-Charlotte, au large des côtes de la Colombie-Britannique. Depuis des milliers d'années, ces îles sont la patrie des Haidas, qui nomment leur territoire Haida Gwaii. Le géant de l'industrie forestière MacMillan Bloedel pratiquait la coupe à blanc sur d'énormes pans des îles depuis des années, activité qui suscitait une opposition de plus en plus bruyante. C'était un bon sujet et j'ai proposé d'y consacrer un reportage. Au début des années 1980, je me suis donc envolé à destination de Haida Gwaii pour interviewer des travailleurs forestiers, des représentants de l'industrie, des fonctionnaires, des environnementalistes et des autochtones. L'une des personnes que j'ai interviewées était un jeune artiste haida du nom de Guujaaw, qui avait dirigé le mouvement d'opposition à l'abattage pendant des années.

Le taux de chômage était très élevé dans les communautés haidas, et l'exploitation forestière générait des emplois dont avaient désespérément besoin les Haidas. J'ai donc demandé à Guujaaw pourquoi il s'opposait à la coupe d'arbres. Il a répondu : « Notre peuple a résolu que Windy Bay et d'autres régions doivent être maintenues dans leur état naturel pour que nous puissions sauvegarder notre identité et la transmettre aux générations futures. Les forêts, ces océans, voilà ce qui fait encore de nous, aujourd'hui, le peuple haida. » Quand je lui ai demandé ce qui arriverait si on continuait la coupe et si les arbres disparaissaient, il a simplement répondu : « S'ils sont tous abattus, nous finirons probablement par être comme le reste du monde, je suppose. »

Les implications de cette simple déclaration m'ont échappé sur le moment. Après réflexion, je me suis rendu compte que Guujaaw m'avait laissé entrevoir une conception du monde profondément différente. Sa déclaration suggérait que, pour son peuple, les arbres, les oiseaux, les poissons, l'eau et le vent participent tous de l'identité des

Haidas. L'histoire et la culture haidas, la raison même de la présence des Haidas sur Terre, s'incarnent dans leur territoire.

Depuis cette entrevue, je me suis fait étudiant et j'ai appris de mes rencontres avec des peuples autochtones dans plusieurs parties du monde. Du Japon à l'Australie, à la Papouasie–Nouvelle-Guinée, à Bornéo, au Kalahari, à l'Amazonie et à l'Arctique, les peuples autochtones m'ont exprimé leur besoin primordial d'être en symbiose avec le territoire. Ils parlent de la Terre comme de leur Mère qui, disent-ils, nous enfante. La peau enveloppe certes notre corps, mais elle ne marque pas nos limites ; l'eau, les gaz et la chaleur qui émanent de notre corps se diffusent et nous unissent au monde qui nous entoure. Ce que j'ai appris d'eux, c'est une perspective : nous sommes une part indissociable d'une communauté d'organismes qui nous sont apparentés.

En 2001, le président américain Bill Clinton s'est joint à des scientifiques pour annoncer l'achèvement du Projet du génome humain : la séquence complète des trois milliards de lettres présentes dans une cellule humaine était élucidée. Pendant que les hommes politiques et les scientifiques conjecturaient sur les éventuels bénéfices pour la compréhension des maladies et la mise au point de nouveaux médicaments et de traitements, la révélation la plus stupéfiante a été pratiquement passée sous silence : non seulement le génome humain est presque identique à celui de nos plus proches parents, les grands singes, de même qu'à celui de nos chiens et chats domestiques, mais nous portons des milliers de gènes identiques à ceux des poissons, des oiseaux, des insectes et des plantes. Nous partageons des gènes avec toutes les autres formes de vie auxquelles nous sommes apparentés par notre histoire commune.

Changer sa perspective

Ma femme, Tara Cullis, et moi avons fondé en 1990 une organisation qui se pencherait sur les causes fondamentales de la destruction des systèmes écologiques pour chercher et trouver des solutions de rem-

placement à nos façons de faire actuelles. Nous avons décidé de rédi-
ger un document qui exposerait la perspective et la vision du monde
de la fondation, document qui pourrait être présenté au Sommet de la
Terre, à Rio de Janeiro, en 1992. Nous l'avons intitulé « Déclaration
d'interdépendance ». Tara et moi en avons esquissé un brouillon et
nous avons demandé à Guujaaw, à l'ethnobiologiste Wade Davis
et au chanteur pour enfants Raffi d'y réagir. Quand je travaillais à la
première version, j'ai essayé les mots « Nous sommes faits de molécules d'air, d'eau et de sol », mais cela semblait tiré d'un traité scientifique et ne réussissait pas à communiquer de manière vibrante et sen-
tie la simple vérité de notre rapport avec la Terre. Après des jours
passés à méditer sur diverses formulations, j'ai soudain pensé : « Nous
sommes l'air, nous *sommes* l'eau, nous *sommes* la Terre, nous *sommes* le
Soleil. »

Du même coup, j'ai saisi que les environnementalistes — comme
moi — avaient mal présenté l'enjeu. Il n'y a pas d'environnement « là-
dehors », séparé de nous. Nous sommes dans l'incapacité de gérer
notre retentissement sur l'environnement si nous nous voyons à l'extérieur de notre milieu. Les peuples indigènes sont absolument dans le
vrai : nous sommes nés de la Terre et constitués des quatre éléments
sacrés que sont la terre, l'air, le feu et l'eau. À ces quatre éléments, les
hindous en ajoutent un cinquième, l'espace.

Après avoir compris la vérité de ces sagesses anciennes, j'ai aussi
saisi que nous sommes une part intrinsèque de notre milieu et qu'il est
illusoire de croire que nous en sommes séparés ou isolés. En lisant,
j'en suis venu à comprendre que la science ne cesse de réaffirmer la
profondeur de ces vérités intemporelles. En tant qu'êtres biologiques,
en dépit de notre vernis de civilisation, nous ne sommes pas plus
séparés de la nature que toute autre créature, même au cœur d'une
grande ville. Notre nature animale dicte nos besoins essentiels : air
pur, eau pure, sol pur, énergie pure. Cela m'a conduit à une autre
intuition, celle que les quatre « éléments sacrés » sont créés, assainis et
renouvelés par le tissu même de la vie. S'il existe un cinquième élément, il ne peut s'agir que de la biodiversité elle-même. Et, quoi que
nous fassions à ces éléments, c'est à nous-mêmes que nous le faisons.

Poursuivant mes lectures, j'ai découvert le réputé psychologue Abraham Maslow et sa théorie selon laquelle nous aurions une série de besoins fondamentaux qui sont imbriqués. Au niveau le plus élémentaire, les cinq éléments sacrés nous sont nécessaires pour mener une existence riche et pleine. Quand ces exigences fondamentales sont satisfaites, un nouveau lot de besoins se manifestent. Nous sommes des animaux grégaires, et la force qui façonne le plus profondément notre humanité est l'amour. Quand ce besoin vital social est comblé, un autre niveau de besoins, spirituels ceux-là, s'impose et devient la priorité. C'est ainsi que j'ai procédé à un réexamen fondamental de notre relation avec la Terre qui a abouti à *L'Équilibre sacré.*

Depuis, je n'ai encore rencontré personne qui conteste la réalité et la primauté de ces besoins fondamentaux. Toutes mes lectures et expériences ont simplement réaffirmé et étoffé ma compréhension de ces besoins essentiels. Le défi de ce millénaire est de reconnaître ce dont nous avons besoin pour mener une vie riche et gratifiante sans saper les éléments mêmes qui la rendent possible.

1

Homo sapiens : nés de la Terre

> *Tout tient à une histoire. Nous sommes maintenant en difficulté parce qu'il nous manque une bonne histoire. Nous sommes entre deux histoires. L'ancienne histoire, y compris le rôle que nous y jouions, n'est plus valable désormais. Et la nouvelle histoire nous est encore inconnue.*
>
> THOMAS BERRY, *The Dream of the Earth*

Comme toute autre espèce, nous, êtres humains, avons survécu parce que nous possédons certains traits qui nous ont aidés à nous tailler une place sur Terre. Nous ne nous distinguons pas par un arsenal — piquants, crocs ou serres —, nous ne sommes pas non plus dotés d'une exceptionnelle vélocité, force ou agilité. Notre acuité sensorielle ne peut rivaliser avec celle d'autres animaux : notre ouïe ne se compare pas à celle de la chauve-souris, notre odorat à celui du chien, notre vue à celle de l'aigle. Pourtant, non seulement nous avons survécu, mais nous nous sommes multipliés dans un laps de temps remarquablement court à l'échelle de l'évolution. La clé de notre succès ? La propriété de la structure la plus complexe sur Terre : le cerveau humain.

Le cerveau, qui pèse à peine 1,5 kilogramme et occupe l'espace de deux poings, se compose de 100 milliards de neurones. Chaque neurone peut former jusqu'à 10 000 connexions avec d'autres cellules et crée ainsi la possibilité de plus nombreuses combinaisons qu'il n'y a d'étoiles dans le ciel.

La soif d'ordre du cerveau

Certains scientifiques comparent le cerveau à une station relais qui coordonne simplement les signaux reçus et les réponses émises ; d'autres le perçoivent comme un immense ordinateur qui traite l'information pour en arriver à une réponse appropriée. Le biologiste moléculaire français et Prix Nobel François Jacob avance que le cerveau humain est bien plus que cela : il aurait un besoin inhérent de *créer de l'ordre* dans le flot constant d'informations que lui envoient les organes sensoriels. En d'autres mots, le cerveau crée un récit — avec un début, un milieu et une fin —, une séquence temporelle qui donne un sens aux événements. Le cerveau retient et écarte de l'information pour élaborer ce récit, construit des connexions et des rapports qui créent un tissu de sens. De cette façon, le récit révèle plus que les *faits,* il en explique les *causes.* Quand l'esprit sélectionne et ordonne l'information reçue pour lui donner un sens, il se raconte à lui-même une histoire.

Mais notre histoire n'est pas écrite à la naissance, elle évolue tout au long de notre vie. Notre histoire est constamment révisée et remodelée parce que notre cerveau change *physiquement* à mesure que nous faisons l'expérience de notre monde. Le Prix Nobel Eric Kandel a montré que, quand les animaux apprennent, la structure même de leurs neurones et de leurs synapses — ces points de relais qui transmettent l'information de neurone en neurone — se modifie. À la naissance, par exemple, un enfant possède environ 2 500 synapses par neurone dans le cortex cérébral. Tandis qu'il grandit, le jeune enfant est inondé de nouvelles expériences et le cerveau change rapidement. Après quelques années, on y dénombre environ 15 000 synapses par neurone. À mesure que nous vieillissons, ces synapses sont « élaguées » : les connexions faibles sont éliminées et les connexions vigoureuses, préservées. Les connexions dans notre cerveau sont donc toutes riches de sens ; elles font partie de notre histoire et de notre expérience, et chacune a sa raison d'être.

Cette constante plasticité du cerveau a été découverte il y a relativement peu de temps. On pensait que notre cerveau, après une période de changement rapide dans la toute petite enfance, devenait de plus en plus figé à mesure que nous vieillissons, mais il est maintenant clair que le sort du cerveau adulte n'est pas le résultat de la seule hérédité. Les nouvelles technologies d'imagerie cérébrale nous permettent d'observer le fonctionnement du cerveau en temps réel. Sous forme d'impulsions de couleur, des parties du cerveau s'illuminent quand nous nous concentrons, créons, rêvons, éprouvons des sensations ou des émotions. Les connexions entre les neurones sont renforcées et affinées par l'expérience. Notre cerveau est capable de changer toute notre vie durant ; par nos expériences, nous en refaisons le câblage. Par nos expériences — l'odeur d'un nouvel étui à crayons, la giclée de boue fraîche entre nos orteils, la décharge d'adrénaline et le cœur qui s'emballe quand la peur nous assaille — nous forgeons de nouvelles métaphores et comparaisons, des fils narratifs et des intrigues.

Tisser une vision du monde

Les premiers humains ont repéré des séquences et des répétitions dans le monde qui les entourait : l'alternance du jour et de la nuit, la succession des saisons, le cycle des marées, le mouvement des étoiles dans le ciel selon des trajectoires prévisibles. Les peuples ont appris à tirer parti d'exemples comme les migrations animales et la succession saisonnière des plantes ; ils sont parvenus à « lire » le paysage autour d'eux pour trouver ce dont ils avaient besoin. Ils ont scruté le monde où ils vivaient, ont médité sur lui avec toute la capacité d'ordonnancement inhérente à cet organe extraordinaire qu'est le cerveau.

Je ne vois aucune raison pour laquelle l'humanité aurait dû attendre jusqu'à une époque récente pour produire des esprits du calibre d'un Platon ou d'un Einstein. Il y avait probablement déjà des hommes d'une capacité semblable voilà 200 000 ou 300 000 ans... Les phénomènes accessibles à la pensée sauvage (ou autochtone) ne sont certainement pas les mêmes qui ont forcé l'attention des scientifiques. Dans chacun de ces cas, on aborde le monde physique par des termes opposés : l'un est suprêmement concret, l'autre suprêmement abstrait ; l'un procède de l'angle des qualités sensibles, l'autre de celui des propriétés formelles.

CLAUDE LÉVI-STRAUSS, *The Concept of Primitiveness*

Le savoir de tout groupe d'êtres humains, acquis et accumulé par des générations d'observations, d'expérimentations et de conjectures, a été un héritage inestimable pour la survie de l'espèce. Partout dans le monde, l'existence de petits clans familiaux de chasseurs-cueilleurs nomades a dépendu d'habiletés et de connaissances foncièrement locales — liées à la flore, à la faune, au climat et à la géologie d'une région. Cette information tissait ce que les anthropologues appellent une vision du monde : une histoire dont le sujet, pour chaque groupe, est le monde et tout ce qu'il contient, un monde dans lequel les humains sont profondément et inextricablement immergés. Chaque vision du monde, peuplée d'esprits et de dieux, se rattache à un milieu unique. Le peuple qui a inventé cette histoire pour donner un sens à son univers en occupe le centre. Son récit fournit des réponses à des questions séculaires : qui sommes-nous ? Comment sommes-nous arrivés ici ? Quel est le sens de tout cela ?

Toute vision du monde dépeint un univers dont chaque élément est relié à tous les autres. Étoiles, nuages, forêts, océans et êtres humains sont des composantes interreliées d'un même système où rien ne peut exister isolément.

Les étoiles, la Terre, les cailloux, toutes les formes de vie en relation les unes avec les autres forment un tout, dans un rapport si intime qu'on ne peut comprendre un caillou sans avoir quelque compréhension de l'immense Soleil. Quoi que l'on aborde, atome ou cellule, on ne peut l'expliquer sans une connaissance de l'univers. Il est possible de rendre intéressantes et merveilleuses aux yeux des enfants les lois qui régissent l'univers, plus intéressantes que les objets eux-mêmes, et ils se mettront alors à demander :
Que suis-je ?
Quelle est la tâche de l'humanité dans ce prodigieux univers ?

MARIA MONTESSORI, *To Educate the Human Potential*

Dans un univers à ce point interdépendant, les humains assument une énorme responsabilité : chaque individu doit rendre des comptes, chacun de ses gestes a des répercussions qui se font sentir bien au-delà de l'instant. Le passé, le présent et le futur forment un continuum dans lequel chaque génération hérite d'un monde façonné par les actions des générations qui l'ont précédée et en a la garde pour toutes les générations à venir. Bien des visions du monde prêtent aux humains une tâche encore plus intimidante : ils seraient les gardiens du système entier, responsables de maintenir intact le monde vivant et les étoiles sur leur trajectoire. De cette manière, plusieurs peuples primitifs créateurs de visions du monde ont élaboré un mode de vie vraiment durable, gratifiant et équitable d'un point de vue écologique.

La révolution copernicienne

Pendant des millénaires, les humains ont occupé une place centrale dans leurs visions du monde, qu'ils concevaient comme un tout. Puis, dans son monumental ouvrage intitulé *De revolutionibus orbium cælestium libri sex*, l'astronome Nicolas Copernic proposait, en 1543, une nouvelle vision du cosmos et de la place qu'y tient l'homme. Le Soleil était au centre de sa représentation, entouré de ses planètes satellites. En 1610, Galilée publiait *Sidereus Nuncius*. *Le Messager céleste* rendait publiques les découvertes qu'avait faites Galilée, grâce à son « tube optique », sur la nature de la Lune, sur la composition de la Voie lactée et sur les « nouvelles étoiles » en orbite autour de Jupiter, corroborant ainsi l'hypothèse copernicienne. La Terre était marginalisée ; elle n'était plus qu'une planète parmi d'autres, dans un univers peuplé de soleils. Cette cosmologie révolutionnaire renversait l'ordre logique et moral du monde occidental. Le poète britannique John Donne s'en affligeait dans ces mots :

La nouvelle Philosophie sème partout le doute,
L'élément du Feu s'est éteint une fois pour toutes :
Le Soleil est perdu, et la Terre, nulle humaine pensée

Ne peut lui indiquer de quel côté chercher...
Tout est en pièces, chassée toute cohérence ;
Tout n'est que Relation et que vicariance.

La conception médiévale d'un univers immobile et fini avec en
son centre, enchâssée, une humanité créée expressément par Dieu
cédait la place à celle d'un univers infini — domaine sans frontières,
rempli de ténèbres et d'espace — où les êtres humains étaient relégués
dans des quartiers très inférieurs : la troisième des neuf planètes en
orbite autour d'une étoile banale, à la marge du bras hélicoïdal de la
Voie lactée, une galaxie astronomiquement peu remarquable. Copernic nous a éjectés du centre et nous tentons depuis d'y revenir, nous
réclamant d'une autorité — non en tant que partie du tissu de la création, ni même en tant que gardiens, mais en tant que maîtres d'une
machine cosmique.

Il faut convaincre chaque génération qu'elle est brièvement de passage sur la planète Terre
qui ne lui appartient pas. Qu'il ne lui est pas permis de condamner les générations qui
ne sont pas encore nées. Qu'elle n'est pas libre d'effacer le passé de l'humanité ni de jeter
de l'ombre sur son avenir.

BERNARD LOWN et EVJUENI CHAZOV,
cités dans P. CREAN ET P. KOME (dir.), *Peace, A Dream Unfolding*

Deux siècles après Copernic, le grand physicien Isaac Newton
découvrait les lois qui régissent le mouvement des corps et le comportement de la lumière, lois qui semblaient s'appliquer partout dans
l'univers. Le cosmos, concluait-il, est comme une immense horloge,
une mécanique complexe dont la science peut révéler et étudier les
éléments et les principes fondamentaux. Selon ce point de vue, la
nature est une machine et n'est pas plus que la somme de ses parties ;
les scientifiques pourraient donc additionner des fragments d'information, comme les pièces d'un puzzle, jusqu'à ce qu'ils obtiennent
l'image complète de l'ensemble. En conséquence, pour ceux qui

acceptent les idées de Newton, le monde naturel, comme n'importe quelle autre machine, est connaissable, adaptable et gérable. Et, par-dessus tout, il appartient à qui le maîtrise.

L'ouvrage admirable de Charles Darwin, *L'Origine des espèces*, a été l'équivalent, en biologie, de la révolution copernicienne. En remplaçant le moment de la divine création — moment où Dieu fait Adam et Ève à son image et leur confère l'autorité sur la Terre entière — par une longue saga familiale qui englobe les singes et les chimpanzés, Darwin chassait l'espèce humaine de son piédestal. Des générations

---

Le Soleil est mon père, la Terre est ma mère

Pour les Desanas du nord-ouest de l'Amazonie, Page Abe, le Soleil, est le créateur de l'univers. La Lune est son frère jumeau. L'un de leurs récits des origines raconte que le Soleil a enfoncé son long hochet profondément dans la Terre jusqu'à atteindre le paradis fertile du monde souterrain, appelé Ahpikondia, c'est-à-dire Fleuve de Lait. Puis, tenant le manche à la verticale pour éviter qu'il ne projetât de l'ombre, Page Abe a libéré des gouttelettes de sperme surnaturel qui sont tombées en cascade le long du manche, ont inséminé la Terre et créé les hommes. Quittant la matrice cosmique en grimpant sur le hochet du Soleil, ils ont émergé à la surface de la Terre sous l'apparence d'hommes desanas parfaitement formés. Cet acte créateur a façonné le monde auquel, par la puissance de sa lumière jaune, le Soleil assure vie et stabilité…

Selon les Desanas, la stabilité intrinsèque du monde naturel s'enracine dans un vaste tissu de rapports de réciprocité qui existent depuis toujours entre tous les éléments de la nature. Une réciprocité entre la Terre — avec ses montagnes, ses forêts, ses fleuves — et les premières formes de vie — les animaux, les plantes, les Desanas — coexiste harmonieusement avec tout le reste de l'univers. Comme le disent les Desanas traditionalistes, le Soleil a bien planifié sa création et elle est parfaite. □

successives de biologistes évolutionnistes ont ensuite nié à l'humanité
sa dernière prétention à la supériorité en démontrant que la sélection
naturelle ne mène pas nécessairement à des niveaux supérieurs de
complexité et de plus grande intelligence. Comme Stephen Jay Gould
l'a si bien illustré dans *La vie est belle*, le type d'espèce qui se développe,
quel que soit le moment, dépend des circonstances et ne s'inscrit nul-
lement dans une progression qui obéirait à un principe sous-jacent. Il
n'existe pas de merveilleuse échelle de l'évolution qui mènerait pro-
gressivement, sans discontinuité, à *Homo sapiens.*

La formule célèbre de Descartes — *Cogito, ergo sum* (« Je pense,
donc je suis ») — résume la conviction que la conscience de soi, ou
l'éveil à soi, serait le plus haut accomplissement de l'espèce humaine,
une faculté qui lui serait exclusive et qui l'élèverait au-dessus de toute
autre forme de vie. Même cette suffisance s'émiette au fur et à mesure
que les neurobiologistes explorent l'électrochimie, la physiologie et
l'anatomie des systèmes neurologiques.

> La conscience humaine et les perceptions subjectives, dit Donald
> R. Griffen, sont manifestement pour nous si importantes et si
> utiles qu'il semble peu probable qu'elles soient le propre d'une
> seule espèce. La prétention humaine au monopole de la pensée
> consciente devient de plus en plus difficile à soutenir à mesure que
> nous découvrons l'ingéniosité avec laquelle les animaux résolvent
> des problèmes dans leur vie de tous les jours.

Les êtres humains ont longtemps nourri un sentiment de supériorité par rapport aux autres animaux. Ne nous disait-on pas que nous
avions été créés à l'image de Dieu ? Ne nous imaginions-nous pas être
les seules créatures dotées d'une conscience de soi, capables de fabriquer des outils et de raisonner dans l'abstrait, d'éprouver de l'empa-
thie pour les autres ? Et pourtant, à mesure qu'ils s'appliquaient à
observer et à interpréter le comportement animal, les scientifiques
voyaient s'effriter les assises de notre prétendue supériorité.

Échange candide entre deux espèces

L'homme : Je suis l'objet de prédilection de la création, le centre de tout ce qui existe...

Le ténia : Tu te vantes un peu. Si tu te considères comme le seigneur de la création, que suis-je, moi qui me nourris de toi et fais la loi dans tes entrailles ?

L'homme : Il te manque la raison et une âme immortelle.

Le ténia : Et comme il est notoire que la concentration et la complexité du système nerveux se manifestent dans la hiérarchie animale comme une succession ininterrompue d'élévations, où nous séparons-nous l'un de l'autre ? Combien de neurones faut-il pour avoir une âme et un brin de raison ?

SANTIAGO RAIMÓN Y CAJAL, *Recollections of My Life*

L'évolution darwinienne nous a assigné le rôle d'enfants du hasard, de créatures douées d'une conscience de soi et d'une sagacité suffisantes pour se reconnaître comme une sorte de blague cosmique. De Copernic aux réflexions d'éminents scientifiques modernes, en passant par Darwin, *Homo sapiens* a subi un impitoyable decrescendo dans le monde occidental, pour se retrouver finalement une espèce parmi d'autres, qui se serait développée par hasard et excentriquement dans la brousse du paradis.

Couper les connexions

Si les visions traditionnelles du monde présentent l'univers comme un tout, la science produit de l'information qui, presque par définition, ne peut jamais être complète. Les scientifiques se concentrent sur des *parties* de la nature, s'efforcent d'isoler chaque fragment et de contrôler les facteurs qui agissent sur lui. Leurs observations et leurs mesures fournissent une profonde compréhension de cette parcelle de la nature. Mais on se retrouve à la fin avec une mosaïque éclatée, faite de bric et de broc, dont les parties ne composeront jamais un récit cohérent.

L'acte même de se concentrer sur une partie de la nature et de l'isoler gomme le contexte dans lequel ce fragment avait un sens ou une importance. Nous perdons de vue les rythmes, les modèles et les cycles à l'intérieur desquels existe ce fragment. Et nous créons ainsi un artéfact qui nous renseigne très peu sur les propriétés et les comportements de cette parcelle de nature dans le monde réel.

D'autre part, la méthode newtonienne d'appréhension d'un système entier en additionnant les propriétés de ses parties s'est révélée fondamentalement erronée. Au fil du temps, il est devenu évident que l'effort de compréhension du tout à partir de ses éléments était, à chaque échelon, voué à l'échec. Au niveau le plus élémentaire de la matière, les physiciens qui étudiaient des éléments d'atomes, au début du XXᵉ siècle, ont créé un modèle apparenté à celui du système solaire avec, pour centre analogue au Soleil, des protons et des neutrons ponctuels, accompagnés d'électrons qui décriraient, comme des planètes, une orbite autour du noyau. La mécanique quantique a réduit à néant ce modèle, qu'elle a remplacé par une configuration atomique dont les composantes ne peuvent être prédites que statistiquement. C'est-à-dire que la position d'une particule ne peut être définie avec une certitude absolue, mais seulement selon une probabilité statistique. S'il n'existe aucune certitude absolue au niveau le plus élémentaire, il devient absurde de penser que l'univers entier soit intelligible et prévisible à partir de ses composantes.

De surcroît, différentes parties du monde réel interagissent en synergie quand on les met en présence l'une de l'autre. Comme le signale le Prix Nobel Roger Sperry, on ne peut prédire les nouvelles propriétés qui se manifestent dans les ensembles complexes à partir des propriétés connues de leurs parties considérées isolément. Ces « propriétés émergentes » n'existent qu'à l'intérieur du tout. On ne peut donc jamais comprendre le fonctionnement de systèmes entiers en se contentant d'analyser séparément chacune de leurs composantes. Impossible, par exemple, en examinant un neurone, d'imaginer la complexité du cerveau humain ni, en étudiant une seule molécule de H_2O, de pressentir l'humidité de l'eau. Dans une vision réductionniste, la relation de cause à effet est linéaire : un changement à une extrémité se traduit par un changement correspondant à l'autre extrémité. Mais la plupart des systèmes ne sont pas linéaires — ils sont complexes et entrelacés, dynamiques, synergiques et interdépendants. Les couches de variables se superposent et, dans le monde hors du labo, les répercussions de toutes les interactions possibles semblent infinies.

La science de la complexité se penche sur les systèmes — qu'ils soient météorologiques, biologiques, physiologiques, voire économiques ou culturels — et sur la structure inhérente, généralement imprévisible, qui en émerge. Comment les parties donnent-elles lieu à des comportements collectifs ? Comment les systèmes interagissent-ils avec leur environnement ? À un certain stade, peut-être à haute densité, un système chaotique d'individus opère une transition vers l'ordre. Avec cet ordre, le système complexe acquiert une grande capacité d'adaptation et son habileté à réagir à un monde perpétuellement changeant et imprévisible s'en trouve accrue.

Pionnier de la science de la complexité, Stuart Kauffman soutient que l'auto-organisation des systèmes complexes est l'un des grands principes de la nature, aux côtés des forces — la sélection et le hasard — définies par Darwin :

> [...] la sélection est importante, mais elle n'a pas forgé seule les belles architectures de la biosphère, de la cellule à l'écosystème en passant par l'organisme. L'ordre a son origine dans une autre source première, l'auto-organisation. L'ordre du monde biologique [...] n'est pas simplement bricolé ; il découle plutôt spontanément et naturellement des principes d'auto-organisation [...].

À un certain moment, l'auto-organisation ou des qualités inattendues apparaissent : un groupe de molécules forment une cellule ; un groupe de sons se font langage ; un groupe d'individus constituent une colonie de fourmis. Un ensemble inattendu émerge de parties élémentaires.

L'étendue de notre ignorance

On pourrait soutenir que, même si l'incertitude statistique et la synergie font obstacle à une interprétation newtonienne de l'univers, les scientifiques peuvent néanmoins continuer à chercher des principes universels applicables à différents niveaux de vie : subatomique, atomique, moléculaire, cellulaire, etc. Mais il y a un problème : en dépit des progrès scientifiques impressionnants réalisés en ce siècle, ce que nous savons est absolument infime comparativement à tout ce qui nous reste inconnu ou incompréhensible.

L'identification d'une espèce signale seulement qu'on a arrêté la définition taxinomique d'un spécimen de manière à pouvoir le nommer. Cela ne signifie pas que l'on sache quoi que ce soit de ses populations, de sa répartition, de sa biologie élémentaire ou de son interaction avec d'autres espèces — toutes questions qui, pour chaque espèce, pourraient exiger une vie complète d'étude.

L'évaluation du nombre d'espèces sur Terre est un formidable défi et nous avons tendance à accorder une attention disproportion-

La connexion truffe-eucalyptus-potorou

L'environnementaliste Ian Lowe, de l'Université Griffiths, en Australie, rapporte un fait qui illustre l'interrelation subtile et imprévisible des composantes vivantes. Dans une étude sur les truffes qui croissent dans la forêt sèche d'eucalyptus de la Nouvelle-Galles-du-Sud, on a constaté que les truffes rendent un service aux arbres près desquels on les trouve. Parce que les truffes, de même que les arbres, extraient de l'eau et des minéraux du sol, les arbres dont les racines abritent des truffes recueillent plus d'eau, plus de minéraux et croissent mieux que ceux qui en sont dépourvus. La truffe est un aliment très prisé du potorou, un marsupial devenu rare, qui excrète ensuite les spores de truffes et contribue ainsi à la santé de la forêt. Le potorou, la truffe et l'eucalyptus — trois espèces très différentes : un mammifère, un champignon et une plante — sont liés les uns aux autres dans un remarquable réseau d'interdépendance. □

nées à la « mégafaune charismatique » (les grandes créatures comme les tigres et les ours, ou les baleines, que les gens trouvent plus attirantes), aux écosystèmes tempérés et aux organismes qui sont directement utiles aux humains (ou, au moins, fascinants à leurs yeux). Le *Millenium Ecosystem Assessment* estime que le nombre total des espèces sur Terre se situe quelque part entre 5 millions et 30 millions. De ces espèces, moins de 2 millions ont été décrites scientifiquement.

Une seule poignée de mousse de sol forestier, par exemple, peut abriter 150 000 protozoaires, 132 000 tardigrades, 3 000 collemboles, 800 rotifères, 400 mites, 200 larves et 50 nématodes. Dans les forêts anciennes de la vallée de Carmanah, dans l'île de Vancouver, le biologiste Neville Winchester a recueilli 1,4 million de spécimens parmi lesquels se trouvaient des représentants de 10 000 à 15 000 espèces d'invertébrés (surtout des insectes) — soit environ un tiers de toutes les espèces connues dans l'ensemble du Canada. Au moins 500 d'entre elles étaient nouvelles pour la science.

Les quantités astronomiques de nématodes pourraient à elles seules donner des cauchemars et inspirer des films de série B. Ces vers microscopiques — pour la plupart parasites, bien que certaines espèces vivent librement dans le sol et l'eau — sont tellement nombreux qu'on estime que, sur Terre, quatre animaux sur cinq seraient des nématodes. Méditez cette scène imaginée par le nématologue Nathan Cobb :

> Si toute matière dans l'univers disparaissait, à l'exception des nématodes, notre monde serait toujours reconnaissable [...]. Ses montagnes, collines, vallons, fleuves, lacs et océans nous seraient perceptibles sous la forme d'une pellicule de nématodes. L'emplacement des villes serait discernable puisque, pour chaque rassemblement d'humains, il y aurait un rassemblement correspondant de certains nématodes.

Si l'on connaît bien mal le sol sous nos pieds, on comprend aussi peu la vie dans les océans. Le Census of Marine Life s'efforce, sur dix ans, de remédier à cette situation. Ce recensement auquel collaborent

1 700 experts de 73 pays vise à inventorier la diversité de la vie marine dans le monde, mais aussi à définir la manière dont les espèces interagissent entre elles et avec leur écosystème. À mi-chemin de son échéancier de dix ans, le recensement ajoute à notre compréhension de la diversité océanique, mais révèle aussi l'étendue de notre ignorance. Le tout premier recensement du golfe du Maine, par exemple, a permis d'identifier 50 % plus d'espèces que ce qu'on s'attendait à trouver et, lors d'une exploration de l'Atlantique Sud, près de 30 % des espèces prélevées étaient inconnues de la science. Une expédition de 30 jours dans le bassin canadien de l'océan Arctique a permis de découvrir 12 nouvelles espèces.

*   *   *

Pareilles statistiques montrent notre degré d'impuissance. Ce n'est pas demain que nous serons en mesure d'avancer un début d'hypothèse sur la manière de maîtriser les systèmes naturels, spécialement ceux aussi complexes que les forêts, les marais, les prairies, les océans ou l'atmosphère. Le Prix Nobel Richard Feynman a un jour observé que chercher à comprendre la nature par la science, c'est comme chercher à déduire les règles des échecs en suivant le déroulement d'une partie — mais sans jamais voir plus que deux cases de l'échiquier à la fois.

Notre connaissance de la structure géologique et géophysique de la planète est également minimale et fragmentaire. On critique parfois les scientifiques parce qu'ils n'arrivent pas à se mettre d'accord sur le rythme et l'intensité du réchauffement planétaire présentement en cours. Les météorologues ont quelquefois du mal à prévoir localement la température du lendemain, aussi les difficultés soulevées par la prévision du climat dans plusieurs décennies ne devraient-elles avoir rien d'étonnant. Notre base de connaissances est si primitive qu'une modification insignifiante, apportée ici ou là aux modèles informatiques de changement climatique, peut transformer des prévi-

sions de glaciation imminente en prévisions de réchauffement catastrophique. Cette constatation ne se veut pas un réquisitoire contre les
scientifiques ; elle souligne simplement que nos connaissances comportent des lacunes assez importantes pour que s'y abîme le futur de
la planète.

Autre problème avec la méthode newtonienne et, plus globalement, avec la science : les scientifiques recherchent des principes universels et reproductibles, partout et en tout temps — ils les coupent
en conséquence de leur spécificité temporelle et géographique. Les
prouesses technologiques auxquelles est parvenue la biotechnologie
pour manipuler l'ADN sont des plus impressionnantes. On a ainsi
créé en laboratoire des plantes qui résistent aux infestations ou aux
pesticides chimiques. Mais les labos ou les « cloches de verre » —
dans lesquels les variables comme la température, l'humidité, l'apport
nutritif et les autres espèces sont rigoureusement contrôlées — ne
reproduisent ni n'envisagent le genre de conditions que l'on retrouve
en Inde, en Afrique ou dans certaines localités des États-Unis. En ten-
tant d'observer objectivement et sans émotion des fragments de la
nature, les scientifiques font fi de la passion et de l'amour qui ont au
premier abord attisé leur curiosité, et ils découvrent souvent qu'ils ont
tellement objectivé leur sujet d'étude qu'il leur est devenu indifférent.

Un ami a un jour demandé à Albert Einstein : « Crois-tu qu'absolument tout peut
se traduire scientifiquement ? » « Oui, c'est sans doute possible, aurait-il répondu, mais
ça n'aurait pas de sens. Ce serait une description sans signification — comme si on
décrivait une symphonie de Beethoven comme une variation de la pression ondulatoire. »

RONALD W. CLARK, *Einstein : The Life and Times*

Le scientisme, cette aura d'autorité qui émane des scientifiques,
nous a induits à croire que leur savoir accumulé fait suprêmement
autorité et que notre capacité de comprendre, de contrôler et de gérer
notre environnement s'accroît proportionnellement à l'information
que nous recueillons. Mais le principe fondamental de l'exploration

scientifique contredit cette croyance : le savoir découle d'observations empiriques auxquelles « donnent un sens » des hypothèses qu'on peut ensuite vérifier expérimentalement. Toute information est susceptible d'être réfutée, comme le note Jonathan Marks :

[...] la très vaste majorité des idées que la plupart des scientifiques ont avancées se sont révélées fausses. On les a réfutées, on les a récusées. Qui plus est, la plupart des idées avancées par la plupart des scientifiques seront un jour ou l'autre finalement réfutées et récusées. [...] En d'autres mots, la science ébranle le scientisme.

Lire le Livre de la vie

Avec nos progrès technologiques — des tamis si perfectionnés qu'ils permettent de séparer des organismes de grains de sable ; des microscopes électroniques qui sont en mesure de produire des vues en coupe d'une épaisseur d'à peine quelques microns ; des ordinateurs qui peuvent traiter de l'information à des vitesses incommensurables —, l'adage selon lequel nous en savons de moins en moins sur de plus en plus de choses apparaît plus vrai que jamais. Tandis que chaque nouvelle percée technologique dévoile des détails incroyables sur l'infiniment petit de notre monde, un déluge de nouvelles questions se font jour. Pensons au Projet du génome humain, qui avait pour mission de déchiffrer et de séquencer la totalité des trois milliards de lettres du code génétique dans l'ADN humain.

Au départ, en 1990, les chercheurs pensaient trouver environ une centaine de milliers de gènes humains. À la fin, ils en avaient répertorié de 20 000 à 25 000. Puisqu'on considérait la quantité de gènes comme une mesure de la complexité génétique, ce nombre relativement peu élevé en a stupéfait plusieurs. À titre de comparaison, le nématode C. elegans possède environ 20 000 gènes et, qui plus est, près de 40 %

Malheureusement, nous semblons engagés dans une odyssée qui s'allonge à chaque pas. La science excelle à *décrire* et nous savons si peu de choses que les scientifiques font des découvertes où que se pose leur regard. Mais chaque découverte révèle tout bonnement l'étendue de notre ignorance ; loin d'achever le portrait, les découvertes nous indiquent simplement tout ce qu'il reste encore à apprendre.

Tout le savoir accumulé à ce jour par les scientifiques est encore si limité qu'il peut rarement se prétendre *normatif* : il est quasi impossible d'élaborer des politiques ou des solutions scientifiquement fon-

---

des gènes humains sont virtuellement identiques, dans leur structure de base, à ceux de cette créature « simple ». Le récent achèvement du séquençage du génome du chimpanzé montre que nous partageons environ 98 % de nos séquences d'ADN avec notre plus proche parent vivant. Mais que signifient réellement ces chiffres ?

Dégager le code, c'est-à-dire trouver les lettres de notre épure génétique, n'est de toute évidence qu'un premier pas. Eric Lander, l'un des scientifiques en charge du Projet du génome humain (PGH), dit que le séquençage du génome humain équivaut à l'obtention des registres de l'évolution de la vie pour les trois derniers milliards d'années. Le problème, c'est que nous sommes incapables de lire ces registres.

C'est comme si, explique Lander, nous avions trouvé les clés d'une prodigieuse bibliothèque, que nous y entrions et que nous sortions de leurs tablettes tous ces livres extraordinaires [...] mais, bien entendu, nous sommes des bouts de chou pour lire ces trucs-là.

Maintenant que le PGH est achevé, nous détenons la liste des gènes qui composent les êtres humains (et plusieurs autres organismes), mais nous ignorons absolument comment assembler un organisme à partir de ces pièces. Le décodage du génome humain nous fournit une pièce d'un casse-tête très complexe tandis que nous poursuivons notre odyssée à la découverte de ce que cela signifie d'être humain. □

dées pour gérer son environnement quand on est à ce point ignorant. C'est comme si on était debout dans une grotte, une chandelle à la main : la flamme troue à peine les ténèbres et on ne sait pas où se trouvent les murs, ni le nombre de grottes qui se succèdent au delà. Debout dans l'obscurité, retranché du temps, de l'espace et du reste de l'univers, on s'escrime à comprendre ce qu'on fait là tout seul.

Pour devenir humain, il faut faire place en soi aux merveilles de l'univers.

Proverbe amérindien du Sud

La méthode scientifique a divisé le monde en diverses disciplines et, à l'intérieur de chaque discipline, le champ d'étude se rétrécit et se fragmente encore. La méthodologie scientifique, précise et objective, nous a apporté une connaissance détaillée de bribes de notre monde, mais ce système a aussi ses limites et des conséquences inimaginables. Quand notre monde est réduit à des parties insignifiantes, il est plus facile de traiter toute chose comme une marchandise. Quand nous ramenons un organisme à une liste de gènes, par exemple, le contexte et l'intégrité de cet organisme et de son milieu disparaissent, et la prochaine étape pourrait être (et a été) le transfert d'un gène vers un organisme absolument non apparenté. Les résultats de telles expériences sont très imprévisibles parce que nous avons affaire à des êtres vivants, dont chacun a son propre génome complexe.

Selon le biologiste Brian Goodwin, la science aurait avantage à reconnaître un mode de connaissance du monde qui fasse appel à l'intuition. En cherchant à éliminer de la science toute subjectivité humaine, nous avons créé une construction qui n'a rien de réaliste ; nous avons tenté de retirer de l'équation le ou la scientifique, ses émotions, ses intuitions.

L'antidote proposé par Goodwin est le passage à une science plus holistique, qui étudie les ensembles et leurs relations avec leurs composantes, plutôt que de pulvériser le monde en de petites parts apparemment indépendantes. Il explicite ainsi sa pensée :

[le mode intuitif de connaissance n'a] rien de vaguement subjectif et artistique, c'est un véritable mode de connaissance du monde. En fait, il est absolument essentiel à la science créatrice. Tous les grands esprits scientifiques — Einstein, Feynman, nommez-les — vous diront que l'intuition est la voie qui les a menés à leurs conceptions fondamentales, à leurs nouvelles façons d'assembler des éléments en des ensembles cohérents. Ces types célèbres sont libres de dire ce genre de choses. Pour le reste d'entre nous, il nous faut prétendre que nous fondons réellement toutes nos thèses sur du solide, que nous passons à la généralisation par induction [...], que nous ne cernons pas intuitivement quelque nouvel ensemble.

Quand l'entreprise scientifique se coupe de son contexte historique et local, elle devient une activité menée dans le vide — une histoire qui a perdu son sens, sa raison d'être, sa capacité d'émouvoir et d'informer.

Consommer pour satisfaire ses besoins

Le fait d'avoir perdu notre place dans l'ordre des choses, notre spécificité, voire nos dieux, nous a infligé une douleur intense, un sentiment de perte, de solitude, de terrible vacuité. Nous avons tenté, d'une part, de combler ce vide par un nouveau sacrement : l'échange rituel d'argent contre des biens, dans les temples de la consommation. Comme le dit le physicien et auteur Brian Swimme :

Les êtres humains se rassemblent pour apprendre le sens de l'univers, c'est-à-dire leur cosmologie. De nos jours, nous nous rassemblons pour regarder les publicités à la télé. Chaque publicité est un sermon cosmologique : l'univers est une collection d'objets transformés pour nous en produits de consommation et notre rôle, en tant qu'humains, est de travailler pour acheter des objets.

Comme le pauvre et farouche Caliban excité par les bribes de musique à demi perceptibles qui parviennent jusqu'à sa prison insulaire, ces « sons et airs suaves qui ravissent et ne blessent pas », nous confondons souvent évocations et souvenirs d'une antique harmonie, depuis longtemps perdue, avec quelque besoin pressant ; asservis comme Caliban au monde matériel, nous rêvons du pouvoir théra-peutique des richesses et, quand nous nous réveillons, nous « sup-plions de rêver encore ».

L'accroissement de la demande collective et individuelle de biens de consommation s'est amorcé pour de bon au XXe siècle. Dès 1907, l'économiste Simon Nelson Patten épousait une thèse à laquelle allait adhérer le monde moderne : « La nouvelle éthique ne consiste pas à éviter la consommation, mais à l'augmenter. » Comme l'exprime Paul Watchel :

> Posséder davantage de choses, et des choses plus nouvelles chaque année, n'est plus seulement ce que nous désirons, mais ce à quoi nous aspirons. L'obsession d'une richesse plus grande et toujours grandissante est devenue le cœur même de notre identité et de notre sécurité ; nous en sommes hantés comme le toxicomane par sa drogue.

La grande crise des années 1930 s'est achevée parce que la Seconde Guerre mondiale a suscité un formidable sursaut économique. L'in-dustrie américaine a alors dû tourner à haut régime pour soutenir l'ef-fort de guerre. À l'approche de la victoire, cependant, le monde des affaires s'interrogeait sur le moyen de maintenir l'économie sur sa lan-cée. La réponse a été trouvée dans la consommation. Peu après la Seconde Guerre mondiale, l'analyste en commerce de détail Victor Lebow déclarait :

> Notre économie extrêmement productive [...] exige que nous fas-sions de la consommation notre mode de vie, que nous convertis-sions en rituels l'achat et l'usage de biens, que nous recherchions dans la consommation notre satisfaction spirituelle, notre satisfac-tion égoïste. [...] Il faut consommer, brûler, user, remplacer et jeter des objets à un rythme de plus en plus soutenu.

En 1953, le président du comité des conseillers économiques du président Eisenhower décrétait que « l'objectif ultime » de l'économie américaine était de « produire plus de biens de consommation ». La stratégie a réussi ; le passage de l'achat de ce qui est nécessaire à l'achat de ce qui est convoité a eu lieu et a mené au point où nous sommes aujourd'hui : avec des mégacentres commerciaux, des grandes surfaces, des autocollants de pare-chocs qui proclament que nous sommes « Nés pour magasiner ». L'obsession de la consommation est si solidement établie comme moteur des économies occidentales qu'on a même pu qualifier le magasinage de devoir patriotique. Dans les semaines qui ont suivi le 11 septembre 2001, il était clair que la confiance des consommateurs était ébranlée et que les économies nationales tournaient au ralenti. Le président George Bush et d'autres dirigeants occidentaux se sont mis à encourager les citoyens à faire des achats, assurant que c'était un moyen pour eux d'apporter leur aide. Le premier ministre du Canada, Jean Chrétien, nous a alors rappelé que les taux d'intérêt étaient bas « et que le moment était venu de sortir, de contracter une hypothèque, d'acheter une maison, d'acheter une voiture » ; quant au président Bush, il a invité les gens à aider à restaurer la confiance dans l'industrie de l'aviation : « Montez à bord. Faites des affaires dans tout le pays. Envolez-vous et profitez des splendides destinations aux États-Unis. Faites un saut à Disney World, en Floride. » Même si ces gestes allaient évidemment relancer les affaires, l'industrie et l'emploi, c'est un bien triste constat sur l'état de la société occidentale quand ses dirigeants laissent entendre que le meilleur moyen d'aider en des heures aussi tragiques est de magasiner jusqu'à plus soif.

Les entreprises qui fabriquent des produits conçus pour durer finissent par être à court de clients. L'obsolescence planifiée est une solution ; une autre méthode consiste à créer de nouvelles variétés de produits dotés de caractéristiques superflues mais attirantes, une méthode qu'emploient abondamment les industries de la mode, de l'informatique et de l'automobile. La constante redéfinition de marchés potentiels est une autre stratégie : on prend de l'expansion dans le monde en développement ou on cible, par exemple, des groupes ethniques spécifiques. Le président de Coca-Cola, Donald R. Keough, a manifesté un enthousiasme quasi missionnaire devant les possibilités du marché : « Quand je pense à l'Indonésie — ce pays équatorial de 180 millions d'habitants dont l'âge moyen est de 18 ans, pays où l'alcool est banni par la loi coranique — j'ai l'impression de savoir à quoi ressemble le paradis. »

Tous les groupes d'âge — personnes âgées, « yuppies », « baby-boomers », par exemple — sont des cibles de choix pour les marchandiseurs ; toutefois, à la suite d'un revirement relativement récent, les enfants se sont clairement retrouvés au centre même de la cible. Entre 1983 et 1997, les sommes dépensées pour la mise en marché de produits auprès des enfants américains sont passées de 100 millions de dollars à 12 milliards. En 2005, le montant total avoisinait les 15 milliards. Et tout ce marchandisage semble rapporter. En 1989, les enfants de 4 à 12 ans dépensaient 6,1 milliards de dollars en achat de biens de consommation. En 2002, ce chiffre était de 30 milliards — une augmentation de 400 %.

Même avant que les enfants n'ouvrent la télé ou ne franchissent le seuil de la maison, ils ont vraisemblablement été exposés à de la publicité. Aujourd'hui, les pyjamas, les céréales, les draps, les rideaux, les papiers peints et même les dentifrices, les pansements, les savons et les shampoings affichent l'image des personnages de films ou d'émissions de télévision qui ont la faveur du public. Dans bien des villes, le bombardement publicitaire ne s'arrête pas quand les enfants atteignent la cour de l'école. Des budgets à la baisse pour l'éducation ont aussi permis à la publicité de s'insinuer dans les salles de cours. Aux États-Unis, presque 7 millions d'élèves (et près de 30 % des adolescents) regardent chaque matin, dans leur classe, Channel One, une chaîne d'information quotidienne qui diffuse deux minutes de réclames en échange d'équipements « gratuits » comme des téléviseurs, des magnétoscopes, des ordinateurs et d'autres appareils électroniques. Les annonceurs, qui savent reconnaître un auditoire captif et lucratif, sont prêts à payer deux fois plus cher pour une pub diffusée par Channel One plutôt que par un réseau traditionnel hors de la salle de cours.

Comme le dit Juliet Schor, auteur de *Born to Buy* :

Nous sommes devenus un peuple pour qui la priorité n'est pas tant d'apprendre à ses enfants la manière de se développer socialement, intellectuellement, voire spirituellement, que de les entraîner à consommer. Les conséquences à long terme de cette évolution sont inquiétantes.

> *Comment sommes-nous initiés à l'univers ? Pour répondre à cette question, il faut nous demander de quoi nos enfants font l'expérience à répétition, le soir, dans un cadre semblable à celui des enfants d'autrefois qui se réunissaient dans les cavernes pour écouter le chant des aînés. Si nous considérons uniquement la quantité de temps consacré à cette activité, la réponse nous vient immédiatement : la salle de télé a remplacé la caverne et les chants ont cédé la place à la publicité.*
>
> BRIAN SWIMME, *The Hidden Heart of the Cosmos*

Pour répondre à la demande toujours grandissante des consommateurs, il faut une croissance économique soutenue. P. M. McCann et ses collaborateurs ont résumé ainsi l'analyse raisonnée de la croissance de la consommation et de l'économie : « La croissance conduit à une prospérité grandissante qui, dans le système de marché, est le fondement de la satisfaction de tous les besoins humains. » Que la richesse puisse satisfaire tous les besoins humains, voilà une étonnante affirmation, à des années-lumière, d'ailleurs, de ce que nous ont enseigné nos grands-parents : les mérites et les joies de l'épargne, les vraies valeurs de l'existence et les sources du bonheur.

> *L'achat d'un nouveau produit, spécialement d'un article de « grand prix » comme une voiture ou un ordinateur, engendre une sensation caractéristique de plaisir et d'accomplissement et confère souvent prestige et considération à son propriétaire. Mais, à mesure que se dissipe le charme de la nouveauté, le sentiment de vide menace de revenir. La réponse du consommateur moyen est de tourner son attention vers le prochain achat prometteur.*
>
> ALLEN D. KANNER et MARY E. GOMES,
> « The All-Consuming Self »

Notre société est-elle meilleure, maintenant que nous sommes devenus des consommateurs professionnels et repoussons toujours plus loin les limites de la croissance économique ? Tout dépend de ce qu'on entend par « meilleur ». Les États-Unis sont la parfaite illustration de la société de consommation qui a atteint son plein développement ; les citoyens de ce pays se montrent-ils pour autant à la hauteur de leurs idéaux nationaux ? La nation qui valorise la minceur et la jeunesse est la plus obèse au monde. Sur le territoire où le dollar est roi, l'écart entre riches et pauvres est plus accusé que dans n'importe quel autre pays industrialisé. La paix est l'un des plus nobles idéaux des Etats-Unis, pourtant reconnus pour leur violence. Plus de gens font régulièrement usage de drogues dans ce pays où tout est possible que partout ailleurs dans le reste du monde. Et, proportionnellement, plus de citoyens sont incarcérés dans le pays dit de la liberté que dans n'importe quel autre pays occidental. Journées de travail plus longues, niveaux de stress plus élevés, familles disloquées, toxicomanie, enfants en danger — voilà des symptômes qui pourraient relever, dans une certaine mesure, de la maladie de la consommation. Lâché sans surveillance dans le plus grand magasin du monde, ce peuple souffre de maux divers : mal-être de trop posséder, colère et jalousie de ceux qui ne peuvent acheter.

Les gouvernements de tous les pays continuent néanmoins de considérer la croissance économique, dont dépend la société de consommation, comme la clé du bien-être. Des pays comme l'Inde et la Chine sont résolus à parvenir à notre niveau d'abondance — de 16 ou 20 fois supérieur à celui de leur consommation présente. Imaginez ces populations ayant l'usage du même nombre de voitures, par habitant, que les Américains ; les conséquences écologiques en seraient catastrophiques. Cependant, pourquoi devraient-elles se contenter de moins que nous ? En avril 1990, José Lutzemberger, ministre de l'Environnement du Brésil, a pris la parole devant une assemblée internationale de parlementaires réunis à Washington (D.C.). Il a observé que, si la possession de voitures personnelles dans le monde entier atteignait le nombre de voitures par habitant aux États-Unis et au Japon, le nombre total de voitures atteindrait les 7 milliards, pour 10 milliards d'humains, au début du XXIᵉ siècle. Et il s'est exclamé :

C'est inimaginable ! Les 350 millions de voitures qui roulent aujourd'hui représentent déjà un nombre excessif. Mais s'il est impossible que le reste de la planète partage le mode de vie des pays surdéveloppés, c'est qu'il y a quelque chose qui ne va pas dans ce mode de vie.

Quand l'accroissement de la consommation est partie intégrante de la définition du « progrès » et que la possession d'objets constitue la voie royale vers le bonheur, aucun pays ne peut imposer une halte à la croissance économique.

Plusieurs ont reconnu que l'augmentation de la consommation n'est pas la clé du bonheur ou de la satisfaction. Aux premiers jours de l'expérience américaine de la démocratie, un des auteurs de la Constitution, Benjamin Franklin, déclarait : « L'argent n'a encore jamais rendu et ne rendra jamais un homme heureux. Rien dans sa nature n'engendre le bonheur. Plus un homme en a, plus il en veut. L'argent ne comble pas un vide, il en creuse plutôt un. »

En 1994, alors que mon père avait 85 ans, j'ai emménagé avec lui pour veiller sur ses dernières semaines de vie. Il se mourait d'une forme de cancer qui minait ses forces mais ne lui causait que peu de douleurs. Papa était lucide, conscient de l'imminence de sa mort et stoïque. Lorsque mes enfants et mes frères et sœurs sont venus passer du temps avec lui dans les derniers jours, nous nous sommes régalés d'anecdotes — des expériences avec la parenté, les amis et les voisins qui avaient enrichi notre existence. Il n'a jamais été question de possessions — argent, grosses voitures ou immenses maisons, placards pleins de vêtements — seulement de gens et d'aventures partagées, ce qui compte réellement dans la vie.

La rupture du lien avec la nature

Pendant que la consommation et la croissance économique augmentaient de façon soutenue, de plus en plus de gens quittaient la campagne pour la ville. Plus de la moitié de la population mondiale habite

Un monde de consommateurs

• *Dans un sondage mené en 2002, 62 % des 12-13 ans disaient se sentir mieux dans leur peau quand ils achetaient certains produits.*

• *L'enfant américain moyen est exposé annuellement à environ 40 000 messages publicitaires à la télé.*

• *Les gens sont aujourd'hui en moyenne quatre fois et demie plus riches que leurs arrière-grands-parents ne l'étaient en 1900.*

• *Pendant que la taille de la famille décroissait abruptement en Amérique du Nord, la dimension moyenne d'une maison y doublait presque, passant de 104 m², en 1949, à plus de 200 m², en 2006.*

• *En 1987, le nombre des centres commerciaux surpassait celui des écoles secondaires aux États-Unis.*

• *Les Américains consacrent en moyenne, par semaine, 6 heures à faire des courses et 40 minutes à jouer avec leurs enfants.*

• *Dans les supermarchés, nous avons le choix entre 25 000 produits, 200 sortes de céréales de petit-déjeuner et plus de 11 000 périodiques.*

• *Depuis 1940, les Américains ont à eux seuls utilisé une quantité aussi importante des ressources minières de la Terre que toutes les générations antérieures réunies.*

• *Au cours des 200 dernières années, les États-Unis ont perdu 50 % de leurs marécages, 90 % de leurs forêts ancestrales du Nord-Ouest et 99 % de toutes leurs prairies d'herbes hautes.*

maintenant la ville et les pays en développement enregistrent la plus forte croissance des zones urbaines.

L'aspect le plus destructeur de la ville est la rupture profonde qui s'y opère entre les humains et la nature. Dans un environnement modelé par l'homme, entourés d'animaux et de plantes de notre choix, nous avons le sentiment d'avoir échappé aux contraintes de la nature. La température et le climat exercent une influence bien moins directe sur notre existence. Les aliments, souvent entièrement transformés, se présentent sous emballages et laissent bien peu deviner leur milieu naturel d'origine, en ce qu'ils portent peu de traces révélatrices tels des flétrissures, du sang, des plumes ou des écailles. Nous oublions la provenance de notre eau et de notre énergie, la destination de nos déchets et de nos effluents. Nous oublions que, à titre d'êtres biologiques, nous sommes aussi tributaires que toute autre créature de l'air pur et de l'eau fraîche, de sols non contaminés et de la biodiversité. Ignorants de la provenance de nos aliments et de notre eau comme des conséquences de notre mode de vie, nous nous imaginons les maîtres du monde et sommes prêts à risquer ou à sacrifier presque n'importe quoi pour assurer la pérennité de notre mode d'existence. Tandis que les villes continueront de se multiplier dans le monde, les politiques mises en œuvre refléteront de plus en plus cette bulle d'illusions que nous avons fini par confondre avec la réalité.

Il y a à peine quelques générations, il était normal pour les enfants de sortir jouer le matin, ou après l'école, et de ne rentrer à la maison que s'ils avaient faim ou s'étaient blessés. Ils pataugeaient dans l'étang voisin, grimpaient aux arbres ou jouaient au ballon dans les champs, mais ils étaient pour la plupart dehors, et il y avait fort probablement à proximité un coin sauvage — ne serait-ce, en ville, qu'un terrain vague envahi par les herbes. De nos jours, bien des enfants ont perdu tout contact avec l'extérieur. Les « loisirs » sont souvent très structurés ou se composent d'activités supervisées par les parents, qui sont moins disposés à laisser sortir les enfants sans savoir où ils sont et ce qu'ils font. (Même les terrains de jeu sont en train de disparaître, en grande partie à cause de la propension des Nord-Américains aux poursuites judiciaires.) Comme l'écrit Richard Louv dans *Last Child in the Woods,* un croque-mitaine se tapit à chaque coin de rue — qu'il s'agisse de la circulation, des étrangers, de la criminalité, quand ce n'est pas la nature elle-même.

L'urbanisation galopante a détourné des cours d'eau dans des canaux souterrains, remblayé et pavé des marais, érigé des quartiers d'habitation là où croissaient jadis des forêts. De plus en plus, on se représente la nature comme ce qui est « là-dehors », peut-être dans les parcs ou de petits coins de verdure, mais pas dans le fossé au bout de la rue, et dans des lieux qui ne sont le plus souvent accessibles qu'en voiture. La génération d'enfants actuelle est l'une des plus déconnectées de la nature à ce jour dans notre histoire. Nos enfants savent utiliser une souris d'ordinateur, mais n'en ont peut-être jamais vu une à l'état sauvage. Ils ont sans doute entendu parler des changements climatiques et des espèces menacées, mais sont probablement incapables de nommer ne serait-ce que quelques plantes indigènes de leur voisinage.

> Aujourd'hui, comme le dit Louv, un enfant peut vraisemblablement vous parler de la forêt tropicale d'Amazonie, mais pas de la dernière fois qu'il ou elle a exploré les bois en solitaire ou s'est étendu dans un champ pour écouter le vent et regarder défiler les nuages.

Certains balaieront peut-être du revers de la main ces réflexions, les jugeant nostalgiques ou sentimentales, mais si notre expérience directe de la nature est limitée, notre lien affectif l'est aussi avec les milieux qui, en fin de compte, nous gardent en vie.

Plus nous nous éloignons du monde naturel, plus nous nous entourons de nos inventions et en devenons dépendants. Nous sommes asservis par les exigences constantes de la technologie créée pour nous servir. Que dire de notre réaction à la sonnerie insistante du téléphone ou de notre soumission aux consignes de l'ordinateur ? Coupés des origines de notre propre existence, des techniques de survie et des réalités de ceux qui vivent encore en régions rurales, nous sommes devenus léthargiques, indifférents et lents.

En perdant toute vision du monde, en nous livrant à la consommation et en nous installant dans les villes, loin de la nature, nous avons perdu notre lien avec le reste de la planète vivante. Comme le dit Thomas Berry, il nous faut inventer une nouvelle histoire, un récit qui nous incorpore dans le continuum du temps et de l'espace terrestres, qui nous rappelle que notre destin est lié à toute la vie de la planète et qui redonne une raison d'être et un sens à l'existence humaine.

Si nous avions une vision et un sentiment aigus de toute vie humaine ordinaire, nous entendrions pour ainsi dire pousser l'herbe, battre le cœur de l'écureuil, et la clameur contenue de l'autre côté du silence nous entraînerait dans la mort. Pour l'heure, le plus futé d'entre nous marche sans but, drapé dans sa bêtise.

GEORGE ELIOT, *Middlemarch*

Inventer une nouvelle histoire

Si la science moderne n'a pas élaboré une vision du monde cohérente et si la consommation ne comble pas le vide d'une existence dénuée d'une telle vision, comment rétablir le contact avec le reste de la vie sur Terre et mener une existence féconde et gratifiante ? Où trouver une nouvelle histoire ?

L'être humain est partie du tout que nous appelons l'univers. Une partie délimitée dans le temps et l'espace. Par une sorte d'illusion optique de sa conscience, il se sent lui-même, ainsi que ses pensées et ses sentiments, comme séparé du reste. Cette illusion est une forme de prison pour nous : elle nous restreint à nos désirs personnels et à ne témoigner notre affection qu'à notre proche entourage. Nous avons le devoir de nous affranchir de cette prison en élargissant notre cercle de compassion pour y inclure toutes les créatures vivantes.

ALBERT EINSTEIN, cité dans P. Crean et P. Kome (dir.)
Peace, A Dream Unfolding

Nous avons beaucoup à apprendre des immenses trésors de connaissances qui ont survécu jusqu'à aujourd'hui dans les sociétés traditionnelles. La Commission mondiale sur l'environnement et le développement, présidée par l'ex-première ministre norvégienne Gro Harlem Brundtland, l'a d'ailleurs observé dans un rapport en 1987. Intitulé *Notre avenir à tous*, le document reconnaît l'incapacité des scientifiques à fournir des lignes de conduite pour la gestion des ressources naturelles et invite à reconnaître et à respecter davantage la sagesse innée des sociétés traditionnelles :

Leur survie même s'explique par leur sensibilité et leur adaptation écologiques. [...] Ces communautés sont les dépositaires d'une multitude de connaissances et d'expériences traditionnelles qui rattachent l'humanité à ses lointaines origines. Leur disparition est une perte pour la société humaine dans son ensemble, qui aurait beaucoup à apprendre de leur compétence traditionnelle à gérer de façon durable de très complexes systèmes écologiques. Quel terrible paradoxe ! À mesure qu'il pénètre de plus en plus profondément dans les forêts tropicales, les déserts et autres environnements isolés, le développement structuré tend à détruire les seules cultures qui se soient justement avérées capables de se développer dans ces milieux.

En ce nouveau millénaire, après un siècle de croissance fulgurante des sciences et des technologies, il est heureux que des membres éminents de la communauté scientifique commencent à comprendre que la science ne peut à elle seule répondre à tous les besoins de l'humanité : en vérité, elle est devenue une force destructrice. Nous avons besoin d'un nouveau type de science qui se penche sur le savoir traditionnel des communautés autochtones ; les recherches en ce sens ont déjà commencé.

> Je suis convaincu qu'un élan quasi religieux, sensible à la nécessité de changer les valeurs qui gouvernent présentement l'activité humaine, est essentiel à la continuité de notre civilisation. Mais concéder que la science, même la science de l'écologie, ne peut répondre à toutes les questions — qu'il y a « d'autres modes de connaissance » — ne diminue en rien le rôle absolument capital qu'une saine science devra jouer pour que notre civilisation à bout de moyens puisse se sauver elle-même.
>
> PAUL EHRLICH, *The Machinery of Nature*

Jadis, notre vision du monde incorporait chacun de nous dans un univers dont toutes les parties étaient inextricablement reliées les unes aux autres. Chacun de nous pouvait occuper le centre de ce tissu multidimensionnel de liaisons, « piégé » en un sens par sa totale dépendance envers la trame des fils qui l'enveloppaient et le traversaient, mais y puisant l'ultime sécurité d'un lieu et d'un sentiment d'appartenance. Mais la capacité d'invention de notre extraordinaire cerveau nous a libérés du constant besoin de tirer notre subsistance de notre milieu immédiat. Nous avons élargi notre univers mental par la science, l'ingénierie et la technologie ; grâce aux ordinateurs et aux télécommunications, nous avons développé une capacité inouïe de colliger et d'analyser l'information. Le défi consiste maintenant à employer ces techniques pour redécouvrir notre place dans la biosphère et nos liens avec le temps, avec l'espace. Les scientifiques connaissent mieux que personne le merveilleux, le mystère et la crainte qui nous étreignent et nous habitent. Avec leur aide, nous pouvons nous mettre en quête d'une nouvelle compréhension du monde, redevenir sensibles à sa fécondité, à sa prodigalité et à son hospitalité pour l'espèce errante que nous sommes devenus.

En tant que scientifiques, plusieurs d'entre nous ont connu d'intenses expériences de crainte et de vénération devant l'univers. Nous savons que ce qui est tenu pour sacré est plus susceptible d'être traité avec prévenance et respect. Il faudrait considérer de la sorte notre planète natale. Il faut, par une vision du sacré, inspirer des efforts pour sauvegarder et chérir l'environnement.

UNION OF CONCERNED SCIENTISTS, « Preserving and Cherishing the Earth : An Appeal for Joint Commitment in Science and Religion »

Nous est-il possible de conjuguer les connaissances descriptives de la science moderne et la sagesse des anciens pour créer une nouvelle vision du monde, une histoire qui nous inclurait tous ? Nous pourrions trouver quelques pistes en jetant un regard, par-dessus notre épaule, sur des idées du passé. Les philosophes de la Grèce antique croyaient que l'univers matériel se composait seulement de quatre éléments : l'air, l'eau, la terre et le feu. Dans ces éléments se combinaient des qualités opposées — chaleur et froid, humidité et sécheresse, lourdeur et légèreté — mélangées selon des proportions variées à l'infini. Les éléments se déplaçaient, se transformaient, se combattaient perpétuellement les uns les autres, pour ainsi parvenir à un juste équilibre. Cet équilibre dynamique façonnait à chaque niveau la structure de toute la création et lui insufflait la vie. Chaque être humain était de ce fait composé de ces quatre éléments en des proportions variables ; air, eau, terre et feu interagissaient pour engendrer la vie et la maintenir. Ces conceptions, qui ont persisté pendant plus de 2 000 ans, ont déterminé l'univers conceptuel de Shakespeare et celui de générations d'écrivains et de penseurs après lui. Aujourd'hui, sous une forme modifiée, elles semblent acquérir une nouvelle pertinence. L'air, l'eau, la terre et le feu sont les éléments qui sont à la base de toute vie. En association avec la totalité de la vie, ils entretiennent la planète, la gardent propice à la vie. En explorant tour à tour chaque élément, en nous penchant sur ses origines, sa fonction sur la planète et notre intime rapport avec lui, nous commencerons à comprendre notre indissoluble lien avec le centre. Nous sommes des créatures terrestres et tout ce que nous apprenons sur la Terre nous révèle un peu plus à nous-mêmes.

> […] *il y a une communication continue, non seulement entre les choses vivantes et leur environnement, mais entre toutes les choses qui vivent dans cet environnement. Un tissu serré d'interactions lie toute vie en un vaste système qui s'auto-entretient. Chaque partie est reliée à toutes les autres et nous faisons tous partie de la totalité, partie de la Supernature.*
>
> LYALL WATSON, *Supernature*

2

Le souffle de toute verdure

Nos prochains souffles, le vôtre et le mien, réuniront des échantillons de ronflements, de soupirs, de beuglements, de hurlements, d'acclamations et de prières vocales du passé historique et préhistorique.

HARLOW SHAPLEY, *Beyond the Observatory*

Une force invisible nous environne, nous habite et nous donne vie. Nous lui connaissons plusieurs noms : air, souffle, esprit, vent, atmosphère, ciel, firmament. On l'appelle même parfois Dieu. Dans la mythologie et la poésie, on attribue des pouvoirs divins à l'air ; Gerard Manley Hopkins le dit « Air vierge, air maternant le monde », mais aussi « tissu vierge, robe incomparable » qui enveloppe la planète comme la miséricorde de Dieu. L'air est la force créatrice, l'esprit planant au-dessus des eaux dans le livre de la Genèse, la Parole de Dieu qui insuffle la vie au monde selon le Psaume 33, la divine injonction qui amorce tant d'autres récits de création. C'est le premier des éléments qui créent et entretiennent la vie.

L'air donne aussi corps aux idées par la parole et le langage, par le chant et les douces musiques. En français, comme dans d'autres langues, une tapisserie de mots célèbre le caractère sacré de l'air. Considérez comment le mot « esprit » se déploie — à partir de son origine latine *spiritus*, qui signifie « souffle », « air » — en nombreuses images suggestives : l'âme, le principe de vie, l'intelligence, l'intensité des émotions, la vivacité, l'essence ou l'extrait distillé — toutes images aux antipodes de la torpeur et de la lourdeur. De la même racine viennent les mots « inspiration », qui donne naissance à une nouvelle idée, et « expiration », qui signale la fin de l'existence. Nos langues connaissent mieux que nous ne le soupçonnons la nature vitale de l'air que nous respirons. Il est brise et tornade ; c'est un océan agité par des forces invisibles, dans lequel nous baignons tous les jours de notre existence depuis notre première goulée d'air, à la naissance, jusqu'à notre dernière et lente expiration au moment de mourir.

L'air est notre élément ; nous vivons dans l'atmosphère, cette enveloppe constituée d'un mélange gazeux qui compose la couche supérieure de la planète. Il y a 2 000 ans, Platon observait que nous « habitons dans un creux de la Terre, et nous croyons habiter dans sa partie la plus élevée. [...] En fait, la faiblesse et la nonchalance nous rendent incapables de traverser l'air jusqu'à sa partie supérieure. » Depuis, la technologie a en partie triomphé de notre paresse ; quand nous sortons de notre élément, nous devons cependant en emporter avec nous. Les bouteilles d'oxygène nous permettent de respirer dans l'air raréfié des plus hauts sommets et sous l'eau ; dans l'espace, les astronautes sont prémunis contre une mort instantanée par la bulle d'air qu'est leur capsule ou leur scaphandre.

> *Au début, on est estomaqué par la splendeur, par la beauté de la planète, puis on regarde en bas et on prend conscience que cette planète-là est tout ce qu'on a. Chaque fois que le soleil se lève et se couche [...] et, pour nous, cela se produit 16 fois par jour [...], on voit une mince, très mince couche juste au-dessus de la surface, peut-être de 10 à 12 kilomètres d'épaisseur. C'est l'atmosphère de la Terre. C'est elle. En dessous, il y a la vie. Au-dessus, il n'y a rien.*
>
> JULIE PAYETTE, astronaute canadienne

L'air a influencé d'innombrables façons le cours de l'évolution de la vie. Il y a bien longtemps, les oiseaux ont troqué leurs membres antérieurs contre des ailes et se sont familiarisés avec un nouveau domaine. Bien des insectes semblent presque faits d'air : un essaim d'éphémères en train d'éclore sur un cours d'eau ; des papillons portés par des courants d'air invisibles ; une nuée de moustiques microscopiques dansant et bourdonnant. Les plantes dispersent leurs graines dans le vent et attirent les insectes pollinisateurs en embaumant l'air. D'innombrables formes de vie tirent parti de l'air pour les rituels cruciaux de leur existence : diffuser des sons, des odeurs et des molécules qui, comme les phéromones, attirent des partenaires, signalent un danger ou localisent leur progéniture. Sans air, nous n'entendrions pas le gazouillis d'un enfant, ne humerions pas le parfum sucré du chèvrefeuille, ne percevrions pas les vibrations d'un train qui passe au loin. Le simple heurt d'une molécule d'air contre une autre qui se répercute en une onde invisible nous permet de ressentir que notre monde est vivant. Sans air, le canevas sur lequel nous peignons une image de notre monde manquerait de profondeur et d'étendue. Mais, par-dessus tout, le besoin d'air a profondément modelé la physiologie de toutes les créatures aérobies. Pour vous en assurer, essayez simplement d'arrêter de respirer. Vous constaterez rapidement que vous n'avez pas le choix. En moins de quelques secondes, votre organisme *exigera* de l'air ; en moins d'une minute, les vaisseaux sanguins de votre cerveau se gonfleront, votre cœur battra la chamade et votre poitrine se soulèvera en réclamant, sans voix, de l'air. Nous sommes plus que de simples respirateurs d'air ; nous sommes des créatures faites pour et par cet élément dont nous avons besoin chaque minute de notre existence. Et de la même façon que l'air a modelé et entretenu les êtres vivants, les êtres vivants ont créé l'air et l'entretiennent encore.

Nous sommes l'air

En Amérique du Nord, l'histoire de la colonisation et de la conquête a donné naissance au mythe tenace de la primauté de l'individu, libre d'agir et de se déplacer comme une entité indépendante. D'un point de vue biologique, ce mythe est une interprétation fallacieuse et dangereuse de la réalité. Nous ne sommes pas complètement indépen-

dants et autonomes ; quand nous considérons attentivement les interactions, à tous les niveaux, entre notre organisme et l'élément qui nous
entoure, nous voyons combien nous sommes intégralement incorpo-
rés à l'air, tous pris ensemble dans la même matrice.

L'air est une substance physique ; il nous enveloppe si intimement
qu'il est difficile de déterminer où nous nous arrêtons et où il commence. Intérieurement aussi bien qu'extérieurement, nous sommes
dans les moindres détails conçus en vue de l'activité centrale de notre
existence : amener l'air au centre de notre être — jusque dans les profondeurs du délicat et humide labyrinthe membraneux logé à l'intérieur de notre poitrine — et en faire bon emploi.

La respiration est contrôlée par la partie la plus primitive du cerveau : le centre respiratoire du tronc cérébral, une relique qui date

---

Ce que vous ne voyez pas pourrait vous tuer

*Dans l'atmosphère, tant les composantes de l'air que leurs proportions
sont cruciales. Au XVIe siècle, les Espagnols qui envahissaient les territoires montagneux des Incas ont été frappés par une maladie mystérieuse. Le « mal des Andes », comme on l'appelait, avait quelque chose
à voir avec l'air, selon l'*Histoire naturelle et morale des Indes occidentales
(1590),* du père José de Acosta :*

> *Je suis persuadé que l'élément de l'air y est si subtil et si délicat qu'il
> n'est pas proportionné à la respiration humaine, qui requiert un air
> plus brut et tempéré, ce qui, je crois, est la cause qui dérègle fort l'es-
> tomac et perturbe toutes les humeurs.*

*Il s'écoulerait deux siècles avant que l'on identifie la cause de la maladie :
le manque d'oxygène. L'altitude provoque un des problèmes associés à
la qualité de l'air. Les profondeurs en provoquent un autre, que Jonathan Weiner décrit ainsi :*

d'avant l'apparition de la conscience. Respirer est un acte à ce point vital que son contrôle n'a jamais été abandonné au dernier venu : le « cerveau conscient ». Que nous soyons éveillés ou endormis, ce trait d'union avec notre lointain passé commande automatiquement chacune de nos respirations. De 40 à la minute chez le nouveau-né, le nombre d'inspirations s'établit entre 13 et 17 à l'âge adulte et peut atteindre jusqu'à 80 pendant un exercice violent — tout cela sans intervention consciente. La plupart des gens dont la respiration est interrompue plus de deux ou trois minutes souffrent de dommages irréversibles au cerveau et succombent après quatre ou cinq minutes.

Notre corps est doté d'un nombre extraordinaire de dispositifs de sécurité parfaitement réglés pour nous procurer l'exacte quantité d'air nécessaire. Les chimiorécepteurs d'oxygène de l'aorte et des

---

[L]a plupart des gaz mortels dans les mines — le gaz carbonique, le monoxyde de carbone, le méthane, l'hydrogène — sont inodores. Les mineurs étaient susceptibles de s'évanouir subitement, à moins que l'un d'eux, voyant un camarade tomber à genoux, plus loin dans la galerie, n'eût la présence d'esprit de lancer le cri d'alarme : « Gaz ! » Le seul gaz minier perceptible est l'hydrogène sulfuré (qu'on surnomme « gaz puant »), mais même l'hydrogène sulfuré est traître. À de très faibles concentrations, il dégage une odeur d'œufs pourris ; à des concentrations plus fortes et létales, il est toutefois complètement inodore. Les mineurs ont eu recours à des souris, des poulets, des petits chiens, des pigeons, des moineaux domestiques, des cochons d'Inde, des lapins. Après des tâtonnements et des erreurs fatales, ils ont opté pour le canari : en présence de monoxyde de carbone et de gaz puant, à tout le moins, l'oiseau s'effondrait généralement plus tôt que le mineur qui tenait la cage.

Après la Seconde Guerre mondiale, on a mis au point et installé dans les mines des détecteurs de gaz plus perfectionnés. Encore aujourd'hui, un canari jaune orne la couverture bleue du plus récent manuel de sécurité du Department of the Interior consacré aux gaz miniers. □

artères carotides vérifient en permanence le niveau d'oxygène dans le sang. Quand les taux d'oxygène baissent, les récepteurs envoient aux muscles du diaphragme et des côtes le message d'accélérer le rythme respiratoire. Les chimiorécepteurs de gaz ou d'acide carbonique réagissent à la hausse du taux d'acidité dans le sang, ce qui survient lorsque le gaz carbonique dissous forme de l'acide carbonique. Là encore, les récepteurs envoient aux muscles du diaphragme et des côtes le message d'accélérer le rythme respiratoire pour éliminer le gaz carbonique.

Des mécanorécepteurs protègent aussi les voies respiratoires et les poumons. Dans les poumons, des récepteurs de tension décèlent l'expansion pulmonaire. Quand on inspire, ces récepteurs émettent un signal qui règle le temps d'attente jusqu'à la prochaine inspiration. Des récepteurs additionnels coordonnent la respiration avec les niveaux d'activité musculaire et d'autres centres nerveux règlent la respiration quand on se sent angoissé ou souffrant, quand on éternue ou bâille. On peut déjouer le contrôle réflexe de la respiration en retenant délibérément son souffle. Mais bientôt l'augmentation de gaz carbonique dans le sang force à prendre une respiration. Comme la fenêtre de survie n'est que de quelques minutes seulement, le corps humain a développé une batterie de moyens pour s'assurer un approvisionnement constant de cette substance dont il ne peut se passer.

L'oxygène est la composante cruciale de l'air ; il a la propriété d'entrer en combustion en partageant ses électrons avec d'autres éléments. Ce processus, connu sous le nom d'oxydation, peut se produire aussi rapidement que l'allumage d'un feu, évoluer avec la lenteur imperceptible de la rouille qui s'attaque au fer, ou selon un rythme contrôlé, comme celui du métabolisme dans un organisme vivant. Dans la cellule, l'oxygène dissocie des molécules, dont les glucides et les graisses, et dégage de l'énergie sous forme de chaleur. Dans ce processus, l'oxygène se transforme en gaz carbonique libéré ou en d'autres produits de décomposition. L'oxygène allume la flamme de la vie et l'entretient.

Le parcours d'un souffle

On peut comparer le torse à un grand collecteur d'air — un méca-nisme terriblement complexe conçu pour capter l'air à pleins pou-mons et en tirer profit. Une respiration commence quand le dia-phragme, un muscle lisse situé sous les poumons, et d'autres muscles entre les côtes se contractent, soulèvent et projettent vers l'avant la cage thoracique pour créer un vide partiel dans la région thora-cique. La pression de l'atmosphère force ensuite l'air à entrer dans la poitrine.

Quoique les poumons aient une capacité moyenne de 4,25 à 6 litres, ils n'aspirent qu'environ 500 millilitres d'air au repos. Quand on prend une grande respiration, cette quantité atteint jusqu'à 3 ou 4 litres. Même quand on expire aussi profondément que possible, environ un litre d'air reste dans les poumons.

L'air inhalé entre à grande vitesse par les narines où il est filtré : les grosses particules de poussière et les corps étrangers sont intercep-tés par de minuscules poils qui peuvent les expulser en provoquant un éternuement ; les plus petites particules sont filtrées par des poils microscopiques fixés aux structures cartilagineuses, recouvertes d'une muqueuse et appelées cornets du nez. Filtré, humidifié et porté à la température du corps, l'air glisse le long de la paroi supérieure des fosses nasales et traverse l'organe olfactif, une petite surface de mem-brane muqueuse riche en terminaisons nerveuses. Dans les creux et les crevasses de la tache olfactive, les molécules présentes dans l'air sont échantillonnées et cette information est transmise aux bulbes olfactifs, à la base du cerveau, par un nerf qui traverse le plancher osseux du crâne. Si l'on apprécie ou remarque rarement « la pureté et la fraî-cheur de l'air », on note instantanément la présence de fumée, de par-fum, d'odeur de poisson pourri ou de lilas dans l'environnement. Et si l'humain n'a pas l'acuité olfactive exceptionnelle de nombreuses autres espèces, l'air lui livre tout de même des informations précieuses sur son milieu. Les odeurs stimulent l'appétit, excitent, signalent un danger, calment ; souvent, elles déclenchent de vives émotions et réveillent de lointains souvenirs.

Figure 2.1 — Le parcours anatomique d'une respiration

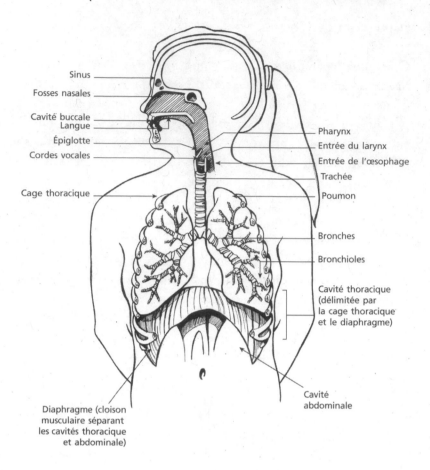

Sinus

Fosses nasales

Cavité buccale
Langue

Épiglotte

Cordes vocales

Cage thoracique

Pharynx

Entrée du larynx

Entrée de l'œsophage

Trachée

Poumon

Bronches

Bronchioles

Cavité thoracique
(délimitée par
la cage thoracique
et le diaphragme)

Cavité
abdominale

Diaphragme (cloison
musculaire séparant
les cavités thoracique
et abdominale)

Dans la gorge, l'air passe par la trachée-artère, ou trachée, qui se divise en deux bronches souches où chaque poumon s'approvisionne *(figure 2.1)*. Les bronches se subdivisent en plusieurs passages plus étroits, appelés bronches lobaires, qui se ramifient en bronchioles plus petites. L'air circule dans ces passages toujours plus étroits, qui se terminent par des sacs regroupés en grappes et appelés alvéoles. Un poumon moyen compte 300 millions d'alvéoles et sa surface cellulaire totale est de la taille d'un court de tennis ! Les alvéoles sont ceinturées de capillaires, de minuscules tuyaux en arborescence au bout des artères, par où circulent les cellules sanguines *(figure 2.2)*.

C'est par les alvéoles que l'air entre dans le circuit sanguin. Pour faciliter ce processus, les alvéoles sont tapissées d'une pellicule 50 fois plus mince que du papier à lettres pour la poste aérienne, et composée de 3 couches superposées. Appelée surfactant, cette pellicule réduit la tension superficielle à la frontière de l'air et des globules sanguins et favorise ainsi la diffusion des gaz. Le surfactant adhère aussi aux particules inhalées jusqu'à ce que des macrophages, des éboueurs cellulaires, puissent venir les retirer. La ligne de démarcation entre l'air et les globules est floue : là où l'atmosphère de la planète s'introduit dans le courant sanguin, les catégories — gaz et liquide, dehors et dedans — se fondent.

Nous avons en moyenne environ 5 litres de sang et quelque 5 millions de globules rouges par millilitre de sang (25 milliards de globules rouges au total). Quand nous sommes détendus, il faut environ une minute aux 5 litres pour compléter un aller-retour du cœur aux pou-

Figure 2.2 — Anatomie détaillée d'une alvéole

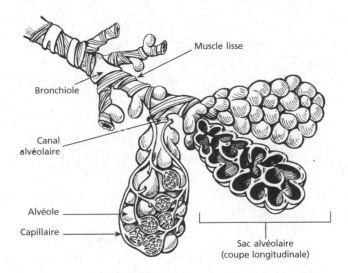

Muscle lisse

Bronchiole

Canal
alvéolaire

Alvéole

Capillaire

Sac alvéolaire
(coupe longitudinale)

Figures 2.1 et 2.2 d'après *Biology : The Unity and Diversity of Life*, de Cecie Starr et Ralph Taggart, 6e édition, Belmont (Californie), Wadsworth, 1992, figure 40.8.

mons et au reste du corps, avant de revenir au cœur. À l'exercice, ce rythme peut être 6 fois plus rapide.

Il peut y avoir jusqu'à 350 millions de molécules d'hémoglobine emmagasinées dans chacun des 25 milliards de globules rouges. L'hémoglobine se fixe au gaz carbonique ou aux molécules d'oxygène qu'elle transporte jusqu'aux poumons et en ramène. Chaque molécule d'hémoglobine est capable de transporter 4 molécules à la fois ; dans un volume moyen de sang, on trouve donc 35×10^{18} (c'est-à-dire 35 suivi de 18 zéros) sites de fixation possibles d'oxygène et de gaz carbonique. Quand l'air inhalé entre en contact avec les alvéoles dans les profondeurs des poumons, l'oxygène se diffuse instantanément dans les membranes pour se fixer à l'hémoglobine, tandis que le gaz carbonique est expulsé dans l'atmosphère. Chargé d'oxygène, le sang tourne au rouge clair et amène, par tout le corps, le combustible vital aux cellules qui ont besoin d'énergie.

Quand nous nous adonnons à un travail physique ou à un exercice, nous puisons à même nos réserves d'énergie et pouvons requérir jusqu'à 2,5 litres d'oxygène chaque minute. La fatigue génère davantage de gaz carbonique, qui est libéré dans le circuit sanguin où il agit sur le cerveau pour stimuler une augmentation du rythme de la respiration. L'apport d'oxygène s'accroît d'autant et amène le cœur à battre plus rapidement ; le rythme auquel les globules sanguins libèrent du gaz carbonique et prélèvent de l'oxygène dans les poumons s'accélère en conséquence.

Le ciment universel

Comme le contenu gazeux des alvéoles n'est pas totalement expulsé à chaque expiration (on n'en expulse qu'un dixième lorsqu'on est au repos), l'air retenu garde les sacs alvéolaires gonflés et prévient leur affaissement. Ainsi il reste en permanence en nous de l'air qui fait autant partie de notre corps que n'importe lequel de ses tissus ou organes. Nous faisons partie de l'air qui, à son tour, fait partie de toute plante verte et de toute autre créature qui respire.

Après vous être trouvé dans une pièce avec d'autres personnes, faites ce très simple exercice mental. En multipliant le volume d'air (en litres) dans la pièce par le nombre d'Avogadro (le nombre d'atomes dans une mole : $6,022 \times 10^{23}$), vous obtiendrez une approximation du nombre d'atomes dans l'air de la pièce. (Présumez que l'air soit toujours parfaitement mélangé.) Divisez ensuite le nombre d'atomes dans l'air par le volume d'air inhalé, multiplié par le nombre de respirations à la minute, multiplié par le temps passé dans la pièce, multiplié par le rythme auquel l'oxygène et le gaz carbonique se diffusent dans les membranes cellulaires des poumons. Même le calcul le plus sommaire montre que chacun absorbe très rapidement dans son organisme des atomes qui, à un moment ou à un autre, ont été partie intégrante des autres personnes présentes dans la pièce.

***

Se garder de l'hypoxie

Les baleines, les dauphins, les phoques et d'autres mammifères marins semblent si à l'aise dans l'eau qu'il est facile d'oublier qu'il s'agit en réalité de créatures aérobies. Comme nous, ces animaux peuvent se noyer. Pour composer avec le fait qu'ils passent fort peu de temps à l'interface de l'air et de l'océan, les mammifères marins, surtout ceux qui plongent le plus profondément, ont adopté des stratégies pour conserver l'oxygène de chaque précieuse inspiration et déjouer ainsi les risques métaboliques d'hypoxie (baisse du taux d'oxygène).

Contrairement aux créatures terrestres, les mammifères marins respirent consciemment, contrôlant chaque respiration. Ils mettent pleinement à profit leurs rares moments passés à la surface, où ils expirent vigoureusement les gaz résiduels et inspirent profondément de l'air neuf, riche en oxygène. Les rorquals communs, par exemple, remplacent jusqu'à 90 % du contenu de leurs poumons à chacune de leurs puissantes inspirations.

Les éléphants de mer sont de prodigieux plongeurs. Ils peuvent descendre jusqu'à 1 kilomètre de profondeur, y rester une heure et, fait remarquable, ne passer que 3 minutes environ à la surface entre deux plongées. Les éléphants de mer ne retiennent pas leur souffle pendant la plongée (essayez simplement de maintenir profondément immergé un ballon gonflé) ; au contraire, leurs poumons, alvéoles et trachée s'aplatissent. Seuls 5 % d'air restent dans leurs poumons. La majeure partie de l'oxygène est plutôt transporté dans le sang et les muscles, où un important volume sanguin (jusqu'à 20 % de plus que chez l'humain) et d'énormes provisions de myoglobine (trois fois plus que chez l'humain) assurent un usage plus efficient de cette ressource fort précieuse.

Pour mieux conserver l'oxygène, les éléphants de mer ralentissent leur rythme métabolique pendant la plongée en eaux profondes. Le sang reflue alors des extrémités vers les organes centraux, tels le cœur et le cerveau, et le rythme cardiaque, de 110 à 120 battements par minute, ralentit pour s'établir quelque part entre 20 et 50 pulsations par minute. Les humains qui vivent en haute altitude s'adaptent aussi à des conditions de faible teneur en oxygène. À mesure qu'augmente l'altitude, l'air se raréfie : chaque inspiration d'air contient donc moins de molécules d'oxygène. Pour compenser, les habitants des hauts plateaux des Andes ont dans le sang un plus fort pourcentage d'hémoglobine et sont de ce fait capables de retenir plus d'oxygène. Détail intéressant, cette adaptation ne s'est pas universellement développée dans les populations vivant en haute altitude. Les peuples de l'Himalaya et du plateau tibétain ne présentent pas les mêmes hauts taux d'hémoglobine (sauf aux altitudes extrêmes de 4 000 mètres et davantage) ; ils compensent la faible teneur en oxygène par un plus grand nombre de respirations à la minute. □

Harlow Shapley, l'éminent astronome de Harvard, s'est un jour livré à un autre exercice mental à propos de l'air. Il a observé que l'air que nous respirons est à 99 % constitué d'oxygène hautement actif et d'azote légèrement réactif, mais aussi qu'environ 1 % de cet air est de l'argon, un gaz inerte. Parce qu'il est inerte, l'argon est inspiré et expiré sans jamais devenir une partie de notre organisme ni contribuer aux transformations métaboliques. Shapley a donc évalué que chaque respiration contient environ 30 000 000 000 000 000 000 — ou $3,0 \times 10^{19}$ — d'atomes d'argon, plus des trillions de molécules de gaz carbonique. Supposons maintenant que vous expiriez une fois et que vous suiviez à la trace ces atomes d'argon. En quelques minutes, ils se seront répandus dans l'air bien loin de l'endroit où ils ont été expulsés, et ils se seront dispersés dans les environs. Après un an, ces atomes d'argon se seront mélangés dans l'atmosphère et disséminés autour de la planète de telle manière que chacune de vos inspirations contiendra au moins 15 atomes d'argon libérés, un an plus tôt, dans cette première expiration ! Toutes les personnes de plus de 20 ans ont respiré au moins 100 millions de fois et inhalé des atomes d'argon émis dans le premier souffle de chaque enfant venu au monde sur la planète un an plus tôt !

> Votre prochaine inspiration, écrit Shapley, contiendra plus de 400 000 des atomes d'argon respirés par Gandhi dans sa longue existence. Il y a ici des atomes d'argon provenant des échanges de la Dernière Cène, des discussions des diplomates à Yalta et des déclamations de poètes grecs et latins. Nous avons de l'argon venant des soupirs et promesses d'amants des siècles passés, des cris de ralliement à Waterloo, voire d'atomes d'argon rejetés, l'année dernière, par l'auteur de ces lignes, qui a déjà personnellement fait l'expérience de 300 millions de respirations.

L'air sort de nos narines pour entrer directement dans celles de notre voisin. Chaque jour, nous absorbons dans l'air des atomes qui ont un jour fait partie d'oiseaux ou d'arbres, de serpents ou de vers, parce que toutes les formes aérobies de vie partagent le même air (les formes de vie aquatiques échangent aussi des gaz qui se dissolvent de part et d'autre de l'interface air/eau).

L'air n'est pas un vacuum ni un espace vide — c'est une substance physique qui nous imprègne tous et filtre à travers nous. Il est en constante transformation parce que la vie et les forces géophysiques ajoutent et soustraient des constituants à sa composition ; et pourtant, sur de vastes étendues de temps, la composition fondamentale de l'air s'est maintenue dans un équilibre dynamique. Plus chacun de nous vit longtemps, plus grande est la probabilité qu'il absorbe des atomes qui ont jadis fait partie de Jeanne d'Arc et de Jésus-Christ, d'hommes de Neandertal et de mammouths laineux. De la même manière que nous avons inhalé nos aïeux, nos petits-enfants et leurs petits-enfants nous accueilleront dans leurs inspirations. Nous sommes indissolublement liés au passé et à l'avenir par le principe vital que nous partageons.

Chaque souffle est un sacrement, une affirmation de notre lien avec toutes les autres choses vivantes, une confirmation de notre attachement à nos ancêtres et une contribution aux générations à venir. Notre souffle participe du souffle de la vie, de l'océan d'air qui enveloppe la Terre. Unique dans le système solaire, notre air est à la fois le créateur et la créature de la vie elle-même.

L'origine de l'air

L'explication scientifique de l'origine de l'air est aussi impressionnante que n'importe quel récit cosmogonique, aussi grandiose par son envergure temporelle que par l'échelle des événements qui s'y succèdent. Les scientifiques croient que, dans le sillage du big-bang qui a donné naissance à l'univers, d'immenses nuages engendrés par le brassage de gaz ont refroidi et se sont condensés en agrégats de matière sous l'effet des forces d'attraction de leur propre gravité. La contraction de la matière a chauffé le noyau des corps massifs jusqu'à ce que des atomes vainquent les forces électrostatiques répulsives qui les maintenaient séparés. Les atomes d'hydrogène ont été si violemment attirés les uns par les autres qu'ils ont pénétré la barrière de répulsion des électrons environnants. Les noyaux de ces atomes d'hydrogène ont fusionné et produit de l'hélium tout en dégageant de l'énergie ; ils ont ainsi allumé les fournaises thermonucléaires des étoiles qui éclairent les cieux, dans l'univers en expansion.

Dix milliards d'années après le big-bang, une étoile — notre Soleil — est née dans la Voie lactée. Des nuages de gaz tournaient autour de cette étoile, nuages qui se sont concentrés en plus petits corps célestes, appelés planètes. Une de ces planètes est la Terre, née voilà quelque 4,6 milliards d'années d'une agrégation de poussières et de météorites. Elle a continué de grossir pendant des millions d'années, absorbant tous les corps sur son passage, ramassant la poussière cosmique dans sa révolution autour du Soleil. L'hydrogène et l'hélium du manteau originel de la Terre étaient trop légers pour que la gravité de la planète les retienne et ils se sont échappés dans l'espace. Ils ont laissé derrière eux une atmosphère primitive dont on estime qu'elle était composée à 98 % de gaz carbonique, à 1,9 % d'azote et à 0,1 % d'argon.

En refroidissant, la Terre est devenue géologiquement active : des volcans ont craché d'énormes quantités de lave, de cendres et de gaz. À cette époque, comme maintenant, ces émissions gazeuses se composaient pour l'essentiel de vapeurs d'eau, de gaz carbonique et de composés de soufre, d'azote et de chlore. En outre, des molécules de méthane et d'ammoniac se sont formées à partir des éléments présents dans ces gaz. Mais il n'y avait pas d'oxygène libre, ou pur, nécessaire à la vie animale. Les gaz alors existants, connus sous le nom de gaz à effet de serre, ont constitué une enveloppe atmosphérique qui laissait passer les rayons du Soleil. Ces rayons se rendaient jusqu'à la surface de la planète sous forme de très courtes ondes de lumière. Le rayonnement de ces ondes était renvoyé vers l'espace où les gaz à effet de serre agissaient comme le verre d'une serre et emprisonnaient les ondes les plus longues, telles les infrarouges, retenant la chaleur à la manière d'une couverture et provoquant une élévation de la température à la surface de la Terre (figure 2.3).

Parce que l'atmosphère de la Terre était riche en gaz à effet de serre et de 20 à 30 fois plus dense qu'aujourd'hui, la température à la surface de la Terre s'est élevée jusqu'à atteindre de 85 °C à 110 °C. Quand l'activité volcanique s'est calmée, l'atmosphère s'est peu à peu suffisamment rafraîchie pour que la vapeur d'eau se condense en nuages qui ont fini par se déverser en pluie sur la terre. Ainsi a commencé le cycle de l'eau, ce processus ininterrompu de condensation, de précipitation et d'évaporation, si crucial pour la vie. Il n'y avait pas

Figure 2.3 — L'absorption des gaz à effet de serre

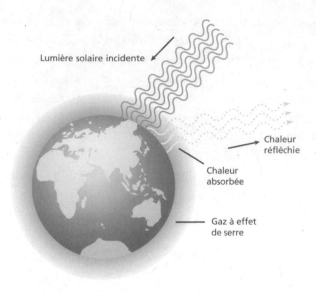

Lumière solaire incidente

Chaleur réfléchie

Chaleur absorbée

Gaz à effet de serre

D'après *Global Warning : The Greenpeace Report*, de Jeremy Leggett (dir.), Oxford, Oxford University Press, 1990, p. 15.

encore de sol et, pendant des centaines de millions d'années, la pluie s'est accumulée pour former des cours d'eau, des lacs et des océans. Sur d'immenses périodes, des quantités infinitésimales de sels et d'éléments ont ainsi été extraits de la roche et se sont accumulés dans les océans.

L'interaction de la vie et de l'air

Les atomes et les molécules (combinaisons d'atomes) simples de l'atmosphère qui flottaient à la surface de l'océan se sont ensuite dissous dans les eaux. Les atomes ont continué de s'accumuler grâce à l'apport des fleuves qui irriguaient le continent et se jetaient dans les mers. Finalement, les atomes et les molécules de ce riche mélange sont entrés en réaction les uns avec les autres pour former des structures encore plus complexes, futurs matériaux des composés importants des cellules vivantes — acides nucléiques, protéines, lipides et hydrates de carbone — qui transmettent l'information héréditaire, opèrent les réactions métaboliques et constituent les structures cellulaires de tous les organismes. Dans cet environnement prébiotique se sont multipliées les conditions qui ont rendu possibles l'éclosion et la propagation de la vie.

En moins d'un milliard d'années, la vie est apparue spontanément dans les océans. On ne peut que conjecturer sur les bizarres formes expérimentales qu'ont adoptées les cellules primitives, ou « protocellules », mais une cellule a finalement acquis les propriétés qui lui ont permis de réussir là où d'innombrables autres avaient échoué. Elle est parvenue à remporter la compétition contre toutes les autres formes et à persister en se répliquant. Cette cellule est l'ancêtre de toute chose vivante aujourd'hui — une seule cellule, dont la progéniture a fini par peupler les océans, couvrir le continent et voler dans les cieux.

Si nous inventions le moyen de voyager dans le temps et que nous remontions de 2 milliards d'années, nous trouverions une Terre grouillante d'organismes, dont nul ne serait cependant visible à l'œil nu. Le monde était alors microbien, et les bactéries étaient les seules formes de vie sur Terre. Elles subsistaient dans les océans de la planète, dans ce qui était essentiellement un énorme bassin d'expérimentation chimique. Le monde de ces bactéries qui extrayaient l'énergie d'éléments chimiques autour d'elles, dont le gaz carbonique et l'hydrogène sulfuré, était anoxique (dépourvu d'oxygène). Puis, il y a environ 2,5 milliards d'années, un groupe de micro-organismes du nom de cyanobactéries a développé une méthode pour capter l'énergie des photons que le Soleil déverse sur Terre et la convertir en liaisons chimiques à potentiel énergétique élevé, susceptible d'être emmagasiné dans des molécules et mobilisé au besoin.

La chimie est le langage de la vie.
LYNN MARGULIS, *The Third Culture*

Cette capacité de convertir l'énergie solaire en nourriture, processus appelé photosynthèse, a transformé la vie sur Terre. Avant les cyanobactéries, la vie devait grappiller l'énergie ici et là, l'extraire des cheminées des fonds océaniques, des volcans et des liaisons chimiques. La lumière solaire, elle, est inépuisable. Grâce à la photosynthèse, l'énergie devenait abondamment accessible. La clé de la photosynthèse est la chlorophylle pigmentaire qui emprisonne les photons et en transfère l'énergie à des sites où celle-ci peut être utilisée pour produire des sucres. Par le biais de la photosynthèse, les cyanobactéries (et, plus tard, les algues et les plantes) ajoutaient l'énergie lumineuse capturée à un mélange de gaz carbonique et d'eau pour produire le glucose, une molécule de sucre simple pourvue d'une structure d'atomes d'oxygène et de carbone. Incidemment, à mesure que les cyanobactéries réalisaient leur chimie solaire, la vie entamait un long processus de modification de l'atmosphère qui se poursuit de nos jours.

Chaque fois que 6 molécules de gaz carbonique sont transformées par photosynthèse en une molécule de sucre, 6 molécules d'oxygène (O_2) sont libérées. Pendant 100 millions d'années, l'oxygène a été relâché par les cyanobactéries dans l'océan, où il a réagi avec du fer en solution pour former des oxydes de fer. L'océan s'est essentiellement mis à rouiller. Les oxydes de fer se sont séparés par précipitation et sont tombés sur le fond océanique. Aujourd'hui, ces sédiments sont la source de la plus grande partie du minerai de fer.

Les archives géologiques montrent que les roches terrestres contenant du fer ont aussi commencé à rouiller il y a environ 2 milliards d'années. Des bandes rouges fournissent un indice quant au moment approximatif où l'océan s'est finalement saturé d'oxygène ; l'atmosphère a ensuite reçu à son tour ce cadeau chimique. Imperceptiblement mais inexorablement, l'équilibre des gaz s'est transformé pour produire l'atmosphère riche en oxygène que nous connaissons aujourd'hui. Et en modifiant la composition chimique de l'air, la vie s'est donné de nouvelles possibilités. La révolution de l'oxygène était commencée.

Les cyanobactéries ont transformé la chimie de la Terre et préparé l'environnement pour que de nouvelles formes de vie se développent. Finalement, une nouvelle vie est apparue quand une bactérie en a colonisé une autre, s'introduisant dans la membrane de l'hôte pour se loger à l'intérieur du protoplasme. Même s'il ne s'agissait vraisemblablement que d'une simple stratégie de survie — recherche de nourriture ou de protection contre un prédateur — cette invasion s'est avérée être un point tournant dans l'histoire de la vie. L'hôte et l'envahisseur ont découvert des avantages mutuels à cette relation, qui n'a donc pas donné lieu à une association antagoniste. Le nouveau tout était, bien sûr, plus grand que la somme de ses parties : la coopération avait prévalu sur la rivalité.

De ce partenariat entre deux bactéries a résulté un nouveau type de cellule, une cellule d'une plus grande complexité, dotée d'un noyau et d'organelles, qui a facilité la naissance d'une vie plus complexe. On admet communément aujourd'hui l'idée, contestée jusque dans les

Une fenêtre sur le passé

Shark Bay, en Australie, offre un aperçu de l'histoire de la Terre : nous y voyons ce qu'était peut-être notre planète il y a quelques milliards d'années. Les blocs erratiques en forme de chou-fleur dans les hauts-fonds océaniques s'appellent des stromatolithes. Leurs constructeurs ? Les cyanobactéries.

Les stromatolithes formés par des tapis de cyanobactéries se couvrent de sable et de boue. Comme les cyanobactéries ont besoin de lumière, elles se déplacent vers la surface, poursuivent leur construction vers le haut et composent un rocher vivant fait de couches superposées de bactéries et de boue.

À partir de ces modestes amas de roc, les cyanobactéries ont capitalisé sur les abondantes ressources qui les entouraient. Utilisant la lumière pour alimenter une réaction qui libère l'oxygène de l'eau, elles ont créé sur Terre une atmosphère favorable à la vie. □

années 1980, selon laquelle ces mitochondries cellulaires ont évolué quand une bactérie a fusionné avec une autre. (La mitochondrie est la centrale électrique des cellules ; elle se sert de l'oxygène et des éléments chimiques pour créer du combustible.) Les chloroplastes qui rendent les plantes capables de photosynthèse sont le résultat d'un partenariat symbiotique semblable. L'ADN d'un chloroplaste n'a que peu de ressemblance avec celui du noyau cellulaire, mais sa similarité avec l'ADN des cyanobactéries est stupéfiante.

Dans un monde dominé par les bactéries, la fusion fortuite de microbes primitifs dans les océans de la Terre a rendu possibles des agrégats multicellulaires plus complexes : algues, champignons, plantes et animaux. Au début, les organismes ont continué d'évoluer dans le berceau océanique et, par la suite, sur le sable humide, l'argile et la poussière à sa périphérie. Les plantes vertes n'ont commencé à coloniser la Terre qu'il y a environ 475 millions d'années et, ce faisant, ont continué à en transformer l'atmosphère.

L'invasion du continent par les plantes a entraîné une floraison de vie, un accroissement prodigieux de la diversité et du nombre d'êtres vivants. Sur une très longue période, les végétaux ont constitué les formes de vie dominantes dans les océans et sur le continent, ce qui a rendu possible l'évolution d'animaux, les herbivores, capables de tirer profit des plantes. En broutant, ces animaux assimilaient dans leurs structures corporelles les sous-produits des molécules végétales, et les carnivores qui se nourrissaient d'herbivores incorporaient à leur tour ces dérivés moléculaires dans leur organisme. Pendant des lustres, des générations de plantes et d'animaux ont prospéré et sont morts ; et tandis que leurs carcasses s'entassaient et se décomposaient, les molécules dont ils étaient jadis constitués retournaient dans le sol. Avec le temps, ces chaînes de carbone sont devenues les « combustibles fossiles » — tourbe, charbon, pétrole et gaz naturel — que nous exploitons aujourd'hui pour l'énergie toujours emmagasinée dans leurs liaisons chimiques.

Ainsi l'air et la vie ont constamment été en interaction, se modifiant l'un l'autre dans un processus dynamique de changement perpétuel. Pendant que le gaz carbonique était extrait de l'air et emprisonné dans les coquillages faits de carbonate de calcium (qui ont fini par former des dépôts de calcaire) ou dans des combustibles fossiles, l'oxygène était libéré par photosynthèse. Il y a des milliards d'années, le gaz carbonique prédominait dans l'atmosphère. Graduellement, l'azote (78,08 %), l'oxygène (20,95 %) et l'argon (0,93 %) sont devenus les constituants principaux de l'air (voir le tableau 2.1). La vie telle que nous la connaissons ne s'est développée et épanouie que lorsque l'atmosphère s'est enrichie en oxygène.

Tableau 2.1 — Proportions relatives des gaz dans la basse atmosphère		
Gaz	Pourcentage par volume	Parties par million
Azote	78,08	780 840,0
Oxygène	20,95	209 460,0
Argon	0,93	9340,0
Gaz carbonique	0,035	350,0
Néon	0,0018	18,0
Hélium	0,00052	5,2
Méthane	0,00014	1,4
Krypton	0,00010	1,0
Oxyde nitreux	0,00005	0,5
Hydrogène	0,00005	0,5
Xénon	0,000009	0,09
Ozone	0,000007	0,07

Une atmosphère pour la vie

Si on réduisait la Terre à la taille d'un ballon de basket-ball, la partie de l'atmosphère où se produisent les phénomènes météorologiques et où vivent tous les organismes serait plus mince que le papier le plus fin. Dans cette mince couche de limon pierreux, la vie s'est implantée et épanouie. L'équilibre de la composition atmosphérique et de la température a joué un rôle crucial dans cette réussite, comme on peut le constater en comparant la Terre à ses voisines, Vénus et Mars. L'atmosphère vénusienne, cent fois plus dense que celle de la Terre, se compose principalement des puissants gaz à effet de serre que sont la vapeur d'eau et le gaz carbonique. Résultat : à la surface de Vénus règne une inhospitalière température moyenne de 460 °C. Au contraire, Mars a une atmosphère composée à 95,3 % de gaz carbonique, mais le volume total de l'atmosphère n'y est que de 0,6 % de celui que l'on mesure sur Terre au niveau de la mer. L'atmosphère martienne est trop diffuse pour retenir la chaleur, d'où la glaciale température moyenne de − 53 °C à sa surface. Ces trois planètes — la fournaise ardente, le gros caillou inerte, le monde lumineux et vivant qu'est notre patrie — orbitent dans l'espace comme une leçon de choses.

La vie sur notre planète a prospéré dans cette éphémère enveloppe d'air dont la masse totale est de $5,1 \times 10^{15}$ tonnes — soit moins d'un millionième de la masse totale de la Terre. L'atmosphère s'étend jusqu'à 2 400 kilomètres au-dessus de la surface de la Terre mais, à 99 %, elle se concentre à moins de 30 kilomètres du sol : 5 millions de milliards de tonnes d'air de plus en plus densément comprimé à mesure qu'on se rapproche de la surface de la planète. Dans sa couche inférieure, l'atmosphère exerce une pression de 1 kg/cm², une pression à laquelle, comme les autres formes de vie qui partagent avec nous la surface du globe, nous sommes adaptés et dont nous ne saurions nous passer.

Notre relation avec la pression de l'air à la surface de la Terre est si finement réglée que nous sommes menacés presque aussitôt que nous quittons son manteau protecteur parfaitement pressurisé. Grâce en bonne partie aux efforts des alpinistes et des aérostiers qui ont ouvert la voie, nous savons que, dès que nous gagnons en altitude, le changement de pression atmosphérique et le manque d'oxygène nous indisposent. Même le plus sédentaire d'entre nous a déjà fait l'expérience de l'un des premiers signes d'un changement d'altitude : les douleurs au tympan. Au sol (quelle que soit l'altitude au-dessus de la mer à laquelle nous vivons), la pression de l'air de part et d'autre du tympan est équilibrée. À mesure que la pression de l'air baisse quand on gagne de l'altitude, l'air sous plus haute pression à l'intérieur de l'oreille pousse le tympan vers l'extérieur et il s'ensuit une vive douleur, à moins que la pression ne se relâche. (La situation s'inverse quand un plongeur descend : la pression de l'eau pousse alors le tympan vers l'intérieur.)

Plus nous gagnons de l'altitude, plus il devient difficile de reprendre notre souffle : il y a alors moins d'oxygène disponible dans chaque inspiration. De même, haute altitude et basse pression de l'air peuvent causer, dans les capillaires, des fuites de fluide qui se répand dans les poumons ou le cerveau. On n'arrive plus à obtenir assez d'oxygène pour subvenir à ses besoins et, si on ne redescend pas ou ne recourt pas à un appareil respiratoire, la mort survient rapidement. La capacité d'embouteiller de l'air à la pression qui est la sienne à la surface de la Terre a repoussé les bornes de notre habitat — même si ce n'est que pour de brèves incursions — et ouvert les cieux et les mers à l'exploration humaine.

Il faut explorer les étages du complexe gâteau de gaz qui pèse sur nos têtes pour comprendre ce qui s'y produit et pourquoi. En Europe, au Moyen Âge, on décrivait le spectacle s'offrant depuis la Terre comme une succession de sphères cristallines qui, dans leurs révolutions constantes les unes à l'intérieur des autres, entraînaient les étoiles. En se déplaçant, elles chantaient, produisant de grandes harmonies célestes : la musique des sphères. Aujourd'hui, on peut adapter cette conception à une vision radicalement différente, mais non moins remarquable : celle de l'atmosphère et de toutes ses sphères plus petites qui enveloppent la planète *(figure 2.4)*. Il est possible de se les représenter comme une succession de zones, se mouvant les unes à l'intérieur des autres, dont chacune contient des matériaux divers aux propriétés différentes. Si elles ne chantent pas, ces régions éclairent, réfléchissent la lumière, protègent, réchauffent et rafraîchissent — elles sont l'habitat de la vie. À l'abri sous nos sphères, nous pouvons lever les yeux vers le ciel et chanter.

Vue depuis la Terre, l'atmosphère semble homogène ; les vents et les forces de convection la brassent constamment. En fait, on désigne sous le nom d'homosphère, parce que le mélange d'air y est uniforme, les 83 kilomètres situés juste au-dessus de la Terre. La moitié de la masse atmosphérique se trouve à moins de 6 kilomètres de la surface terrestre. Même ce voile diffus montre des variations reliées aux fluctuations du rayonnement solaire, au réchauffement par la surface terrestre, à la gravité, à l'évaporation et au rayonnement cosmique incident. Ainsi, par exemple, la gravité maintient plus près du sol les éléments les plus lourds, tandis que les plus légers, comme l'hélium, se retrouvent en quantité relativement plus grande aux altitudes extrêmes.

La troposphère est le niveau inférieur de l'homosphère, où l'on trouve la vie et où se manifeste le climat. Elle s'étend en moyenne jusqu'à 11 kilomètres au-dessus de la surface terrestre, mais jusqu'à 8 kilomètres au-dessus des pôles et jusqu'à 16 kilomètres au-dessus de l'équateur. Par delà la troposphère se trouve la stratosphère (de 11 à 48 kilomètres au-dessus de la Terre), où les gaz se raréfient ; cette région contient la couche d'ozone, située entre 16 et 48 kilomètres au-dessus de la Terre. Entre 48 et 88 kilomètres d'altitude s'étend la mésosphère, au-delà de la stratosphère.

Ici, en bas, dans la troposphère où nous vivons, différents niveaux d'action atmosphérique coexistent, dont plusieurs se chevauchent et interagissent. Des vents de grande vélocité séparent le courant d'air chaud, venu de la zone équatoriale, du courant d'air froid en provenance des régions polaires. On appelle courants-jets ces vents qu'on retrouve entre 7 620 et 13 716 mètres au-dessus de la Terre. En général, les courants-jets voyagent d'ouest en est dans les hémisphères Nord et Sud, mais il arrive qu'ils dévient provisoirement vers le nord ou vers le sud. Les vents d'ouest dans l'hémisphère Nord suivent souvent la trajectoire des courants-jets qui les surplombent.

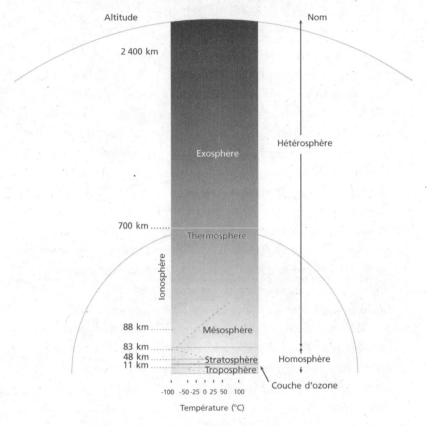

Figure 2.4 — Les couches à l'intérieur de l'atmosphère
*(La ligne pointillée indique la température
dans la basse atmosphère)*

Altitude

Nom

2 400 km

Exosphère

Hétérosphère

700 km ......

Thermosphère

Ionosphère

88 km ....

Mésosphère

83 km ....
48 km ....
11 km ....

Stratosphère

Homosphère

Troposphère

Couche d'ozone

-100 -50 -25 0 25 50 100

Température (°C)

D'après *Science Desk Reference*, New York, Macmillan, 1995.

La plupart du temps, nous n'avons pas conscience des grands mouvements de la Terre et de son atmosphère. Mais il nous arrive parfois d'être directement en contact avec le moteur de la vie. Quiconque fait l'aller-retour en avion entre Vancouver et Toronto, ou entre San Francisco et New York, est nécessairement intrigué par le fait qu'il faut plus de 5 heures pour franchir la distance d'est en ouest, mais moins de 4 heures pour la parcourir d'ouest en est. Cet écart tient aux vents contraires qui soufflent d'ouest en est tandis que la rotation de la Terre entraîne l'atmosphère dans son mouvement. Ces

L'effet sauterelle

Les glaciers des hautes montagnes Rocheuses, les vastes étendues de toundra arctique, la neige, la glace et la mer coiffent le Canada, chapeautent le monde. Loin des usines, des automobiles et des grandes villes, ce sont les derniers endroits où l'on s'attendrait à trouver des niveaux de contamination préoccupants. Malheureusement, ces régions reculées et froides recèlent certains des polluants les plus persistants au monde.

Depuis des années, David Schindler prélève des carottes de glace du Snowdome, un glacier des hautes montagnes Rocheuses canadiennes. Comme une nouvelle couche de glace se forme chaque année, le glacier préserve un relevé annuel des polluants atmosphériques qui voyagent sur les courants aériens du monde. Et le relevé est alarmant : pesticides, BPC et autres polluants organiques persistants sont emprisonnés, laissant dans la glace la trace de nos créations chimiques.

Le voyage de ces polluants jusqu'à la glace peut avoir été long. Il a vraisemblablement commencé sous un climat plus chaud, où les produits chimiques se sont évaporés pour rallier le système de transport long-courrier des vents atmosphériques. Ils ont été transportés jusqu'à ce qu'ils se heurtent à de l'air plus froid, où ils se sont condensés et sont retombés sur Terre dans des gouttes de pluie ou des flocons de neige. Ce cycle de réchauffement (évaporation), refroidissement et précipitation peut se répéter maintes fois avant que les polluants n'interrompent finalement leur tour du monde sous des latitudes plus hautes, plus froides, plus nordiques. Comme le voyage a consisté en « bonds » immenses vers le nord, on a surnommé ce phénomène l'« effet sauterelle ».

Essentiellement marin, le régime alimentaire traditionnel des peuples autochtones du Nord circumpolaire est considéré comme l'un des plus sains au monde. Toutefois, ce régime alimentaire, qui non seulement assure leur subsistance mais définit leurs cultures, menace maintenant leur santé. Lorsque les polluants se dispersent dans l'eau et le sol, ils s'introduisent dans le maillon inférieur de la chaîne alimentaire marine. Ces toxines se transmettent, s'accumulent et se concentrent en passant du

plancton au liparis puis au poisson, jusqu'à ce qu'elles atteignent l'extrémité des chaînes alimentaires arctiques : les peuples nordiques et les
grands prédateurs que sont l'ours polaire, le phoque et la baleine.

Le lait maternel est censé être un don. Il n'est pas
censé être un poison.

ERIC DEWAILLY

Bien que toutes les populations du monde montrent des traces de produits chimiques toxiques, c'est un triste paradoxe que les peuples qui
vivent dans l'une des régions les moins industrialisées de la planète portent dans leur corps le relevé toxique des pesticides et composés industriels dont nous avons inondé la Terre. Les femmes du Nunavik, sur les
côtes de la baie d'Hudson, ont sept fois plus de BPC dans leur lait maternel que les femmes de certaines des plus grandes villes du Canada ; le
taux moyen de BPC et de mercure dans le lait maternel des femmes du
Groenland est de 20 à 50 fois plus élevé que celui des citadines des
États-Unis et de l'Europe ; des taux de contaminants toxiques à la hausse
chez les ours polaires induisent des changements dans leur système hormonal et immunitaire. Et la liste s'allonge.
Autre manifestation du problème, qui a frappé davantage l'imagination,
quand un incendie a éclaté à la centrale nucléaire de Tchernobyl en
Ukraine, le 26 avril 1986, ce sont des scientifiques suédois qui, les premiers, ont annoncé au monde qu'un événement catastrophique était
survenu en Union soviétique. Les radio-isotopes libérés par le réacteur
nucléaire de Tchernobyl s'étaient échappés des décombres et dissipés
dans l'atmosphère. Tandis que ces radio-isotopes se dispersaient en
Scandinavie, des instruments ont détecté des pics de radioactivité consi-
dérables. Comme des indices d'identification, ces radio-isotopes ont fait
le tour de l'hémisphère Nord et révélé la trajectoire de l'air depuis
l'Ukraine. Bien loin de là, au pays de Galles, les retombées radioactives
ont été si intenses que des moutons ont été contaminés et interdits de
vente. Une année plus tard, l'interdit était maintenu.

Tchernobyl et la contamination de l'Arctique sont des illustrations bru-
tales de la nature planétaire de l'air. L'air n'est pas une ressource locale
ou nationale, mais un bien mondial dans lequel nous déversons nos
déchets et dont nous tirons l'air pour ravitailler notre corps. □

courants aériens mélangent continuellement des contributions de diverses parties du globe — vapeur d'eau des océans et des forêts tropicales de la planète, poussière des déserts, émissions des centres industriels humains — et, comme d'immenses fleuves aériens, charrient et dispersent des débris.

La troposphère est constamment malaxée et remuée par des courants de convection engendrés par les écarts de température entre l'air, les continents et la mer ; par les chaînes de montagnes, le climat et l'humidité ; par l'éclosion d'algues marines et la transpiration des forêts. La complexité de ces perturbations rend difficile toute prévision météorologique locale ; on peut néanmoins dresser des cartes des systèmes éoliens planétaires et les interpréter. L'air de l'hémisphère Nord ne se mêle guère à celui de l'hémisphère Sud : lorsque l'air se réchauffe à proximité de l'équateur, des courants aériens se forment de part et d'autre, séparés par les zones de calme équatorial.

L'atmosphère comme bouclier antirayonnement

Dans le développement et la sauvegarde de la vie sur Terre, l'atmosphère a joué un autre rôle crucial, celui d'un bouclier antirayonnement. En plus d'être bombardée par la lumière visible du Soleil, notre planète l'est aussi constamment par sa lumière ultraviolette, invisible et de courte longueur d'onde. Les acides nucléiques, matériau héréditaire des organismes vivants, sont particulièrement sensibles aux

rayons ultraviolets. Quand la lumière ultraviolette frappe une molécule d'ADN, des parties spécifiques de la molécule en absorbent
l'énergie, induisant de ce fait une modification et une réaction chimiques. Bien que des « mécanismes de réparation » se soient développés pour traiter les dommages causés à l'ADN par les ultraviolets,
tous ne sont pas réparés et des altérations génétiques peuvent s'en-
suivre. Parce que la vie a évolué sur de longues périodes, presque toute
altération du matériau génétique est susceptible de bouleverser l'équilibre des très subtiles réactions géniques de la cellule et se révélera nui-
sible plutôt que salutaire.

Quand une molécule d'oxygène composée de deux atomes d'oxygène est frappée par des ultraviolets dans l'atmosphère, elle se scinde
en deux radicaux libres, des atomes hautement réactifs. Tout radical
libre d'oxygène peut faire réagir une molécule d'oxygène composée de
2 atomes pour produire une molécule d'oxygène à 3 atomes, c'est-
à-dire de l'ozone. L'oxygène dans l'atmosphère est donc constamment dissocié et recomposé en ozone. À 30 kilomètres au-dessus du
sol, dans une couche pas plus épaisse qu'une feuille de papier journal,
se trouve la zone où se constitue et se dégrade l'ozone. On appelle
cette région « couche d'ozone ». Comme l'ozone est une forme
d'oxygène, il a la propriété de capturer l'énergie des rayons ultraviolets ; par conséquent, la couche d'ozone filtre une grande partie des
ultraviolets avant qu'ils n'atteignent la Terre.

Dès qu'une photographie de la Terre prise depuis l'espace devient disponible, une idée
aussi puissante que toute autre dans l'histoire se répand.

FRED HOYLE, cité dans E. Goldsmith *et al.*,
Imperilled Planet

Cette interaction chimique s'inscrit dans une splendide symétrie,
un très ancien rapport de réciprocité entre la vie et l'atmosphère ; chacune a créé, modifié, protégé l'autre et s'y est ajustée au fil des millénaires. Dans le contexte de l'évolution biologique et planétaire, il s'est

agi d'une extraordinaire collaboration — peut-être parvenue à un équilibre. Considérée à la lumière du lent processus de changement géologique, l'atmosphère terrestre a été en constante fluctuation, influant sur la vie même qui, à son tour, influe sur l'atmosphère. Mais pendant plusieurs centaines de milliers d'années, au fil des périodes glaciaires et interglaciaires, l'atmosphère est restée relativement inchangée. L'oxygène s'est maintenu à environ 21 % de l'atmosphère, un niveau opportun puisqu'à 25 % il pourrait bien l'enflammer ; par ailleurs, si l'atmosphère contenait seulement 15 % d'oxygène, elle serait fatale à la vie. Le gaz carbonique et la vapeur d'eau, deux gaz à effet de serre également propices à la photosynthèse, ont maintenu la température à la surface de la planète dans les limites d'une fourchette confortable de 7 °C au cours des 3 derniers millions d'années. Ces proportions et ces relations pourraient bien expliquer les sons harmonieux qui caressent nos oreilles tandis que nous sirotons l'air, blottis dans notre bulle sur Terre. Cet élément invisible qui, le premier, a animé la planète — ce souffle de vie — se déplace et tourne au-dessus de nous, autour de nous, en nous. Comme dit l'adage, ce n'est certainement pas un poisson qui, le premier, a découvert l'eau. Aussi nous a-t-il fallu quitter notre planète natale pour comprendre pleinement ce que l'air et la vie avaient créé ensemble.

Quand on lève les yeux vers le ciel, il semble infini. [. . .] On considère sans le moindre égard l'océan d'air illimité, puis on se retrouve assis à bord d'un vaisseau spatial, on s'arrache à la Terre et, en moins de dix minutes, on est transporté hors de la couche d'air, au-delà de laquelle il n'y a rien ! Par-delà l'air, il n'y a que vide, froid, ténèbres. Le ciel bleu « sans limites », l'océan qui nous donne le souffle et nous protège contre la nuit sans fin et la mort, n'est qu'une pellicule d'une minceur infinitésimale. Qu'il est périlleux de menacer même la plus infime partie de cette couverture arachnéenne, de cette conservatrice de la vie !

VLADIMIR SHATALOV, *The Home Planet*

De l'air pour toute vie

Invisible et indivisible, l'air est un espace sans frontières ni propriétaires, que toute vie sur Terre partage. L'air est de plein droit l'héritage de toutes les générations à venir, la matrice qui a modelé le cours
de l'évolution. Il nous rassemble en une unique entité vivante qui se
déploie dans le temps et dans l'espace. Chaque jour, chaque minute
de son existence, chacun d'entre nous — passé, présent et à venir — a
besoin d'un air dont les proportions et la pureté soient adaptées à son
organisme.

Aujourd'hui comme hier, la qualité de l'air dépend de l'interaction dynamique de la vie et de l'atmosphère — de ce qui y entre et ce
qui en est retiré. Sur de très longues périodes, la proportion des gaz
dans l'atmosphère a changé, et il en est allé de même des organismes
qui s'en accommodaient. Cette fois, le changement s'opère très rapidement parce que la technologie humaine fait violence au système.
Les gaz rejetés par nos machines s'additionnent aux constituants de
l'air, qu'ils altèrent.

Pour de nombreux groupes de chasseurs-cueilleurs, protéger les
esprits des animaux abattus est un devoir sacré. Exécuter les rituels
appropriés, ne pas abattre plus de bêtes que nécessaire et ne gaspil-
ler aucune partie de leurs proies sont autant de manières de manifester leur gratitude à ces animaux et de reconnaître leur dépendance à
leur égard. De la même manière, mais encore plus fondamentalement,
nous devons reconnaître notre responsabilité de protéger l'air que
nous respirons.

Comment la Terre garde-t-elle sa faculté de conserver l'air propice à la vie ? Ce processus, comme tant d'autres, reste mal compris
des scientifiques. Mais les priorités sont on ne peut plus claires. La
couche d'organismes capables de photosynthèse sur cette planète est
cruciale pour l'apport d'oxygène dans l'atmosphère. Les automobiles
sont une source importante de dioxyde de carbone. Depuis la Révolution industrielle, les taux de gaz carbonique dans l'atmosphère ont
augmenté régulièrement et pourraient doubler avant le milieu du
XXIe siècle. Une convention planétaire en vue de protéger et de favo-

riser forêts et plantes marines est un premier pas essentiel pour affirmer la priorité de l'air comme fondement même de la vie — notre vie,
toute vie, de tout temps. Pareille convention ne parviendrait guère
cependant à résoudre à long terme le problème sans la réduction, sur
tout le globe, des émissions imputables aux technologies humaines.
Pour cela, il faudra que nous nous défassions de notre fatale dépendance envers les combustibles fossiles.

De notre premier cri, signalant notre arrivée sur Terre, jusqu'à
notre tout dernier souffle à l'heure de notre mort, notre besoin d'air
est absolu. Chaque respiration est un sacrement, un rituel vital. En
inhalant cet élément sacré, nous nous rattachons physiquement à tous
nos proches biologiques présents, aux innombrables générations qui
nous ont précédés et à celles qui nous succéderont. Les émissions
de gaz des incendies, des volcans, de l'industrie et des machines fabri-
quées par l'homme rendent notre destin indissociable de celui de la
planète.

Une fois que nous aurons restauré la légitime primauté du souffle
de vie — premier d'entre tous les droits et devoirs humains, point de
référence dont sont tributaires toutes les décisions — nous pourrons
commencer à travailler à la restauration à long terme de l'ancien équilibre. En prenant la nature comme pierre de touche, nous pourrons
de nouveau jouer notre rôle dans la collaboration qu'entretiennent de
longue date la vie et l'air.

3

Les océans qui coulent dans nos veines

Nous avons formé toute chose vivante à partir de l'eau.

Le Coran, Sourate XXI (Les prophètes), 30,
traduction de Jean Grosjean

*Dans les ravins, tu fais jaillir les sources,
elles cheminent au milieu des montagnes ;
elles abreuvent toutes les bêtes des champs,
les onagres assoiffés les espèrent.*

Psaume 104, 10-11

Si les tout premiers explorateurs humains avaient été des aventuriers intergalactiques venus d'une autre partie de l'univers, leur premier coup d'œil à cette planète aurait pu les inciter à la nommer Eau. De l'espace, on voit clairement que la Terre, avec ses immenses océans et son voile vaporeux de nuages, n'est pas la planète verte, mais la planète bleue.

Fait renversant, les océans occupent 70,8 % de la surface de la Terre ; avec une profondeur moyenne de 3,73 kilomètres, ils contiennent au total 1 370 millions de km³ d'eau. Si l'on ajoute les mers intérieures, les lacs, les glaciers et les calottes polaires, les eaux recouvrent au total 379,3 millions de km², soient 74,35 % de la surface de la planète. Les continents ne sont que des protubérances. Si on aplanissait et nivelait la partie solide de la Terre, un océan unique d'une profondeur de 2,7 kilomètres envelopperait le globe.

Les humains sont des terriens sur une planète aqueuse, des insulaires réfugiés en terrain sec, entourés par un élément étranger dont ils dépendent : leur ancienne patrie, qu'ils ont quittée voilà longtemps et qu'ils portent cependant toujours en eux. L'eau est le matériau brut de la création, la source de la vie. Quand les eaux se rompent, l'enfant paraît — exactement comme les dieux d'autrefois ont séparé l'océan obscur, primitif, et façonné la Terre, et comme les premières créatures terrestres se sont arrachées aux flots.

C'est peut-être pourquoi l'eau est au cœur des rituels humains. Le baptême, par exemple, introduit souvent l'enfant dans la famille humaine : il efface le passé, marque un nouveau départ. Le symbolisme puissant de l'eau — comme transformation, purification, partage — imprègne toute notre existence. L'eau court dans nos souvenirs : un bain de midi dans une crique ; un souhait formulé en jetant une pièce dans une fontaine ; un premier soupir de plaisir quand on glisse ses pieds endoloris dans l'eau froide d'un torrent. Notre littérature est imprégnée de nos rapports mal assurés avec cet élément vital : l'eau dont nous venons, l'eau dont nous ne saurions nous passer, l'eau capable de nous noyer ou de détruire notre monde.

> *Sous cinq brasses ton père gît ;*
> *Ses os sont changés en corail,*
> *Ses yeux sont devenus des perles.*
> *De lui rien n'a péri*
> *Que la mer ne l'eût transformé*
> *En quelque brillante merveille.*

WILLIAM SHAKESPEARE,
La Tempête

Mouvant, changeant, mystérieux, l'océan exerce une influence considérable sur la vie des humains et captive leur imagination. Il se soulève et se brise contre les littoraux autour de la Terre, s'anime à des rythmes qui ne sont pas seulement terrestres. Soumises à trois influences — celles de la Terre, de la Lune et du Soleil — les marées montent et descendent jour après jour, mois après mois, saison après saison, dansant aux rythmes giratoires de la planète, de son satellite et de son étoile. D'une certaine façon, nous savons cela depuis toujours et nous tendons l'oreille aux mouvements de la mer pour y surprendre des messages surnaturels. Les Grecs de l'Antiquité surnommaient « vieil homme de la mer » et « bouvier des veaux marins » le messager Protée qui lisait l'avenir et pouvait le révéler — à qui réussissait à l'attraper. La métamorphose était son moyen d'évasion : de lion, il se transformait en dragon, en cours d'eau, puis devenait flamme, arbre ; il filait entre les doigts de ses poursuivants dans une succession étourdissante de mutations. De la même manière, les eaux qu'il personnifiait sont d'éternelles mutantes qui se transforment continuellement et transforment le reste de la planète. Elles nous découvrent une vérité ancienne et étrange que nous avons du mal à comprendre : une vision des origines de la vie et de ses incessantes métamorphoses.

Le cycle hydrologique

Si l'air est le combustible de toutes choses vivantes, l'esprit qui les anime, l'eau leur donne corps et substance. L'eau a été absolument nécessaire à l'évolution de la vie telle que nous la connaissons. La vie a pris source dans les océans et le goût salé du sang nous rappelle nos origines marines. Mais, comme bien des animaux et des plantes, nous ne pouvons vivre d'eau salée. Notre vie est rendue possible par le cycle hydrologique, processus miraculeux qui transforme par évaporation l'eau salée en eau douce et la redistribue sur toute la planète. L'énergie solaire provoque la transformation de l'eau des océans en vapeur d'eau, qui s'élève dans l'atmosphère et retombe ensuite sous forme de précipitations. L'eau qui atteint la surface de la Terre sous forme de pluie s'infiltre dans le sol ou s'écoule dans les fleuves et les lacs avant de retourner ultérieurement dans les océans *(figure 3.1)*.

Hyperocéan : un océan qui coule sur le continent

Si la vie s'est développée dans l'océan — où elle est restée pendant 3,5 milliards d'années — ses progrès sur le continent ont été spectaculaires et prompts. Une fois que les plantes ont commencé à coloniser les lisières terrestres de la planète, il y a environ 475 millions d'années, la diversité de la vie s'est rapidement étendue. De nos jours, on estime qu'il existe deux espèces terrestres pour chaque espèce marine. Et toute cette vie s'entasse dans un espace qui représente une fraction de la profondeur et de la superficie des océans. Qu'est-ce qui a provoqué cette spectaculaire explosion de vie ?

Nous savons que les organismes terrestres portent l'océan en eux — dans leurs cellules pleines de liquide, par exemple. C'est ainsi que les organismes ont pu exploiter le continent, mais Dianna et Mark McMenamin ont poussé l'idée plus loin. Ils suggèrent qu'il existe un autre « océan », qui coule dans la vie terrestre. Alors que les organismes marins baignent passivement et individuellement dans un liquide, les organismes terrestres sont physiquement liés à d'autres organismes et créent des réseaux complexes à travers lesquels les liquides peuvent circuler. Par exemple, les parasites voyagent dans le sang d'un animal ; les racines d'arbres s'entrelacent avec les minuscules filaments fongiques (les hyphes) qui serpentent dans le sol ; les aphides boivent la sève d'une plante. Le cœur de l'idée des McMenamin ? Les organismes terrestres sont devenus de plus en plus prospères en grande partie sous la pression des champignons et des parasites ; ils ont été capables de prendre des chemins de traverse et de coloniser de nouveaux habitats à mesure qu'ils apprenaient à exploiter les liquides. Mais ils ne se sont pas servis que des liquides les plus évidents, comme les eaux de surface ; ils ont aussi eu recours aux océans internes qui coulent sous forme de sang, de sève et de liquide cellulaire. Ces liens liquides ont engendré un autre habitat aquatique sur le continent, une mer interne qui coule parmi les choses vivantes. □

Le cycle hydrologique est essentiel à toute vie, même s'il nous arrive de souhaiter que ce ne soit pas le cas. « Il pleut encore ! » : voilà une lamentation qu'on entend souvent à Seattle et à Vancouver. « Il a plu à verse pendant cinq jours », marmonne un touriste déçu de son séjour dans la forêt tropicale de Choco, en Colombie, oubliant que la pluie qu'il déplore a créé et entretenu la splendeur luxuriante dont il est venu de si loin faire l'expérience. La pluie apporte la vie. Ceux qui travaillent en symbiose avec la terre le savent. Les pêcheurs côtiers retiennent tous leur souffle si le temps chaud et sec s'attarde un peu

Figure 3.1 — Le cycle hydrologique

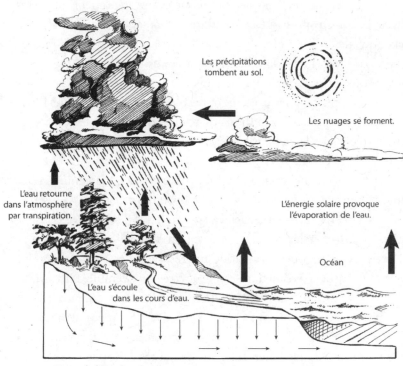

Les précipitations tombent au sol.

Les nuages se forment.

L'eau retourne dans l'atmosphère par transpiration.

L'énergie solaire provoque l'évaporation de l'eau.

Océan

L'eau s'écoule dans les cours d'eau.

L'eau s'infiltre dans le sol.

D'après *Physical Geology,* de Charles C. Plummer et David McGeary, 5ᵉ édition, W.M.C. Publishers, 1991, p. 234.

trop à l'automne. Ils observent avec angoisse les saumons lourds d'œufs et de laitance tourner en rond dans les estuaires en attendant que viennent les pluies et que se gonflent les cours d'eau. Le fermier des Prairies qui scrute d'un œil sombre un ciel sans nuage a une meilleure compréhension du cycle hydrologique que la plupart des gens — tout comme les peuples autochtones, dont certaines danses supplient les nuages de « pleurer », et diverses cultures d'autres parties du monde, dont les festivités élaborées implorent les dieux d'envoyer les moussons fertilisantes.

Les organismes vivants participent activement au cycle hydrologique : ils absorbent et filtrent l'eau, puis la restituent dans l'atmosphère. Les plantes jouent un rôle particulièrement important par transpiration : leurs feuilles perdent de l'eau.

La forêt est un mécanisme compliqué qui capte, retient, utilise et recycle l'eau. On pourrait la comparer à une éponge vivante, si ce n'était qu'elle est bien plus complexe. Cet enchevêtrement de racines d'arbres qui serpentent dans le sol forestier absorbe l'eau tout en retenant le sol si efficacement que les ruisseaux ne débordent pas et que leur eau reste pure et claire, même après plusieurs jours de pluie. Dans les forêts tropicales, des millions de tonnes d'eau sont tirées du sol et renvoyées dans le ciel par transpiration. En réalité, la pluie monte des forêts vers le ciel.

Les forêts cueillent aussi l'humidité dans le ciel. Particulièrement dans les régions côtières où brume et brouillard sont des plus fréquents, les arbres ratissent le ciel. Les gouttelettes d'eau se condensent sur les aiguilles et les feuilles, puis tombent sur le sol forestier, et chaque précieuse goutte contribue aux réserves d'eau de la forêt. La capacité des arbres à recueillir l'eau peut être considérable. Des études menées en Australie ont montré que les « forêts de brouillard » peuvent capturer entre 10 % à 25 % plus d'eau de la vapeur atmosphérique qu'il n'en tombe en pluie. Imaginez ce qui arriverait si ces arbres qui s'élancent vers le ciel en formant de hautes canopées venaient à disparaître.

Les forêts aident à réguler le climat et le cycle hydrologique, à l'intérieur comme à l'extérieur de leur domaine. Les forêts gardent l'eau dans le sol, dans les racines, les troncs, les branches. L'eau se distribue lentement, au fil des jours, des semaines, et tout excédent est retourné dans l'air.

Les immenses forêts créent leur propre climat, produisent leurs propres pluies et restent humides en périodes de sécheresse. Du coup, elles modifient le climat de toute leur région et au-delà. Quand de grandes étendues forestières sont abattues, le sol nu durcit et la pluie s'évapore ou s'égoutte rapidement.

Le cycle qui associe l'air, l'eau et la forêt est des plus saisissants dans la forêt tropicale humide du bassin de l'Amazonie. Cette étendue de forêt tropicale, la plus vaste sur Terre, est un colossal appareil de climatisation qui recycle chaque jour de gigantesques quantités d'eau par le truchement des arbres et d'autres plantes qui absorbent l'eau et l'exsudent. Chaque année, un seul arbre géant peut extraire du sol 700 tonnes d'eau qui montent dans son tronc jusque dans la canopée de la forêt et, finalement, gagnent l'atmosphère. La forêt amazonienne emprisonne tant d'humidité qu'elle agit comme un océan vert et ensemence d'humidité les nuages qui flottent au-dessus d'elle, comme les mers le font pour les nuages qui se forment au-dessus des eaux. L'influence de la forêt amazonienne s'exerce sur de très grandes distances puisqu'elle alimente les grands courants océaniques et atmosphériques qui, à leur tour, déterminent le climat de la planète et les conditions météorologiques.

L'appareil circulatoire de la terre

Le réseau hydrographique qui irrigue les continents ressemble à l'appareil circulatoire d'un corps. Et, de fait, c'est le rôle que remplissent les systèmes de lacs et de rivières. L'eau provenant de la pluie, de la fonte des neiges ou des racines de végétaux s'accumule dans les rigoles et les ruisseaux qui la transportent aux rivières et aux fleuves, pour se retrouver ensuite dans des lacs ou des océans d'où elle s'évapore une nouvelle fois dans l'atmosphère. Tous les entrecroisements de radicelles, de racines et de branches, ou de rigoles, de ruisseaux et de

La vie d'Aqua, une molécule d'eau

Supposons que nous décidions de suivre une molécule d'eau crachée par un volcan sur une île d'Hawaii. Nous appellerons cette molécule d'eau Aqua. Libérée des profondeurs de la planète avec une combinaison d'autres gaz, Aqua est propulsée vers le ciel, ballottée par les forces de convection et les courants atmosphériques qui soufflent constamment sur la planète. À un certain moment, Aqua dérive vers l'est des îles, à 10 kilomètres au-dessus de l'océan, et se déplace le long d'un ruban d'humidité qui a l'allure d'un grand fleuve atmosphérique.

Une fois qu'elle a atteint la côte de l'Amérique du Nord, Aqua poursuit sa course vers l'intérieur des terres jusqu'à ce qu'elle croise les contreforts des Rocheuses. Le nuage dans lequel se trouve Aqua commence à se refroidir, à se condenser, pour finalement se liquéfier. Devenue une partie d'une goutte de pluie, Aqua tombe alors au sol. En touchant terre, attirée par la force de gravité, Aqua s'infiltre dans le sol, se faufile capricieusement entre des grains de sable qui se découpent comme des planètes miniatures.

S'enfonçant dans le sol, Aqua croise la fine radicelle d'un arbre qui l'aspire dans les fibres de son xylème, l'amène par voie capillaire jusqu'à ses branches, en passant par son tronc. Aqua aboutit dans une graine de pomme de pin. Un oiseau picote le fruit, déloge et avale la graine qui contient Aqua. Pendant que, dans sa migration annuelle, l'oiseau vole vers le sud, il assimile Aqua dans son circuit sanguin.

L'oiseau qui se repose dans une forêt tropicale d'Amérique centrale est piqué par un moustique. Aqua est aspirée dans l'appareil digestif de l'insecte qui, gorgé de sang, descend près d'un ruisseau où un poisson à l'œil vif le gobe et incorpore Aqua dans ses tissus musculaires. Un pêcheur autochtone harponne le poisson, qu'il apporte fièrement, avec Aqua, jusqu'à sa maison pour en faire son repas. Ainsi vont les pérégrinations infinies et mouvementées de toute molécule d'eau. □

rivières, ou de veines et de capillaires dans les tissus vivants, reflètent les mêmes réalités physiques et nous relient étroitement aux processus vitaux de la Terre. Pour reprendre les mots de l'écologiste de l'eau Jack Vallentyne :

> Si l'eau est le sang de la Mère Terre et le sol son placenta, les cours d'eau en sont les veines ; les océans, les ventricules du cœur ; l'atmosphère, l'aorte géante. L'espérance de vie des rivières, si l'on comparait les pulsations de la Terre à celles du cœur humain, s'échelonnerait sur des millions, voire des milliards d'années, selon que l'on mesurerait ses pulsations en jours ou en années.

L'eau est dormante ou bien courante ; elle enrobe d'une pellicule des particules infimes de sol, remplit les interstices du roc et s'accumule en quantité phénoménale dans les profondes nappes aquifères qui existent depuis l'époque où les dinosaures sillonnaient les continents. Cette eau « fossile » peut se déplacer de quelques mètres tous les mille ans ; on estime que l'eau des nappes aquifères sous la ville de Londres serait vieille de 20 000 ans. L'eau ne se génère pas constamment *de novo* ; celle qu'on trouve présentement sur Terre y est depuis toujours. Mais le processus de transformation par lequel elle entretient la vie, en virevoltant autour de la planète, en passant d'un nuage à la pluie puis au sol avant de réintégrer le cycle hydrologique, ce processus n'a pas toujours existé. Il est le produit d'une multitude de facteurs : la température, la chimie, le sol et la vie elle-même.

Le premier déluge

Dans les premiers temps de la vie sur Terre, l'atmosphère était trop surchauffée pour que l'eau existe sous forme liquide. L'eau libérée par les volcans se vaporisait ; ce n'est qu'après 10 millions d'années, quand l'atmosphère a été suffisamment refroidie, que l'eau a pu se condenser en nuages. Avec le temps, ces nuages ont réussi à libérer leur contenu de pluie sur la roche qui s'était formée à la surface de la planète.

Imaginez le paysage rocheux et sans vie qu'offrait alors la Terre : d'immenses montagnes en trouaient le ciel, de profondes tranchées en balafraient la surface. Lorsque la pluie s'est mise à tomber sans discontinuer, l'eau s'est accumulée dans toutes les dépressions, les a remplies pour se déverser dans le bassin le plus proche. Sous l'effet de la gravité, l'eau a inondé les dépressions, créé des ruisseaux et des rivières, charriant des roches, creusant des chenaux, se précipitant toujours vers les zones plus basses.

Après des millions d'années, l'eau douce a recouvert la plus grande partie de la Terre. Son flot ininterrompu a dissous les composés de la matière rocheuse et détaché de minuscules quantités d'éléments qu'il a entraînés vers de plus vastes nappes d'eau. Cette imperceptible accrétion, un énorme changement qui s'est opéré par des modifications infinitésimales sur de très longues périodes, a formé les mers salées.

La vie a fait son apparition dans la période archéenne, il y a de cela de 2,5 à 3,8 milliards d'années, et, même dès ces temps primordiaux, elle semble avoir joué un rôle dans la conservation des réserves d'eau sur Terre. Pendant cette période, les oxydes présents dans les roches basaltiques ont réagi continuellement avec le gaz carbonique et l'eau, produisant divers carbonates (des composés d'oxygène et de carbone) de sodium, de potassium, de calcium, de magnésium, de fer, et libérant de l'oxygène dans l'atmosphère. Comme l'hydrogène est extrêmement léger et que la force de gravité de la planète est incapable de le retenir, il s'est dispersé dans l'espace. Si cette réaction s'était poursuivie sur un milliard d'années ou davantage, la planète aurait peut-être perdu toute son eau et l'atmosphère de la Terre ressemblerait à celle de Mars. Au lieu de cela, les cyanobactéries (et, plus tard, les algues et les plantes) ont tiré avantage des abondantes ressources à leur disposition — l'eau, la lumière solaire et le gaz carbonique — pour alimenter une réaction chimique qui allait changer le monde. La photosynthèse a généré de l'oxygène comme sous-produit, mais elle a aussi conservé une partie de l'hydrogène de l'eau dans la chaîne carbonique du glucose, ce qui a retenu de l'hydrogène sur la planète. En outre, les bactéries ont utilisé, comme source d'énergie, l'hydrogène libre produit par l'oxydation du fer dans le roc. Or l'oxygène, l'hydrogène et le soufre réagissent chimiquement pour produire de l'eau et de l'hydrogène sulfuré, qui contient de l'énergie récupérable dans sa structure même. Conséquemment, les forces de la vie pourraient fort bien avoir empêché le dessèchement de la planète en captant l'hydrogène nécessaire à l'eau et en évitant ainsi qu'il ne se dissipe dans l'espace.

Notre besoin d'eau

La vie est de l'eau animée.

VLADIMIR VERNADSKY, cité dans M. I. Budyko,
S. F. Lemeshko et V. G. Yanuta, *The Evolution of the Biosphere*

Comme l'air, l'eau est essentielle à notre survie. Mais si le manque d'air tue en quelques minutes, l'eau met beaucoup plus de temps à manifester sa nécessité. Privés d'eau pendant quelques heures, spécialement après un exercice ou par une journée de canicule, notre gorge s'assèche et notre organisme nous presse de boire. Selon la température ambiante, notre niveau d'activité et les vêtements que nous portons, nous pourrions survivre jusqu'à dix jours sans eau, mais nous finirions par périr d'une mort atroce. L'eau est l'élixir de vie ; sans elle, cette planète serait restée stérile.

Parce qu'ils sont faits de cet élixir, les êtres vivants ne peuvent s'en passer. Le protoplasme, substance vivante de toute cellule végétale et animale, est essentiellement de l'eau. Le poids de l'être humain moyen est constitué d'eau à environ 60 % — près de 40 litres d'eau que stockent des milliards de cellules. Les trois cinquièmes de l'eau présente dans l'organisme se trouvent à l'intérieur des cellules ; cette eau porte le nom de liquide intracellulaire. Les deux autres cinquièmes se retrouvent hors des cellules, dans le plasma sanguin, le liquide céphalorachidien, le tube digestif, etc. La proportion d'eau dans le corps varie selon l'âge et le sexe, comme l'expose le tableau 3.1.

Tableau 3.1 — Proportion du poids en eau
chez les humains, en fonction de l'âge et du sexe

Groupe	Pourcentage du poids en eau
Bébés	75 %
Jeunes hommes	64 %
Jeunes femmes	53 %
Hommes âgés	53 %
Femmes âgées	46 %

Ces différences s'expliquent par la proportion des liquides intracellulaire et extracellulaire et par celle des tissus adipeux puisque les cellules adipeuses contiennent moins d'eau que les autres cellules.

Nous avons peut-être l'apparence de corps solides, mais nous sommes en fait des corps liquides, comparables en un sens à de la gélatine, qui elle aussi semble solide, mais est en fait largement de l'eau « gélifiée » par la présence d'une substance organique.

DANIEL HILLEL, *Out of the Earth*

Chacun de nous est fondamentalement une grosse goutte d'eau additionnée d'une quantité suffisante de liant macromoléculaire qui lui donne une certaine consistance et l'empêche de s'écouler. Chaque jour, environ 3 % de l'eau présente dans notre organisme est remplacée par de nouvelles molécules. Les molécules d'eau qui alimentent chaque partie de notre corps sont venues de tous les océans du monde, se sont évaporées des herbes hautes de la prairie et des canopées de toutes les grandes forêts tropicales du globe. Comme l'air, l'eau nous rattache physiquement à la Terre et à toutes les autres formes de vie.

Sauvegarder l'équilibre

Bien que nous vivions sur la terre ferme, nous sommes des créatures d'eau et, à ce titre, nous avons notre propre cycle hydrologique. Nous perdons de l'humidité à chaque respiration, dans chaque perle de sueur, dans chaque larme que nous versons, chaque fois que nous urinons ou déféquons. Par des processus métaboliques — comme la décomposition des glucides et des lipides qui produit du gaz carbonique, de l'eau et de l'énergie — nous pouvons reconstituer nous-mêmes une partie de l'eau dont nous avons besoin. Mais la production métabolique d'eau ne répond qu'à 11,5 % de la demande quotidienne normale en eau, évaluée à 2,5 litres. Le reste provient généralement des liquides (52,2 % de nos besoins quotidiens) et des solides (36,3 %) que nous consommons. Cet apport vient compenser les pertes subies chaque jour : soit environ 1,5 litre dans les urines, 0,9 litre dans la sueur et l'air expiré et 0,1 litre dans les fèces.

Notre organisme est perpétuellement en état d'alerte en matière d'eau, parce que notre apport d'eau quotidien doit être minutieusement apparié à notre perte quotidienne. Quand on commence à être déshydraté, la concentration de sels dans les liquides corporels se met à augmenter. Une petite variation incite le lobe cérébral de l'hypophyse (ou posthypophyse) à libérer l'hormone antidiurétique (ADH ou vasopressine). L'ADH agit directement sur le rein, qu'il induit à réduire son excrétion d'eau.

D'autres alertes biologiques se déclenchent quand la déshydratation réduit le volume de sang. Des pressorécepteurs surveillent le volume sanguin dans le cœur et envoient des signaux au « centre de la soif » de l'hypothalamus, dans le cerveau, pour inhiber la production de salive. La sécheresse de la bouche, que la conscience interprète comme de la « soif », incite à boire. La sensation cotonneuse dans la bouche est l'un des signes précurseurs de la déshydratation qui survient communément après d'importantes hémorragies, brûlures, diarrhées, ou encore après d'abondantes sudations.

Si l'on boit trop d'eau, ces systèmes d'alarme réagissent inversement. Quand la concentration de sels dans les liquides corporels se dilue, la production d'ADH est inhibée, ce qui stimule le rein à excréter davantage d'eau. Une urine de concentration plus diluée est alors dirigée vers la vessie et le surplus est habituellement éliminé en une heure.

En plus de maintenir le bilan hydrique de l'organisme, le rein assure un service d'entretien majeur en ce qu'il purifie les précieux liquides sanguins. Il retire les déchets métaboliques dissous, comme

---

Suivez l'eau

L'eau est si essentielle à la vie que la recherche de vie extraterrestre est foncièrement une recherche d'eau. Guidés par le mot d'ordre « suivez l'eau », les chercheurs sont à l'affût d'eau dans tout notre système solaire. Jusqu'à maintenant, la candidate en tête de liste est Mars, avec ses calottes polaires et des signes témoignant du plus grand déluge connu dans le système solaire. Il y a 3,5 milliards d'années, Mars a été immergée, mais où est allée l'eau de ce très lointain déluge ? En 2002, la sonde Mars Odyssey a peut-être trouvé la réponse quand elle a découvert, juste sous la surface de la planète, assez de sol constellé de glace pour remplir deux fois le lac Michigan. De nouvelles images excitantes de Mars, prises par des véhicules robotisés et une sonde spatiale, laissent présumer l'existence de réserves d'eau souterraines qui affleurent sur la planète sous forme de sources.

Mars, c'est 700 milliards de milliards de tonnes de fer et de roc drapés dans un paysage hostile de canyons, de cratères et de caldères. Néanmoins, la chose la plus troublante que nous pourrions trouver sur cet énorme globe orange serait un microgramme de chimie humide capable de se reproduire, de se mouvoir, de croître et d'évoluer.

SETH SHOSTAK, ASTRONOME, SETI INSTITUTE

l'ammoniac généré par la décomposition des acides aminés, l'urée produite dans le foie à partir de produits protéiques en dégradation, l'acide urique provenant de l'acide nucléique, sans oublier les acides phosphorique et sulfurique issus des sous-produits protéiques. Ces composés toxiques sont retirés du sang et expulsés. Environ 1,2 litre de sang passe par les reins chaque minute, pour un total d'environ 2 000 litres par jour. Les néphrons et leur réseau de minuscules structures de filtrage, appelé glomérule, filtrent quotidiennement 180 litres de sang.

Comme on le verra au chapitre 5, consacré à l'énergie, l'une des propriétés de l'eau — sa grande capacité d'absorption de chaleur pour passer de l'état liquide à l'état gazeux — joue un rôle critique dans la régulation de la température corporelle. L'eau à l'intérieur du corps parvient à la surface de la peau par diffusion (*perspiratio insensibilis*) ou par les glandes sudoripares qu'active le système nerveux autonome (dit aussi neurovégétatif), dont l'action est involontaire. Après avoir

Bien que Mars vienne au premier rang des foyers potentiels de vie extra-terrestre, d'autres planètes et satellites sont aussi dans la course. On pense qu'Europe, l'une des lunes de Jupiter, non seulement est recouverte de glace, mais qu'elle recèle un océan à environ 15 kilomètres sous sa surface. Si, comme on le soupçonne, des cheminées de volcan sous-marines crachent de l'eau brûlante et riche en nutriments dans les abysses de cet océan, la recette de la vie (eau + source d'énergie et nutriments) pourrait bien y exister. Les lunes jupitériennes Ganymède et Callisto abritent aussi peut-être d'immenses océans sous leur croûte de glace, mais c'est vers Encelade, l'une des lunes de Saturne, que tous les yeux se sont récemment tournés. Des photos prises par la sonde Cassini ont exposé des images époustouflantes de geysers jaillissants, ce qui fait d'Encelade le premier monde, exception faite de la Terre, à présenter les preuves les plus convaincantes de la présence d'eau liquide. □

atteint la surface de la peau sous forme de sueur, l'eau s'évapore. L'évaporation requiert de l'énergie et l'assèchement de la sueur utilise comme énergie la chaleur du corps, ce qui provoque le refroidissement de la peau. L'évaporation d'un litre de liquide nécessite 2 428 kilojoules de chaleur.

Il existe un remarquable équilibre entre le corps et son milieu. L'intérieur et l'extérieur de votre organisme s'associent pour gérer le flux et le reflux d'eau en vous et autour de vous. L'humidité ambiante et la température de l'air, en conjugaison avec votre niveau d'activité physique, déterminent la quantité d'eau qu'exsude la peau dans l'air ambiant. De la même manière, des conditions internes et externes régulent les quantités d'eau que vous absorbez et que vous éliminez. Cela vaut pour toutes les autres créatures. Ce numéro permanent d'équilibriste est partie intégrante d'un cirque global, un spectacle mis en scène conjointement par la planète et tous ses habitants.

L'eau entre dans l'organisme, y circule au rythme des pulsations cardiaques, achemine inlassablement des aliments, du combustible, des résidus cellulaires et moléculaires jusqu'à et depuis divers organes du corps. De l'eau suinte par la peau, s'échappe des poumons sous forme de vapeur et sort par tous les orifices du corps. Elle réintègre ensuite le cycle hydrologique, s'infiltre dans le sol, s'insinue dans les plantes, s'évapore dans l'atmosphère, s'intègre à des plans d'eau. De cette manière, l'eau circule sans cesse des cieux aux océans et aux continents, retenue brièvement en toute chose vivante avant de poursuivre son cycle. On peut même concevoir le processus entier de la vie simplement comme un véhicule pour la transformation de l'eau. Si, pour naître, l'œuf emprunte le chemin de la poule, les molécules empruntent le chemin des humains pour communiquer entre elles.

Les propriétés uniques de l'eau

Quand on les examine de près, les molécules d'eau se révèlent très étranges. L'eau nous est si familière que la plupart d'entre nous jugent normales ses propriétés. Mais le physicien voit en elle une anomalie.

Par exemple, l'eau est liquide à température ambiante, un phénomène très curieux puisqu'un composé comme l'hydrogène sulfuré, dont le faible poids moléculaire se compare à celui de l'eau, devient un gaz à − 60,7 °C. Alors que la plupart des substances se contractent en se solidifiant, l'eau prend plutôt de l'expansion. Cela signifie que l'eau est moins dense à l'état solide qu'à l'état liquide. L'eau a d'autres propriétés inhabituelles, comme des points élevés de fusion, d'ébullition et de vaporisation.

> *La vie dépend* in toto *de la constance de l'eau. La capacité qu'a l'eau d'absorber de grandes quantités d'énergie protège la photosynthèse dans le cytoplasme, et le transfert d'oxygène dans le sang des animaux, contre des changements chaotiques ; l'eau tempère le climat de la Terre en se servant des océans et des lacs pour emmagasiner la chaleur ; aux changements de saison, elle facilite l'adaptation de l'organisme en ralentissant, sans heurts, les variations de température ; et elle empêche des plantes comme le cactus de cuire sous les cieux désertiques. Par-dessus tout, la chaleur spécifique de l'eau, sa chaleur de vaporisation et sa chaleur de fusion donnent à la vie la capacité de se maintenir dans des conditions difficiles. Sans ces propriétés moléculaires de l'eau, les extrêmes climatiques renverraient à un rythme inouï les créatures vivantes à leur Créateur.*
>
> PETER WARSHALL, *The Morality of Molecular Water*

L'eau a une propriété particulièrement saisissante : la quantité de chaleur requise pour hausser de 1 °C la température d'une unité d'eau est 10 fois plus élevée qu'elle ne l'est pour le fer, 30 fois plus que pour le mercure et 5 fois plus que pour le sol. Cette propriété fait de l'eau un « accumulateur » efficace de chaleur : elle absorbe de grandes quantités de chaleur qu'elle diffuse ensuite. Grâce à cette propriété, les grandes étendues d'eau, comme les lacs et les océans, absorbent beaucoup de chaleur en été, qu'elles dégagent en hiver ; de cette façon, elles modulent les températures en surface. Les courants océaniques absorbent, sous les tropiques, de grandes quantités de chaleur qu'ils transportent dans les régions tempérées où elles réchauffent l'air ambiant. Quand l'eau atteint les régions polaires, elle est refroidie avant de retourner vers l'équateur, où elle rafraîchit les températures de l'air en absorbant encore de la chaleur. Les réserves d'eau de la planète ont aussi d'autres effets sur le climat : la neige et les nuages, par leur blancheur, réfléchissent la lumière du Soleil vers l'espace ; quant à la vapeur d'eau, elle agit comme un gaz à effet de serre et renvoie la chaleur vers la surface.

Les caractéristiques particulières de l'eau sont le résultat de la forte attraction qui s'exerce entre les molécules d'eau, attraction qui lui donne une grande cohésion interne. Sur le plan moléculaire, l'eau est une substance trompeusement simple. Les atomes d'hydrogène de l'eau (composée de deux atomes d'hydrogène combinés à un seul atome d'oxygène) ne s'alignent pas avec l'atome d'oxygène dans une séquence linéaire H-O-H ; ils forment plutôt un angle de 105° l'un par rapport à l'autre *(figure 3.2)*. Ils se trouvent du même côté de la molécule et ils ont une charge positive, tandis que le gros atome d'oxygène dont la charge est négative fait saillie de l'autre côté. De ce fait, on qualifie de dipolaire cette molécule semblable à un minuscule aimant. À cause de cette configuration dipolaire, l'atome d'hydrogène exerce une attraction sur le noyau d'oxygène d'une autre molécule d'eau, une sorte d'affinité chimique qu'on appelle liaison hydrogène *(figure 3.3)*. On peut admirer les extraordinaires ramifications de la nature dipolaire de l'eau dans la formation des cristaux et des flocons de neige. Cette simple molécule offre tant de possibilités de combinaisons que les structures des flocons de neige paraissent infinies. Il aura fallu un

Figure 3.2 — La structure atomique d'une molécule d'eau

Charge légèrement négative de ce côté

Charge légèrement positive de ce côté

Figure 3.3 — La formation de liaisons hydrogène
entre les molécules d'eau

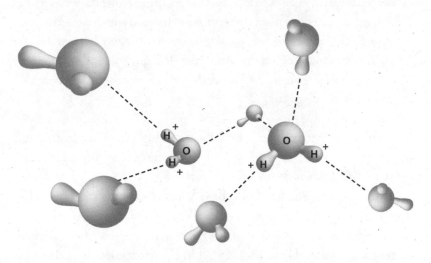

Figures 3.2 et 3.3 d'après *Biology : The Unity and Diversity of Life,* de Cecie Starr et Ralph Taggart, 6e édition, Belmont (Calif.), Wadsworth, 1992, p. 27.

jeune fermier autodidacte et curieux pour nous montrer qu'il en allait ainsi. En 1885, Wilson « Snowflake » Bentley fut le premier à photographier un unique cristal de neige. Il a ensuite entrepris de photographier plus de 5 000 flocons de neige et, de fait, n'en a jamais trouvé deux identiques. Ses photos d'eau à l'état cristallin comptent toujours parmi les meilleures qu'on ait jamais prises.

Les molécules d'eau s'accrochent les unes aux autres ; mais, contrairement aux liaisons chimiques réelles, les liaisons hydrogène sont en constante transformation. En une seconde, une molécule peut changer de 10 milliards à 100 milliards de fois de partenaires de liaison hydrogène ; du coup, elle entraîne les molécules adjacentes dans de fugaces étreintes. Ces interactions à la vitesse de l'éclair ressemblent à un ballet frénétique de molécules d'eau que le chimiste Richard Saykally décrit ainsi :

[C]'est comme si l'eau avait deux mains et deux pieds. Les mains de l'eau sont les hydrogènes plus ou moins chargés positivement ;

les pieds sont les paires d'électrons chargés négativement associés à
l'oxygène. Les deux mains veulent saisir les pieds de deux autres
molécules d'eau, et les deux pieds veulent interagir avec la main de
deux autres molécules d'eau. Ainsi, dans chaque molécule d'eau,
l'atome d'hydrogène se lie-t-il à quatre autres, créant de très amples
réseaux dans le liquide.

Cette constante permutation rend l'eau liquide si stable qu'il lui
faut une bonne dose d'énergie calorifique pour que les molécules parviennent à se dissiper sous forme de gaz.

Dans la glace, chaque molécule d'eau agrippe les « mains » et les
« pieds » de ses quatre plus proches voisines. Elles composent ainsi
un tétraèdre, une pyramide à quatre faces triangulaires. Qu'advient-il
à cette forme quand la glace fond ? Selon Richard Saykally et d'autres
chimistes, l'eau liquide est étonnamment semblable à la glace. La seule
différence est qu'environ 10 % des liaisons hydrogène sont rompues.
Les molécules dont des liaisons sont désagrégées continuent de se
reformer, de se défaire et de se déplacer. La capacité de l'eau à préserver la plus grande partie des liaisons hydrogène pourrait expliquer de
nombreuses propriétés inusitées de l'eau, et en particulier de l'eau
liquide. Quand l'eau gèle, le cristal qu'elle forme laisse plus d'espace
entre les molécules qu'il n'y en a à l'état liquide. Pour cette raison, la
glace prend de l'expansion et, par conséquent, flotte au lieu de couler
comme le font en gelant la plupart des liquides. C'est pourquoi, plutôt que de se former dans le fond des lacs et des cours d'eau, la glace
monte à la surface. Fait plus important, la glace qui se forme isole le
reste de la nappe d'eau, qu'elle conserve sous sa forme liquide, permettant ainsi à la vie aquatique de survivre à l'hiver.

L'eau est un solvant universel qui dissout bien des minéraux et
des composés organiques. Elle y réussit parce que le caractère dipolaire de ses molécules leur permet d'attirer des atomes ou des molécules autour de leurs pôles électriques *(figure 3.4)*. Solvant universel,
l'eau est un agent efficace d'altération et de décomposition des roches.
En s'infiltrant dans le sol, elle dissout des nutriments et des matériaux
qu'elle entraîne à sa suite. Elle rend aussi solubles des molécules cellu-

Figure 3.4 — Le fondement de la capacité de l'eau
à dissoudre le sel

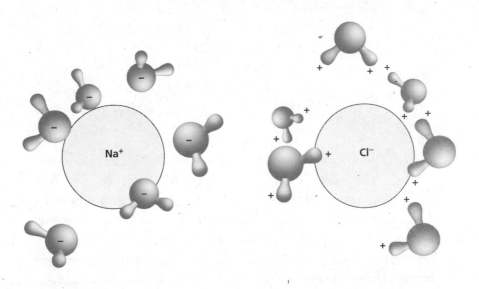

D'après *Biology: The Unity and Diversity of Life,* de Cecie Starr et Ralph Taggart, 6ᵉ édition, Belmont (Calif.), Wadsworth, 1992, p. 29.

laires et transporte ainsi des matériaux à l'intérieur des organismes vivants. Mais l'eau est plus qu'un solvant ; elle participe aussi à des réactions métaboliques, jouant notamment un rôle dans le processus de décomposition, et est libérée comme sous-produit quand de grosses molécules comme les graisses sont décomposées.

De nombreux systèmes de quantification et de mesure du monde physique se servent de l'eau comme point de référence, reconnaissant ainsi sa place unique sur cette planète et dans notre existence. Le système international de poids et de mesures définit 1 gramme comme le poids de 1 millilitre d'eau. L'échelle centésimale fixe à 0 °C le point de congélation et à 100 °C le point d'ébullition. L'unité d'énergie exprimée en calories est définie comme la quantité d'énergie nécessaire pour élever de 1 °C la température de 1 cm³ d'eau ; pour les aliments, 1 « grande calorie » équivaut à 1 000 calories, ou 1 kilocalorie (kcal).

Réserves d'eau douce

De l'eau, de l'eau partout,
Mais pas une goutte à boire.

SAMUEL TAYLOR COLERIDGE,
« Le Dit du vieux marin »

Les êtres humains, comme la plupart des animaux et des plantes terrestres, ont un besoin absolu d'eau douce, forme d'eau la plus rare sur Terre. Plus de 97 % de l'eau de la planète est salée, toxique pour les organismes terrestres qui ont besoin d'eau fraîche pour rester en vie. Plus de 90 % de l'eau suffisamment exempte de sel pour être potable est emprisonnée dans les glaciers et les calottes glacières, ou profondément enfouie. Environ 0,0001 % seulement de l'eau douce est facilement accessible.

Longtemps avant les temps historiques, les humains vivaient le long des voies d'eau qu'ils utilisaient pour se nourrir et se déplacer. La découverte de dépotoirs et de sites d'habitation préhistoriques permet de l'affirmer. Et c'est dans les grandes plaines inondables que les humains ont d'abord établi des campements permanents, mettant à profit à des fins agricoles les crues récurrentes qui fertilisent les deltas. Les premières civilisations sont apparues au confluent du Tigre et de l'Euphrate, deux fleuves de Mésopotamie, puis sont nés les établissements le long du Nil. D'autres grands fleuves de la Terre, comme l'Amazone, le Mississippi et le Gange, ont assuré aux peuples indigènes leur subsistance pendant des millénaires. Les origines des villages et des villes sont étroitement associées à la présence de l'eau ; même aujourd'hui, la plupart des grandes cités sont situées à proximité d'un océan, d'un lac ou d'un fleuve. Ailleurs, les gens ont dû apprendre à trouver de l'eau en creusant des puits, en recueillant et en stockant l'eau de pluie, voire en piégeant brouillards et nuages pour s'assurer des récoltes en régions arides.

Un fleuve sortait d'Éden pour arroser le jardin...

Genèse 2,10

C'est le cycle hydrologique qui permet à l'eau non potable des océans de s'élever dans le ciel sous forme d'eau douce et d'entretenir la vie sur la terre ferme. Même si une infime quantité d'eau potable est aisément accessible aux organismes terrestres, le système hydrologique tire des océans et de la terre ferme de l'eau douce qu'il retourne en pluie et en neige. Chaque année, plus de 113 000 milliards de m³ de précipitations tombent sur Terre, assez pour recouvrir tous les continents de 80 centimètres d'eau. Les deux tiers de cette quantité s'évaporent dans l'atmosphère ; le reste reconstitue les réserves d'eaux de surface et

Tableau 3.2 — Distribution de l'eau sur Terre		
Localisation	Volume (km³)	Pourcentage du total
Océans	1 322 000 000	97,2
Calottes glaciaires et glaciers	29 200 000	2,15
Eaux souterraines (sous la nappe phréatique)	8 400 000	0,62
Lacs d'eau douce	125 000	0,009
Lacs d'eau salée et mers intérieures	104 000	0,008
Humidité du sol (au-dessus de la nappe phréatique)	67 000	0,005
Atmosphère	13 000	0,001
Cours d'eau	1 250	0,0001
Eau liquide totale sur les continents	8 630 000	0,635
Total mondial (approximatif)	1 360 000 000	100,00

d'eaux souterraines. Bien entendu, cette eau n'est pas uniformément distribuée ; certaines régions en reçoivent beaucoup et d'autres, peu.

Dans chaque région, la quantité d'eau détermine la nature et l'abondance de la végétation. Par exemple, on qualifie souvent le vaste continent australien de « sous-peuplé » ; en fait, il est trop pauvre en eau, proportionnellement à sa superficie, pour subvenir aux besoins d'une population humaine plus nombreuse. Au lieu des grands fleuves qui arrosent l'Amérique du Nord — le Mississippi, le Columbia, le Mackenzie —, un immense désert occupe le centre de l'Australie.

De très grands fleuves coulent sous terre.

LÉONARD DE VINCI

Avec, en superficie, plus de la moitié des réserves d'eau douce de la planète et, en volume, de 15 % à 20 % de ces réserves, le Canada est l'un des pays « possédants » du monde. C'est peut-être difficile à croire, mais le pays a été choyé par la dernière période glaciaire, il y a plus de 8 000 à 10 000 ans, quand les glaciers ont creusé le territoire et y ont créé des dépressions dans lesquelles l'eau s'est déposée. Les Grands Lacs, dont le Canada partage la propriété avec les États-Unis, contiennent à eux seuls près de 5 % de toute l'eau douce sur Terre et répondent aux besoins des quelque 40 millions de personnes qui vivent à leur périphérie. Le Canada dispose annuellement d'un volume d'eau de 130 000 m^3 par habitant, comparativement à 90 m^3 pour l'Égypte. L'Américain moyen utilise 2 300 m^3 d'eau annuellement ; le Canadien est, après lui, l'usager le plus vorace, avec 1 500 m^3.

Où se jette Alphée, le fleuve sacré,
Par des cavernes pour l'homme insondables
Dans une mer sans Soleil.

SAMUEL TAYLOR COLERIDGE,
Kubla Khan

L'eau fait fi des frontières et des droits de propriété des humains. Balayant l'air à l'état de vapeur invisible, arrosant toute la surface de la planète, s'infiltrant dans le sol, s'insinuant dans les cavernes et cours d'eau souterrains, elle a ses voies personnelles et mystérieuses. La mobilité de l'eau complique sur bien des plans les rapports humains. Des voisins dont les puits sont alimentés par une même nappe aquifère doivent partager une source qui a peu, sinon rien à voir avec les limites de leurs propriétés. Les effluents industriels qu'on déverse dans les cours d'eau ou qui s'égouttent dans le sol ont des conséquences pour les végétaux, les animaux et les humains d'une zone immense autour des sites de rejet, zone dont il est souvent impossible de prévoir l'étendue. L'une des plus grandes réserves d'eau douce du monde, celle des Grands Lacs et de leurs affluents, relève de la compétence de deux gouvernements fédéraux, deux gouvernements provinciaux et quatre États ; des dizaines de cités et de villes ont un intérêt vital dans cette eau. En Afrique, le Nil traverse sept pays, qui y puisent tous leur eau potable comme leur eau d'irrigation et qui y déversent aussi leurs eaux usées et leurs égouts. L'Égypte, dernier pays en aval, hérite des conséquences collectives. On ne s'étonne pas que l'eau, non le pétrole, soit le véritable enjeu d'une situation explosive susceptible de déclencher des guerres au Proche-Orient et ailleurs.

Les océans

Tous les fleuves marchent vers la mer, et la mer n'est pas remplie.

Ecclésiaste 1,7

Les océans, de concert avec le Soleil, régissent le climat de la planète. Tandis que la température de l'air change rapidement, les océans absorbent de formidables quantités d'énergie, qu'ils libèrent lentement. Conséquemment, les océans stabilisent la température sur Terre. Sous les latitudes moyennes, d'énormes tourbillons éoliens (des systèmes de courants giratoires) transportent, depuis les environs de l'équateur, la chaleur vers les pôles, tempérant ainsi le climat et la température terrestre. Le Kuroshio, courant chaud du Pacifique Ouest qui part du sud du Japon pour se rendre en Amérique du Nord, fait sentir son influence sur le climat continental jusque dans le Midwest, et depuis la Californie jusqu'en Alaska. Son équivalent dans l'Atlantique, le Gulf Stream, serpente en direction nord à partir du golfe du Mexique et fait don de sa chaleur à la côte Est canadienne. Au sud de Terre-Neuve, il croise les eaux glaciales arctiques du courant du Labrador ; la rencontre de ces courants chaud et froid donne naissance aux célèbres brouillards de la région. En poursuivant sa course dans l'Atlantique Nord, le Gulf Stream se divise en deux : sa branche nord enveloppe les îles Britanniques, ce qui permet à des palmiers de pousser dans quelques microclimats du nord-ouest écossais et vaut, à tout le pays, un climat plus doux qu'il n'aurait autrement sous pareille latitude. L'autre branche décrit une boucle vers le sud, à la hauteur du Portugal, avant de rejoindre le courant nord-équatorial *(figure 3.5)*.

Il y a aussi des courants en eaux profondes, véritables courroies de transport qui convoient des eaux de températures et de salinités différentes. En hiver, par exemple, tandis que l'eau de mer se fige en glace dans l'Antarctique, le sel se concentre et l'eau devient des plus froides et des plus denses ; elle coule vers le fond, où elle se déplace en immenses fleuves au lent cours qui charrient une eau glacée à la périphérie de l'océan Indien, doublent la pointe de l'Afrique et remontent vers le nord pour s'enfoncer dans la fosse du Pacifique.

Des courants qui couvrent d'énormes distances convoient des œufs et des larves d'animaux qui ont évolué de manière à vivre en synergie avec le mouvement de l'océan. Les courants entraînent vers les fonds océaniques des carcasses de plantes et d'animaux, de même que des minéraux, des éléments et de la terre. Les humains tirent depuis longtemps parti des courants océaniques ; ils recueillent les présents déposés en bordure des littoraux, pêchent dans les zones riches en nutriments où se croisent courants chaud et froid, se servent des courants comme d'autoroutes, de profitables voies de commerce. Mais ces courants sont bien plus que cela ; quand nous les utilisons,

Figure 3.5 — Courants océaniques sous les latitudes moyennes

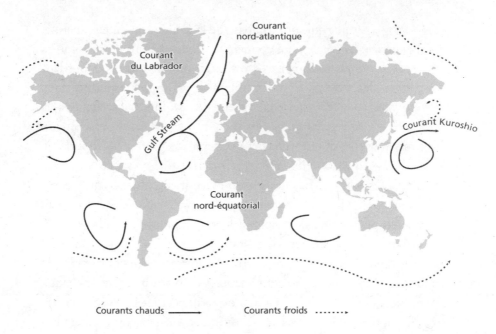

Courant nord-atlantique

Courant du Labrador

Gulf Stream

Courant Kuroshio

Courant nord-équatorial

Courants chauds ———— Courants froids ·······›

nous sommes en contact avec les grandes forces de la planète : son mouvement de rotation dans l'espace ; ses vents dominants ; la lente et capricieuse dérive des eaux océanes qui véhiculent la chaleur et maintiennent l'équilibre atmosphérique de la planète. Reliant entre eux les continents et les pôles, les courants sont comme un tissu vivant qui remue, serpente, s'emmêle et s'enroule perpétuellement autour du monde entier.

L'œuvre de l'eau

Quand on considère la merveilleuse diversité des végétaux et des animaux sur Terre, on y découvre que la vie est opportuniste, elle tire avantage des possibilités offertes par les mutations et les nouvelles combinaisons de gènes. Plantes et animaux ont évolué pour exploiter à la fois les milieux d'eau douce et d'eau salée. Les océans regorgent de végétaux — d'immenses forêts de varech et de prodigieuses éclosions de phytoplanctons, qui sont à la base de la chaîne alimentaire marine. L'abondance des formes qui coopèrent à la constitution des colonies de récifs de corail, les mangroves, ces forêts de palétuviers qui bordent les plages des océans, les rassemblements d'animaux marins dans les estuaires, tout cela atteste la capacité de l'évolution à acclimater les organismes à divers habitats. Sur les continents, plantes et animaux ont mis au point des moyens de prospérer là où l'eau est abondante aussi bien que là où elle est rare. On trouve des espèces dans les nappes de glace polaire, sur des sommets arides et au cœur brûlant des déserts. Des poissons anadromes, comme l'anguille et le saumon, ont développé des cycles biologiques pour exploiter les milieux d'eau douce aussi bien que d'eau salée, et de nombreuses espèces habitent à la fois l'eau et l'air, ou l'eau et la terre, à différentes étapes de leur cycle de vie. Plusieurs espèces se sont adaptées de manière à retenir chaque précieuse molécule d'eau. Au lieu de larges feuilles, le cactus a des aiguilles à très petite surface d'exposition et une enveloppe extérieure résistante pour minimiser la perte d'eau ; les narines extrêmement poilues des chameaux captent et condensent l'humidité au moment de l'expiration. Les microscopiques tardigrades peuvent vivre des décennies, probablement même des siècles, dans un état inactif et desséché. Quelques heures seulement après avoir reçu ne serait-ce qu'une seule goutte d'eau, les tardigrades reviennent à la vie et retrouvent leur état normal. Les œufs de l'artémia, une crevette de mer, peuvent être déshydratés et rester néanmoins viables pendant des années. Quand on les plonge dans l'eau, ces œufs éclosent et prospèrent. (Voilà qui explique comment on a pu expédier par la poste, à des lecteurs insatiables de certaines bandes dessinées, des colonies de « sea monkeys », surnom donné à la petite bête.) De nombreux organismes peuvent s'accommoder d'une pénurie d'eau, mais aucune espèce n'a encore évolué de manière à s'en passer et aucune espèce ne s'est montrée aussi inventive et aussi exigeante dans l'usage qu'elle fait de l'eau que l'espèce humaine.

Usage et mésusage

Chaque jour, chacun de nous a besoin d'une certaine quantité d'eau pour compenser ce qu'il a perdu et maintenir un équilibre interne constant ; cette quantité représente une petite fraction de l'eau que nous utilisons à d'autres fins ou qui est employée pour notre compte. On utilise cependant beaucoup plus d'eau dans les pays riches que dans les pays pauvres : l'habitant d'un pays industrialisé consomme quotidiennement de 350 à 1 000 litres d'eau, tandis que le paysan du Kenya, par exemple, consomme de 2 à 5 litres d'eau par jour. Et, comme pour creuser encore l'inégalité, la plus grande partie de l'eau des pays en développement est de piètre qualité. Aujourd'hui, 1,1 milliard d'individus vivent sans eau potable digne de ce nom et 3 900 enfants meurent chaque jour de maladies causées par l'eau. C'est environ une classe d'enfants toutes les 15 minutes. Dans plusieurs pays riches en eau, dont le Canada, on gaspille le précieux liquide comme si c'était une ressource inépuisable. Pour satisfaire nos besoins alimentaires, énergétiques et matériels, nous faisons abondamment usage d'eau, sans en être toujours conscients. L'irrigation a probablement rendu possible la croissance des légumes qui se retrouvent sur n'importe quelle table nord-américaine, l'énergie hydroélectrique a permis de les faire cuire et la fabrication des assiettes dans lesquelles on les sert a nécessité des litres d'eau. Et les quantités d'eau utilisées par l'agriculture et l'industrie peuvent être faramineuses. Ainsi, il faut environ 20 000 litres d'eau pour produire 1 kilo de café ; 11 000 litres pour un hamburger d'un quart de livre ; entre 2 000 et 5 000 litres pour 1 kilo de riz et de 2 000 à 4 000 litres pour 1 litre de lait. Nous cultivons deux fois plus de fruits et de légumes aujourd'hui qu'il y a une génération, mais nous utilisons trois fois plus d'eau. Pour étancher la soif de ces cultures, dont plusieurs sont très intensément irriguées, nous épuisons l'eau des réserves souterraines qu'il faudra des millénaires à reconstituer. L'industrie consomme de l'eau pour notre compte de multiples façons : comme élément d'un mélange réactif dans lequel entrent des produits chimiques ; comme véhicule, soit pour le transport de matériaux — telles les fibres de bois dans la pâte à papier —, soit pour l'élimination des matières excédentaires.

Le sort des Grands Lacs illustre le dilemme auquel nous faisons face. Pour les peuples autochtones qui vivaient autrefois sur les rives des Grands Lacs, ces eaux étaient sacrées et constituaient une source intarissable de nourriture et d'eau, une immense voie navigable ouvrant sur d'autres parties du continent. L'arrivée des Européens a donné naissance à un nouveau type de rapport avec les lacs. À mesure qu'on en déboisait le pourtour, la ligne de partage des eaux se trouvait chamboulée et la qualité de l'eau diminuait. Le poisson indigène jadis abondant s'est fait plus rare à cause de la surpêche, et de nouvelles variétés de poissons ont été introduites pour le remplacer. Quand on a construit le canal Welland, pour permettre aux navires de contourner les chutes du Niagara, le parasite qu'est la lamproie à queue noire a réussi à remonter jusque dans les lacs les plus au nord et en a décimé les populations de poissons. Plus récemment, l'exotique moule zébrée s'y est multipliée à une vitesse phénoménale, après y avoir été introduite par l'eau des ballasts que des navires avaient chargée dans d'autres parties du monde. Résultat : les Grands Lacs connaissent maintenant une période de bouleversement majeur parce que des espèces étrangères en modifient le caractère écologique. Leurs eaux ont été « réquisitionnées » pour l'irrigation agricole, pour l'industrie et pour l'approvisionnement en eau potable ; simultanément, les lacs sont devenus le lieu de déversement des eaux usées et des effluents des populations urbaines environnantes. Leurs rives, défigurées par le développement urbain, ont subi une érosion rapide pendant que les marais avoisinants, qui filtraient jadis les matières organiques et nourrissaient la faune indigène, étaient remblayés, pavés ou pollués. L'accroissement constant de la population a ajouté une charge intolérable sur la capacité des lacs à subvenir aux besoins de toutes les formes de vie.

Le lac Érié, autour duquel vivent environ 11,6 millions de personnes, est l'objet d'un examen minutieux et d'études scientifiques depuis des décennies. En raison de la présence de 17 grandes villes sur ses rives, le lac Érié est, de tous les Grands Lacs, celui qui subit le plus grand stress dû à l'urbanisation, à l'industrie et à l'agriculture. Il a peut-être atteint son point le plus critique en juin 1969, quand la

Message dans une bouteille

*La vente d'eau embouteillée a grimpé en flèche ces dernières années —
en 2002, les Américains ont dépensé la somme astronomique de
7,7 milliards de dollars pour de l'eau embouteillée, qui coûte en
moyenne 1 000 fois plus cher que l'eau du robinet. Une savante mise
en marché a permis à certaines marques d'eau de s'imposer comme
plus sûres, plus saines ou plus à la page. En réalité, l'eau embouteillée
est un phénomène marchand et un désastre environnemental. Bien
qu'elle soit présentée comme une solution de rechange plus saine, il
n'existe aucune garantie qu'une eau embouteillée soit plus sûre que
l'eau du robinet. La réglementation de cette industrie est variable et des
tests ont décelé dans des eaux embouteillées des bactéries coliformes,
de l'arsenic et des produits chimiques de synthèse. L'analyse des eaux de
robinet est bien plus rigoureuse que celle des eaux embouteillées.*

*La source de cette eau soulève aussi un problème. Environ un quart des
eaux embouteillées ne sont que de l'eau de robinet, alors que les autres
« fabricants » pompent leur eau dans des sources et des nappes aquifères, ces réserves d'eau cruciales pour notre planète.*

*Et puis il y a les bouteilles de plastique. La fabrication, le transport,
le recyclage ou l'élimination de chacune de ces bouteilles requièrent de
l'énergie et des ressources. Aux États-Unis seulement, il faut 1,5 million
de barils de pétrole pour produire le stock annuel de bouteilles, et neuf
bouteilles sur dix sont jetées n'importe où ou mises à la poubelle. Le
plastique peut aussi contaminer l'eau qu'il contient. Une étude de
Consumer's Report a montré que, soumises à un test, 8 cruches de plastique sur 10 laissaient échapper dans l'eau du bisphénol A, un agent
perturbateur des endocrines.*

*Quand tant de gens dans le monde sont privés du droit humain fonda-
mental à une saine eau potable, il apparaît peu judicieux de consacrer
tant d'argent et tant de ressources à des eaux de marque embouteillées.
Il serait, bien entendu, plus indiqué de dépenser cet argent pour faire la
promotion d'une eau de robinet universellement sûre, accessible et
abordable.* □

rivière Cuyahoga, qui s'y déverse, s'est embrasée. Les médias ont déclaré qu'il était mort, après quoi les politiciens se sont engagés à le nettoyer, ainsi que les autres Grands Lacs. La situation s'est améliorée au fil des ans, grâce aux réglementations plus strictes sur ses effluents, à un meilleur contrôle et traitement des eaux usées, à la réduction des phosphates dans les détergents et à l'interdiction des pesticides comme le DDT. De graves problèmes persistent néanmoins.

Les produits chimiques persistants, tels les BPC et les PBDE (les polybromodiphényléthers présents dans les ignifuges), qui sont extrêmement stables et se répandent par les chaînes alimentaires, continuent d'être un grave sujet de préoccupation. Pendant des années, les biologistes ne pouvaient déterminer pourquoi ils trouvaient tant d'organismes présentant des difformités inhabituelles, une taille réduite, des difficultés à se reproduire ou des comportements parentaux aberrants — par exemple, des oiseaux qui négligeaient leurs œufs ou leurs oisillons. Des études montrent maintenant que plusieurs des produits chimiques persistants dans les chaînes alimentaires des Grands Lacs perturbent le système endocrinien qui régule les hormones des glandes liées au métabolisme et à la reproduction. Ce dérèglement entrave le développement sexuel de la faune. Par exemple, la glande thyroïde du saumon des Grands Lacs est grandement hypertrophiée, un état qui résulte de taux d'hormones thyroïdiennes inadéquats. À son tour, cette déficience perturbe la reproduction et le développement normal des œufs et de la progéniture. Tout semble mettre en cause la présence de produits chimiques persistants dans la chaîne alimentaire, qui nuisent au bon fonctionnement des hormones thyroïdiennes.

Bien entendu, les humains ne sont pas immunisés contre ces toxines persistantes. Des études menées auprès de femmes vivant près du lac Michigan montrent que plus une mère consomme du poisson provenant du lac Michigan, moins le poids de son bébé à la naissance est élevé.

À Toronto, qui puise son eau potable dans le lac Ontario, dernier maillon de la chaîne des cinq lacs, nombre d'habitants achètent maintenant de l'eau embouteillée plutôt que de boire l'eau du robinet. L'écologiste de l'eau Jack Vallentyne a dressé une estimation extrêmement prudente du nombre de produits chimiques toxiques persistants dans un verre d'eau tirée du lac Ontario. En supposant que les concentrations de produits chimiques industriels soient ramenées à un millionième de celles rapportées présentement dans la rivière Niagara et le lac Ontario, il a calculé qu'une pleine tasse d'eau sortie d'un robinet torontois et puisée dans le lac Ontario contient :

- 10 000 000 000 000 000 000 d'ions de chlorure émanant d'une mer paléozoïque dont environ la moitié provient du sel répandu sur les routes pendant l'hiver ;

- 30 000 000 000 000 de molécules d'eau provenant de déjections urinaires humaines en amont ;

- 100 000 000 de molécules de bromodichlorométhane provenant de la chloration des eaux usées ;

- 10 000 000 de molécules de solvants industriels, dont le tétrachlorure de carbone, le toluène et le xylène ;

- 4 000 000 de molécules de fréon (chlorofluorocarbone) provenant d'agents réfrigérants et d'aérosols ;

- 1 000 000 de molécules de pentachlorophénol, un produit de conservation du bois ;

- 500 000 molécules de BPC provenant de génératrices et de condensateurs mis au rebut ;

- 10 000 molécules de p,p'-DDT, p,p'-DDD, p,p'-DDE, d'endosulfane, de lindane, d'autres insecticides et produits de décomposition des insecticides.

Puisque nous ne disposons pas des connaissances nécessaires pour conserver à l'eau sa pureté, nous serions bien avisés de contrôler les facteurs dont nous *savons* qu'ils causent des problèmes à l'eau et de protéger la nature qui, depuis la nuit des temps, produit de l'eau pure. L'eau est essentielle à l'éclosion et au maintien de la vie sur cette planète : elle tempère le climat, favorise la croissance et façonne la substance vivante de toute créature sur Terre. Elle est le courant de la vie même, sa source sacrée.

Nous sommes eau : les océans coulent dans nos veines, nos cellules sont gorgées d'eau, nos réactions métaboliques s'opèrent dans une solution aqueuse. Comme les amphibiens et les reptiles, les mammifères que nous sommes se sont affranchis d'une immersion perma-

---

Le déclin de la vie dans le lac Érié

De notre vivant, les lacs ont changé à une vitesse fulgurante. À la fin des années 1940, je vivais à Leamington, une municipalité proche de Pointe-Pelée au centre du Canada, sur les rives du lac Érié, dans la partie la plus méridionale du pays. Chaque printemps, une formidable nuée d'éphémères émergeait du lac ; elles remplissaient l'air du vrombissement de leurs battements d'ailes, prenaient d'assaut les maisons et les routes. Leurs carcasses s'empilaient sur les rivages, sur un mètre d'épaisseur ou davantage. Les poissons du lac ne savaient plus s'arrêter de bâfrer ; les oiseaux, les petits mammifères et les autres insectes se régalaient de ce banquet annuel. En une décennie, cette énorme biomasse qui donnait une preuve tangible de la fécondité de l'eau avait disparu et le lac était déclaré « mort ». L'eutrophisation — la croissance excessive d'algues stimulée par les phosphates — avait étouffé la production d'oxygène par les autres organismes aquatiques, pendant que le DDT des eaux de ruissellement agricoles avait réglé leur compte aux invertébrés.

À la fin des années 1950, traversant en train la rivière Niagara, j'ai jeté un œil en bas, dans la gorge, où j'ai aperçu des pêcheurs qui sortaient des poissons de l'eau dès qu'ils y jetaient leur hameçon. Ils profitaient ainsi de la montaison annuelle de l'achigan blanc, un spectacle prodigieux d'eaux grouillantes de corps étincelants. Dans les années 1960, l'achigan avait disparu, victime de la surpêche et de la pollution. Aujourd'hui, les Grands Lacs sont perturbés par les répercussions de l'introduction d'espèces de poissons et de végétaux, par les effluents agricoles et industriels et par le développement des bassins hydrographiques qui les ravitaillent. □

nente dans l'eau, mais nous ne pouvons nous passer d'eau pour notre reproduction. Dans l'acte humain le plus intime, les spermatozoïdes sont libérés dans le sperme, libres de nager jusqu'à leur cible ; l'ovule fertilisé se niche dans les parois utérines richement tapissées de sang ; l'embryon baigne dans un océan primordial de liquide amniotique où, rappel de nos origines aquatiques, il a brièvement des branchies. Le métabolisme de la vie crée de l'eau ; nous absorbons de l'eau dans les aliments solides et dans tout liquide que nous avalons. Comme l'air est un gaz sacré, l'eau est un liquide sacré qui nous rattache à tous les océans du monde et nous relie dans le temps au berceau même de toute vie.

L'eau est devenue la plus précieuse de toutes nos ressources naturelles. [...] Comme d'autres ressources, elle est victime de l'indifférence de l'homme qui a aujourd'hui oublié ses origines et reste même sourd aux besoins les plus essentiels à sa survie.

RACHEL CARSON, *Silent Spring*

4

Façonnés à même le sol

*À la sueur de ton visage tu mangeras du pain jusqu'à ce que
tu retournes au sol puisque tu en fus tiré. Car tu es glaise et
tu retourneras à la glaise.*

Genèse 3,19

Cendres aux cendres, poussière à la poussière.

Invocation funèbre

La Terre est à la fois la planète sur laquelle nous vivons et l'élément
dont nous tirons notre subsistance. Dans nos récits des origines, elle
est l'étoffe de notre existence :

> Yahvé Dieu modela l'homme avec la glaise du sol, il insuffla dans
> ses narines une haleine de vie et l'homme devint un être vivant.
> Yahvé Dieu planta un jardin en Éden, à l'orient, et il y mit
> l'homme. [...] Yahvé Dieu prit l'homme et l'établit dans le jardin
> d'Éden pour le cultiver et le garder.

Adam, d'après l'hébreu *adama* qui signifie « sol » ou « terre », est
le nom du premier homme de la Bible. La première femme, créée à
partir d'une côte d'Adam, est Ève — de *hava* qui signifie « vivante ».
Ensemble, ils concrétisent les alliances éternelles : la vie vient du sol ;

le sol est en vie. Dans d'autres récits de la création, le rapport fondamental entre la Terre et la vie s'exprime différemment ; dans certains,
le premier humain est façonné à partir de matières produites par la
Terre : sculpté dans le bois, moulé dans un épi de maïs ou constitué
de semences, de pollen et de sève. Parfois la tortue ou les dytiques
ramènent du sol des profondeurs océaniques ; parfois les humains
émergent des entrailles de la Terre alors que pluie et soleil, sable et
graine s'allient pour former le premier de nos ancêtres. D'une façon
ou d'une autre, nous sommes d'argile. Ces récits disent vrai : le sol est
la source de la vie. À travers les âges, on l'a estimé précieux, voire
sacré, à cause des bienfaits qu'il nous dispense. Selon Daniel Hillel :

> Le culte de la terre a précédé de beaucoup l'agriculture et s'est per-
> pétué après son avènement. On tenait la terre pour l'incarnation
> sacrée d'un grand esprit, l'énergie créatrice de l'univers, manifeste
> dans tous les phénomènes naturels. On croyait que l'esprit de la
> terre façonnait les particularités du paysage et régulait les saisons,
> les cycles de fertilité, la vie des animaux et des humains. On voyait
> dans les rochers, les arbres, les montagnes, les sources et les grottes,
> des réceptacles mêmes de cet esprit.

Mais, en grandissant, certains enfants méprisent leur mère ; quittant le foyer dans l'espoir d'améliorer leur sort, ils cherchent à dissimuler leurs origines, parfois à se les cacher à eux-mêmes. À mesure
que les peuples s'industrialisent, ils perçoivent la terre comme de la
« boue », matière immonde qui « salit ». Dans notre habitat urbain
où règnent le béton, le bitume ou des pelouses méticuleusement ton-
dues, nous nous retrouvons séparés de la source de la vie. Habitués à
concevoir les aliments comme des denrées emballées qu'on se procure
dans les supermarchés, nous oublions qu'ils proviennent tous de la
terre. Divorcés de la terre, nous oublions une vérité fondamentale :
chaque bouchée de nourriture qui nous garde en vie a jadis été elle-
même vivante, et toutes les denrées d'origine terrestre viennent directement ou indirectement du sol. Comme l'observe la botaniste Mar-
tha Crouch, notre rapport avec les aliments est, de tous les rapports

que nous entretenons avec d'autres êtres, le plus intime parce que nous les portons à la bouche et les incorporons dans nos cellules. Chaque partie de notre corps — comme les sucres, les graisses et les enzymes qui commandent le métabolisme de nos cellules et ravitaillent la vie en carburant — s'élabore à partir de matériaux tirés des carcasses d'autres formes de vie. Privés d'autres êtres à consommer, nous commençons à avoir faim et à nous dévorer nous-mêmes ; si le jeûne persiste, nous mourrons dans les 70 jours.

Terre, sol, boue, terrain, territoire : ces mots embrassent des concepts d'une extraordinaire complexité. Y sont enfouis notre sens des origines, notre sentiment d'appartenance, notre dépendance envers la terre sous nos pieds ; quand nous exhumons cette vérité, nous découvrons un filon. Au Moyen Âge, *dirt* signifiait excréments, fumier ou fertilisant ; tout bon fermier entretenait son champ en y répandant de la boue, ou en le *souillant* comme on disait alors. Ce que nous appelons aujourd'hui de la boue, dans la sagesse de l'évolution de notre langue, est la couche fertile, la source cultivée de nourriture, la vie même de la planète. C'est un système de soutien, un réseau de ravitaillement, comme les autres éléments dont nous dépendons ; la plupart des gens qui ont vécu sur Terre ont reconnu cette vérité et s'y sont pliés. Le *terrain* est quelque chose de solide, l'espace que l'on gagne ou que l'on perd dans une bataille, le lieu où l'on se fixe, l'emplacement sur lequel on érige ses constructions. Le *territoire* renvoie à l'idée de résidence ou de contexte, désigne le pays ou la région d'appartenance, mais aussi la portion dont on est propriétaire ; c'est également un lieu rassurant : tous rêvent d'un coin de terre ferme, tous cherchent un endroit où se poser.

Le sol sacré

Les enfants dakotas comprennent que nous sommes de la terre et la terre de nous, que nous chérissons les oiseaux et les bêtes qui ont grandi avec nous sur cette terre. Toutes choses sont intimement liées parce que toutes boivent la même eau et respirent le même air.

LUTHER STANDING BEAR, *My People the Sioux*

La conservation est un état d'harmonie entre les hommes et le territoire. Par territoire, on entend toutes choses sur Terre, au-dessus ou dedans. L'harmonie avec le territoire se compare à l'harmonie avec un ami : on ne peut chérir sa main droite et lui trancher la gauche. C'est-à-dire qu'on ne peut aimer le gibier et haïr les prédateurs ; on ne peut économiser l'eau et saccager l'habitat ; on ne peut reboiser la forêt et surexploiter la ferme. Le territoire est un organisme indivisible.

ALDO LEOPOLD, *A Sand County Almanac*

Pour la plupart des peuples autochtones, le territoire est le fondement de la vie et la source d'inspiration, d'identité, d'histoire et de sens. Paiakan, chef kayapo, a un jour décrit le territoire comme « notre supermarché et notre pharmacie ». Pendant la plus grande partie de leur existence sur Terre, les humains ont été des chasseurs-cueilleurs nomades qui se déplaçaient constamment en quête de nourriture ; la notion de propriété du territoire leur était un concept inconnu. Les nomades primitifs estimaient qu'ils avaient le droit de se servir du territoire, mais aussi la responsabilité de veiller sur lui. Cette attitude persiste encore chez les peuples autochtones. Delgam Uukw, un Gitksan des temps modernes et chef héréditaire, faisait ainsi valoir, en 1987, une importante revendication territoriale devant les tribunaux :

> Chaque chef a un ancêtre qui s'est frotté à la vie de ce territoire et l'a reconnue. L'autorité vient de pareilles rencontres. L'esprit habite le territoire, il habite les animaux et le peuple — à tous, il faut témoigner du respect. C'est le fondement de notre loi.

Conséquemment, la relation entre l'homme et le territoire exige que le premier protège et préserve la fertilité du second. Le rôle de l'homme est de ne pas prendre plus que nécessaire, de laisser une part pour d'autres ou pour d'autres temps et de rendre à la Terre les reliefs de sa chasse ou de ses cueillettes. Selon les chefs hopis :

> Le territoire hopi est, d'un point de vue spirituel, administré en fiducie pour le compte de Massau'u, le Grand Esprit [...]. Ce ter-

ritoire est comme le sanctuaire d'une église — il est notre Jérusalem [...].

Ce territoire a été octroyé aux Hopis par une puissance qui dépasse
l'entendement humain. Ce droit colore le mode de vie hopi dans

L'argile à l'origine de la vie

*Le sol sous nos pieds pourrait avoir été le catalyseur qui a déclenché la
synthèse de la vie. La théorie de l'argile comme origine de la vie postule
que des molécules organiques simples auraient vu le jour en se liant
d'abord à des matériaux non organiques comme des particules d'argile.
L'argile aurait essentiellement servi de matrice, ou de squelette, autour
de laquelle des molécules organiques simples se seraient formées, atti-
rées et soudées à l'argile par une charge infime.*

*Ainsi, par exemple, l'argile concentre des aminoacides hors solution. Ces
molécules, comme autant de « perles » qui, une fois enfilées, forment
un « collier » protéinique, s'agrègent à la surface de l'argile. Les métaux
sur l'argile servent de catalyseurs et lient en chaînes les molécules
simples pour produire des molécules organiques plus complexes, qu'on
appelle des polymères. L'argile sert de gabarit, ou de treillis, il forme une
sorte de plateforme de lancement pour les molécules organiques qui
pourront ensuite migrer de l'argile.*

*Dans une étude, des chercheurs ont découvert que la structure de l'ar-
gile était un terrain favorable pour héberger et protéger les molécules
organiques simples. Dans ce modèle, les molécules ne s'accrochaient
pas à l'extérieur de l'argile, elles se glissaient plutôt entre les lamelles de
minéraux qui la composent. L'argile offrait un havre sûr aux molécules
organiques, havre que les chercheurs décrivaient comme une sorte
d'« utérus primordial ». Avec le temps, les molécules organiques pouvaient être expulsées de l'argile après que la chaleur et la pression en
eurent modifié la structure en refermant l'espace entre ses lamelles.* □

son intégralité. Tout en dépend. Le territoire est sacré et, s'il est victime d'abus, le caractère sacré de la vie hopie disparaîtra, et disparaîtra également toute autre forme de vie […].

Nous avons reçu ces territoires du Grand Esprit et nous devons les conserver pour lui jusqu'à son retour, à la manière d'un intendant, d'un gardien.

Un document signé par des hommes de science aussi éminents que Carl Sagan, Stephen Schneider, Freeman Dyson, Peter Raven et Stephen Jay Gould fait écho à ce sens des responsabilités des autochtones à l'endroit du territoire. Ce document se distingue en particulier par l'usage du mot *création* dans son sens spirituel et par sa condamnation catégorique de la voie écologiquement destructrice sur laquelle nous nous sommes engagés :

La Terre est le berceau de toutes nos espèces et, à ce que nous sachions, notre seule patrie. […] Nous sommes sur le point de commettre — plusieurs soutiendraient même que nous commettons déjà — ce que nous appelons parfois dans notre langue des Crimes contre la Création.

Le monde secret du sol

Le sol a moins d'attraits susceptibles de capter notre attention qu'un marécage ou un bassin de marée. Un examen minutieux pourra y révéler la présence de brindilles, de cailloux, peut-être d'un ver ou d'un coléoptère, et d'une matrice de minuscules particules de sable. Mais le microscope y découvre un monde bien plus riche, un théâtre d'alchimie primordiale où dur et doux, liquide et gazeux se combinent, où organique et inorganique, animal, végétal et minéral interagissent. Pétales, feuilles et tiges tombent d'une plante et deviennent du compost pour les graines de la plante : la mort se transforme en vie qui grandit, nourrit la vie qui meurt une nouvelle fois, retourne à l'atelier souterrain pour revenir encore à la vie. Presque tout l'azote essentiel à la vie doit être rendu disponible par l'action des micro-organismes fixateurs d'azote, dont la plupart se trouvent dans le sol, microcosme où s'exercent les mêmes rapports que dans le macrocosme. Dans la terre s'unissent les trois autres éléments : l'air, l'eau et l'énergie engendrent ensemble la vitalité du sol. Chaque centimètre cube de sol et de sédiments fourmille de milliards de microorganismes ; le sol produit de la vie parce qu'il est lui-même vivant.

Paradoxalement, l'argent et l'imagination dépensés à percer les secrets de Mars — 820 millions de dollars pour les deux plus récents véhicules d'exploration seulement — excèdent de loin ce qu'on a consacré à explorer la terre sous nos pieds. Pourtant, ce sont les sols de nos jardins, de nos champs, de nos pâturages, de nos forêts, et les sédiments sous les cours d'eau, les lacs, les marais et les mers qui hébergent le tissu de vie le plus foisonnant et le plus diversifié que l'on connaisse dans l'univers.

YVONNE BASKIN, *Under Ground : How Creatures Of Mud and Dirt Shape Our World*

Les organismes vivant dans le sol comptent pour une partie importante de la biodiversité totale. En fait, on estime que les deux tiers de la biodiversité sur Terre se trouvent dans le sol et les sédiments sous-marins. Dans ce monde sombre et grouillant, des prédateurs minuscules traquent leurs proies ; d'infimes herbivores broutent des algues ; des milliers de microorganismes aquatiques s'assemblent dans une goutte d'eau souterraine ; champignons, bactéries et virus ont tous un rôle à jouer sur cette scène invisible. Par leur vie puis leur mort, ces organismes créent et maintiennent la composition et la fertilité du sol ; ils sont les gardiens de la mystérieuse substance créatrice de vie dont, comme nous, ils dépendent entièrement.

Nous en savons plus sur le mouvement des corps célestes que sur le sol sous nos pieds.

LÉONARD DE VINCI

Ce qui était vrai du temps de Léonard reste vrai aujourd'hui, en dépit des progrès de la science des sols (la pédologie) au cours des 400 dernières années. Nous savons qu'un nombre renversant d'organismes peuplent le sol *(tableau 4.1)*, mais la plupart des espèces identifiées restent presque complètement inconnues. Ainsi, à peine 4 000 espèces de bactéries sont formellement reconnues ; pourtant, comme l'écologiste des sols Elaine Ingham l'explique, une cuillerée à thé de sol forestier peut contenir un milliard de bactéries, qui se répartissent en 40 000 espèces. Ces bactéries partagent la cuillerée à thé avec 20 000 espèces de champignons qui, une fois mis bout à bout, pourraient s'étirer sur 150 kilomètres. On dénombre environ 600 millions de bactéries dans une cuillerée à thé d'un sol agricole sain, en plus de 10 000 protozoaires (des organismes unicellulaires comme l'amibe) et de 20 à 30 nématodes bénéfiques. La majorité de ces organismes n'ont pas été identifiés par les scientifiques. On estime que nous avons peut-être identifié 5 % des espèces de la pédofaune, ou faune du sol.

Tableau 4.1 — Populations relatives de la pédoflore et de la pédofaune de surface		
Organismes	Nombre au m^2	Nombre par gramme
Microflore		
Bactéries	10^{13}-10^{14}	10^8-10^9
Actinomycètes	10^{12}-10^{13}	10^7-10^8
Champignons	10^{10}-10^{11}	10^5-10^6
Algues	10^9-10^{10}	10^4-10^5
Microfaune		
Protozoaires	10^9-10^{10}	10^4-10^5
Nématodes	10^6-10^7	10-10^2
Autre faune	10^3- 10^5	
Vers de terre	30-300	

En dépit de leur taille microscopique, les micro-organismes du sol sont tellement abondants qu'ils forment une biomasse imposante : en fait, ils sont peut-être la forme de vie la plus importante, quelle que soit l'aire étudiée *(tableau 4.2)*. Qui plus est, la vie existe même *sous* le sol, jusque dans la roche mère de notre planète. Les scientifiques ont longtemps présumé que la vie était confinée dans les quatre couches de sol qui recouvrent la roche mère. Mais des rapports répétés de contamination bactérienne des trépans de foreuse dans les puits de pétrole, à des centaines de mètres de profondeur, ont incité les scientifiques à enquêter. À leur grande surprise, ils ont découvert des microorganismes, non seulement à des centaines de mètres, mais à plusieurs kilomètres sous la croûte terrestre, où la températures excède 50 °C. Le biologiste Tullis Onstott a pour sa part trouvé des populations de bactéries incrustées dans les profondes épontes de mines de diamants en Afrique du Sud. Là, dans un environnement de fournaise ardente et sous une pression écrasante, on a découvert de nouveaux microbes différents de tous ceux qui pullulent à la surface de la Terre. Privés de lumière et d'oxygène, sources d'énergie pour la plus grande partie de la vie sur Terre que nous connaissons, ces microbes pour-

Tableau 4.2 — Biomasse de la pédofaune sous la forêt et la prairie			
Groupes d'organismes	Prairies	Chênes	Épicéas
Herbivores	17,4	11,2	11,3
Détritivores — grands	137,5	66,0	1,0
Détritivores — petits	25,0	1,8	1,6
Prédateurs	9,5	0,9	1,2
Total	*189,5*	*79,9*	*15,1*

raient même carburer au nucléaire et s'alimenter à une réaction se produisant entre l'eau et le rayonnement nucléaire émis par les rochers.

Onstott dit que l'on trouve, incrustées dans la croûte terrestre, des communautés de bactéries florissantes dont les signatures d'ADN ne ressemblent de près à rien de ce qu'on a jusqu'ici inventorié à la surface de la Terre. « Nous nous trouvons donc ici essentiellement

La vie du monde souterrain

Si, par toute la planète, la vie sous terre est distribuée selon la même densité qu'on trouve au fond des puits de mines, on évalue que le poids du protoplasme souterrain est supérieur à celui de tous les êtres vivants (baleines, forêts, hardes de mammifères, etc.) au-dessus du sol. Nous ne connaissons presque rien de la vie de ce monde souterrain : ni le nombre d'espèces qui y évoluent et leurs aires de distribution, ni la nature de leurs interactions avec d'autres formes de vie, ni leur rapport avec le mouvement de la chaleur et des nutriments en provenance du noyau de la planète, ni même la teneur de leur apport au sol. Et pourtant, en vue de réduire les émissions de CO_2 qui contribuent aux changements climatiques, on propose aujourd'hui d'avoir recours à la « séquestration du carbone ». La proposition consiste à pomper des centaines de millions de tonnes de dioxyde de carbone dans le sol ; or, nous n'avons aucune idée de la manière dont il y est emmagasiné, ni du genre de liaisons qu'il y produit, nous ignorons où il est retenu, le temps qu'il y restera enseveli et les conséquences de sa présence sur les formes de vie qui existent sous terre. Créatures vivant sur la surface de la Terre, nous tenons le monde souterrain pour un monde sans vie, une matrice homogène dont nous pouvons nous servir pour séquestrer le carbone, sans nous inquiéter. Il est temps de reconnaître notre ignorance et d'acquérir l'humilité de nous montrer très prudents quand les connaissances nous manquent. □

devant de nouvelles branches de l'arbre de la vie, dont certaines sont fort différentes de tout ce que nous avons jamais découvert. » Pendant que les plaques continentales se déplaçaient et entraient en collision, que les montagnes s'élevaient et s'érodaient, que les océans se remplissaient et se vidaient, qu'alternaient les périodes de réchauffement et de refroidissement climatiques, ces organismes du sous-sol profond perduraient, se divisant peut-être une fois par millénaire. Ces découvertes, et celles d'autres « extrémophiles » survivant dans des milieux physiquement extrêmes, comme les geysers ou les cheminées hydrothermales des bas-fonds océaniques, témoignent de la capacité de la vie à tenir bon et à se développer jusque dans les endroits de la Terre les plus inhospitaliers. De fait, sur Terre, même les rochers peuvent être vivants.

Les habitants du sol remplissent plusieurs rôles différents dans son cycle de fertilité. Les organismes de plus grande taille creusent des tunnels, contribuent à l'introduction d'eau et d'air, de même qu'au malaxage des minéraux et des matières organiques dans les strates du sol ; ils ajoutent à ce mélange nutritif leurs déjections et finalement leurs dépouilles. De plus petits organismes tiennent lieu d'agents de compostage : ils décomposent la matière organique, la recyclent et libèrent des nutriments pour une croissance renouvelée. Ils fixent des éléments vitaux, sous des formes que les plantes peuvent utiliser, et ils interagissent avec elles dans plusieurs processus de croissance. Vers, fourmis et termites, collemboles, protozoaires, champignons et bactéries — tous, du visible à l'infiniment petit, collaborent aux fonctions cruciales que remplit le sol sur cette planète. Plus qu'un simple substrat nécessaire à la croissance, le sol, principal filtre de la Terre, assainit l'eau, la recycle et décompose la matière ; il est aussi une importante composante des processus de stockage et de recyclage de l'eau de la planète.

Peut-être notre source la plus précieuse et la plus vitale, tant biologique que spirituelle, est-elle la matière la plus commune sous nos pieds, que nous remarquons à peine et que nous qualifions parfois de « boue », mais qui est en fait le cordon ombilical de la vie sur Terre, le milieu purificateur où les déchets se décomposent, sont recyclés, et où se régénère la fertilité.

DANIEL HILLEL, *Out of the Earth*

Les origines du sol

La portion émergée de la planète n'a pas toujours été cette familière surface recouverte de sol qui nous nourrit tous. Le sol est un mélange complexe de particules minérales, de matières organiques, de gaz et de nutriments. La manière dont ces ingrédients se combinent pour constituer le sol est indissociable de la longue histoire de l'évolution de la Terre, une histoire de création et de recréation dans laquelle, encore une fois, la vie elle-même joue un rôle de premier plan.

Le sol commence à se constituer quand les roches se décomposent par altération, sous l'irrésistible assaut des forces naturelles. En conséquence, le type de sol de chaque région dépend dans une certaine mesure des minéraux contenus dans les roches locales. Il n'y a pas de minéraux plus abondants sur Terre que les feldspaths, une famille de minéraux cristallins qui sont une composante essentielle de presque toutes les roches cristallines. Aux tout premiers temps de la Terre, tandis que la planète se refroidissait et se solidifiait, les feldspaths, qui se liquéfient à des températures relativement basses de 700 °C à 1 000 °C, se sont rapidement liquéfiés et sont remontés à la surface ; cette matière, extrêmement commune, est finalement devenue la source minérale de l'argile.

La roche formée par le refroidissement du magma — la roche en fusion sous la surface de la Terre — s'appelle roche magmatique ou éruptive (les deux autres types de roches sont la roche sédimentaire et la roche métamorphique) ; en surface, elle est exposée à une altération constante. La température changeante, le vent, la pluie, la neige et l'humidité dégradent la roche ; la matière qui en résulte est dispersée à la surface de la Terre par la gravité, les eaux de ruissellement, les glaciers, les vents et les vagues. Il y a 200 ans, on pensait encore que les montagnes, les lacs et les déserts étaient permanents et immuables.

On sait maintenant que la surface du globe a été soumise à des changements constants depuis les origines — et qu'elle l'est encore. Même les montagnes peuvent s'user avec le temps, par altération et érosion. Les montagnes peuvent aussi croître. À l'heure actuelle, l'Himalaya gagne environ un centimètre par année.

Pour comprendre les forces d'altération, imaginez un trottoir de béton fraîchement coulé. Au fil du temps et du passage des piétons, sa surface impeccablement lisse deviendra rugueuse ; l'usure normale en rongera la surface, où des cailloux commenceront à apparaître, avant que des racines d'arbre ne la soulèvent et la craquellent ; les eaux qui s'écoulent des entrées de garage y creuseront ensuite des rigoles. Imaginez les pas des gens qui en useront la surface, particule après particule ; les vents chargés de poussière qui la décaperont ; les pluies hiémales qui s'infiltreront dans un millier de minuscules orifices et prendront de l'expansion en gelant. De bien des façons, la roche est travaillée de manière analogue, sur de très longues périodes.

Il y a trois types d'altération : mécanique, chimique et biologique. L'altération mécanique fragmente les roches sans en modifier la structure chimique. L'eau s'insinue dans les craquelures et les fissures ; elle prend de l'expansion en gelant et peut ainsi fendre la roche. Les roches exposées à l'érosion des matériaux qui les entourent se détachent et dévalent au bas de la pente, fracassant d'autres roches dans ce processus. Comme la température augmente le jour et baisse la nuit, les roches se dilatent et se contractent, et des fissures se forment sous cette contrainte répétée. L'égouttement d'eau au fil des âges, lent et répétitif, peut user un flanc de montagne.

L'altération chimique modifie la structure chimique de la roche, en ce qu'elle lui retire certaines composantes et lui en laisse d'autres ; ce processus contribue lui aussi à la formation du sol. L'eau est souvent l'agent de l'altération chimique. Par exemple, l'eau peut dissoudre les minéraux de pyrite et de sulfite pour former de l'acide sulfurique hautement réactif. Certains des produits dissous sont susceptibles d'alimenter la vie ou de réagir avec des minéraux dans la roche. L'eau recueille naturellement le gaz carbonique en tombant du ciel et en s'infiltrant dans le sol. Ce processus a pour résultat une eau légèrement acide, qui forme ainsi un faible acide carbonique. Si elle dispose d'assez de temps, l'eau a le pouvoir de dissoudre presque n'importe quoi. Elle peut décomposer les feldspaths pour former de l'argile et des grains de sable. Le travail ininterrompu de l'eau entame le calcaire ; il a produit le réseau de grottes le plus extraordinaire au monde — les Carlsbad Caverns du Nouveau-Mexique — et l'inextricable enchevêtrement de chutes, de tunnels et de bétoires qui creuse le calcaire du canyon Maligne, dans le parc national de Jasper.

Quand la roche se morcelle, elle expose une plus grande surface à une potentielle altération chimique, laquelle décompose ses constituants en de nouveaux composés *(figure 4.1)*. Les altérations mécanique et chimique sont capables de produire un gramme d'argile composée de particules dont la surface totale avoisinera les 800 m², une immense aire réactive de dimension comparable à celle d'une alvéole pulmonaire ou d'une villosité intestinale.

Aux premiers jours de l'altération sur cette planète, les silicates de calcium ont été complètement dissous dans l'eau, produisant des carbonates de calcium et de l'acide silicique en solution qui se sont ensuite déversés dans les océans et ont fini sur les fonds marins, sous forme de sédiments. Un mélange d'éléments a commencé à se constituer dans les océans stériles ; ce mélange allait transformer la Terre.

Après l'apparition de la vie, les organismes vivants ont introduit un troisième type d'altération : l'altération biologique. Les microorganismes ont rejeté des substances chimiques qui, en quête d'éléments utiles, ont lessivé la roche. Des multitudes d'organismes, dont les racines de plantes à la recherche de minéraux et d'une assise dans le roc, se sont insinués dans les fissures et y ont exercé une pression.

L'altération qui donne vie

L'intensité de l'altération dépend du climat, de la tectonique, de la composition originelle de la roche et du temps. Les altérations mécanique et chimique ont produit des argiles, des sols, des sédiments et des sels dans les océans, alors que la désagrégation a généré des grosses

Figure 4.1 — L'accroissement de la surface après fragmentation

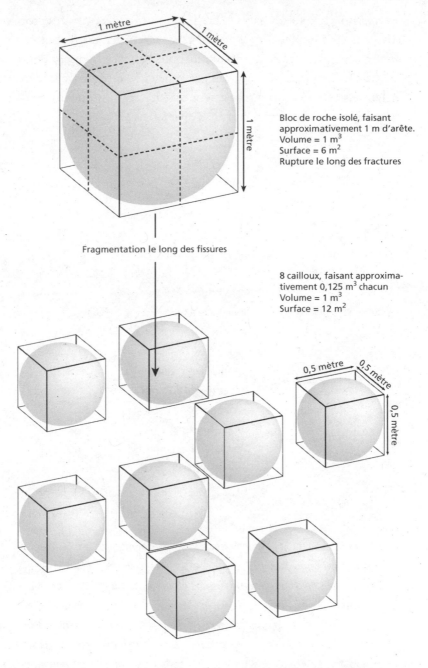

1 mètre
1 mètre
1 mètre

Bloc de roche isolé, faisant approximativement 1 m d'arête.
Volume = 1 m^3
Surface = 6 m^2
Rupture le long des fractures

Fragmentation le long des fissures

8 cailloux, faisant approximativement 0,125 m^3 chacun
Volume = 1 m^3
Surface = 12 m^2

0,5 mètre
0,5 mètre
0,5 mètre

D'après Frank Press et Raymond Siever, *Earth,* San Francisco, W. H. Freeman and Company, 1982, p. 92.

pierres, des cailloux, du sable et du limon. À première vue, ces processus peuvent sembler foncièrement destructeurs, mais ils ont été et sont encore extrêmement importants pour l'épanouissement de cette planète. L'altération est le moyen par lequel la Terre a engendré la vie et l'instrument dont la vie s'est servie pour créer un nouveau milieu dans lequel elle a pu prospérer et se diversifier.

Le mythe grec de Gaïa

Mère Terre
Notre Mère à tous,
de tous l'aînée,
solide,
    splendide comme le roc
Tout ce qui est du pays
    c'est elle
    qui le nourrit,
C'est la Terre
    que je chante.

HOMÈRE

Gæa, ou Gaïa, était la grande déité de la Grèce antique, la « Terre aux mamelles intarissables ». C'était la déesse mère, celle de qui tout le reste a découlé. Elle a créé Ouranos, le ciel étoilé ; ensemble, ils ont peuplé l'univers nouvellement formé. Gaïa était la Créatrice cosmique ; d'elle sont nés les Titans, la première race de dieux, les géants, les esprits des vents et toutes les autres forces de la nature, sans oublier les humains. « Hommes et dieux, écrivait le poète Pindare, nous sommes de la même famille, nous devons le souffle de vie à la même mère. »

Voici comment les scientifiques relatent cette histoire extraordinaire. Des éléments et des sels dissous dans les océans ont formé un riche bouillon d'atomes et de molécules ; ils ont été les précurseurs de la vie. Longtemps avant que les surfaces terrestres de la planète ne deviennent hospitalières, les conditions dans les océans ont rapidement évolué pour rendre la vie inévitable. Les premières cellules à apparaître, voilà plus de 3,6 milliards d'années, étaient des bactéries ; pendant la moitié du temps écoulé depuis, les bactéries ont constitué les seules formes de vie présentes où que ce soit sur Terre. L'évolution

---

Dans les mythes ultérieurs, l'une des descendantes de Gaïa, Déméter, endosse une partie du rôle de la grande Terre Mère en tant que gardienne du sol cultivé, de la fertilité et des moissons. L'histoire de la séparation, puis de la réunion de Déméter avec sa fille, Perséphone, illustre les cycles naturels de la Terre perçus comme la source de vie, de renouvellement et de régénération des sols. Un jour, tandis que Perséphone cueillait des fleurs dans un champ ensoleillé, son oncle Hadès, roi des enfers, l'a kidnappée. Le royaume mystérieux d'Hadès était la redoutable destination des morts, mais aussi la source de la vie et de la croissance. Quand Perséphone a disparu dans les enfers, toute croissance s'est arrêtée sur Terre puisque Déméter parcourait le monde à la recherche de sa fille disparue. Finalement, les dieux ont rendu Perséphone à sa mère pour que puissent reprendre les moissons, mais la fille avait mangé quelques pépins de grenade dans le royaume des morts. Ces pépins l'ont condamnée à séjourner aux enfers chaque année.

Toute croissance, chaque moisson vient du mystérieux et généreux royaume souterrain ; la vie nouvelle se nourrit de la mort, des feuilles et des plantes en décomposition, des restes accumulés d'innombrables générations d'organismes. Chaque année, le monde doit mourir pour renaître de la Terre — sol et planète —, mère de tous, comme l'écrit Homère. □

subséquente a nécessité un substrat : le sol. Les organismes vivants, qui avaient contribué, par leurs interactions, à la constitution de l'atmosphère et de l'eau et en avaient profondément influencé le caractère, ont aussi transformé la planète en créant le sol. Les bactéries ont migré sur les terres émergées et commencé à dissoudre la roche nue, la désagrégeant pour dégager les nutriments dont elles avaient besoin. Elles ont été l'avant-garde de l'invasion de la terre ferme par la vie.

Quand les végétaux sont finalement sortis de l'eau, voilà 350 millions d'années, il leur a fallu soit s'assurer un point d'ancrage sur la roche solide, soit trouver du gravier ou du sable incrusté de bactéries. Les racines des plantes s'étiraient pour tirer parti de tout orifice ou fissure, sécrétaient des enzymes qui dissolvaient la roche pour s'y approvisionner en éléments essentiels. Mais ce sont les bactéries qui ont excellé à exploiter la dure surface terrestre, à dissoudre et à concentrer des substances qu'elles trouvaient le moyen de mettre à profit. Elles ont mis au point des processus permettant de créer des carbonates, des phosphates, des silicates, des oxydes et des sulfures. C'est ainsi que les bactéries et les plantes ont désagrégé des blocs de roche. Sur de très longues périodes, les bactéries et les plantes, en association avec d'autres formes d'altération, ont réduit des montagnes en gravats. Les racines des plantes agglutinaient des grains de sable qu'elles protégeaient du vent et de la pluie. Et, au fur et à mesure que mouraient d'innombrables générations d'animaux, de bactéries et de végétaux, leurs carcasses s'additionnaient au sable. Lorsque leurs tissus et leurs cellules se décomposaient, des molécules se libéraient pour former la matière organique qui a constitué ce riche mélange de substance friable, graveleuse et brunâtre qui offre le gîte et le couvert à la vie sur Terre.

Sur des millions d'années, les micro-organismes se sont aventurés de plus en plus loin sur les terres émergées. Tirant leur subsistance du Soleil, de l'eau et des minéraux, ils se sont répandus sur les côtes, dans les vallées et les plaines. Les vestiges organiques des plantes se sont accumulés pendant des siècles qui sont devenus des millénaires, puis des centaines de millénaires, fournissant ainsi une matrice sur laquelle les bactéries ont prospéré. Plus tard, de petits animaux — des vers, des arthropodes — ont trouvé le moyen d'exploiter le sol grandissant, en accélérant la désagrégation des roches et des minéraux par leurs activités de forage et en ajoutant leurs carcasses aux matières en décomposition.

À mesure que le sol devenait plus riche et plus épais, les plantes se faisaient plus grosses et plus abondantes. Les organismes en décom-

———————◆◆———————

L'équilibre entre la vie et la mort

Pendant les années 1970, après que l'embargo contre le pétrole arabe eut stimulé une urgente exploration pétrolière locale, je travaillais à un film traitant des risques du forage pétrolier dans une zone frontalière, au-dessus du cercle polaire arctique. En marchant sur le sol rocailleux, constellé de lichens, d'une île arctique, j'ai remarqué une tache incongrue de couleur vive. C'était un jardin miniature de fleurs et d'herbes de petite taille, autour duquel s'affairait un nuage d'insectes. Au centre de ce minuscule Éden : les ossements desséchés d'un bœuf musqué, mort bien des années plus tôt. Décolorés par le soleil et fragilisés par le lessivage de leurs minéraux, les os contenaient encore suffisamment de nutriments pour subvenir aux besoins de cette communauté de créatures, dans l'environnement hostile de l'Arctique.

À l'autre bout du monde, j'ai visité d'anciennes installations baleinières dans l'Antarctique. Au milieu des cuves rouillées, qui avaient servi à faire fondre la graisse, et des bâtiments délavés, éventrés, qui avaient abrité les baleiniers, des plantes et des fleurs croissaient sur le sang et les os d'innombrables léviathans échoués sur le sable aride. En Europe septentrionale, le sang et les os laissés dans le sillage des terribles batailles de la Première Guerre mondiale continuent de nourrir les vastes champs de coquelicots, véritable réincarnation des générations passées.

Tous ces exemples témoignent du subtil équilibre de la vie et de la mort, le cycle de chacune émergeant de l'autre. □

position ont aidé à maintenir la roche et les particules dans la matière terreuse riche en substance organique. Lorsque les continents ont été recouverts de cet amas de molécules complexes, présentes seulement dans les organismes vivants, les végétaux ont prospéré pour ainsi fournir habitat et nourriture à une ménagerie grandissante d'animaux terrestres dont l'être humain est la plus récente addition.

Aujourd'hui, le sol est un mélange complexe et diversifié qui varie étonnamment d'un lieu à un autre et subvient aux besoins d'une mul-

Tisser des réseaux pour la vie

On décrit souvent les champignons comme des agents de décomposition et de dépérissement dans les systèmes naturels. S'ils sont essentiels au recyclage de la matière organique, les champignons sont aussi des alliés inattendus dans la lutte pour la santé et la robustesse générales des écosystèmes. Les forêts de géants et les terres herbues des prairies — en fait, presque 90 % de toutes les espèces végétales — survivent grâce à leur association avec les champignons du sol.

En Europe, les truffes sont depuis longtemps des délices fort appréciées des épicuriens. Comme les truffes exsudent un composé qui ressemble aux phéromones du verrat, on a recours, pour dénicher ces délices odorantes, à des truies animées par l'espoir de rencontrer un partenaire. À la fin du XIXe siècle, le roi de Prusse décidait d'arracher à la France une partie du commerce de la truffe en trouvant une manière de cultiver ces champignons, une mission qu'il confia au mycologue A. B. Hatch. Ce dernier a alors méticuleusement examiné les filaments, ou hyphes, qui s'étendaient depuis le corps fructifère, pour découvrir qu'ils s'enroulaient si inextricablement autour de radicelles d'arbre qu'ils semblaient en être une partie naturelle. (Les « champignons » qui pointent du sol sont le corps fructifère du mycélium dont ils portent les spores. La plus grande partie de la biomasse du mycélium provient d'un filet de minuscules hyphes, semblables à des racines, qui tissent leur chemin dans le

titude de communautés. Dans les forêts tropicales de la planète, loin au-dessus du sol, d'immenses arbres tendent leurs cimes vers le Soleil, formant ainsi une épaisse canopée peuplée d'autres formes de vie. Ces colosses végétaux atteignent cette hauteur grâce aux ancrages de leurs racines sinueuses qui s'entrelacent sur le sol des Tropiques, rendu stérile par désagrégation et érosion intensives, ou s'enfoncent profondément sous terre dans les zones tempérées.

---

sol.) Hatch a découvert une remarquable association d'une énorme portée : la mycorhize (ou symbiose) mutuellement bénéfique du mycélium et de l'arbre. Autour de ses racines, chaque arbre peut compter des dizaines d'espèces différentes de mycélium mycorhizal ; certaines sont spécifiques des essences particulières, d'autres, non.

Par la mycorhize (littéralement : « racines fongiques »), plante et mycélium se soutiennent l'un l'autre dans une relation symbiotique mutuellement bénéfique. La mycorhize augmente la surface absorbante des racines de la plante ; elle lui assure un plus grand apport d'eau, de minéraux et de nutriments tels que l'azote et, spécialement, le phosphore. Pour l'essentiel, le mycélium filiforme agit comme un prolongement des racines de la plante et fouille une plus grande étendue de sol que n'arriverait à le faire la plante seule. Dans le processus, le mycélium stimule aussi la croissance de la plante et produit des antibiotiques qui peuvent la protéger contre des agents pathogènes. En retour, le mycélium profite d'un constant approvisionnement de sucre que son hôte synthétise dans ses feuilles.

Cette collaboration est à ce point cruciale que la faible croissance ou l'absence de croissance des plantes est généralement perçue comme l'indice d'un sol dépourvu de mycélium micorhizal. C'est à cause de cette relation, pense-t-on d'ailleurs, que les plantes auraient été en mesure de coloniser les continents avec tant de succès. Les fossiles de certaines des plantes les plus anciennes de la Terre portent des traces évidentes de mycorhize. □

Sur les sols variés des terres herbues de la prairie, des marais arctiques ou des savanes équatoriales, les mousses, les herbes, les arbustes et les plantes à fleurs se soutiennent mutuellement et soutiennent diverses espèces d'insectes rampants et volants, sans oublier des multitudes de mammifères herbivores. Les hardes nombreuses de caribous du Grand Nord canadien, les gnous du parc de Serengeti et les millions de bisons de prairie décimés ne sont que quelques exemples de l'abondante progéniture du sol.

Les horizons du sous-sol

On a dit que le sol fait le pont entre la vie et le monde inanimé. Ce pont se compose, on l'a vu, de minéraux et de matière organique, mais il requiert aussi de l'air et de l'eau. Le sol agit comme un réservoir pour le carbone et, dans une large mesure, contrôle ainsi l'interface entre le carbone terrestre et le carbone atmosphérique. Le sol de surface de bonne qualité se compose, pour la moitié de son volume, d'un mélange d'humus (restes en décomposition de substances animales et végétales) et de roche désintégrée et décomposée ; l'humus augmente la capacité du sol à retenir l'eau *(figure 4.2)*. Pour l'autre moitié, le sol se compose de pores par où circulent l'air et l'eau. Ces pores sont aussi vitaux que les parties solides, parce que la circulation d'air et d'eau procure de l'oxygène et du gaz carbonique aux micro-organismes et aux plantes.

On peut considérer les arbres géants de la forêt comme l'un des moyens par lesquels le monde inanimé et le monde animé se rencontrent dans le sol. Les racines de ces arbres s'étendent latéralement en un réseau infini de radicelles de plus en plus fines qui fouillent le sol en quête d'humidité et de nourriture. Sous terre, l'humidité est maintenue dans la matrice des particules de sol et se déplace très lentement, de telle sorte que les racines des plantes s'emploient constamment à la repérer. La longueur totale du système de racines d'un seul arbre peut atteindre plusieurs centaines de kilomètres et son aire, plusieurs centaines de mètres carrés !

Figure 4.2 — Profil d'un sol fertile

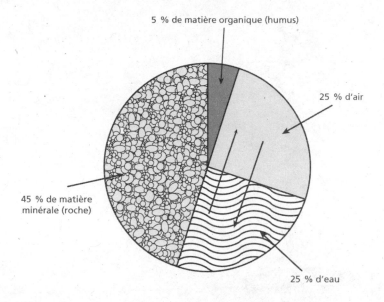

5 % de matière organique (humus)

25 % d'air

45 % de matière
minérale (roche)

25 % d'eau

D'après *Earth*, de Frank Press et Raymond Siever, San Francisco, W. H. Freeman and Company, 1982, p. 124.

Le sol se forme à partir de la surface vers les profondeurs et il en résulte des variations dans sa composition, sa texture, sa structure et sa couleur. Parce qu'il est possible d'y observer des différences à des profondeurs diverses, on peut définir le sol comme une superposition de zones, de couches ou d'horizons. Si les pédologues désignent les couches sous des vocables différents, ils en définissent généralement quatre — de haut en bas — dites O, A, B et C *(figure 4.3)*.

L'horizon O se compose largement de matière organique. Sa partie supérieure contient principalement de la litière de végétaux, comme des feuilles et des tiges, alors que sa partie inférieure se constitue d'humus et de matière organique partiellement décomposée. L'horizon A se compose largement de minéraux et d'humus. Théâtre d'une activité biologique très intense, il est beaucoup plus fertile que le sol sous-jacent. Cette couche devient plus grossière dans les zones inférieures, parce que de petites particules s'en détachent lorsque l'eau s'y infiltre et charrie vers le fond des matériaux inorganiques dissous,

Figure 4.3 — Les quatre horizons du sol

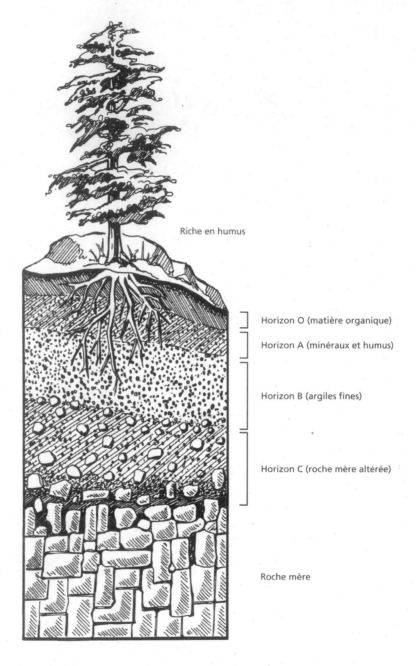

Riche en humus

Horizon O (matière organique)

Horizon A (minéraux et humus)

Horizon B (argiles fines)

Horizon C (roche mère altérée)

Roche mère

D'après *Earth*, de Frank Press et Raymond Siever, San Francisco, W. H. Freeman and Company, 1982.

dans un processus appelé lessivage. L'horizon B, généralement plus épais, recouvre la roche mère altérée. Il se compose de fines argiles accumulées qui se tassent en couches solides ; il contient des organismes vivants et de la matière organique, mais en bien moins grande quantité que la zone A. Les horizons O, A et B composent le vrai sol, ou *solum*. Des débris de roche partiellement effritée et peu de matière organique — composante essentielle à la fertilité — constituent l'horizon C.

Dans la nature, la différence entre le dîneur et son dîner se résume souvent à une simple question de temps. La vie se nourrit de la vie ; c'est une loi de la nature. Pendant des milliers d'années, ce processus a généré, dans le sol, de la matière organique qui s'est accumulée sans relâche, mais presque imperceptiblement. Sous les climats tempérés, où les forêts de feuillus et les plantes annuelles font épaissir chaque année la litière sur le sol forestier, le taux de croissance moyen de la couche arable est de 5 centimètres par millénaire. C'est cette substance qui rend notre planète si fertile.

> [P]ays de froment et d'orge, de vigne,
> de figuiers et de grenadiers,
> pays d'oliviers, d'huile et de miel,
> pays où le pain ne te sera pas mesuré
> et où tu ne manqueras de rien [. . .]
>
> DEUTÉRONOME 8,8-9

Se nourrir du sol

L'air est le souffle de la vie ; l'eau, son nectar, et la terre, sa nourriture. Bien sûr, nous ne nous nourrissons pas de terre à proprement parler, mais nous en absorbons par nécessité chaque jour de notre vie. La terre verte est le pré que nous broutons, la pâte dont nous sommes faits, le pain quotidien qui garde unis le corps et l'âme.

Imaginez une tomate géante d'un diamètre de 70 mètres, mais à la pelure aussi mince que celle d'une tomate ordinaire. Cette fine couche externe correspond à la pellicule ténue de sol qui couvre la surface de notre immense planète. Le renouvellement constant de la vie sur Terre intervient dans cette mince couche ; comme toutes les autres formes de vie terrestre, nous dépendons d'elle, directement ou indirectement, pour notre nourriture.

Notre survie et notre bien-être quotidiens dépendent d'un apport suffisant d'énergie, de protéines, de glucides, de minéraux, d'oligoéléments, d'acides gras essentiels, de vitamines, d'eau et de fibres (ces constituants inassimilables des plantes comme la cellulose). Chaque jour, les graisses comblent 25 % de nos besoins énergétiques, les protéines, 12 %, et les glucides, 63 %. De nos jours, la plus grande partie des aliments sont préparés industriellement et présentés sous des emballages qui masquent leurs origines biologiques, mais chaque parcelle assimilée par l'organisme, à l'exception des molécules chimiquement synthétisées comme les édulcorants et les substituts de graisses, a été tirée d'une vie préexistante ; la plupart des aliments proviennent directement du sol.

Les vitamines nous rappellent tout particulièrement notre dépendance à l'égard d'autres formes de vie. Les vitamines sont des composés biologiques complexes, nécessaires à la physiologie humaine, mais que l'organisme ne peut synthétiser ; d'autres espèces, que nous mangeons et dont nous tirons les vitamines essentielles, les fabriquent. Sans vitamines, nous souffrons d'états pathologiques bien documentés : cécité nocturne (causée par la carence de vitamine A), scorbut (carence de vitamine C), rachitisme (carence de vitamine D), anémie mégaloblastique (carence d'acide folique), anémie pernicieuse (carence de vitamine B), béribéri (carence de vitamine B), pellagre (carence d'acide nicotinique) et formation de caillots dans le sang (carence de vitamine K).

Le corps humain est merveilleusement adapté pour se procurer l'apport nutritif dont il a besoin. Se nourrir consiste à désassembler des choses de manière à en constituer d'autres, processus qui rappelle celui de la formation du sol. On peut se représenter la digestion comme une variation sur le thème de la transformation : nous exerçons des actions héroïques de transformation chimique et physique sur les aliments pour les décomposer et les mettre au service de nos processus vitaux.

L'essentiel du processus d'absorption des aliments s'opère de façon réflexe, sans intervention consciente ; comme respirer, manger est si essentiel à notre existence que notre organisme est conçu pour effectuer le travail en se passant de la conscience.

La digestion s'amorce directement dans la bouche, dès que nous portons des aliments derrière les lèvres, que nous commençons à les déchiqueter en petits morceaux et à les mastiquer *(figure 4.4)*. Constituées d'émail résistant enveloppant la dentine, apparentée aux os, qui protège la pulpe bien irriguée en nerfs et en sang, les 32 dents d'un adulte humain sont une merveille d'ingénierie. Les incisives coupent comme des ciseaux les aliments que broient les molaires à surface plane.

Des récepteurs qui réagissent à l'odeur, au goût, au toucher, même à la simple mastication, stimulent la production de salive dans diverses glandes. La salive est bien plus que du simple crachat : elle contient du mucus qui imbibe l'aliment de telle manière qu'on peut plus facilement le rouler dans la bouche pour le mastiquer, puis l'avaler ; elle contient aussi une enzyme, l'amylase salivaire (la ptyaline), qui décompose les glucides. La salive contient également de l'immunoglobuline A, du lysozyme et de la peroxydase, de puissants agents qui combattent les infections causées par les virus, les bactéries et d'autres organismes pathogènes.

Déglutir n'est pas une tâche simple, mais nous nous en acquittons avec style, grâce à une série de réflexes. L'aliment mastiqué est roulé en une petite boule, appelée *bolus* ou *bol*, que la langue pousse dans le pharynx, au sommet de l'œsophage. Quand le bol alimentaire touche le pharynx, des récepteurs sensoriels déclenchent une série de contractions musculaires, un phénomène appelé péristaltisme. Cela comprime le bol et l'entraîne à l'intérieur du sphincter qui en contrôle l'arrivée dans l'estomac.

La nourriture qui passe par le sphincter dilate l'estomac, le force à se contracter et à pousser le bol vers la moitié stomacale inférieure. Des hormones régulent le rythme de contraction. La muqueuse de

Figure 4.4 — Les composantes de l'appareil digestif

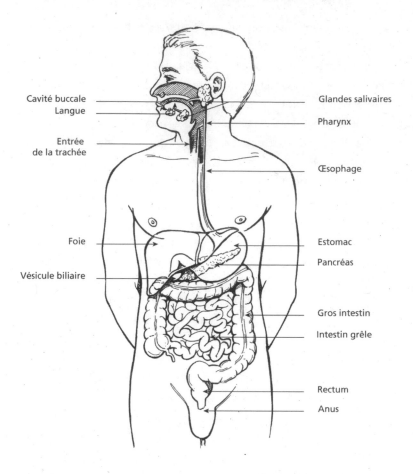

Cavité buccale
Langue

Entrée
de la trachée

Foie

Vésicule biliaire

Glandes salivaires

Pharynx

Œsophage

Estomac

Pancréas

Gros intestin

Intestin grêle

Rectum

Anus

D'après *Biology: The Unity and Diversity of Life*, de Cecie Starr et Ralph Taggart, 6ᵉ édition, Belmont (Calif.), Wadsworth, 1992, figure 37.4.

l'estomac absorbe en 10 à 20 minutes la moitié de l'eau contenue dans la nourriture. Stimulé par l'apparence, l'arôme et le goût, l'estomac sécrète quotidiennement environ 3 litres de sucs gastriques : le pepsinogène qui décompose les protéines ; le mucus qui protège la muqueuse gastrique des sucs digestifs ; l'acide chlorhydrique et la gastrine qui absorbent le fer. Par une action mécanique et chimique, les aliments sont convertis en un liquide appelé chyme, qui est dirigé vers le fond de l'estomac, comprimé, puis projeté vers le haut sous l'effet des contractions. Ce mouvement d'aller-retour sert à parfaire la liquéfaction, à mélanger les sucs gastriques, à digérer en partie le chyme et à émulsionner les graisses.

Par le sphincter pylorique, le chyme passe ensuite de l'estomac à l'intestin grêle, long d'environ 2 mètres. La principale fonction de cette partie de l'appareil digestif est de compléter l'absorption des produits de décomposition, de l'eau et des électrolytes. Les intestins sont pourvus d'une multitude de saillies, semblables aux alvéoles des poumons, dont la forme rappelle celle des doigts ; ces villosités et microvillosités maximisent la surface de contact avec le chyme (*figure 4.5*).

La surface des villosités et microvillosités dépasse les 100 m². Les extrémités des villosités se renouvellent constamment dans le mouvement d'aller-retour que leur impriment les contractions musculaires.

Figure 4.5 — Structure complexe des villosités et microvillosités

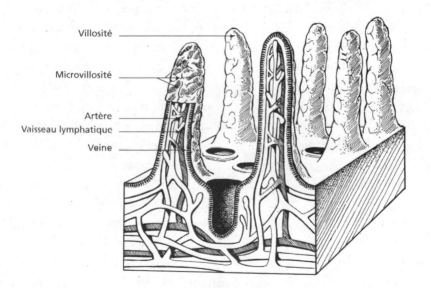

Villosité

Microvillosité

Artère

Vaisseau lymphatique

Veine

D'après *Biology : The Unity and Diversity of Life*, de Cecie Starr et Ralph Taggart, 6ᵉ édition, Belmont (Calif.), Wadsworth, 1992, illustration 37.9.

Les intestins sont également soumis à des ondes de contractions péristaltiques qui poussent vers l'anus le mélange de produits décomposés, d'eau et d'électrolytes.

Chaque jour, le pancréas produit environ 2 litres de sucs riches en acide carbonique pour neutraliser le chyme, sans compter des enzymes digestives pour décomposer les protéines, les graisses et les glucides. Pour digérer les graisses, le foie produit quotidiennement environ 0,7 litre de bile ; une partie de cette bile est emmagasinée dans la vésicule biliaire. Produit de dégradation de l'hémoglobine extraite des vieux globules rouges, la bilirubine compte pour environ 85 % de la bile. Les produits décomposés de la bilirubine, qui sont excrétés par les intestins, expliquent la couleur brune des fèces.

Le côlon, portion du gros intestin longue d'environ 1,3 mètre, compose la dernière partie du tractus gastro-intestinal ; l'absorption d'eau et d'électrolytes s'y continue. À la fin de ce parcours tortueux, il ne reste que les fèces — pour l'essentiel de la matière végétale non assimilée, des cellules mortes, des bactéries et un peu d'eau. Dans le côlon d'un adulte, on dénombre, par millilitre, de 10^{10} à 10^{20} bactéries, qui constituent jusqu'à un tiers du poids de la matière sèche des fèces.

Si on se nourrit bien, les acides aminés, les sucres simples et les acides gras entrent dans la circulation sanguine pendant le processus de digestion. L'un des sucres, le glucose, agit comme mécanisme régulateur. Quand la glycémie est élevée, elle stimule le pancréas à produire de l'insuline, qui favorise le stockage de molécules de glucose dans les cellules hépatiques, lipidiques et musculaires. Au même moment, dans le foie, la sécrétion de glucagon, qui convertit en glucose le glycogène emmagasiné, est inhibée. De cette façon, le glucose est efficacement stocké et prêt à servir dès que se manifeste un besoin d'énergie.

En cas de jeûne ou de famine, à mesure que chute le taux de glycémie, les glandes surrénales produisent de l'adrénaline et de la noradrénaline, deux hormones destinées au foie, aux tissus adipeux, aux muscles et à d'autres tissus. Ces hormones convertissent les graisses en acides gras pour produire de l'énergie, permettant ainsi de garder en réserve de nombreuses molécules de glucose pour le cerveau. En équi-

librant la conversion de glycogène et de graisses, le foie peut maintenir la concentration sanguine de glucose pendant plusieurs jours avant
qu'elle ne décline brutalement. Si la privation de nourriture perdure,
les protéines des muscles et d'autres tissus sont graduellement sépa-
rées en acides aminés, qu'utilise le foie pour créer de nouvelles molécules de glucose destinées au cerveau. Quand il ne lui vient plus rien
de l'extérieur à décomposer par voie digestive, le corps se démantèle,
sacrifie des tissus pour maintenir aussi longtemps que possible en
fonction l'organe aux commandes : le cerveau.

Nous épuisons et consommons constamment des composantes
moléculaires de nos tissus et de nos organes. Les globules sanguins,
par exemple, ne durent que 120 jours ; les cellules épithéliales, qui
tapissent l'intestin, 5 jours ; et les cellules épidermiques, qui recouvrent
la surface de la peau, environ 2 semaines. Les cellules meurent par millions chaque jour et il faut les remplacer. Notre corps est constamment et régulièrement en train de dépérir et de se renouveler — même
notre squelette est remplacé en totalité tous les 2 ou 3 ans. C'est pourquoi notre besoin de nourriture est absolu. Comme tous nos aliments
ont été un jour de la matière vivante — végétale ou animale — ils ont
absorbé ce qui se trouvait dans l'air, l'eau et le sol. Depuis le début de
la vie sur Terre, les excréments ou les déchets d'une espèce ont été une
ressource pour d'autres espèces, dans un cycle ininterrompu d'utilisation, d'élimination et de réutilisation. Comme l'air et l'eau, le sol est
une source cruciale de vie acheminée jusque dans les replis les plus
secrets du corps, où elle est littéralement transformée en chair. Ainsi,
comme l'air et l'eau, le sol mérite grandement notre respect : ce que
nous lui faisons, c'est à nous-mêmes que nous le faisons.

L'agriculture : une nouvelle étape dans l'évolution humaine

Il y a quelque 10 000 ou 20 000 ans, les êtres humains ont saisi que les
semences, déposées sur ou dans le sol, devenaient des plantes utiles
aux gens. Cette découverte a conduit à la révolution agricole, qui a
modifié radicalement le comportement humain et constitué l'assise de

la civilisation. Les premiers fermiers s'accommodaient généralement des contraintes de leur environnement. Pour se nourrir, ils devaient comprendre les caprices de la terre, du climat et des plantes qu'ils cultivaient. Ils ont appris à reconnaître les différences entre les sols et, à force d'essais et d'erreurs, d'observations et d'expérimentations, des générations de fermiers ont domestiqué des plantes dotées des qualités — taille, goût, teneur en sucre, en fibres ou en huile — qu'ils désiraient. Par la gestion de la sélection de plantes qui répondaient à leurs besoins et à ceux de leur environnement, les premiers fermiers ont créé des cultures alimentaires résistantes et adaptées à leur milieu, qui ont nourri le monde des siècles durant : le riz et le millet en Chine, le sorgho en Afrique, le maïs et la courge dans les Amériques, etc.

En domestiquant les plantes, puis les animaux, les fermiers ont affranchi l'humanité des exigences de la chasse et de la cueillette nomadiques et ont fourni une assise à des établissements permanents où les individus pourraient se spécialiser dans des fonctions au sein d'une société de plus en plus complexe. Comme l'agriculture produisait dès lors plus de nourriture que les gens n'en avaient besoin, il a été possible soit de la stocker pour usage ultérieur, soit d'en faire le commerce ou de la troquer contre d'autres biens. Dans les établissements florissants, les gens ont acquis des habiletés qui faciliteraient à la fois l'agriculture et l'épanouissement de leurs communautés : charpenterie, taillanderie, poterie et tissage, entre autres métiers. Les gens n'étaient désormais plus en constant déplacement et ils ont commencé à accumuler des biens matériels.

À mesure que nous devenions des experts pour nous nourrir, cette compétence nous a permis de croître en nombre et de faire évoluer nos sociétés. La division des tâches s'organisait selon une hiérarchie : il y avait ceux qui possédaient la terre et ceux qui la travaillaient. Avec le temps, cette structure sociale a suscité des rivalités au sein des communautés et entre les sociétés pour des questions relatives à la terre et à l'eau.

Avec chaque nouvelle innovation ou invention, l'agriculture et les sociétés se transformaient. Ainsi, il y a environ 7 000 ans, l'invention de la charrue à soc métallique, tirée par des animaux domestiques, a permis d'exploiter de plus grandes superficies et de cultiver des terres trop difficiles à labourer à la main. En régions arides, des systèmes d'irrigation primitifs — originairement, des cours d'eau déviés — voyaient le jour. Les sociétés agraires commençaient lentement à transformer la terre qui les nourrissait.

Les effets de l'activité humaine sur le sol n'ont pas uniquement commencé à se faire sentir avec l'avènement de l'agriculture moderne mécanisée. Même dans la période paléolithique préagricole, les humains armés de lames et de pointes de pierre ont été en mesure d'exterminer de gros mammifères dans les Amériques du Nord et du Sud. Mais l'invention de l'agriculture a modifié le rythme et l'étendue du changement. Les techniques agricoles modernes, comme l'usage de machinerie lourde, l'irrigation et l'emploi intensif d'engrais chimiques, ont eu des effets dévastateurs sur les sols. Les techniques modernes ont accru la productivité à l'hectare, mais la matière organique produite n'est pas retournée au sol pour compléter le cycle naturel ; au lieu de cela, elle finit souvent dans les effluents, les décharges ou les incinérateurs.

> [L]'homme civilisé a toujours cherché à adapter le territoire à son modèle d'exploitation agricole quand il aurait dû adapter ce modèle à la nature du territoire.
>
> VERNON GILL CARTER ET TOM DALE, *Topsoil and Civilization*

En 1984, le rapport du sénateur canadien Herbert Sparrow, intitulé *Nos sols dégradés*, décrivait l'épuisement rapide, au Canada, au cours des deux précédentes décennies, de la couche arable accumulée pendant plusieurs millénaires — un phénomène qui a son pendant aux États-Unis et en Australie. Le rapport laissait entendre que l'agriculture industrielle, obsédée par la productivité et pratiquée à grande échelle dans les pays industrialisés depuis la dernière guerre, était principalement à blâmer. Les problèmes dépeints dans le rapport Sparrow se sont encore aggravés. L'urbanisation, les techniques agricoles et sylvicoles dommageables ont causé le compactage, la déperdition des sols par érosion et la diminution de la matière organique ; de ce fait, une moins grande quantité d'eau pénètre le sol et le nettoie de ses agents polluants. En outre, la fonte rapide des neiges et d'intenses pluies entraînent plus fréquemment des inondations parce que la couche de sol amincie ne réussit pas à absorber de si grandes quantités d'eau.

L'homme civilisé a arpenté la face de la Terre, laissant derrière lui un désert.

ANONYME

L'incroyable augmentation de la population humaine sur la Terre, au cours des 50 dernières années, s'est accompagnée d'une croissance équivalente de la productivité agricole. Mais on a atteint cette productivité en faisant délibérément fi des limites naturelles du sol et du système vivant qui le rend si productif. S'il faut en croire le biologiste des populations David Pimentel, les techniques agricoles modernes épuisent maintenant la couche arable environ 30 fois plus vite qu'elle ne peut être remplacée :

Plus de 99 % de la nourriture dans le monde provient de l'écosystème du sol. L'érosion rapide du sol réduit la production alimentaire et cause de graves pertes à la biodiversité. Au cours des 40 dernières années, approximativement 30 % des terres agricoles sont devenues improductives [...], ce qui a contribué à la malnutrition de plus de 3 milliards d'individus.

Il faut en moyenne 500 ans pour constituer 2,5 centimètres de couche arable. Aujourd'hui, dit Pimentel, la déperdition globale de terre arable excède annuellement de 23 milliards de tonnes la production de sol nouveau, ce qui représente 0,7 % du sol dans le monde. À ce rythme, quand ma fille de 14 ans fêtera son soixantième anniversaire de naissance, plus de 30 % des réserves mondiales actuelles de terre arable auront disparu, mais le nombre d'humains aura doublé.

Les divers organismes vivants de la Terre assainissent, modifient et régénèrent l'air, l'eau et le sol, trois éléments qu'ils aident à créer et dont ils dépendent totalement. Pourtant, une espèce parmi des millions d'autres s'est aujourd'hui approprié presque la moitié des sols de la planète. Selon Bernard Campbell, nous, humains, « utilisons, accaparons ou détruisons 40 % des 100 milliards de tonnes de matière organique qu'on estime produites annuellement par l'écosystème terrestre ». De ce fait, nous menons à l'extinction plusieurs autres organismes qui maintiennent cette planète habitable.

Agriculture et feu

Après que les humains eurent appris à faire du feu, ils ont délibérément incendié des forêts, des marais, des prairies et, dans le processus, ont provoqué l'érosion du sol, des glissements de terrain et des envasements. Quand les ancêtres des aborigènes d'aujourd'hui sont arrivés en Australie, il y a de 40 000 à 70 000 ans, ils ont métamorphosé le visage faunique et végétal du continent par l'usage généralisé du brûlis. Mais on ne doit pas nécessairement considérer le feu comme une force destructrice. En fait, le feu est un phénomène naturel, voire nécessaire, dans bien des milieux.

Dans les climats secs, les feux de brousse aident à réduire la « charge combustible » d'un écosystème. Les feux périodiques sont d'une intensité relativement faible et ils ont tendance à raser des zones délimitées, d'où il résulte une mosaïque de plantes d'âge diversifié. Les feux aident à décomposer la litière naturelle, dont ils libèrent les nutriments, qui retournent dans le sol et stimulent ainsi la croissance végétale. (Bien des plantes dépendent même du feu, puisqu'elles ont besoin de la chaleur d'un feu pour libérer leurs graines.) Si les feux sont empêchés trop longtemps, l'intensité de l'inévitable brasier s'accroît et il en résulte des incendies qui peuvent tout raser jusqu'à la roche mère.

L'agriculture traditionnelle « au brandon » des aborigènes australiens réduisait le risque de feux catastrophiques et incontrôlables. L'usage régulier et calculé du feu était leur manière de gérer leur environnement ; ils ouvraient ainsi à la faune des régions de brousse dense et relançaient la croissance végétale, pour eux-mêmes et leurs proies. L'usage du feu a été crucial pour les peuples aborigènes. Les incendies que les explorateurs européens voyaient flamber dans toute l'Australie signifiaient, explique l'auteure Deborah Bird Rose dans l'ouvrage Nourishing Terrains, *« que tout allait bien — qu'habitants et pays faisaient ce qu'il fallait. »*

[L]e pays qu'incendie un feu n'est pas que du feu, de la fumée et de la végétation calcinée. Le pays du feu héberge des habitants qui ont leurs manières d'interpréter leur place dans l'environnement où ils vivent, leurs façons de faire sur la terre qui est la leur. Leur rapport avec le feu est fondamentalement un rapport avec un instrument, mais le feu est toujours associé à des événements en lien avec le passé et l'avenir. [...] On peut considérer le feu comme partie prenante d'une écologie de relations internes : aucun événement n'existe isolément.

JOHN BRADLEY, cité dans *Nourishing Terrains* ☐

Nous savons maintenant, hélas, que la générosité de la nature a des limites et que nous en approchons. [...] La plupart des régions du monde capables de soutenir un haut niveau de productivité agricole sont déjà exploitées ; celles qui ne le sont pas encore (comme le bassin amazonien) ne s'y prêtent probablement pas. Tant de projets d'exploitation en apparence valables [...] ont eu des conséquences effroyables et inattendues.

BERNARD CAMPBELL, *Human Ecology*

Le sol : un matériau inestimable

Le sol continue d'être la principale source de nourriture pour l'humanité. Bien qu'on consomme dans le monde autant de poissons que de vaches et de poulets combinés, la plupart des gens sur la planète se nourrissent d'abord de céréales. De fait, l'agriculture pourvoit à plus de 98 % des besoins alimentaires de l'humanité. Douze pour cent des terres émergées de la planète sont occupées par des cultures, 24 % par des pâturages et 31 % par des forêts. Les parcs nationaux, qui préservent la diversité biologique planétaire, occupent à peine 3,2 % de l'écosystème terrestre total. Un tiers des terres de la planète sont impropres à l'agriculture, à la sylviculture ou au pâturage.

La quantité limitée de terre arable est une bien maigre assise pour assurer la subsistance de l'humanité et elle décroît de plus de 10 millions d'hectares chaque année, en raison de la dégradation des sols. À la déperdition de terres productives se conjugue annuellement une implacable augmentation de la population — de l'ordre de plus de 90 millions d'individus —, accroissement qui nécessiterait 10 millions de nouveaux hectares, soit une superficie équivalant à l'État de l'Ohio. C'est pourquoi la déforestation se poursuit à un rythme aussi rapide : 80 % du territoire arraché aux forêts sert à la culture. L'érosion est la plus grave cause de déperdition des sols et de dégradation du territoire.

> En Afrique, déclare David Pimentel, le rythme de déperdition des sols a été multiplié par 20 au cours des 30 dernières années. [...] La couche arable disparaît de 20 à 40 fois plus vite qu'elle n'est remplacée. [...] On peut s'attendre à ce que la dégradation du territoire agricole réduise de 15 % à 30 % la production alimentaire mondiale au cours des 25 prochaines années.

L'antique sagesse de la terre

> *Intendant fidèle, tu hériteras la Terre sainte.* [...] *Tu protégeras tes champs de l'érosion.*
>
> WALTER CLAY LOWDERMILK, « Conquest of the Land
> Through 7,000 Years »

L'interrelation de toutes choses sur Terre a pour effet que chacun de nos gestes entraîne des conséquences qui se répercutent sur les systèmes dont nous faisons partie. Quand nous nous réapproprions cette antique vérité, nous regagnons le sentiment de responsabilité qui l'accompagne. La nation waswanipie, comme d'autres peuples autochtones, avait une claire intelligence de cette responsabilité :

> Le chasseur traditionnel waswanipi dit que le succès à la chasse n'est pas entièrement le fruit de ses efforts. Toute prise peut être en partie attribuée à l'empressement de l'orignal, du castor ou du corégone à sacrifier sa vie pour que vivent les Waswanipis. [...] [Les Waswanipis] savent que le vent du Nord et l'esprit de leur proie ne sont ni capricieux ni passifs, qu'ils sont un signe dynamique de la moralité du chasseur aux « yeux de la nature ». Le vent du Nord et les esprits des animaux s'inscrivent dans un rapport de réciprocité avec les agissements passés et présents des chasseurs.

Le chasseur reconnaît sa profonde obligation à se comporter de manière responsable envers la nature qui, en échange, répond généreusement aux besoins des Waswanipis. Ses nombreuses responsabilités consistent à abattre promptement l'animal, sans lui infliger de souffrances inutiles ; à ne pas abattre plus que ce qui s'offre, ni à tuer pour le plaisir ou pour se mettre en valeur ; à traiter avec respect la dépouille et l'esprit du gibier, en observant les rituels requis lorsqu'il le rapporte, le dépèce et le consomme et en utilisant tout ce qui lui est donné, sans gaspillage ni manque d'égards.

Le désastre de la mer d'Aral

Jadis le village de Muynak était une station balnéaire et une communauté de pêcheurs animée. Aujourd'hui, la mer d'Aral est à 120 kilomètres du village. Une poussière blanche qui, de loin, ressemble à de la neige couvre le lit de la mer asséchée. Mais ce n'est pas de la neige : jusqu'au village s'étale une terre inculte minée par le sel, les pesticides et les résidus de métaux lourds que soulève régulièrement le vent dans des tempêtes de poussière contaminée. Avant d'atteindre les villages, ces bourrasques toxiques balaient le lit de la mer brûlé par le soleil et mis à nu, sifflent entre les épaves pourries de bateaux de pêche depuis longtemps abandonnés. Là où prospéraient jadis des communautés florissantes vivotent aujourd'hui des villages dont l'eau potable est contaminée, où l'on enregistre des taux inouïs d'asthme, de tuberculose et de cancer et où la population est sous-employée et désemparée.

La mer d'Aral a déjà été le quatrième lac du monde pour la superficie. Il y a tout juste 50 ans, elle regorgeait de poissons, était l'âme des communautés voisines. La mer régulait le climat et alimentait le fleuve et la nappe aquifère de la région. Elle assurait la subsistance de plus de 173 espèces de faune terrestre (dont même quelques tigres) et 24 espèces de poissons nageaient dans ses eaux. Mais, dans les années 1950, l'Union soviétique a décidé que la région était l'endroit tout désigné pour la culture du coton — une culture qualifiée d'« or blanc » — et a détourné le cours des rivières qui se jetaient dans la mer d'Aral. En 1960, la mer d'Aral avait la taille de l'Irlande. Aujourd'hui, après des décennies de détournement des eaux par un système de canaux d'irrigation inefficace et archaïque, la mer s'est divisée en deux parties et n'occupe plus que le quart de sa superficie originelle. Au lieu d'un sol riche, de vastes plaines sablonneuses ceinturent la mer, et son climat tempéré a changé : les étés sont plus chauds et les hivers plus froids. Des tempêtes de sable répandent des maladies et la plus grande partie de la région est tellement contaminée par le sable et les pesticides utilisés par l'industrie du coton qu'elle ne peut entretenir la vie.

L'évolution de la mer d'Aral est l'une des catastrophes environnementales les plus tragiques du siècle dernier. On a même qualifié le phénomène de « Tchernobyl tranquille ». Mais il y a quelque espoir pour la région. Après des années de régénération — pendant lesquelles on a notamment construit de nouveaux barrages, des digues et des écluses pour réparer les dommages antérieurs — la mer d'Aral du Nord montre des signes d'amélioration. L'un de ses fleuves, le Syr-Daria, coule maintenant librement, et le volume de ses eaux qui atteignent la mer a doublé. Principale ville portuaire de la mer d'Aral du Nord, Aralsk était à 80 kilomètres de la mer avant sa régénération. Maintenant, le rivage est à moins de 15 kilomètres et le poisson a commencé à revenir. Si on lui en donne le temps, la Terre peut se guérir elle-même, mais le désastre de la mer d'Aral montre avec quelle rapidité nous pouvons défigurer la nature de notre environnement et comment un changement peut causer une onde de choc catastrophique d'une portée incalculable. □

**Figure 4.6 — Le changement de configuration
de la mer d'Aral depuis 1960**

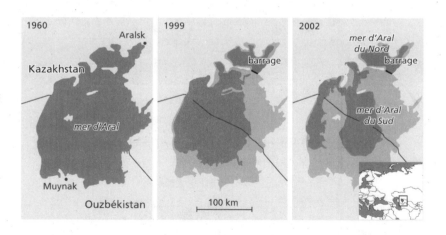

D'après Nicola Jones, « South Aral Sea "Gone in 15 Years" », *New Scientist,* 21 juillet 2003.

Les chasseurs et la nation waswanipis ont appris des anciens que le corps de l'animal donné au chasseur le nourrit, mais que son esprit rentre chez lui pour renaître, de telle manière que, lorsqu'il y a déséquilibre entre hommes et animaux, on abat les animaux sans les déconsidérer, et les hommes ainsi que les animaux survivent.

Les fermiers qui pratiquent l'agriculture de subsistance témoignent du même sens des responsabilités à l'égard du sol qu'ils cultivent : ils engraissent et entretiennent leur terre de manière qu'à son tour elle nourrisse leurs familles sur une longue période. Dans chaque région, la connaissance intime du territoire est un compendium local des manières intelligentes d'obtenir une récolte en prenant soin du sol, compendium qui précise le moment de labourer, les espèces végétales à associer, les moyens de protéger le sol contre le climat pour que les forces qui l'ont constitué ne puissent le réduire à néant. Le fermier (ou, dans la plupart des régions du monde, la fermière) doit judicieusement ajuster les besoins humains au système naturel qu'il ou elle exploite : ce tissu vivant local, adapté aux conditions locales et mis au point par le milieu sur une longue période. C'est seulement maintenant qu'on se croit capable, dans le monde « développé », d'améliorer la nature et d'en réécrire les lois.

Les pays industrialisés n'ont pas pratiqué une exploitation durable du sol ; ils l'ont plutôt épuisé ou miné en pompant son contenu organique sans le remplacer, compromettant de la sorte sa productivité future dans le seul but d'obtenir d'énormes récoltes immédiates. La pédologie en est encore à ses balbutiements ; c'est une terrible illusion de croire que l'on connaît le moyen de garder les sols sains et productifs et que l'on peut se passer du séculaire savoir-faire des organismes vivants qui ont créé et entretenu l'habitat dont ils avaient besoin dans le sol.

Se nourrir de manière durable

L'agriculture industrielle, qui a servi d'aiguillon à l'énorme accroissement de productivité pendant la révolution verte des années 1960, s'appuie sur l'usage généralisé de variétés de semences rigoureusement sélectionnées dont la plantation, l'entretien et la récolte nécessitent une lourde machinerie, qu'il faut arroser de pesticides chimiques pour éliminer les herbes compétitrices et les infestations d'insectes, et d'engrais artificiels pour en stimuler la croissance.

La valeur d'un aliment se mesure en grande partie à l'énergie solaire captée par photosynthèse et emmagasinée sous forme de sucres, de graisses et d'hydrates de carbone. Nous dépensons un peu de cette énergie en utilisant nos muscles ou en ayant recours aux efforts de traction d'un animal ; pour chaque unité d'énergie utilisée par les muscles, il est possible de récolter de 6 à 10 unités d'énergie des plantes. L'agriculture industrielle exploite l'énergie présente dans les combustibles fossiles pour synthétiser des pesticides, fixer l'azote des engrais et propulser la machinerie. Pour chaque unité d'énergie récupérée des plantes, l'agriculture industrielle dépense de 6 à 10 unités de combustibles fossiles. En d'autres mots, l'énorme productivité de l'agriculture moderne résulte de la conversion de combustibles fossiles en nourriture avec une *perte nette* dans le processus de conversion. Cela ne saurait continuer car les ressources qui soutiennent cette forme d'agriculture ne sont pas renouvelables et se font de plus en plus rares.

L'histoire récente de Cuba fournit un exemple de la manière dont nous pouvons réagir à cette crise. Satellite du bloc soviétique, Cuba s'est développé grâce à l'approvisionnement en pétrole soviétique et à un marché en or assuré pour sa principale exportation : le sucre. Lourdement mécanisée et dépendante des produits chimiques, l'agriculture cubaine était aussi énergivore que celle de n'importe quel pays industrialisé. En 1990, le bloc soviétique s'est effondré, ce qui a entraîné des conséquences catastrophiques pour Cuba : sa source d'approvisionnement en pétrole et le débouché pour son sucre ont disparu du jour au lendemain. Le minuscule État n'avait même plus assez de carburant pour transporter la nourriture de la campagne vers les villes. La ration calorique moyenne dans les villes a subi une chute de 30 %.

Cette crise s'est soldée par un incroyable succès : l'agriculture urbaine, grâce à laquelle plus de 80 % des légumes consommés dans les villes sont cultivés dans ces mêmes villes. Cours et terrains vagues ont été mis à contribution pour la production alimentaire, pendant que l'État fournissait l'expertise et l'équipement nécessaires pour que les fermiers amorcent la production. Aujourd'hui, plus de 10 000 fermes urbaines fournissent des produits biologiques, frais et bon marché à leur voisinage immédiat dans les villes cubaines, tout en procurant des revenus et des emplois à des dizaines de milliers de personnes.

Ces potagers ont des taux de productivité comparables aux rendements de l'agriculture industrielle. Leurs exploitants y arrivent en imitant la nature plutôt qu'en la forçant à se plier à leur volonté par des produits chimiques, des engrais artificiels et une irrigation excessive. Comme dans un écosystème, on y cultive une diversité de plantes pour limiter les cibles auxquelles les insectes pourraient s'attaquer. On utilise des insecticides et des fongicides naturels, ainsi que des vers qui traitent les résidus et fournissent des déjections nutritives. Cette sorte d'agriculture à petite échelle exige beaucoup plus d'efforts physiques, mais, dans une société que menace une grave crise d'obésité, cela aussi peut être un avantage.

Nombreux sont les individus et les programmes qui, comme à Cuba, bataillent ferme pour rendre son dû au sol, pour l'entretenir et le reconstituer, reconnaissant ainsi que seul le sol — ressource précieuse et menacée — peut nourrir l'humanité. Écologiste agronome, Miguel Altieri considère les terres agricoles comme un véritable écosystème. Altieri et son équipe mettent à profit leur compréhension des principes écologiques pour concevoir et gérer une agriculture renouvelable. Leurs travaux qui favorisent la biodiversité, aussi bien dans le sol même que dans les cultures plantées, aident les fermiers à cultiver à longueur d'année tout en réduisant leur dépendance envers les produits chimiques et en reconstituant la capacité de la terre à donner des récoltes. Outre le fait qu'ils créent une agriculture durable

et une santé écologique, les travaux d'Altieri s'efforcent d'être cultu-
rellement réceptifs, socialement justes et économiquement viables.

> [L]'agriculture durable, explique-t-il, est impossible sans la préser-
> vation de la diversité culturelle qui nourrit les agricultures locales.
> La stabilisation de la production ne peut se concrétiser que dans le
> contexte d'une organisation sociale qui protège l'intégrité des res-
> sources naturelles et facilite l'interaction harmonieuse des êtres
> humains, de l'écosystème agricole et de l'environnement.

Même si continuent de s'exercer des pressions pour une indus-
trialisation et une mondialisation encore plus poussées de l'agriculture
sur la planète, au détriment de la sécurité alimentaire du monde
entier, des modes de vie traditionnels et de la santé de notre territoire
et de notre eau, bien des gens comme Altieri et ses collègues luttent
contre cette tendance. En travaillant à petite échelle locale et en
remettant en question les mythes et les demi-vérités colportés par la
grande industrie agricole, ils rejettent l'obsession de la technologie et
reviennent plutôt à la sagesse de la terre et des gens qui la travaillent
depuis des générations.

Dans les pays industrialisés, plusieurs se font entendre grâce à
leur porte-monnaie. Le marché des aliments biologiques a doublé
entre 1997 et 2000, et environ 5 millions d'hectares de terre passent
chaque année à la culture biologique. Au Canada seulement, les ventes
d'aliments biologiques augmentent annuellement de 15 % à 25 %.

L'intérêt croissant que le monde industrialisé porte aux techniques d'agriculture biologique et aux produits cultivés sans pesticides
laisse supposer qu'on recommence à prêter l'oreille à l'antique sagesse
de la Terre et que le sol recouvre sa place centrale dans la vie des
humains. C'est en lui que nous trouvons les fondements mêmes de
la vie. Sa productivité et sa santé sont un maillon crucial de la chaîne
de vie dont nous dépendons. Sans exagérer, nous pouvons dire que le
sol est le fondement de notre être ; avec l'eau et l'air, il est la substance
que la vie a contribué à fabriquer, qu'elle entretient et dont elle
dépend entièrement.

Le territoire n'est donc pas simplement du sol ; c'est une fontaine d'énergie qui irrigue un système de sols, de plantes et d'animaux. […] Toute éthique visant à parfaire et à orienter la relation de l'économique avec le territoire présuppose l'existence d'une image mentale du territoire comme mécanique biotique. Il n'y a de rapport éthique possible qu'avec ce qu'on peut voir, sentir, comprendre, aimer ou avec ce à quoi on peut croire.

ALDO LEOPOLD, *A Sand County Almanac*

5

Le feu divin

*Je suis la force ardente et suprême qui dispense toutes les étin-
celles de vie. La mort n'a aucune part en moi ; je la tolère
cependant et, pour cela, je me ceins de sagesse comme d'ailes. Je
suis cette ardente et vivante essence de la divine substance qui
coule dans la beauté des champs. Je brille dans l'eau, je brûle
dans le soleil, la lune et les étoiles. Mienne est la force mystérieuse du vent invisible [...]. Je suis vie.*

HILDEGARDE DE BINGEN,
citée dans David McLagan, *Creation Myths*

Pas moyen d'ignorer le moteur qui anime la Terre et toute vie qu'elle abrite. Levez la tête par un matin clair et vous verrez le feu sacré se lever à l'est. Comme toute chose vivante — passée, présente et à venir — « nous vivons, écrit Wallace Stevens, dans un chaos solaire primitif ou dans une dépendance primitive envers le jour et la nuit ». La plupart des humains se représentent le néant comme froid et sombre ; depuis le premier regard qu'il a porté vers le ciel, l'homme chante son amour du Soleil. Dans le Rig-Veda, premier des livres sacrés de l'hindouisme écrit voilà plus de 3 000 ans, la chaleur crée Dieu lui-même :

Au commencement les ténèbres enveloppaient les ténèbres ;
Tout n'était qu'eaux informes.

Quoï qu'il y eut, venant à l'être, l'Un,
Tapi dans le Vide,
Fut engendré par la force du Feu.

La magnifique injonction « Que la lumière soit », qui s'est fait entendre à travers les âges, a donné le coup d'envoi, déclenché le flux d'énergie qui a rendu possible la vie.

Les physiciens définissent l'énergie comme la capacité de produire du travail. Ils ont appris qu'on ne peut créer de l'énergie à partir de rien : il faut la puiser quelque part. Cette constatation a conduit à l'un des principes les plus fondamentaux en science, la première loi de la thermodynamique qui s'énonce ainsi :

La quantité totale d'énergie dans l'univers reste constante. On ne peut créer plus d'énergie ; on ne peut détruire l'énergie existante. On ne peut que convertir une forme d'énergie en une autre.

Quand on enfonce un clou avec un marteau, l'énergie utilisée pour que les muscles du corps portent le coup provient des réserves du corps, renouvelées par les aliments qui contiennent de l'énergie tirée des photons du Soleil. Lorsque le clou encaisse le coup, l'énergie lui est transférée et se dissipe sous forme de chaleur — dans le clou, dans le bois et dans l'air ambiant.

L'énergie emmagasinée dans des corps, comme du bois ou du gaz, est « de qualité supérieure » parce qu'elle est immédiatement capable de produire du travail. Mais quand cette énergie se dissipe en chaleur, dans l'eau ou dans l'air, elle devient une forme d'énergie de qualité inférieure. Cette constatation conduit à la deuxième loi de la thermodynamique :

L'évolution spontanée du flux d'énergie va de formes de qualité supérieure vers des formes de qualité inférieure. À chaque conversion, de l'énergie se dissipe au hasard sous une forme qui n'est pas immédiatement capable de produire du travail.

On appelle « entropie » cet état de chaos ou de désordre ; on traduit communément la deuxième loi de la thermodynamique en disant que tout tend vers le désordre, ou une plus grande entropie.

Sans énergie, la vie ne serait pas possible. La vie est l'expression organique de l'énergie. Il faut de l'énergie pour se déplacer, respirer, voir, croître, métaboliser. Les êtres vivants ont un haut degré d'organisation qui requiert beaucoup d'énergie de qualité supérieure pour fonctionner. (Même dans un sommeil profond, notre corps génère autant de chaleur qu'une ampoule de 100 watts.) Au fil des 3,8 milliards d'années écoulées depuis l'apparition de la vie sur la planète, la multiplicité et la complexité des organismes vivants ont raffiné ce niveau d'organisation. Mais si tout tend vers le désordre, comment la vie a-t-elle réussi à persister malgré la deuxième loi ? La raison en est que l'énergie solaire inonde constamment notre planète, lui dispense une énergie de qualité supérieure qui compense la dégradation régulière de l'énergie. Sans l'apport de la lumière solaire, la vie s'éteindrait bientôt. Dans le vide de l'espace intersidéral, la température ambiante n'est que d'à peine 3 °K — c'est-à-dire 3° au-dessus du zéro absolu, température à laquelle cesse tout mouvement, y compris le mouvement des particules à l'intérieur de l'atome.

Le feu intérieur

Nous appartenons à une classe d'animaux qualifiés d'*homéothermes*, ce qui signifie « à température constante » ; la température de notre corps se maintient dans les limites d'une étroite fourchette en dépit des fluctuations de la température ambiante. En fait, ce n'est qu'au centre du corps que se maintient une température constante d'environ 37 °C ; la température des extrémités et de la peau peut varier de plusieurs degrés. Pour conserver la température interne du corps, la quantité de chaleur produite doit être égale à la quantité perdue. Chacun de nous est comparable à une maison équipée d'un chauffage central et d'un appareil de climatisation de toute première qualité ; un thermostat complexe et ultrasensible ajuste sans cesse la température

Tableau 5.1 — Besoins spécifiques en combustibles d'un homme de 70 kilos			
Molécule	Besoins (g/jour)	Énergie (kJ/jour)	Apport en %
Graisses	65	2 500	25
Protéines	70	1 200	12
Glucides	370	6 300	63

ambiante pour que la maison et ses occupants soient maintenus dans un état optimal de fonctionnement.

Le métabolisme — processus qui consiste à brûler des combustibles comme les glucides, les graisses et les protéines — est notre principale source de chaleur. Le tableau 5.1 indique, pour chaque type de combustible, les besoins d'un homme de 70 kilogrammes qui se livre à un travail physique peu exigeant.

La peau est une autre source de chaleur. On peut absorber de la chaleur d'une source de rayonnement, comme le Soleil ou une lampe chauffante, ou directement au contact d'un objet : une tasse chaude, par exemple. On absorbe aussi la chaleur émise par l'écoulement d'eau chaude ou d'air chaud sur la peau. En outre, on perd de la chaleur par la peau. On peut perdre jusqu'au tiers de sa chaleur en l'irradiant dans un milieu plus froid que le corps. Si on s'assoit sur une chaise de métal froide, la chaleur s'échappe du corps et on a froid. Nous perdons de la chaleur si de l'eau froide ou de l'air froid touche notre peau. Dans leurs combinaisons, les plongeurs jouissent d'une certaine isolation, grâce au caoutchouc, mais se gardent principalement au chaud en limitant l'écoulement d'eau froide sur leur peau.

L'activité musculaire est une autre source de chaleur. Quand on est physiquement actif, l'activité musculaire peut être responsable de 90 % de la chaleur produite dans le corps. Quand davantage de chaleur est requise, parce qu'on en perd trop, l'activité musculaire augmente — que cela se fasse consciemment, par une plus grande activité, ou involontairement, par des frissons. Chez le nourrisson, le rapport entre surface externe et volume interne est plus élevé que chez l'adulte, et c'est pour cette raison qu'il perd plus de chaleur par la peau ; il a, dans les épaules et le cou, un dépôt de « graisse brune » métabolisée pour générer de la chaleur lorsque la température interne du corps chute. Lorsque la température ambiante baisse, les thermo-récepteurs de la peau détectent cette baisse et adressent des signaux à l'hypothalamus du cerveau, qui en envoie à son tour aux muscles lisses des vaisseaux sanguins, leur ordonnant de se contracter et de réduire ainsi le débit sanguin. Ce phénomène permet aux extrémités de se rafraîchir, tout en sauvegardant la chaleur des organes centraux de l'organisme par le maintien d'une température interne élevée. Les doigts peuvent alors devenir froids parce que le débit sanguin norma-lement dirigé vers eux est bloqué à 99 %. Un autre groupe de muscles lisses logent à la base des follicules pileux hérités de nos ancêtres à fourrure. Stimulés par l'hypothalamus, ils se contractent et provo-quent la chair de poule.

Quand s'installe l'hypothermie, ces dispositifs ne suffisent plus. Dans les premiers stades de l'hypothermie, lorsque la température centrale du corps se situe entre 36 °C et 34 °C, on peut frissonner et commencer à respirer plus rapidement pendant que les zones plus internes du corps retiennent le sang. On se sentira alors parfois étourdi et nauséeux. À 33 °C ou 32 °C, les frissons cessent et la pro-duction métabolique de chaleur décline. Quand la température cen-trale atteint 31 °C ou 30 °C, on ne peut plus se mouvoir à volonté, les réflexes oculaires sont inhibés, on perd conscience et le cœur com-mence à battre irrégulièrement. Une fois que la température centrale a atteint de 26 °C à 24 °C, les muscles ventriculaires du cœur battent de façon désordonnée et ne pompent plus le sang. Le système commence à s'éteindre et la mort s'ensuit bientôt.

Lorsque la température de l'eau ou de l'air ambiant est plus chaude que celle de la peau, les cellules de la peau absorbent cette cha-leur qui se communique au reste du corps par le sang. Quand la tem-pérature interne du corps est plus élevée que celle de la peau, la peau peut disperser cette chaleur. Si cela ne suffit pas à abaisser la tempéra-ture corporelle, le système nerveux central reçoit des signaux qui pro-voquent la transpiration, par la voie des glandes sudoripares, et for-cent l'eau à se diffuser par la peau. Environ 2,5 millions de glandes

L'hypothermie comme outil de guérison

Il y a des moments où, malgré le danger que pose un trop grand refroidissement du corps, l'hypothermie peut aider à guérir. Dans certaines situations, l'hypothermie médicalement induite est un traitement possible. À la suite d'un traumatisme crânien, par exemple, le refroidissement contrôlé du centre corporel jusqu'à 33 °C ralentit la formation de l'œdème, ce qui relâche la pression sur le cerveau. L'hypothermie modérée minimise alors aussi les dommages que la réaction naturelle de l'organisme à la blessure pourrait entraîner. Immédiatement après un traumatisme, le corps commence à produire des substances chimiques qui peuvent provoquer une inflammation du cerveau, lui causer des lésions ou même en détruire les cellules. L'hypothermie ralentit ce processus, protégeant ainsi le cerveau contre des lésions secondaires. Pour refroidir le corps, on se sert de vessies de glace, de solution saline froide administrée par voie intraveineuse, voire de couvertures ou de vestes spécialement conçues à cette fin. On a aussi recours au refroidissement pendant certaines chirurgies du cœur, ou après un arrêt cardiaque, pour modérer l'appétit en oxygène du cerveau et réduire le risque de lésion cérébrale. Pour l'essentiel, cet usage contrôlé de l'hypothermie place le corps dans une sorte d'état d'hibernation pendant lequel le métabolisme est ralenti et l'organisme utilise moins d'oxygène. Cela donne au corps le temps de guérir, ou à tout le moins minimise les atteintes potentielles. Quand le danger pour le patient a diminué, on réchauffe lentement le corps jusqu'à 37 °C, température à laquelle notre appareil métabolique fonctionne le plus efficacement. □

sudoripares sont réparties sur la peau du corps. Lorsque le liquide chaud présent dans la sueur s'évapore, il emporte avec lui de la chaleur et l'on se sent plus frais. La quantité d'eau exsudée dépend de la température interne du corps et du degré d'humidité ambiante.

En dépit des fluctuations qui touchent la production, la déperdition et la captation de chaleur, la température corporelle doit être subtilement stabilisée pour assurer un fonctionnement optimal dans une large gamme de températures environnantes. La température corporelle moyenne de 37 °C fluctue, de manière prédéterminée, d'environ un demi-degré. En présence de fièvre, ou pendant certaines phases du cycle menstruel, l'écart peut persister sur une période prolongée. Des « thermorécepteurs » sont logés dans l'hypothalamus du cerveau, de même qu'en divers sites de la peau et de la moelle épinière. Quand la température centrale s'élève, les thermorécepteurs détectent la hausse et envoient des messages pour dilater les vaisseaux sanguins à fleur de peau ; ils augmentent ainsi le débit du sang périphérique et dissipent la chaleur amenée vers la peau depuis le centre du corps. L'augmentation du débit sanguin réduit aussi les occasions d'échange de chaleur entre les artères et les veines. En outre, les récepteurs centraux de chaleur stimulent la sudation. Si ces mesures ne suffisent pas à contrer l'augmentation de chaleur, la température centrale s'élève de quelques degrés, suffisamment pour induire un état d'hyperthermie potentiellement mortel.

La chaleur sert de moyen de défense contre les maladies infectieuses ; c'est pourquoi la température corporelle s'élève lors de la fièvre, laquelle est souvent fatale à l'agent envahisseur. Un pyrogène, protéine provenant de l'envahisseur, perturbe le mécanisme de thermorégulation dans l'hypothalamus en réglant à la hausse son thermostat. Le corps est donc plus frais que la température ainsi fixée ; à mesure que s'installe la fièvre, la hausse de température s'accompagne de tremblements et de frissons. Lorsque la fièvre tombe et que le thermostat revient à la normale, il faut rafraîchir le corps ; on commence alors à suer et à s'empourprer, parce que davantage de sang afflue à la peau pour dissiper la chaleur. En plus de réagir à un pyrogène transporté à la surface d'une bactérie, le foie et le cerveau peuvent générer des protéines qui induiront une fièvre. Comme tant d'autres, cette arme est potentiellement dangereuse pour son utilisateur ; les fortes fièvres peuvent causer du tort à l'organisme en s'employant à brûler les agents pathogènes qui le prennent d'assaut.

Garder actifs les foyers internes

Les anciens manuels divisent les animaux en êtres à sang chaud ou à sang froid. Cette classification est erronée sur le plan biologique. Alors que les mammifères et les oiseaux gardent effectivement la température de leurs foyers internes passablement stable et sont donc à sang chaud, la température interne d'autres animaux — amphibiens, reptiles, poissons et invertébrés — varie en fonction de la température externe. Ainsi, par une journée chaude, un serpent se chauffant au soleil pourra avoir le sang aussi chaud qu'un mammifère ; plus tard,

---

La bonne aubaine de Prométhée

Le mythe prométhéen sonde les ambiguïtés du pouvoir du feu. Zeus avait réservé l'usage du feu divin aux seuls dieux, mais un fieffé coquin du panthéon grec, Prométhée, le leur a ravi et l'a apporté aux hommes (il n'y avait apparemment pas de femmes en ces temps de froid cruel). Des mythes plus tardifs affirment qu'il aurait dans les faits créé les humains grâce à ce don.

Pareille audace ne pouvait pas être laissée impunie : Prométhée a été enchaîné sur le flanc d'une montagne où un aigle rongeait quotidiennement son foie immortel. La race humaine a été encore plus durement éprouvée : si Zeus ne pouvait lui reprendre le don du feu, il a su fabriquer un présent empoisonné. Il a créé Pandore, la première femme, dont le nom signifie « tous les dons », et l'a envoyée sur Terre chargée d'une jarre hermétiquement fermée. Comme le feu, Pandore était belle à ravir, mais aussi maladivement curieuse, imprévisible et trompeuse. Forcément, elle a ouvert la jarre ; s'en sont échappés les dons de Zeus, une multitude de maux pour tourmenter à jamais tous les humains : maladie, désespoir, rage, envie et vieillissement, pour n'en nommer que quelques-uns.

après le coucher du soleil, sa température interne chutera toute-fois. Les mammifères et les oiseaux sont endothermes (littéralement, « à chaleur interne ») alors que les autres animaux sont ectothermes (« à chaleur externe »).

Qu'ils soient endothermes ou ectothermes, tous les animaux ont développé des moyens physiologiques et comportementaux pour réguler leur température, garder leurs cellules vivantes et leur orga-nisme fonctionnel. Quand les températures chutent, les moules et les rainettes, par exemple, produisent de l'antigel naturel pour prévenir la formation de cristaux de glace mortels dans leurs liquides corporels. Les amphibiens se refroidissent à mesure que l'eau s'évapore de leur peau humide, et les reptiles se chauffent au soleil pour recharger leurs piles internes. Les mammifères et les oiseaux halètent pour se rafraî-chir : à mesure que l'air passe par leur bouche humide et chaude, l'eau s'évapore, ce qui provoque leur rafraîchissement. En position assise, les pingouins gardent les orteils retroussés pour que seuls leurs talons et leur queue soient en contact avec la glace. Les otaries et les phoques lézardent sur des rochers baignés de soleil.

La fourrure, le plumage et les graisses font tous partie du néces-saire à thermorégulation des endothermes. L'air emprisonné entre les plumes ou les poils crée un manteau douillet directement sur la peau. Des poils et plumes superficiels, plus rudes, repoussent le vent, la

C'est l'équivalent, dans la Grèce antique, de l'histoire du jardin d'Éden, selon laquelle les êtres humains, qui cherchaient à s'emparer avec imprudence et impudence du savoir et du pouvoir, ont obtenu plus qu'ils ne demandaient. Si nous concevons le feu comme la première véritable technologie avec laquelle nous ayons entrepris de transformer la Terre, nous sommes à même de saisir la portée de cette histoire pour notre temps. □

pluie et la neige. D'épaisses couches de gras aident les mammifères à survivre dans les profondeurs océanes et dans les conditions les plus extrêmes de froid et d'altitude sur la planète.

Plusieurs animaux, dont les mammifères marins, les grands poissons et les oiseaux, ont recours à un ingénieux système d'échange de chaleur à contre-courant, pour limiter la perte de chaleur dans l'eau ou dans l'air froid. Du sang artériel chaud, pompé depuis le centre du corps, passe très près des veines qui partent des extrémités (par exemple, les pattes et les nageoires) et ramènent le sang froid vers le centre du corps. La chaleur se communique des artères aux veines en raison de leur grande proximité. Ce processus garde constante la température du centre du corps et rafraîchit aussi légèrement le sang artériel ; ainsi, moins de chaleur est perdue quand le sang atteint le bout des extrémités.

La nature a doté tous les animaux d'une technologie biologique qui les aide à garder actifs leurs foyers internes. Mais les êtres humains sont les seuls à avoir inventé un moyen de transporter et d'utiliser une source de chaleur externe.

Un feu extérieur

Nos lointains ancêtres hominidés vivaient dans les arbres et, comme nos plus proches parents actuels, les grands singes, ils étaient indubitablement couverts d'une fourrure. Pour des motifs dont on débat encore, ils sont descendus de leurs arbres, ont adopté la position debout et perdu leur fourrure. Les scientifiques présument qu'ils habitaient la zone tropicale bordant la vallée africaine du Rift très vraisemblablement épargnée par les brusques fluctuations de température, courantes en régions tempérées. Néanmoins, les écarts de température entre le jour et la nuit, entre la saison sèche et la saison des pluies ou au moment de violentes tempêtes devaient représenter un défi. Conserver sa chaleur en errant en quête de nourriture, se fabriquer des vêtements, se construire un abri et maîtriser le feu ont dû aiguiser les facultés d'observation et d'invention de ces premiers humains. Peut-être ces défis ont-ils contribué au renforcement des pressions sélectives qui ont abouti à une plus grande capacité crânienne.

La maîtrise du feu a pu être l'événement le plus marquant dans l'aventure qui nous a conduits, depuis les branches des arbres, dans le vaste monde. Avec le feu, nous nous sommes affranchis des limites d'habitats exigus ; emportant notre chaleur avec nous, nous sommes passés des tropiques aux pays de l'hiver, déferlant sur l'Europe et l'Asie, foulant éventuellement des régions aussi hostiles que la toundra arctique, l'Himalaya et les Andes, survivant dans les déserts intérieurs d'Australie, malgré d'énormes écarts de température diurne.

Le feu intérieur

Lorsque notre espèce a quitté son habitat tropical, d'où elle est originaire, pour explorer de nouvelles régions dont le climat et la température oscillent entre de plus larges extrêmes, elle a dû se servir de son cerveau pour trouver des moyens de conserver sa chaleur, pour inventer des vêtements, des abris, et pour apprivoiser le feu. Mais en tant que créatures biologiques, nous possédions déjà une miraculeuse chaudière interne.

L'énergie de la substance cellulaire est l'énergie utilisable libérée quand la cellule se décompose en substances plus simples. On connaît ce type d'énergie sous l'appellation d'énergie chimique ; on la détermine en brûlant la substance dans l'oxygène et en mesurant la quantité d'énergie dégagée. On obtient 38,9 kJ par gramme de graisse, 17,2 kJ par gramme de glucide et 23 kJ par gramme de protéine.

Les cellules vivantes sont comme de minuscules fours qui extraient l'énergie du combustible de manière à pouvoir faire leur travail : entretien, croissance, reproduction. D'où vient cette énergie ? Les toutes premières formes de vie doivent l'avoir récupérée des liaisons chimiques de molécules complexes. Prenez un morceau de sucre et jetez-le dans le feu : il s'enflamme et se consume. La combustion décompose les liaisons chimiques entre les atomes, qui forment alors de nouvelles liaisons avec l'oxygène et se dissocient en gaz carbonique, en eau, en chaleur. La chaleur est l'énergie dégagée par la dissociation des liaisons.

Une cellule peut recouvrer cette énergie de combustion, mais de manière contrôlée, en la libérant en plusieurs étapes et en la captant pour son usage. Un certain nombre d'enzymes, qui décomposent les liaisons dans une molécule de sucre de glucose pour créer du gaz carbonique, de l'eau et 15,7 kJ par gramme d'énergie libérée, jouent un rôle équivalant, dans la cellule, à celui de l'allumette qui sert à allumer un feu.

Dans un atome, les électrons absorbent l'énergie et deviennent ensuite plus agités. Les électrons d'un atome existent en différents états d'« excitation », lesquels dépendent de la quantité d'énergie qu'ils portent. S'il est suffisamment excité ou alimenté en énergie, un électron peut libérer cette énergie en créant une liaison chimique entre deux atomes. Les cellules ont développé un moyen d'emmagasiner dans une molécule spéciale appelée adénosine-triphosphate, ou ATP, l'énergie portée par les électrons excités.

Figure 5.1 — Le cycle de l'ATP

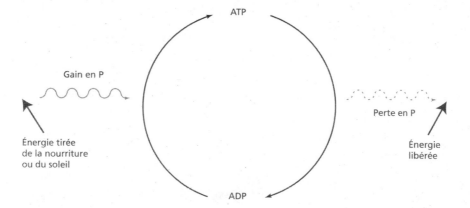

L'ATP est la source d'énergie qui alimente le travail à l'intérieur de la cellule. Les molécules d'ATP agissent comme des piles chimiques ; elles stockent l'énergie quand elle n'est pas requise et la libèrent au besoin. La figure 5.1 expose le cycle de l'ATP. Comme l'énergie est emmagasinée dans ses liaisons chimiques, l'ATP alimente en énergie d'autres molécules quand une enzyme lui indique de transférer un de ses trois groupes phosphates. Cette réaction libère une formidable quantité d'énergie dont l'organisme peut se servir. Une fois le transfert opéré, l'ATP est devenue de l'ADP (adénosine-*di*phosphate).

Pour retransformer l'ADP en ATP, il faut de l'énergie tirée de la nourriture ou de la lumière solaire. Les mitochondries (qu'on trouve dans les cellules végétales aussi bien qu'animales) extraient l'énergie quand le combustible est brûlé. L'oxygène décompose les liaisons chimiques, libère l'énergie qui est réintroduite dans le cycle de l'ATP et fixe de nouveau un phosphate à l'ADP.

L'organisme utilise continuellement de l'ATP, molécule qui complète son cycle à une vitesse étonnante. Dans une cellule musculaire au travail, par exemple, 10 millions de molécules d'ATP sont consommées et régénérées chaque *seconde*.

Stocker l'énergie dans l'ATP, c'est comme soulever un seau d'eau pour le poser sur une tablette. Il faut de l'énergie pour soulever le seau et, quand on le vide, une partie de l'énergie emmagasinée peut être récupérée dans la force de l'eau qui se déverse. Ou encore imaginez-vous soufflant de l'air dans un ballon. Cela demande de l'énergie, dont une partie peut être récupérée dans l'air expulsé quand on crève le ballon. D'une manière analogue, l'énergie présente dans les liaisons chimiques excitées peut être récupérée en dissociant ces liaisons. Les cellules possèdent des centaines d'enzymes capables d'utiliser l'énergie dégagée par l'ATP pour synthétiser des molécules, pour transporter des substances à travers les membranes cellulaires ou pour déplacer des molécules, comme les fibres musculaires, etc.

Que la vie soit (ou le premier clic)

D'où est venue l'énergie pour créer, sur des centaines de millions d'années, la vie dans les océans primitifs ? On a émis l'hypothèse que les premières molécules complexes auraient été formées avec l'énergie dégagée par la foudre et par la chaleur libérée du magma en fusion qui s'écoulait des volcans ou jaillissait de leurs cheminées dans les profondeurs océaniques. Dans une expérience saisissante, au début des années 1950, Stanley Miller a concocté une réplique grossière de l'atmosphère primitive avant l'apparition de la vie. Il a introduit dans un ballon de l'hydrogène, du méthane, de l'ammoniac et de l'eau ; il y a ajouté de l'énergie en le chauffant, puis il a bombardé les gaz d'étincelles électriques pour simuler la foudre. En une semaine, il récupérait des molécules complexes, dont des acides aminés, principales composantes des protéines. Des expériences subséquentes conduites par d'autres scientifiques ont produit presque toutes les molécules nécessaires à la panoplie complète des macromolécules présentes dans toute forme de vie.

On se perd en conjectures quant à la manière dont la première cellule a surgi et subsisté. Il a dû y avoir une myriade de formes de vie bizarres et de modèles pilotes lorsque l'évolution est entrée en action pour opérer une sélection. En un sens, cela a dû ressembler un peu aux débuts de l'automobile. Les premières voitures ont connu des formes variées ; elles roulaient sur trois ou quatre roues, même davantage ; certaines étaient mues à la vapeur, d'autres à l'électricité ou au kérosène ; quelques-unes avaient l'air de bogheis et d'autres, de coffres, etc. Avec le temps, certaines caractéristiques fondamentales sont devenues la norme pour toutes les autos. Il en a été ainsi des premières expériences de vie.

D'innombrables modèles de cellules ont dû être écartés à mesure qu'apparaissaient de nouveaux mécanismes ou de nouvelles structures. Toutefois, à un moment donné, non seulement une cellule a survécu et s'est reproduite, mais elle a eu raison de toutes les autres pour devenir la mère de toutes les formes de vie sur Terre. Aujourd'hui, nous croyons que la vie ne peut surgir spontanément, que la vie ne peut venir que de la vie. Mais il a bien fallu qu'une fois, au tout début, jaillisse l'étincelle de vie du premier organisme, notre ancêtre à tous, débordant d'une force vitale qui persiste opiniâtrement depuis près de 4 milliards d'années.

À la recherche d'énergie

Dans cette première période, la vie devait vraiment être brutale et courte, une quête constante d'énergie. Aujourd'hui, dans les profondeurs océanes, la chaleur venue des entrailles de la Terre s'échappe en colonnes d'eau surchauffée, sous d'énormes pressions, jusqu'à des températures excédant les 250 °C. Étonnamment, il existe des bactéries dans les colonnes d'eau bouillante de ces cheminées volcaniques. Non seulement elles survivent à ces températures prodigieusement élevées, mais elles meurent de froid si elles en sont privées. Ces bactéries, capables de récupérer l'énergie de l'hydrogène sulfuré que vomissent les cheminées, nous montrent comment certaines des toutes premières espèces ont trouvé leur énergie. D'une manière comparable, les cellules primitives auraient cherché, à l'intérieur des molécules complexes, de l'énergie déjà existante dans les liaisons chimiques. Aussi longtemps que les molécules complexes sont demeurées abondantes dans les mers, les formes vivantes ont pu trouver l'énergie pour s'y développer, y évoluer et s'y reproduire ; les bactéries ont prospéré dans les océans pendant au moins 2 milliards d'années.

Aujourd'hui, d'autres organismes que les bactéries des cheminées des profondeurs océanes exploitent aussi l'énergie chimique. Les bactéries du sol dépouillent les molécules d'ammoniac de leurs protons et électrons pour obtenir de l'énergie et laissent dans leur sillage des ions nitrate et nitrite. D'autres organismes sont capables de tirer parti des composés du fer.

· Le spectacle que la vie a donné sur la scène de l'évolution laisse une impression saisissante de l'extraordinaire habileté des êtres vivants à saisir la moindre occasion et à la mettre à profit. Quand certaines cellules ont appris à harnacher l'énergie chimique pour leur usage, elles sont à leur tour devenues une occasion pour d'autres. Après leur mort, d'autres organismes ont exploité leur carcasse pour l'énergie résiduelle de leurs molécules. D'autres organismes se sont ensuite fait les prédateurs des créatures bénéficiaires de la première récolte d'énergie ; les prédateurs de prédateurs ont ensuite constitué un autre niveau dans la chaîne alimentaire. Aujourd'hui, la chaîne trophique des formes vivantes, qui se nourrissent d'énergie et les unes des autres, participe à l'équilibre de la nature.

La chaleur tirée des entrailles de la planète assure à elle seule la subsistance de populations d'organismes dont le nombre et la distribution sont toutefois limités ; cette source n'a cependant pu soutenir la formidable explosion de complexité des formes animales et végétales que nous considérons comme allant de soi. Pour presque toute vie sur Terre, l'ultime source d'énergie est le Soleil.

Le Soleil magnanime

La vie sur Terre est le fruit de la générosité fortuite d'une étoile plutôt quelconque — de dimensions moyennes, d'un type appelé naine jaune — parmi les 400 milliards d'étoiles que compte la galaxie de la Voie lactée. De notre point de vue, c'est une pure merveille. Le Soleil, composé à 75 % d'hydrogène et pour le reste d'hélium, contient environ 99,8 % de toute la matière présente dans notre système solaire. Près d'un tiers de million de fois plus massif que la Terre, le Soleil exerce une attraction gravitationnelle si phénoménale que les noyaux de ses atomes d'hydrogène surmontent la répulsion atomique pour se fusionner. Mais les atomes formés par cette fusion nucléaire sont instables et « brûlent » donc, dégageant de l'énergie sous forme de photons tandis qu'ils se transmuent en hélium.

À la surface du Soleil, d'un diamètre de 1 400 000 kilomètres, la température est de 5 777 °K ; en son noyau, elle atteint 15 millions de degrés au-dessus du zéro absolu. Chaque seconde, le Soleil brûle 637 millions de tonnes d'hydrogène pour créer 632 millions de tonnes d'hélium en dégageant 386 milliards de milliards de mégawatts —

énergie équivalant à 1 million de bombes à hydrogène de 10 méga-
tonnes. En activité depuis 5 milliards d'années, le Soleil n'a peut-être
atteint que le mitan de sa vie ; il brûlera encore probablement de 3 à
5 milliards d'années.

Situé à 150 millions de kilomètres de la Terre, le Soleil irradie
notre planète de photons vivifiants. Le vent solaire de particules chargées de faible densité — protons et électrons — souffle perpétuellement en direction de la Terre ; quand ces particules frappent les
atomes dans la haute atmosphère, elles provoquent une émission
de lumière, et le ciel s'anime du spectacle dansant des aurores boréales
et australes.

Quel coup de veine que cette planète se soit constituée à la distance idéale de son étoile. L'atmosphère de la Terre et l'eau crachée de
ses entrailles l'ont rendue capable de créer les conditions favorables à
la vie. La vapeur d'eau et le gaz carbonique étaient des molécules
opportunes dans l'atmosphère primitive ; ils ont agi comme des gaz à
effet de serre, empêchant que la chaleur du Soleil ne s'échappe et ne
retourne dans l'espace.

Puis la vie a appris, pour rester vivante, à consommer la lumière
solaire par photosynthèse — ce qui a marqué un pas de géant dans
l'évolution, un nouvel échelon en matière d'innovation métabolique
et d'adaptation biologique. Il y a de 700 à 2 500 millions d'années, les
bactéries photosynthétiques étaient les principaux occupants des
océans et formaient d'immenses tapis qui ont persisté jusqu'à ce jour
sous forme de structures fossilisées appelées stromatolithes. Voilà
entre 0,57 et 2,5 milliards d'années, le sous-produit de ce processus
qu'est l'oxygène a « pollué » l'atmosphère : l'air est ainsi devenu riche
de cet agent oxydant hautement réactif auquel la vie s'est adaptée.

Il faut remercier le Soleil pour l'oxygène dans l'atmosphère, ce qui
nous a valu un métabolisme aérobie et un autre avantage vital : la
couche d'ozone. Celle-ci forme en effet un écran protecteur contre
la composante ultraviolette de la lumière solaire, qui endommage
l'ADN. Protégées contre l'altération génétique, les espèces ont pu
s'aventurer sur le continent.

Dans les végétaux, la photosynthèse se produit à l'intérieur d'organelles de cellules, appelés chloroplastes. Différents pigments à l'intérieur des chloroplastes absorbent des photons de différentes longueurs d'onde que l'on perçoit comme les différentes couleurs visibles de l'arc-en-ciel. Dans l'absorption de la lumière, la chlorophylle est un pigment dominant que l'œil perçoit comme vert et qui masque les autres pigments dans la feuille. À l'automne, quand les feuilles cessent de produire des pigments et que la chlorophylle se décompose, d'autres pigments, comme les caroténoïdes, deviennent perceptibles et se manifestent dans des tons de rouge, d'orange et de jaune, d'où la féerie des couleurs automnales. Quand un pigment capture un photon, l'énergie de ce dernier excite un électron, transféré à une molécule réceptrice, qui remet à son tour cette énergie en circulation pour créer de l'ATP.

Les chloroplastes sont de minuscules usines de photosynthèse ; alignés bout à bout, 2 000 d'entre eux n'auraient pas l'épaisseur d'une pièce de 10 cents et pourtant chacun est hérissé de milliers de segments comportant de 200 à 300 molécules de pigments capteurs de lumière. Dans ces infimes organelles, la productivité de la vie utilise la lumière solaire comme combustible. Les chaînes d'atomes de carbone, qui sont la création du Soleil et la signature de la vie, se sont révélées être un cadeau empoisonné d'énergie résiduelle pour notre génération.

Un legs du passé

La vie joue sans se lasser son drame sur la vaste scène planétaire et elle a eu assez de temps de répétition pour se doter d'un répertoire extraordinaire. On pourrait dire, en contemplant la diversité et la prolifération actuelles de la vie, que ce spectacle est repris sans interruption. Les humains ont une vision restreinte du temps ; ils ont du mal à se représenter comment d'infimes quantités de matière organique présentes dans des carcasses de bactéries, de plantes et d'animaux ont pu s'accumuler en de gigantesques dépôts. C'est pourtant ainsi que la vie telle qu'on la connaît s'est répandue sur la planète. Sur des milliards d'années, ces dépouilles d'organismes morts ont coulé et se sont entassées sur les fonds océaniques ; il y a plus de 400 millions d'années, lorsque la croûte terrestre est devenue géologiquement active, les mers se sont retirées et des sédiments riches en nutriments ont fait surface. Jusque-là, la terre émergée était dépourvue de végétaux ; dès

---

Extraire du combustible des chloroplastes

Le Soleil a rendu notre planète habitable avec son don d'énergie pure. L'énergie solaire, qui est une énergie lumineuse, doit être toutefois convertie en énergie chimique pour être utile. Ce processus se réalise dans les chloroplastes des plantes et des algues. Nous employons un peu de cette énergie lorsque nous ingérons des aliments, brûlons du bois ou du pétrole. La chercheuse Tasios Melis et ses collègues ont découvert un moyen de harnacher plus directement l'énergie de la nature en actionnant un « commutateur moléculaire » qui force les algues vertes à produire de l'hydrogène plutôt que de l'oxygène. Dans des cultures en laboratoire, Melis a découvert que les cellules des algues ne peuvent produire d'oxygène en l'absence de soufre. La privation de soufre perturbe la respiration normale des cellules qui, pour survivre, recourent à un métabolisme de remplacement générateur d'hydrogène, un gaz naturel qui, si on réussissait à le produire en volume suffisant, pourrait être un combustible de rechange renouvelable et non polluant. On emploie d'ores et déjà le combustible hydrogène et, bien qu'il n'engendre pas d'émissions nocives quand on s'en sert pour produire de l'électricité, il est néanmoins initialement extrait du gaz naturel, une ressource non renouvelable, dans un processus qui génère, comme résidu, du dioxyde de carbone.

Le gaz hydrogène siphonné d'étangs d'algues ne remplacera pas demain les pompes à essence, mais le projet de Melis n'en est qu'un parmi d'autres à explorer les possibilités de substituer le biohydrogène aux combustibles fossiles. □

lors, des pionniers se sont aventurés dans ce nouveau milieu. Bientôt, des arbres massifs ont tendu leurs branches vers le ciel, en quête de lumière solaire, au-dessus d'un foisonnement de petits arbustes.

Il y a de 280 à 360 millions d'années, les continents ont dérivé et sombré, les mers se sont remplies et vidées à une cinquantaine de reprises. Chaque fois, certaines espèces ont disparu tandis que d'autres tiraient avantage du nouvel environnement. Quand les mers se retiraient, d'épaisses forêts occupaient marais et plaines ; lorsque ces régions étaient une nouvelle fois inondées, la matière organique des forêts était immergée dans des eaux marécageuses, pauvres en oxygène nécessaire à la décomposition des carcasses végétales. Cette matière organique, créée par photosynthèse et métabolisme, était constituée d'atomes de carbone provenant du gaz carbonique, un gaz à effet de serre soustrait de l'air pendant ces processus. Les microorganismes décomposaient la matière organique, libéraient de l'oxygène et de l'hydrogène et concentraient le carbone. Puis les acides dégagés par les plantes en décomposition éliminaient les bactéries. La matière ainsi partiellement décomposée était de la tourbe. Lorsque cette tourbe s'est retrouvée ensevelie sous des sédiments, l'eau et les gaz s'en sont échappés ; ce qui en est resté s'est trouvé de ce fait plus riche encore en hydrocarbures. Initialement, la tourbe est devenue un charbon brun cassant, appelé lignite. Une fois plus profondément enseveli, le lignite s'est transformé en une matière plus résistante et plus foncée, appelée houille ou charbon bitumineux. Puis le bitume, soumis à une chaleur et à une pression plus grandes, s'est changé en anthracite.

Le pétrole et le gaz sont aussi constitués d'hydrocarbures provenant d'organismes jadis vivants. Mais alors que le charbon s'est formé à partir de plantes de marécages, le pétrole et le gaz proviennent de plantes et d'animaux marins ensevelis sous des sédiments qui en ont inhibé l'oxydation. Pendant des millions d'années, les organismes ensevelis ont été comprimés et les molécules organiques ont subi des transformations chimiques pour former du pétrole et du gaz naturel. Sous l'effet de plus fortes compressions, pétrole et gaz sont remontés vers la surface, traversant des roches sédimentaires poreuses, jusqu'à ce qu'ils soient emprisonnés dans des cavités imperméables. Ces réserves accumulées sont le cadeau — non renouvelable — des anciennes formes de vie à une civilisation industrielle avide d'énergie.

Les combustibles fossiles sont le résultat d'un long processus dans l'histoire de la Terre, le legs d'innombrables générations d'êtres vivants qui ont prospéré et sont disparus avec l'énergie emmagasinée dans les molécules de leurs organismes. Il aura fallu des millions d'années à cette énergie pour s'accumuler et se convertir en charbon, en pétrole et en gaz ; durant tout ce temps, ces substances auront gardé le carbone hors de circulation et aidé à équilibrer dans l'atmosphère les proportions de gaz à effet de serre. Aujourd'hui, en un clin d'œil, pourrait-on dire, est anéantie l'œuvre de millénaires.

Pendant la plus grande partie de son histoire, notre espèce a brûlé comme combustibles des graisses animales, de la fiente, de la paille et du bois. Le charbon n'est utilisé que depuis quelques siècles seulement ; le pétrole et le gaz sont de nouveaux combustibles, en usage depuis la révolution industrielle. Dans ce bref laps de temps, nous sommes soudainement devenus, à l'échelle planétaire, dépendants des combustibles fossiles ; au rythme de consommation actuel, nous aurons épuisé les nappes de pétrole d'ici quelques décennies à peine. La capacité de production pétrolière maximale, le moment auquel toutes les ressources pétrolières de la planète aisément disponibles auront été inventoriées, est imminente. Passé ce moment, nous serons à la merci d'un approvisionnement toujours décroissant, et les prix du pétrole monteront en flèche tandis que les pays s'en disputeront la production déclinante. Le moment précis où cette capacité de production maximale sera atteinte est l'objet de maints débats, mais certains prédisent qu'il nous guette dès 2007. Si l'on peut disputer sans fin des détails de l'échéance, peu de gens mettent en doute cette vérité inévitable : nous n'aurons bientôt plus accès à du pétrole bon marché. L'approvisionnement est clairement en décroissance, mais pas notre soif de pétrole. En 1995, le monde a utilisé 24 milliards de barils de pétrole, alors qu'on en découvrait seulement environ 9,6 milliards de nouveaux. En 2004 uniquement, la demande de pétrole s'est accrue plus vite qu'en toute autre année depuis 1976. L'énormité des répercussions est difficile à mesurer puisque notre économie mondiale repose sur du pétrole bon marché. Comme l'explique Colin Campbell, de l'Association for Peak Oil and Gas, la question sur laquelle il faut se pencher de toute urgence est « la dégringolade qui nous attend de l'autre côté de la capacité de production maximale. Le pétrole et le gaz régissent notre existence et leur raréfaction changera le monde de façon radicale et imprévisible. » En plus des contrecoups sur tous les aspects de notre vie quotidienne, il reste à savoir qui contrôlera les ressources pétrolières, et à quel prix.

> *La première moitié de l'âge du pétrole touche à sa fin. D'une durée de 150 ans, elle aura été le théâtre de la rapide expansion de l'industrie, du transport, du commerce, de l'agriculture et du capital financier et elle aura permis à la population mondiale de se multiplier par six. Point maintenant l'aube de la seconde moitié, qui sera marquée par le déclin du pétrole et de tout ce qui en dépend...*
>
> COLIN CAMPBELL

À mesure que notre population s'accroît, nous continuons de soutirer ce que nous pouvons des stocks de combustibles fossiles de la planète, brûlant en un instant ce qui a mis des éternités à se former. Le biologiste Jeffrey Dukes a calculé la quantité de matière organique qu'il a fallu pour créer les combustibles fossiles que la plupart des êtres humains brûlent sans réfléchir. Selon ses évaluations, il aura fallu environ 90 tonnes de végétaux pour créer 4 litres d'essence. De toute évidence, les combustibles fossiles ne sont pas illimités. Ils sont un cadeau de la lumière solaire et du temps et ne se reconstitueront jamais du vivant de notre espèce.

En plus d'avoir épuisé l'essentiel des réserves de pétrole en l'espace de quelques générations, nous retournons le dioxyde de carbone dans l'atmosphère à un rythme qui excède la capacité des mécanismes naturels de recyclage à l'éliminer. Depuis un siècle ou davantage, notre utilisation de l'énergie a modifié la quantité de gaz carbonique dans l'atmosphère du globe. Nous sommes capables de déceler les changements survenus dans la composition de l'atmosphère, mais nous connaissons si mal les facteurs influençant le climat et la température que nous ne pouvons prédire toutes les conséquences de ces changements. Cependant, la nature elle-même donne des signes que les climats changent : l'intensité des ouragans augmente, les périodes de canicule meurtrières accablent l'Europe, les calottes glaciaires et les inlandsis s'amincissent, les glaciers reculent. Le plus inquiétant tient peut-être aux changements de comportements et d'aires de la flore et de la faune : les aires d'altitude et de latitude des espèces végétales se transforment à mesure que ces dernières se déplacent pour se maintenir à l'intérieur de la zone de confort de leur espèce. La distribution d'espèces animales comme l'ormeau, par exemple, se modifie avec la hausse de températures des océans ; le dendroctone du pin est en train de ravager les forêts boréales parce qu'il n'est pas tenu en échec par des hivers rigoureux ; les oiseaux migrateurs se posent dans le Nord des semaines plus tôt et en repartent des semaines plus tard qu'à l'ordinaire.

Les modèles courants s'accordent remarquablement en ce qui a trait à la direction de ces changements et à la prévision des fluctuations de climat et de température. Conscients que le pétrole et le gaz viendront à s'épuiser, que leur utilisation crée des problèmes de santé et d'environnement et que des conséquences climatologiques imprévisibles s'ensuivront, nous devons, à l'évidence, gérer notre usage de l'énergie dans une perspective écologique de développement durable. Les réserves de charbon et de tourbe sont immenses, mais ces combustibles libèrent encore plus de gaz à effet de serre et engendrent donc un problème plus grave.

À qui incombe la responsabilité première de cette crise ? La réponse saute aux yeux de qui, la nuit, regarde la Terre depuis l'espace. Voici ce qu'en dit Malcom Smith :

La plus grande partie de l'Afrique subsaharienne, les vastes étendues de l'Amérique du Sud et du centre de la Chine paraissent désolées dans leur sombre immensité. L'Amérique du Nord, l'Europe de l'Ouest et le Japon, où un quart de la population mondiale utilise les trois quarts des 10 000 millions de kilowatts d'électricité produits dans le monde, étincellent comme si nous tenions à tout prix à afficher notre prodigalité.

Un citoyen d'un pays hautement industrialisé consomme en 6 mois l'énergie qui doit durer toute une vie au citoyen d'un pays en voie de développement.

MAURICE STRONG

Nous avons rencontré l'ennemi : c'est nous-mêmes

Les glaciers fondent à un rythme affolant ; le dendroctone du pin ponderosa fait des ravages dans l'Ouest canadien ; le niveau des mers s'élève et nous fracassons des records de température à un rythme impressionnant : 19 des 20 années les plus chaudes au cours du dernier siècle et demi sont advenues depuis 1980, dont 4 au cours des 7 dernières années. Il faut faire preuve d'un entêtement et d'un aveuglement délibérés pour ne pas voir les signes du réchauffement planétaire et des changements climatiques. S'il reste encore quelques récalcitrants, la très grande majorité des scientifiques s'entendent pour dire que l'activité humaine est responsable du réchauffement de notre planète.

Composé de plus de 2 000 spécialistes de 100 pays, le Groupe d'experts intergouvernemental sur l'évolution du climat (GIEC) des Nations unies est une des plus importantes communautés de spécialistes internationaux réunis à ce jour pour étudier une question scientifique. Dans son quatrième rapport publié le 2 février 2007, le GIEC conclut que le réchauffement observé pendant les 50 dernières années est pour l'essentiel imputable à l'activité humaine. Ses conclusions ont été publiquement appuyées par les académies nationales des sciences des pays du G8, de même que par celles de la Chine, de l'Inde et du Brésil. Une étude récente a analysé 928 articles sur les changements climatiques, publiés dans des revues scientifiques éditées par des pairs. Aucun de ces articles n'était en désaccord avec le consensus : des changements climatiques sont en cours et ils sont induits par l'homme.

La preuve scientifique est donc bien établie. Il n'y a pas de doute qu'un réchauffement planétaire est en cours et que l'activité humaine l'a accéléré à une vitesse folle. Il est maintenant temps d'agir, et pourtant la réponse des gouvernements est au mieux mitigée. S'il repose sur de bonnes intentions, le Protocole de Kyoto entré en vigueur le 16 avril 2005 est gravement affaibli par le refus de participation des États-Unis et par les tergiversations du gouvernement canadien, deux pays qui contribuent plus que leur part au problème planétaire. Le Canada, par exemple, qui compte pour moins de 0,1 % de la population mondiale, est le huitième producteur en importance de dioxyde de carbone.

Heureusement, plusieurs individus, administrations locales et même des entreprises n'ont pas attendu que le gouvernement fédéral montre la voie. Ainsi, la ville de Calgary utilise l'énergie éolienne pour alimenter son réseau de transport en commun, et le Québec s'est doté d'un plan de lutte contre les changements climatiques dont les multiples dispositions permettront de ramener, en 2012, les émissions de la province à 1,5 % sous leur niveau de 1990. Plusieurs villes et États américains font fi de l'intransigeance de l'administration fédérale et prennent des mesures pour réduire leurs dépenses en énergie et leurs émissions de gaz à effet de serre. Même de grandes sociétés reconnaissent que la réduction de leur consommation de combustible fossile est une décision d'affaire sensée. La pétrolière BP a atteint en 2001 son objectif de réduction d'émissions de dioxyde de carbone pour 2010, une initiative qui a diminué de 650 millions de dollars, sur 10 ans, ses factures de consommation d'énergie.

> Il en coûte plus cher de négliger le réchauffement climatique que d'y remédier, remarque le scientifique et auteur Amory Lovins. Parce qu'économiser l'énergie est rentable, son usage efficient devient plus attrayant sur les marchés [...]. Le problème climatique est le fruit de millions de mauvais choix au fil des décennies, mais on peut rétablir la stabilité du climat par des millions de décisions éclairées.

Dans un monumental rapport de 700 pages, *The Economics of Climate Change*, paru en octobre 2006, sir Nicholas Stern a démontré une fois pour toutes que les changements climatiques sont un problème économique et pas seulement environnemental. Stern est l'ex-économiste en chef de la Banque mondiale. On lui a demandé de chiffrer les coûts, pour le monde entier, du réchauffement planétaire. Stern a calculé qu'il en coûterait aujourd'hui environ 1 % du produit national brut (PNB) de tous les pays du globe pour venir adéquatement à bout du problème du réchauffement planétaire. La plupart des gouvernements et des entreprises prétendent que c'est là beaucoup d'argent et que ce serait donc économiquement désastreux. Mais Stern n'en est pas resté là. Il a calculé que, si nous n'agissons pas dès maintenant, le problème que représentera pour le monde une planète plus chaude (une hausse d'environ 5 °C à 6 °C) coûtera 7 000 milliards de dollars américains. Le réchauffement planétaire, dit le rapport, pourrait coûter davantage que les deux Guerres mondiales réunies et il pourrait plonger le monde dans une crise économique sans précédent. Si l'alternative consiste à dépenser 1 % du PNB planétaire ou à subir un effondrement écologique, social et économique, avons-nous vraiment le choix ?

Jouer avec le feu

Tous les dieux de toutes nos histoires savent que le feu est une épée à deux tranchants : ce qui réchauffe peut brûler, ce qui rend puissant peut également consumer, ce qui donne la vie peut la reprendre aussi aisément. Notre rapport avec les combustibles fossiles n'est que la plus récente confirmation de cette redoutable et impitoyable vérité. À nous, du monde industrialisé, l'utilisation de l'énergie a apporté confort, sécurité économique, mobilité, nourriture et pouvoir de transformer la Terre à notre guise. Elle nous a aussi apporté, comme une boîte de Pandore, les maux qui y sont associés : pollution de l'air, érosion du sol, destruction de l'environnement. Les combustibles fossiles nous ont fourni une énergie bon marché et transportable pour alimenter les véhicules et fabriquer les appareils qui nous ont conduits à la surconsommation, ce fléau qui fait que nous sommes en train de raser les forêts du monde, de vider les océans, de dévaster les voies d'eau, d'oblitérer toute vie non humaine. Comment gérer cette puissance dont nous nous sommes si témérairement emparés ?

La composition de la vie, équilibrée et pourtant sans cesse changeante au fil du temps, nous enseigne les règles du jeu : l'action des espèces s'exerce localement, à petite échelle, et n'introduit que peu de nouveauté. Dans la nature, le scarabée coprophage pond ses œufs dans les excréments d'animaux pour exploiter la valeur nutritive résiduelle de la fiente. Les végétaux dépouillés de leur chlorophylle survivent en parasitant les carcasses de plantes vertes photosynthétiques, pour devenir ensuite la nourriture d'insectes et d'animaux. Des cycles s'inscrivent à l'intérieur d'autres cycles. Dans les systèmes biologiques, le trajet de l'énergie et des matières décrit des boucles parfaitement circulaires, de telle sorte qu'aucun produit n'est rejeté dans le sol, l'air ou l'eau, ces autres éléments que nous sommes appelés à protéger.

Les humains ont rompu ces boucles en instituant une utilisation linéaire de l'énergie et de la matière, qui va des matières premières jusqu'à la chaleur et aux matériaux rejetés ou perdus. L'accumulation de ces déchets a souvent des conséquences imprévues. Nos mythes de puissance portent en eux-mêmes leurs mises en garde : les technologies ont des effets secondaires inattendus ; plus la technologie est lourde, plus les conséquences sont malaisées. Quand Pandore a ouvert la boîte, tous les maux qui tourmentent l'humanité se sont éparpillés aux quatre coins de la Terre. Ils ont cependant laissé derrière eux quelque chose : recroquevillée dans un coin, la figure réjouissante de l'Espoir. Et persiste l'espoir que nous parvenions à des niveaux de consommation durable d'énergie, en augmentant l'efficacité des systèmes existants et en recourant à d'autres sources d'énergie : le Soleil, le vent, la marée, la chaleur interne et permanente de la Terre.

David Pimentel brosse à grands traits une économie basée sur une utilisation durable de l'énergie, du territoire, de l'eau et de la biodiversité, qui assurerait du coup un niveau de vie relativement élevé ; mais il faut pour cela appliquer sans délai des mesures d'une envergure héroïque, de manière à réduire à la fois la population et l'usage de combustibles fossiles. Il estime que 90 millions d'hectares de territoire (l'équivalent en superficie des États du Texas et de l'Idaho réunis) pourraient servir à capter l'énergie solaire, sans nuire à la productivité agricole et sylvicole. En économisant l'énergie, on pourrait diminuer de moitié la consommation de pétrole par habitant et la ramener à 5 000 litres d'équivalent pétrole. En économisant l'eau et les sols, en réduisant la pollution de l'air et en recyclant massivement, on pourrait aboutir, aux États-Unis, à une société de conservation dont

> la population optimale serait d'environ 200 millions. [...] De cette façon, il serait possible aux Américains de continuer à jouir de leur niveau de vie relativement élevé. [...] Dans le reste du monde, la résolution de l'équation population-ressources sera beaucoup plus ardue qu'aux États-Unis.

La population mondiale pourrait atteindre les 10 milliards avant le milieu du XXIe siècle. Toutes les projections de Pimentel évoquent la nécessité d'un effort considérable pour préserver les sols et produire suffisamment de nourriture pour chaque personne à partir d'un demi-hectare de territoire. Ces mesures devraient s'accompagner d'une rapide stabilisation, puis d'une décroissance de la population. Si ces objectifs sont atteints,

> il sera possible de subvenir aux besoins d'une population mondiale d'environ 3 milliards d'individus. Avec un système autonome d'énergie renouvelable [...] qui fournirait à chaque personne 5 000 litres d'équivalent pétrole par année (la moitié de la consommation annuelle présente en Amérique, mais une hausse pour la plupart des peuples du monde), une population de 1 à 2 milliards de personnes pourrait vivre dans une relative prospérité.

Bien que la population actuelle de la Terre soit d'environ 6 milliards, auxquels 1 milliard d'individus s'ajoutent tous les 11 ans, la vision de Pimentel repose sur l'espoir. Elle appelle à un effort concerté, à la conservation de l'énergie et à son partage équitable ; par-dessus tout, elle propose un nouveau départ. Les combustibles fossiles font aujourd'hui sentir leur présence dans tous les aspects de notre existence : on les utilise dans nos véhicules, nos systèmes de chauffage, nos procédés de fabrication énergivores, nos entreprises agricoles, etc. Mais nous ne sommes devenus dépendants de cette source d'énergie que tout récemment. Maintenant que nous comprenons les conséquences de la nature épuisable du pétrole et du gaz et celles de l'accumulation des gaz à effet de serre quand nous en consommons à outrance, nous pouvons tourner notre énergie créatrice vers des solutions de remplacement, spécialement en captant l'énergie dont le Soleil inonde la Terre. Les possibilités ne manquent pas. Il faudra du temps pour nous détourner de nos actuelles habitudes de consommation d'énergie, mais nous pourrions gagner du temps en nous montrant beaucoup plus efficaces, en étirant nos réserves, en réduisant notre apport de gaz résiduaires et nos déchets. Avec 1 litre d'essence, des prototypes d'automobiles réussissent à parcourir 150 kilomètres et pourraient nous permettre de continuer à nous servir de véhicules qui auraient des répercussions écologiques grandement atténuées. On pourrait ainsi consacrer plus de temps à la conception et à la construction d'espaces habitables qui élimineraient entièrement le besoin d'automobiles pour la plus grande partie de l'humanité. Les quantités d'énergie et de matériaux utilisés pourraient être 4 fois moins élevées si les procédés de fabrication étaient plus efficaces ; l'économie de consommation ainsi réalisée résoudrait des problèmes écologiques et assurerait une meilleure équité. Le potentiel est là. Ne manque que la volonté.

6

Protégés par notre parenté

N'y a-t-il pas une véritable grandeur dans cette conception de la vie [. . .], tandis que notre planète, obéissant à la loi fixe de la gravitation, continuait à tourner dans son orbite, une quantité infinie de formes admirables, parties d'un commencement des plus simples, n'ont pas cessé de se développer et se développent encore ?

CHARLES DARWIN, *L'Origine des espèces*

[L]es formes diversifiées de la vie enveloppent notre planète et, au fil des âges, en changent graduellement mais profondément la face. En un sens, la vie et la Terre deviennent une, chacune imposant à l'autre des changements.

LYNN MARGULIS, *Five Kingdoms*

Tout enfant qui s'est émerveillé de la croissance d'une plante à partir d'une graine, qui a observé la transformation d'un œuf de grenouille en têtard, ou assisté à l'émergence d'un papillon de son cocon, comprend de la manière la plus intime que la vie est un miracle. La science est incapable de percer le mystère le plus secret de la vie ; la musique et la poésie tentent de l'exprimer ; toute mère et tout père l'éprouvent en leur âme.

Vous m'avez conduit au centre du monde et montré la bonté, la beauté et l'étrangeté de
la Terre verdoyante, l'unique mère.

BLACK ELK, *Pieds nus sur la terre sacrée*

Les premiers penseurs ont identifié les quatre éléments nécessaires à la vie : l'air, l'eau, la terre et le feu. Mais ils ignoraient que l'action conjuguée des choses vivantes elles-mêmes avait joué un rôle vital dans le modelage et le maintien de ces éléments. La vie n'est pas un bénéficiaire passif de ces dons fondamentaux, elle participe activement à leur création et à leur regénération.

Un difficile exercice illustre bien la manière dont la vie nous fournit ce que les peuples autochtones désignent comme les quatre éléments sacrés : la terre, l'air, le feu et l'eau. Imaginez que des scientifiques inventent une machine à voyager dans le temps qui nous ramènerait 4 milliards d'années avant l'apparition de la vie sur cette planète. Si nous nous précipitions hors de la capsule à voyager dans le temps pour inspecter ce monde stérile, nous serions morts en quelques minutes parce que l'atmosphère prébiotique, bien que riche en vapeur d'eau et en dioxyde de carbone, manquerait d'oxygène. Ce n'est qu'après la découverte de la photosynthèse par la vie que l'oxygène a été libéré comme sous-produit de la captation de la lumière solaire. Ce processus a transformé l'atmosphère sur des millions d'années et produit l'air dont dépendent les animaux comme nous.

Supposons que nous ayons prévu ces conditions inhospitalières et que nous ayons fait provision de bouteilles d'air dont nous pourrions nous munir pour aller explorer la Terre. Après quelques heures passées dans la chaleur (l'eau et le dioxyde de carbone sont des gaz à effet de serre), nous aurions soif, mais toute eau serait vraisemblablement non potable, vu l'absence de racines végétales, de champignons souterrains et d'autres microorganismes qui filtrent métaux lourds et autres éléments potentiellement dangereux, lessivés de la roche. Nous aurions faim, mais il n'y aurait bien entendu rien à manger puisque chaque bouchée de nourriture que nous avalons a été jadis en vie. Même si, en plus de provisions de bouche, nous avions apporté quelques semences pour cultiver des légumes frais, nous ne trouverions pas de sol où planter quoi que ce soit, parce que le sol se crée quand des organismes vivants meurent et que leurs carcasses se mélangent avec la matrice de l'argile, du sable et du gravier.

Et supposons qu'à la fin de la journée, sur cette planète sans vie, nous ayons le mal du pays et décidions d'allumer un feu de camp pour nous réconforter, il n'y aurait aucun combustible à brûler puisque chaque parcelle de notre combustible — bois, fiente, tourbe, charbon, pétrole, gaz — est le fruit de la vie. En outre, même si nous avions apporté du combustible, nous ne pourrions le brûler parce que, sans oxygène, aucune flamme ne saurait s'allumer. Cette incroyable odyssée dans le temps révèle que le tissu de toute vie garde cette planète accueillante.

La vie entretient son œuvre unique grâce à son extraordinaire faculté de diversification — pour s'adapter aux occasions qui se présentent, et pour en créer de nouvelles. Nulle espèce n'est en soi indispensable, mais la totalité des formes vivantes assure la fécondité de la Terre. De ce fait, on peut considérer l'éventail même de la vie comme un autre des éléments fondamentaux qui supportent toutes choses vivantes. La biodiversité doit occuper la place qui lui revient aux côtés de l'air, de l'eau, de la terre et du feu, créateurs primordiaux de la fertilité et de l'abondance de la planète.

Les composantes du monde naturel se comptent par myriades, mais constituent néanmoins un unique système vivant. Il n'y a pas moyen d'échapper à notre interdépendance avec la nature ; un tissu très serré de rapports nous rattache à la Terre, à la mer, à l'air, aux saisons, aux animaux et à tous les fruits de la Terre. Ce qui atteint l'un atteint le corps entier de la planète : nous sommes partie d'un plus grand tout. Pour espérer survivre, il nous faut respecter, préserver et chérir son visage multiforme.

BERNARD CAMPBELL, *Human Ecology*

Vie et mort : des jumeaux inséparables

Vie et mort forment un couple complémentaire. Quel singulier paradoxe que la mort ait été un instrument crucial dans la persistance de la vie. Le vieux rêve d'immortalité des humains, s'il devait un jour se réaliser, emprisonnerait toute l'espèce dans une camisole de force sur le plan de l'évolution, la privant de la flexibilité requise pour s'adapter aux conditions toujours changeantes sur la planète. En permettant à un changement adaptatif de survenir dans la succession des générations, la mortalité individuelle rend l'espèce capable de survivre sur de longues périodes.

Au bout du compte, toutefois, l'espèce se révèle aussi mortelle que l'individu. Au fil de l'évolution, on estime que 30 milliards d'espèces ont existé depuis l'apparition des organismes multicellulaires, au moment de l'explosion de la vie à l'ère du cambrien, il y a 550 millions d'années. Les scientifiques croient que chaque espèce se maintient pendant quelque 4 millions d'années en moyenne avant de céder la place à d'autres formes de vie. On estime à environ 30 millions le nombre d'espèces présentes sur Terre aujourd'hui, ce qui signifie que 99,9 % de toutes les espèces apparues un jour ont disparu. Mais toutes les formes de vie présentes aujourd'hui sur la planète descendent d'une même cellule, née dans les océans voilà peut-être 3,8 milliards d'années ; si l'on s'en reporte à la force vitale dont était pénétrée cette première cellule, la vie se sera montrée étonnamment persistante et pleine de ressort.

L'interconnexion de toute vie

La forêt est une énorme entité — elle est peuplée d'humains, d'animaux et de végétaux. Inutile de sauver les animaux si on brûle la forêt. Inutile de sauver la forêt si on en chasse les animaux et les humains. Ceux qui s'efforcent de sauver les animaux échoueront si ceux qui s'efforcent de sauver la forêt perdent la bataille.

BEPKORORATI, cité dans « *Amazonian Oxfam's Work in the Amazon Basin* »

Aucune espèce n'existe isolément. En fait, les quelque 30 millions d'espèces qui, selon nos estimations, existent aujourd'hui, sont toutes en relation par l'entrecroisement de leurs cycles de vie : les plantes dépendent d'espèces spécifiques d'insectes pour leur pollinisation ; les poissons sillonnent les vastes étendues océaniques, se nourrissent d'autres espèces ou leur servent de nourriture ; et, dans leurs migrations, les oiseaux parcourent la moitié du monde pour élever et nourrir dans l'Antarctique leurs petits grâce aux explosions éphémères de populations d'insectes qui s'y produisent. Ensemble, les espèces forment un immense tissu d'interconnexions qui soude tous les êtres les uns aux autres et aux composantes physiques de la planète. La disparition d'une espèce fait un accroc dans ce tissu cependant très élastique. Quand un fil se rompt, toute la trame change de configuration ; aussi longtemps qu'il reste plusieurs autres fils pour en assurer la cohésion, le tissu conserve toutefois son intégrité.

Il faut sentir les pulsations des arbres, parce que les arbres sont, comme nous, des êtres vivants.

SUNDERLAL BAHUGUNA, cité dans E. Goldsmith *et al.*,
Imperilled Planet

Toute vie dépend finalement de l'énergie solaire qu'exploitent par photosynthèse les végétaux et les microorganismes (comme nous l'avons vu, seul un très petit nombre d'espèces microbiennes, dites capables de chimiosynthèse, peuvent oxyder des substances inorganiques — tels l'azote et le soufre — pour obtenir de l'énergie, ou utiliser l'énergie des entrailles de la planète). Les principaux consommateurs d'organismes capables de photosynthèse et de chimiosynthèse sont des herbivores aussi différents que la sauterelle, le cerf et le plancton qui, à leur tour, assurent la subsistance de carnivores primaires comme l'araignée, le loup et le calmar. Les carnivores secondaires, comme le cétacé à dents, l'aigle et l'humain, se nourrissent de carnivores primaires et sont les plus éloignés des premiers utilisateurs d'énergie. Un jour ou l'autre, tous les maillons de la chaîne seront une nouvelle fois transformés par des organismes de décomposition et retournés à la Terre *(figure 6.1)*.

Le monde invisible

Quelle leçon d'humilité de prendre conscience des limites de notre perception quand on se compare aux autres créatures sur cette planète ! Notre vision du monde dépend du degré d'acuité de nos organes sensoriels. Nous prenons conscience de ces limites chaque fois que nous observons les allers retours, d'une borne-fontaine à un arbre, d'un chien qui renifle, dans un monde riche d'empreintes, les signatures chimiques laissées par d'autres animaux — signatures indicatrices de leur âge, de leur sexe, de leur espèce et du temps écoulé depuis leur passage. Les insectes peuvent réagir à une seule molécule de phéromone flottant dans l'air. D'autres animaux, comme le requin bordé *(carcharhinus limbatus)* et le crabe appelant, ressentent les changements de pression atmosphérique et peuvent donc prévoir les variations du temps bien avant les humains. Nos oreilles n'ont pas la capacité de détecter les sons suraigus qui aident les chauves-souris à s'orienter, à capturer leurs proies et à échapper aux prédateurs. Nous sommes sourds aux basses fréquences qui composent le chant des grands cétacés, répercuté dans les océans jusque de l'autre côté du globe. Les communications sismiques des éléphants — les vibrations que perçoivent leurs pattes et le bout de leur trompe ultrasensible, richement innervé — nous sont indétectables. Notre vision se borne aux longueurs d'ondes lumineuses que nos organes sensoriels sont en mesure de déceler dans le spectre entre le rouge et le violet. Nous sommes incapables de voir les infrarouges, comme le serpent à sonnette, ou la lumière ultraviolette qui guide les insectes vers des fleurs spécifiques.

Animal doté de poumons, l'humain ignore tout du large éventail d'écosystèmes d'eau douce et d'eau salée, comme des plantes et des animaux qui s'y sont si merveilleusement adaptés. Maintenus à la surface

Figure 6.1 — Une chaîne trophique dans un écosystème tempéré

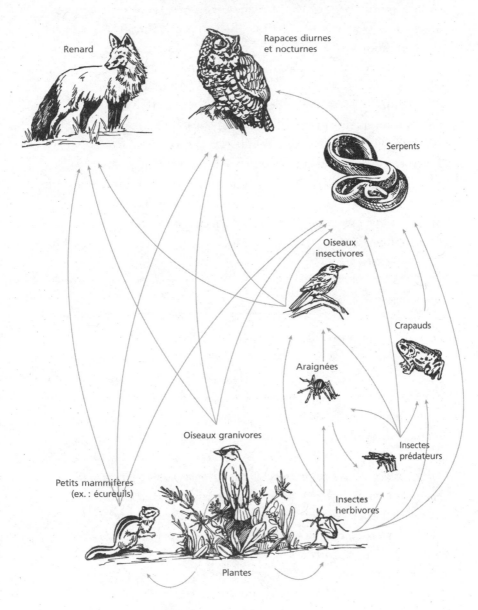

Renard

Rapaces diurnes et nocturnes

Serpents

Oiseaux insectivores

Crapauds

Araignées

Oiseaux granivores

Insectes prédateurs

Petits mammifères (ex. : écureuils)

Insectes herbivores

Plantes

D'après *Science Desk Reference*, New York, Macmillan, 1995, p. 463.

de la Terre par la gravité, peu d'entre nous ont vu la planète comme la voient un oiseau en vol ou les membres des communautés qui logent dans les canopées des forêts. La perspective souterraine des animaux, plantes et micro-organismes fouisseurs qui passent presque toute leur vie sous nos pieds nous échappe également. Animal diurne, l'homme est insensible à l'interaction des créatures qui s'activent de nuit.

Nos récepteurs optiques sont incapables de distinguer des objets de la dimension d'une seule cellule ; nous sommes donc aveugles à l'incroyable variété et quantité de vie microscopique présente dans une pincée de sol, dans une seule goutte d'eau tirée d'un étang ou d'un océan. Bien sûr, nous avons compensé nos insuffisances physiologiques en inventant des technologies qui élargissent notre champ sensoriel. Nous décelons la symphonie des sons inaudibles grâce à un

---

Bricoler la vie

L'une des grandes intuitions de la biologie moderne a été de reconnaître que l'ADN est l'épure de la vie et qu'elle dicte le caractère physique de tous les organismes multicellulaires. En élucidant sa structure moléculaire sous forme de double hélice, Watson et Crick ont déclenché une révolution qui permet maintenant aux scientifiques de créer des organismes quasi à volonté. Aujourd'hui, les scientifiques peuvent isoler, purifier, séquencer et synthétiser des gènes spécifiques et les transférer entre espèces non apparentées. Cette capacité a conduit à un développement phénoménal de la biotechnologie, et de nouveaux organismes spectaculaires sont créés par transfert de gène : des fraises résistantes au gel, grâce au transfert d'un gène de poisson producteur d'antigel ; du riz riche en vitamine A pour prévenir la cécité ; des bananes auxquelles on a transféré des gènes qui leur permettent de produire des antibiotiques. Seule l'imagination en limite la liste. L'idée de créer sur mesure des organismes pour le bénéfice des humains est irrésistible.

On claironne que la biotechnologie est un moyen d'éliminer la faim et la souffrance en augmentant les productions pour une population humaine grandissante, en créant des cultures qui résistent aux insectes et en inventant de nouveaux médicaments. Pourtant, les risques que présentent les organismes génétiquement modifiés ou leurs sous-produits, comme les risques du DDT ou des CFC au moment où on les a introduits, sont largement inconnus parce que nous en savons trop peu sur la manière dont les cellules, les organismes et les écosystèmes fonctionnent, pour prévoir les répercussions de ces manipulations génétiques. La terrible erreur de la biotechnologie est de penser que les gènes existent et fonctionnent isolément. Un gène fait partie d'un plus grand tout intégré : le génome sélectionné et perfectionné pour activer ou désactiver des séries complètes de gènes suivant une séquence et un réglage déterminés, depuis la fécondation jusqu'à la maturité, un réseau de relations et de connexions géniques que nous commençons tout juste à démêler et à élucider. Un gène transféré d'une espèce à une autre se retrouve dans un contexte totalement étranger, ce qui entrave grandement notre capacité de prévoir les conséquences, un peu comme si on retirait Mick Jagger des Rolling Stones pour l'intégrer au New York Philharmonic et qu'on lui demandait de faire de la musique. Il en sortirait des sons, mais s'agirait-il de musique ?

C'est le contexte qui rend un gène pertinent. Comme l'explique Richard Strohman, biochimiste et ex-directeur du département de Biologie cellulaire et moléculaire à l'université Berkeley :

> Quand on insère un seul gène dans une plante ou un animal, la technologie réussit [...] on obtient les caractéristiques désirées. Mais on a aussi [...] provoqué des changements, dans la cellule ou l'organisme en tant que tout, qui sont imprévisibles [...]. Les gènes existent en réseaux, et en réseaux interactifs qui ont leur propre logique [...]. Le fait que les gens de l'industrie ne tiennent aucun compte de ces réseaux rend leur science incomplète et dangereuse [...]. Nous sommes dans une situation de crise : nous connaissons la faiblesse de la science des gènes, mais nous ignorons comment l'incorporer dans une compréhension des choses nouvelle et plus complète. □

appareillage capable de rendre leurs structures visibles ou audibles. Nous parvenons à détecter des concentrations extrêmement faibles de molécules — stupéfiants, explosifs, ADN — en suspension dans l'air ou fixées à des objets.

C'est cependant la microscopie qui nous a ouvert un monde entièrement neuf. Quel choc prodigieux ont sans doute éprouvé les pionniers qui, les premiers, au moyen de lentilles grossissantes, ont découvert ce cosmos de formes bizarres, renversantes par leur variété et leur abondance. Ces organismes miniatures ont été les seules formes de vie pendant la plus grande partie du temps écoulé depuis que la Terre est animée : même aujourd'hui, leur biomasse est équivalente ou supérieure à celle des forêts, des grands troupeaux de mammifères, des immenses vols d'oiseaux, des énormes bancs de poisson et des innombrables insectes réunis. (Pour donner une idée des proportions, Lynn Margulis précise dans son livre *The Garden of Microbial Delights* qu'on dénombre des centaines de milliers de microbes par centimètre carré de peau humaine !) Les organismes de ce vaste univers de vie, invisible à notre espèce, ont été les organismes dominants sur la planète pendant des milliards d'années. Nous nous émerveillons devant les grandes créatures — arbres séculaires, oiseaux et mammifères —, mais nous devons notre existence à l'univers grouillant de vies microscopiques.

> *Nous vivons à l'« Âge des bactéries ». Notre planète est depuis toujours à l'« Âge des bactéries », elle l'est depuis que les tout premiers fossiles — des bactéries, bien sûr — ont été ensevelis dans le roc il y a plus de 3 milliards d'années.*

> STEPHEN JAY GOULD, *Planet of Bacteria*

La nature est cyclique

Les systèmes naturels sont étroitement tissés et décrivent des boucles : les déchets d'une espèce deviennent la matière première ou une occasion pour une autre espèce, de telle façon que rien ne se perd (*figure 6.2*). Le subtil cycle vital des 5 espèces de saumons du Pacifique, reconnus pour leur incroyable profusion, illustre l'interaction cyclique entre diverses espèces. Même si moins d'un œuf fertilisé sur 10 000 parvient à l'âge adulte, les survivants quittent à maturité l'océan par dizaines de millions et retournent dans leur cours d'eau natal. Depuis le moment où, dès la fécondation, il commence sa vie, le saumon croise une multitude de prédateurs : truites, corbeaux et champignons en eau douce ; orques, aigles et phoques dans sa migration vers les océans. Même mort, le saumon est une source de subsistance : sa carcasse sert de pitance aux bactéries et aux champignons dont se nourrissent des invertébrés microscopiques qui, à leur tour,

Figure 6.2 — Groupes d'organismes classés en fonction de leur régime

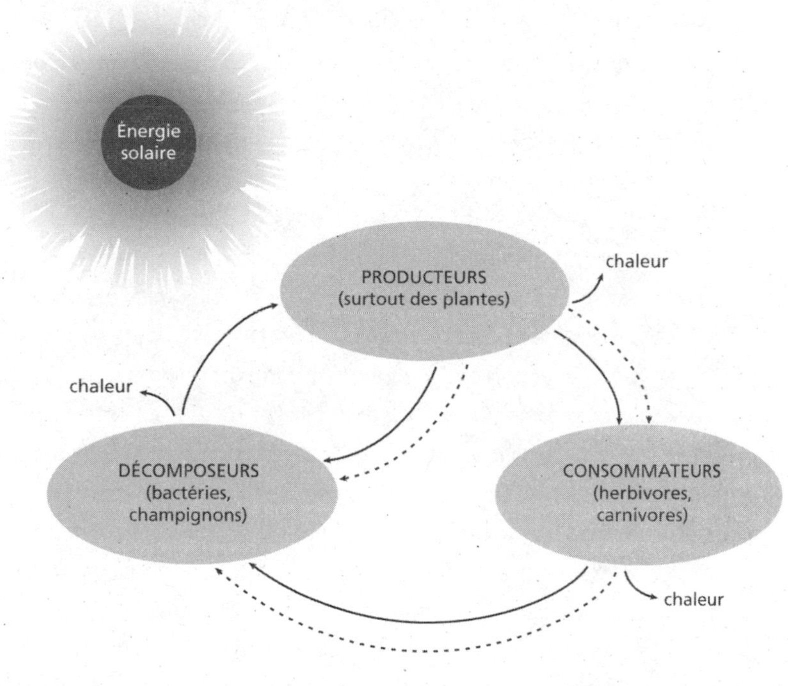

D'après *Biology: The Unity and Diversity of Life*, de Cecie Starr et Ralph Taggart, 6ᵉ édition, Belmont (Calif.), Wadsworth, 1992, figure 40.8.

Les forêts du saumon

Le long de la côte Ouest de l'Amérique du Nord, coincée entre l'océan Pacifique et les montagnes côtières, s'étend une forêt humide tempérée qui s'étire de la Californie à l'Alaska et abrite la plus importante biomasse (poids des choses vivantes) de tous les écosystèmes sur la planète. C'est une forêt humide parce qu'il y pleut beaucoup, mais l'un des mystères de cet écosystème réside dans la manière dont des arbres aussi énormes — acrocarpus (genévrier rouge) et cyprès jaune (ou faux cyprès de Nootka), douglas vert, épicéa de Sitka, pruche et sapin baumier — peuvent prospérer malgré des quantités limitées d'azote, substance essentielle, qui est lessivée du sol. La réponse à cette énigme illustre les subtiles interconnexions de la vie.

On sait depuis longtemps que le saumon, né dans les fleuves et cours d'eau de la côte, a besoin de la forêt pour garder à l'eau sa fraîcheur, pour retenir le sol (qui, en retour, prévient l'érosion) et pour subvenir aux besoins nutritifs des alevins : en effet, quand un bassin hydrographique est soumis à une coupe à blanc, les populations de saumon s'effondrent abruptement ou disparaissent. Nous apprenons maintenant que la forêt a aussi besoin du poisson.

Presque tout l'azote dans les écosystèmes terrestres est de l'azote-14 (^{14}N) isotope ; dans les océans, on note une concentration relativement élevée d'azote-15 (^{15}N), isotope plus lourd. Une fois en mer, le saumon consomme des proies chargées de ^{15}N et accumule l'isotope dans ses tissus. Quand il est parvenu à maturité et retourne à son cours d'eau natal, le protoplasme du saumon est lesté de ^{15}N. Les aigles, les corbeaux, les loups, les ours et des dizaines d'autres organismes se nourrissent de carcasses de saumons en train de frayer et dispersent ensuite dans leurs fèces l'azote marin à travers toute la forêt. Pendant la saison du frai, un seul ours peut consommer jusqu'à 600 poissons par jour. L'ours transporte généralement le saumon capturé jusqu'à 150 mètres du cours d'eau avant de le dévorer en partie et de retourner en attraper un autre. Les restes de la carcasse sont consommés par les salamandres, les scarabées, les oiseaux et d'autres créatures, y compris les mouches, qui éclosent sous forme de larves. Les larves gavées de ^{15}N parviennent à maturité et tombent sur la litière de la forêt où elles se métamorphosent en chrysalides pour passer l'hiver ; elles réapparaîtront le printemps suivant, sous forme de mouches, à temps pour nourrir les oiseaux dans leur migration de l'Amérique du Sud jusqu'en Arctique. Le saumon qui meurt dans le fleuve coule au fond et se couvre bientôt d'une épaisse couverture de champignons et de bactéries qui, à leur tour, nourrissent insectes et autres invertébrés. Ainsi, quand l'alevin s'extrait du gravier de la frayère, quatre mois plus tard, les eaux grouillent d'un festin de victuailles chargées de ^{15}N qui se sont engraissées sur les carcasses de leurs parents.

Voilà qui résout le mystère des arbres géants dans les forêts humides sur la côte. Le saumon est la source la plus importante d'engrais azoté d'une même origine, que dispersent les autres créatures, et dont bénéficient les arbres à longueur d'année. On en est venu à cette conclusion en mesurant la quantité de ^{15}N dans les anneaux médullaires des arbres et en établissant la corrélation entre ces données et le volume des montaisons annuelles.

Nous, humains, avec nos priorités sociales, politiques et économiques, nous assignons les différentes facettes du vaste domaine du saumon à différents ministères. Le ministère responsable de la pêche commerciale, de la pêche sportive et de la pêche de subsistance autochtone, s'intéresse au saumon lui-même ; celui de la forêt, aux arbres ; celui de l'environnement, aux baleines, aux aigles et aux ours ; ceux de l'agriculture et de l'énergie, aux cours d'eau ; celui des mines, aux montagnes et au roc, etc. Nous négligeons de considérer l'interconnexion de l'océan, de la forêt, des hémisphères Nord et Sud ; ce faisant, nous réduisons en miettes l'intégrité de ce système, nous empêchant du coup de ne jamais le gérer de manière durable. □

nourrissent ensuite la génération montante d'alevins, progéniture même du saumon. Oiseaux et mammifères, la panse pleine après leur ripaille de carcasses de saumon, dispersent dans leurs excréments, sur le sol forestier, des nutriments tirés du saumon. Au prédateur humain, le cycle de vie du saumon peut paraître « excessif » ou « non rentable », mais rien ne se perd dans le cycle des choses vivantes.

> Tôt, dans l'histoire de la vie, la Nature s'est mise à façonner de nouvelles espèces pour les introduire dans des habitats déjà occupés par d'autres. Jamais depuis le précambrien une chose vivante n'a évolué en solitaire. Des communautés entières ont évolué comme si elles constituaient un organisme géant. De ce fait, toute évolution est coévolution et la biosphère est ainsi une confédération de dépendances.
>
> VICTOR B. SCHEFFER, *Spire of Form*

Chaque aspect de la vie et de la survie des êtres humains dépend de la Terre et de ses formes de vie. Il est impossible de tracer des frontières qui délimitent des catégories distinctes : air, eau, sol et vie. Vous et moi ne nous terminons pas au bout de nos doigts ou à la surface de notre peau ; l'air, l'eau et le sol nous relient ; nous sommes animés par la même énergie provenant d'une même source dans le ciel, au-dessus de nos têtes. Nous *sommes* littéralement l'air, l'eau, le sol, l'énergie et les autres créatures vivantes.

Pourquoi la biodiversité est importante

Depuis des temps immémoriaux, nous, humains, nous servons de notre gros cerveau pour exploiter la variété d'espèces qui nous entourent. Nous avons appris à identifier les plantes comestibles et à attraper des animaux plus rapides ou plus forts que nous. Nous avons appris à nous servir des défenses naturelles des animaux et des plantes, à empoisonner les pointes de flèche, à surprendre le poisson dans les rivières. Les propriétés médicinales d'autres espèces ont guéri nos maladies ; leur beauté a servi d'ornement à nos corps ; leur peau, sous forme de vêtement ou d'abri, a protégé la nôtre. La variété d'usages que nous avons trouvés à d'autres créatures, en nous dispersant et en colonisant le monde entier, témoigne de la diversité des choses vivantes dans les différents écosystèmes.

Quand nous avons domestiqué les animaux et les plantes, voilà seulement 10 000 à 12 000 ans, la vie de l'humanité en a été changée à jamais : nous avons alors gravi un nouvel échelon dans l'évolution de la culture. Tous les animaux et végétaux domestiqués dont dépendent aujourd'hui les êtres humains ont jadis été sauvages. Nous continuons d'avoir besoin de la diversité génétique existante dans les populations à l'état sauvage, car cette diversité est encore la meilleure défense de la vie contre les conditions changeantes. La biodiversité a une valeur intrinsèque, peu importe l'utilité qu'elle peut présenter pour les êtres humains. Comme le dit la philosophe française Catherine Larrère :

> Tous les organismes vivants, par leur existence et leur recours à des stratégies non mécaniques et complexes pour survivre et se reproduire, ont une valeur en soi. Et même plus : la biodiversité elle-même, parce qu'elle est le produit de l'évolution et aussi la condition de sa perpétuation, a sa propre valeur intrinsèque [...].

Un autre motif convaincant de protéger la biodiversité tient à la regrettable réalité que nous ignorons à peu près tout de la plupart des espèces vivant sur Terre. Nous savons qu'il y a un tissu de vie et, chaque fois que nous en étudions une petite portion, nous découvrons ce qui semble être une infinité d'interconnexions. Plus nous en apprenons sur la manière dont le vivant agit et interagit pour survivre, plus nous mesurons l'étendue de ce qu'il nous reste encore à apprendre.

L'empreinte moléculaire

> *Ces dernières années, nous nous sommes éveillés à l'intime parenté entre tous les organismes vivants. [...] Toute vie est apparentée et nos liens de parenté sont bien plus étroits que nous ne l'avions imaginé.*
>
> GEORGE WALD, *The Search for Common Ground*

En étudiant l'ADN, les biologistes moléculaires ont prouvé que tous les organismes vivants sont génétiquement parents. L'originalité centrale du film *Le Parc jurassique* est la découverte d'un moustique primitif préservé dans de l'ambre et dont les entrailles recèlent des parcelles intactes d'ADN de dinosaure. Si cette histoire était authentique, il serait plus remarquable encore de constater que l'ADN du moustique et celui du dinosaure comportent des segments de gènes identiques à ceux qu'on trouve en chacun de nous. Par notre lointaine évolution, nous sommes apparentés à tous les êtres présents et passés : ils sont notre famille génétique. Quand nous percevrons les autres espèces comme nos proches, plutôt que comme des ressources ou des marchandises, nous les traiterons avec plus d'attention et de respect. Ou, pour reprendre les mots de Black Elk :

> Ce qui est sacré et qu'il est bon de raconter, c'est l'histoire de toute vie et du rôle que nous, créatures à deux jambes, partageons avec les créatures à quatre pattes, les ailes de l'air et toutes les choses vertes ; parce que tous sont enfants d'une même mère et que leur père est un même Esprit.

De fait, toutes les formes de vie sont nos parentes. S'il n'est pas trop difficile de se faire à l'idée que les humains et les singes partagent environ 98 % de leurs gènes, il faut peut-être plus d'imagination pour admettre que les humains partagent environ 85 % de leurs gènes avec les souris. Qui plus est, nous portons des centaines de gènes semblables et, dans bien des cas, identiques à des gènes trouvés dans la drosophile, le ver de terre, les levures et même les bactéries.

L'indissociabilité des humains et de tous les autres organismes dans l'évolution est le message cardinal de la révolution darwinienne pour l'espèce la plus arrogante de la nature.

STEPHEN JAY GOULD, *La Mal-Mesure de l'homme*

À la louange de la diversité génétique

D'où la vie tient-elle son extraordinaire résilience ? Au début des années 1960, alors qu'on mettait au point de nouvelles technologies biochimiques, les scientifiques ont entrepris d'analyser les produits de gènes spécifiques dont sont porteurs les individus d'une espèce. À leur grande surprise, ils ont découvert un grand nombre de variantes génétiques jusque-là insoupçonnées, ou différentes formes du même gène à l'intérieur d'une espèce. Les généticiens voient dans cette diversité un polymorphisme génétique, qui semble le moyen par lequel une espèce réagit aux circonstances environnementales changeantes. La plupart des variantes génétiques n'ont manifestement que peu d'effets, voire aucun, sur la manière de fonctionner du produit qu'elles spécifient, aussi les qualifie-t-on de différences neutres, ni salutaires ni préjudiciables dans un environnement donné.

Mais la neutralité est temporaire et relative. Quand les conditions du milieu ambiant changent — en acidité, en salinité ou en température, par exemple — diverses formes d'un gène peuvent caractériser des produits dont l'efficacité ou l'activité fonctionnelle diffèrent très sensiblement. Chez les humains, l'exemple classique est une variante ou mutation génétique appelée drépanocyte (ou hématie falciforme) qui affecte l'hémoglobine dans le sang. L'individu porteur de deux copies du gène mutant (dont chaque parent transmet l'une des copies) souffre d'une pathologie appelée anémie à hématies falciformes (ou drépanocytose), extrêmement douloureuse et souvent fatale. Le porteur d'une copie du gène drépanocytaire et d'un gène normal est normal, sauf dans les régions où sévit la malaria. Dans ces régions, cet individu présente une plus grande résistance au parasite en cause que celui dont les deux gènes sont normaux.

L'importance de la variation

Dans mes travaux sur la mouche du vinaigre, la *Drosophila melanogaster* (abusivement appelée mouche à fruit), j'ai réussi à reproduire des

mutations chimiquement induites, invisibles (c'est-à-dire non manifestes) sous certaines conditions, mais qui produisent une anomalie
quand on les soumet à un régime environnemental différent. Les
mutations que j'ai étudiées étaient influencées par la température : à
une certaine température, les mouches étaient parfaitement normales ;
pourtant, un écart de seulement 5 °C ou 6 °C avait pour résultat une
variété d'expressions mutantes. J'ai découvert que pareille expression
de gènes, déterminée par l'environnement, avait une large gamme
de conséquences : depuis des anomalies visibles aux ailes, aux yeux ou
aux pattes, jusqu'à une paralysie réversible, voire à la mort. Quand les
profils climatiques globaux et les températures moyennes fluctuent à
la suite d'un changement climatique, les espèces dotées de gènes qui
rendent les individus capables de bien — ou mieux — fonctionner
sous les nouvelles températures survivent.

> [D]e 10 à 50 % des gènes sont polymorphes dans la grande majorité des espèces. En
> moyenne, cette proportion avoisine les 25 %.
>
> EDWARD O. WILSON, *The Diversity of Life*

Le polymorphisme génétique est crucial à la survie d'une espèce.
Quand une espèce, comme la grue blanche d'Amérique ou le tigre de
Sibérie, est réduite à une poignée de survivants, son avenir à long
terme est incertain parce que sa variabilité génétique s'en trouve radicalement rétrécie. Elle dispose donc de moins de possibilités d'adaptation aux changements environnementaux. Dans une petite population, les probabilités augmentent lorsque se manifestent des gènes
récessifs mortels ou dangereux pour la viabilité si les deux copies
géniques sont présentes. Un mélange diversifié de variantes génétiques est la caractéristique fondamentale de toute espèce dynamique
et bien portante, le reflet d'un passé évolutif réussi et d'un potentiel
persistant d'adaptation à tout changement imprévisible.

Les généticiens des populations estiment que les espèces qui réussissent le mieux (si on définit le succès par la survie à long terme) se

retrouvent dans plusieurs niches, ou îlots reculés, reliées par des « ponts » sur lesquels circulent constamment quelques individus. Ainsi, chaque communauté isolée peut développer une batterie de gènes adaptés à son habitat local et le migrant occasionnel devient un moyen d'y introduire du « sang neuf » — c'est-à-dire des gènes différents, au potentiel inédit, pour répondre au changement.

Récemment, l'agriculture industrielle à grande échelle nous a servi une coûteuse leçon : l'usage extensif d'une seule variété sélectionnée de semence — la monoculture, qui réduit la diversité génétique — est extrêmement périlleux parce qu'il rend cette espèce vulnérable au changement. En 1970, environ 80 % du maïs des 26,8 millions d'hectares ensemencés aux États-Unis étaient porteurs d'un facteur génétique de stérilité du plant mâle. Ce trait, si profitable aux compagnies productrices de semences, a été le talon d'Achille de ce maïs dont il a rendu les souches vulnérables à un parasite spécifique. En moins de 3 mois, une rouille dévastatrice venue du Sud déferlait sur le continent, affectant virtuellement tous les champs. Les pertes se sont établies globalement à 15 %, mais bien des fermes ont perdu de 80 % à 100 % de leur maïs cette année-là ; au total, il en a coûté 1 milliard de dollars.

La monoculture va à l'encontre de la stratégie évolutive de la vie. Dans les piscicultures, les stocks de poissons au polymorphisme génétique en milieu naturel — le saumon, par exemple — sont supplantés en milieu protégé par de grandes quantités de saumoneaux élevés à partir d'œufs et de sperme prélevés sur quelques individus sélectionnés en fonction de leur taille. Encore une fois, ce type de sélection réduit la diversité génétique ; or, la diminution de la diversité est l'une des causes du déclin catastrophique des populations de saumon. Les sylviculteurs ont — un peu tard — reconnu que les plantations de souches à croissance rapide d'espèces commercialement prisées n'ont pas la résistance des forêts sauvages quand surviennent des infestations, des incendies ou d'autres perturbations.

De hauts taux de diversité génétique fournissent aux forêts les mécanismes biologiques nécessaires au maintien de leur productivité et de leur santé en périodes de changement environnemental. […] Toute atteinte à leur diversité génétique prédispose les forêts à un déclin, relié à l'environnement, de leur santé et de leur productivité.

GEORGE P. BUCHERT, « Genetic Diversity :
An Indicator of Stability »

Stabilité de l'écosystème par la diversité

Tout écosystème est une communauté complexe de producteurs, de consommateurs, de décomposeurs et de détritivores qui interagissent, à l'intérieur des frontières imposées par leur environnement physique, pour recycler l'énergie et la matière dans le tissu de la vie. Dans tout écosystème, mangeurs et mangés sont imbriqués dans un tissu d'inter-dépendance. Le prédateur et sa proie, l'hôte et le parasite se livrent constamment une sorte de guerre biologique : chaque espèce intrigue pour avoir le dessus. Les mutations, ou les nouvelles combinaisons de gènes qui confèrent un avantage à une espèce, sont bientôt compensées par une réaction d'autres espèces pour rétablir l'équilibre. Par exemple, un parasite fongique peut développer une enzyme qui digère plus effi-cacement la paroi cellulaire d'une plante, ce qui lui permet d'investir plus aisément l'espèce ciblée. Dans la population des organismes hôtes, les individus aux parois cellulaires plus épaisses, ou plus résistantes, seront davantage susceptibles de survivre et de se reproduire. Avec le temps, le parasite devra accoucher d'une autre innovation pour percer les défenses améliorées de son hôte. Aussi, en dépit d'une situation de flux et de changement constants, l'effet global à long terme consiste en un équilibre entre les diverses constituantes des écosystèmes.

Les forêts tropicales humides, dont les biologistes estiment qu'elles abritent la plupart des espèces sur Terre, sont d'immenses mosaïques bigarrées de diversité dans lesquelles des espèces particu-lières sont souvent rigoureusement confinées à de petites zones, vu leurs exigences en matière d'habitat. Expert en agroforesterie, Francis Hallé affirme que les espèces introduites ne se répandent pas dans les forêts tropicales à la manière dont, par exemple, la salicaire commune a littéralement envahi l'Amérique du Nord, parce que l'aire d'habitat potentiel y est plus petite et qu'il s'y trouve toujours de nombreux prédateurs en puissance pour garder sous contrôle toute espèce importée.

Tout comme la diversité génétique confère de la résistance à une espèce, la diversité des espèces à l'intérieur de chaque écosystème contribue au maintien de l'équilibre et de la stabilité à l'intérieur d'une communauté de créatures. Comme le polymorphisme génétique à l'intérieur d'une espèce, la diversité des espèces semble une stratégie évolutive de survivance à l'intérieur d'écosystèmes entiers.

Dans l'immensité de la planète, il existe une grande variété de conditions climatiques et géophysiques : depuis la chaleur torride des déserts au froid glacial du permafrost au-delà du cercle polaire arctique ; depuis les systèmes fluviaux embrumés de l'équateur aux savanes arides ; depuis les profondeurs océanes aux cimes montagneuses qui se dressent à des kilomètres au-dessus du niveau de la mer, et jusqu'à la jonction intertidale de l'air, de la terre et de la mer. La vie a trouvé des moyens de saisir les occasions et de prospérer sous toutes ces conditions. Les « extrémophiles », ces organismes qui vivent dans les milieux les plus extrêmes de la Terre, témoignent de l'adaptabilité de la vie. Il semble ne pas exister de milieu exempt de vie sur notre planète : les scientifiques de la NASA ont ranimé, en 2005, une bactérie restée dormante dans un étang de l'Alaska depuis 32 000 ans ; des échantillons de sol dans les plus profondes abysses océaniques, à 11 kilomètres sous la surface, fourmillent d'organismes unicellulaires qu'on appelle des foraminifères ; des communautés entières d'organismes — dont des palourdes, des tubicoles et des bactéries — prospèrent autour des cheminées hydrothermales où ils synthétisent de l'énergie à partir des produits chimiques présents dans l'eau plutôt qu'à partir de la lumière solaire. Chaque écosystème contient une variété d'espèces — et chaque espèce est dotée d'une batterie de gènes propre à son milieu. Aussi, même là où la diversité est relativement limitée — dans la forêt boréale, par exemple — la variation génétique au sein d'une espèce d'un bassin hydrographique

donné différera de celle, au sein de la même espèce du bassin hydrographique voisin. Chaque écosystème est unique. Tout écosystème est
local.

En ce sens, la Terre elle-même est une mosaïque de diversités à
l'intérieur de la diversité, une mosaïque d'écosystèmes, d'espèces et de
gènes. Au fil du temps, ce tissu d'interconnexions a été déchiré par des
bouleversements majeurs — il l'a été tout récemment, en Amérique
du Nord, par l'extermination rapide de milliards de pigeons migrateurs, de millions de bisons et la disparition de vastes étendues de
forêts ancestrales. La persistance des plantes et des animaux, après un
changement aussi catastrophique, témoigne de la ténacité de la biodiversité planétaire.

La diversité culturelle de l'humanité

Les êtres humains ont étendu la diversité à un autre niveau. Le succès
de l'évolution de notre espèce a été tributaire des dons du cerveau que
sont la mémoire, la prévoyance, la curiosité, l'inventivité — et de
l'identification de modèles et de cycles dans le monde qui nous
entoure. Notre aptitude à tirer parti de notre milieu et à transmettre
par le langage les leçons apprises au fil d'échecs et de succès a accéléré
le rythme de l'évolution humaine. Dans la culture, les humains ont
trouvé un atout de plus. Tout individu humain part du même point
dans l'existence : d'abord nourrisson, il ou elle acquiert laborieusement
le savoir et les croyances de la société, jusqu'à ce qu'il ou elle soit
prêt(e) à devenir un adulte productif. La culture, elle, se développe
avec régularité, sans devoir emprunter la même courbe d'apprentissage
à chaque génération. Comparée à celle du changement biologique, la
vitesse d'évolution de la culture est fulgurante — et, pour cette raison,
nous avons beaucoup progressé en un temps relativement court.

En recourant à des techniques moléculaires pour mesurer les
degrés de parenté biologique dans l'ADN, les scientifiques peuvent
repérer les origines de l'être humain et le suivre dans ses déplacements
sur les continents. Les biologistes des populations ont conclu que,

voilà environ à peine 100 000 ans, les ancêtres de tous les humains sont apparus en bordure de la célèbre vallée du Rift, en Afrique. De là, ils se sont dispersés vers le nord-est en traversant le Sahara ; vers le sud-ouest, jusqu'à ce qui est aujourd'hui l'Afrique du Sud ; vers le nord, en passant par la péninsule arabique, et vers l'ouest jusqu'en Inde (*figure 6.3*).

Depuis ces nouveaux emplacements, ils se sont déployés en Europe et en Russie, de la Nouvelle-Guinée jusqu'en Australie et en Sibérie, et jusqu'en Amérique par le pont terrestre du détroit de Béring. Bien que les êtres humains soient merveilleusement divers par la couleur de la peau, les traits du visage et d'autres caractéristiques physiologiques, les différences les plus significatives entre les groupes humains ne sont pas biologiques, mais culturelles et linguistiques.

Figure 6.3 — La migration des humains sur la planète.
(Les nombres indiquent depuis combien d'années
s'est produit chaque mouvement)

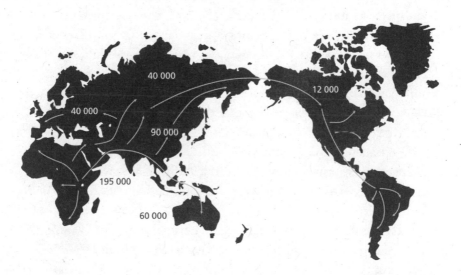

D'après John Pickrell, « Instant Expert : Human Evolution », *New Scientist,* www.new scientist.com/article.ns?id=dn9990 (consulté le 3 avril 2007).

Un comportement instinctif génétiquement encodé a permis à bien des animaux de persister et de survivre. Par contraste, la grande stratégie de notre espèce a été la mise au point d'un énorme cerveau capable de traiter l'information sensorielle et, par conséquent, d'arrêter des choix éclairés. La plupart de nos comportements instinctifs ont été remplacés par la flexibilité, la capacité à modifier des modèles de comportement sur la base de l'observation et de l'expérience. La culture et le langage ont été nos attributs décisifs, nous rendant capables de nous adapter à une large gamme de milieux et de conditions. Comme l'expose Vandana Shiva :

> La diversité est la caractéristique de la nature et la base de la stabilité écologique. Des écosystèmes différents donnent naissance à des formes de vie différentes et à des cultures différentes. La coévolution de la culture, des formes vivantes et des habitats, a préservé la diversité biologique de cette planète. Diversité culturelle et diversité biologique vont de pair.

De même que la diversité génétique, à l'intérieur d'une espèce, et la variété des espèces, à l'intérieur d'un écosystème, permettent à une seule espèce ou à des écosystèmes entiers de survivre en présence de conditions changeantes, la diversité des connaissances traditionnelles et des cultures est la principale raison de notre succès. Nous nous sommes adaptés à des environnements aussi divers que la toundra arctique, les déserts, les forêts tropicales humides, les prairies herbues et les mégalopoles modernes. Si la variation de gènes assure à une espèce, qui s'est adaptée à des conditions locales, une protection contre tout changement catastrophique, la diversité culturelle s'avère tout aussi cruciale à la vigueur et au succès durables de l'humanité dans une variété d'écosystèmes.

L'ethnobotaniste Wade Davis a défini l'*ethnosphère* comme la somme de toutes les cultures qui ont été capitales pour la survie de l'humain dans tant d'écosystèmes différents. Les scientifiques s'inquiètent à juste titre de l'extinction rapide d'espèces au sein de la biosphère, mais Davis fait valoir que la menace de la possible disparition de 50 % de toutes les langues humaines d'ici le milieu du siècle en cours devrait susciter tout autant d'inquiétude.

On pourrait être tenté de croire que la longue et sinueuse marche de l'évolution est susceptible d'arriver à un point où la « meilleure » combinaison de gènes ou d'espèces, voire la société humaine « idéale », aura été atteinte et devra de ce fait s'étendre globalement pour remplacer toutes les formes « moins achevées ». La diversité serait alors totalement dépassée. Si les conditions planétaires étaient immuables et uniformes, il est au moins théoriquement possible qu'émergerait une société ou une espèce des plus hautement évoluées ou stable. Mais, dans la nature, les mots « meilleur », « supérieur » et « achevé » sont absurdes parce que les conditions sur Terre ne sont *jamais* constantes. La nature même de la biosphère — cette mince couche d'air, de terre et d'eau à l'intérieur de laquelle on trouve la vie — exige que survienne le changement, même si c'est souvent au rythme géologique d'un escargot ; aussi un état idéal ou parfait est-il impossible. La nature est en constante fluctuation et la diversité est la clé de la survie. Si le changement est inévitable et imprévisible, la meilleure tactique de survie consiste à agir de manière à maintenir la plus grande diversité ; quand les circonstances changeront, il restera une chance qu'une batterie de gènes, une espèce, une société se montrent capables de subsister dans les nouvelles conditions. La diversité confère résistance, adaptabilité et capacité de régénération.

La planète vivante

Des gènes aux organismes, aux écosystèmes, aux cultures — à chacun de ces niveaux, la diversité composite forme une seule totalité vivante. Le résultat final pourrait bien être la Terre elle-même. Plusieurs cultures ont en commun des mythes dans lesquels la planète que nous habitons est perçue comme un être vivant — une force créatrice, une déesse nourricière ou une assemblée de puissants esprits. Et la science moderne pourrait corroborer pareille conception de la vie sur Terre. Quand les astronautes ont capté dans l'espace les premières images de notre foyer planétaire, la beauté de la sphère bleue dans son manteau de dentelle blanche nous a coupé le souffle et a changé notre perception de la Terre. Telle est notre patrie, sans frontières ni bornes humaines — une totalité parfaitement intégrée, pourvue d'une mince enveloppe éphémère dans laquelle la vie s'épanouit.

Une expédition scientifique en provenance d'une autre galaxie, à la recherche de vie dans l'univers, pourrait raisonnablement conclure, en observant cette planète, qu'elle est une entité vivante. La couche tenace de protoplasme qui enrobe la Terre a survécu et prospéré en dépit d'innombrables bouleversements planétaires. Les continents ont dérivé à la surface du globe, des montagnes se sont élancées vers le ciel, des mélanges gazeux dans l'atmosphère ont crû et décru, et la température a fluctué, passant de la chaleur tropicale à l'étau frigorifiant des calottes glaciaires. Aucune forme de vie n'a survécu en solitaire à cette tourmente, mais toutes ont compté sur l'aide d'autres organismes.

Une seule cellule peut constituer un organisme complet, doté du matériel génétique et de l'architecture moléculaire requis pour réagir à l'environnement, croître et se reproduire. Les organismes multicellulaires comme les éponges et les myxomycètes ont des cycles de vie complexes ; si leurs cellules individuelles se retrouvent isolées, chacune peut néanmoins se développer et se multiplier comme s'il s'agissait d'un organisme complet — les cellules peuvent aussi se rassembler et reformer l'agrégat multicellulaire qui se comporte alors comme un seul organisme.

En fait, chaque cellule de notre corps est un agrégat d'espèces fonctionnant comme une seule entité. Dans les années 1970, la biologiste Lynn Margulis a ressuscité la théorie selon laquelle les organelles, ces structures qu'on trouve à l'intérieur de cellules d'organismes complexes, sont en réalité des vestiges de l'évolution des parasites bactériens. À l'aide des outils de la biologie moléculaire, elle a démontré que les organelles sont capables de se reproduire à l'intérieur d'une cellule et qu'ils possèdent même un ADN et des traits héréditaires distincts. Aussi Margulis a-t-elle alors avancé que les organelles avaient jadis été des organismes vivants indépendants, qui ont envahi les cellules avant d'être finalement intégrés par leur hôte. Renonçant à leur indépendance, ces reliques microbiennes ont reçu de leur cellule hôte nourriture et protection. Chacun de nous est, de ce fait, une communauté d'organismes. Nous sommes tous un agrégat de billions de cellules, dont chacune abrite de nombreux descendants de parasites qui nous rendent maintenant service en retour d'une niche écologique.

> *En nombre absolu, les chloroplastes et les mitochondries, non les humains, sont de loin les formes de vie qui dominent sur Terre. Où que nous allions, les mitochondries vont aussi puisqu'elles sont en nous et fournissent l'énergie au métabolisme de nos muscles, de notre digestion et de notre cerveau pensant.*
>
> LYNN MARGULIS, *Symbiotic Planet*

Presque chacune des 60 billions de cellules dont se compose notre corps porte l'empreinte génétique intégrale qui détermine le développement d'un être complet. En principe, donc, chaque cellule a le potentiel de constituer une autre personne, un clone, si on lui indique de lire les instructions en ce sens. Chaque cellule peut fonctionner selon les exigences du tissu ou de l'organe dont elle fait partie, de la même manière que chaque personne peut travailler selon les exigences de sa profession. Mais chacun d'entre nous, comme chaque cellule, s'acquitte de nombreuses tâches sans rapport avec le poste qu'il occupe. En tant qu'individu, on ne peut se dérober à son appartenance à une famille, à une communauté et à un peuple qui ont leurs caractéristiques et leurs usages propres. Bien d'autres espèces font aussi partie de groupes plus grands.

Superorganismes

J'ai demandé un jour à Edward O. Wilson, éminent biologiste de Harvard, pourquoi les fourmis ont tant de succès. Il a consacré toute sa carrière à l'étude de ces insectes et m'a répondu avec animation. Si les espèces d'insectes sociaux se dénombrent par dizaines de milliers, il existe des millions d'autres insectes non sociaux. Mais les insectes sociaux dominent le monde parce qu'ils se comportent, explique Wilson, comme un « superorganisme » :

> Une colonie de fourmis est plus qu'une simple agglomération d'insectes vivant ensemble. Une fourmi seule n'est pas une fourmi. Réunissez deux fourmis et quelque chose d'entièrement neuf commence à se dessiner. Rassemblez-en 1 million, dont des ouvrières réparties en différentes castes, chacune accomplissant une fonction différente — couper les feuilles, veiller sur la reine, prendre soin des petits, creuser la fourmilière, etc. —, et vous avez un organisme pesant environ 10 kilogrammes, presque de la taille d'un chien, et qui impose sa loi sur une aire aux dimensions d'une maison.
> La fourmilière, qui nécessite le transport d'environ 20 000 kilogrammes de sol, dépêche d'immenses colonnes d'ouvrières, semblables aux pseudopodes de l'amibe, pour trouver et cueillir des feuilles, etc. C'est une entité très puissante. Elle peut se protéger contre les prédateurs. Elle peut contrôler l'environnement, le climat de son nid. Quand je tombe sur l'un de ces gros nids de fourmis moissonneuses, je recule de quelques pas et j'observe, légèrement hors foyer, le spectacle. On voit alors en face de soi une créature géante, amibienne.

Voilà une description saisissante, qui amène à considérer les fourmis sous un angle très différent...

En 1992, des scientifiques ont fait au Michigan une annonce renversante : un réseau de mycélium, ces extensions filamenteuses souterraines de champignons, pouvait émaner d'un unique individu et non d'une agglomération d'organismes distincts. Ils ont rapporté l'existence d'un organisme unique s'étalant sur 16 hectares ! Fait renversant, même cet impressionnant record a été surpassé, et pas de peu ! En 2003, on trouvait dans une forêt de l'Oregon un champignon parasite d'orgarinacées, l'*Armillaria* (ou armillaire), couvrant 890 hectares.

Quand un individu fait partie d'un système, il ne peut aisément voir quel rôle il y tient.
[…] À moins de comprendre le système intégralement, il n'aura pas la moindre idée du
réseau de contrôles susceptibles, ou non, d'exister pour maintenir les flux continus, ajus-
tés aux dépenses et à la demande externe, et pour les stabiliser en cas de fluctuations.

HOWARD T. ODUM, *Environment, Power and Society*

Un bosquet de peupliers trembles, ces arbres gracieux à l'écorce blanche dont les feuilles s'agitent au moindre souffle d'air, compose en fait un organisme unique. Comme le fraisier produisant des stolons qui prennent racine et se couvrent de feuilles, le peuplier tremble se multiplie végétativement. Des rejetons peuvent croître sur une racine, à 30 mètres de la plante mère. De fait, le tremble est une autre forme de superorganisme capable de tirer profit d'un paysage diversifié : certaines parties peuvent croître dans un sol humide et, par l'entremise de racines souterraines communes, partager cette eau avec d'autres parties croissant peut-être en plus haute altitude, dans un sol riche en minéraux. On a découvert en Utah un tremble unique composé de 47 000 troncs. Il couvre une superficie de 43 hectares et on a estimé son poids à presque 6 millions de kilogrammes.

Si, à chaque niveau de complexité — cellule, organisme, écosystème —, de nouvelles sortes de structures et de fonctions apparaissent, on pourrait donc envisager la totalité de la vie sur la planète comme une seule entité.

Une même enveloppe d'atmosphère enserre toute la Terre et l'eau circule autour des continents, créant d'immenses îles *(figure 6.4.)*. Le conglomérat entier des choses vivantes compose une communauté interconnectée et prodigieusement complexe dont la cohésion est assurée par une matrice d'air et d'eau. Sur le globe, la couche entière de protoplasme (cette matière vivante à l'intérieur des cellules) s'entrelace dans une entité qui vit, qui respire et qui a survécu à une infinité de temps et d'espaces.

Les gens adorent appliquer aux systèmes vivants des métaphores mécaniques : le cœur est une pompe, les poumons sont des soufflets et le cerveau est un standard téléphonique ou un ordinateur ; on

Figure 6.4 — Les continents : une île sur une planète d'eau

D'après une photo satellite intitulée « Notre vaisseau spatial Terre », Burlington (Ontario), WorldSat International Inc., 1995.

qualifie souvent la Terre elle-même de vaisseau spatial. Mais c'est une erreur de comparer des systèmes vivants à des machines. Les mécanismes se déglinguent inéluctablement avec le temps, à moins qu'on ne les entretienne et les répare. Les choses vivantes perdurent d'elles mêmes, se soignent, se régénèrent, s'adaptent et se reproduisent de manière à se perpétuer. Si la somme de toute vie sur Terre compose un superorganisme, elle est sûrement munie de dispositifs pour assurer sa survie.

Cette totalité du vivant, James Lovelock l'a baptisée Gaïa, nom donné à la Terre Mère dans l'Antiquité grecque.

> *Gaïa est aussi indifférente à notre sort que le sont les étoiles. À long terme, la biosphère survit, pas ses espèces. [. . .] Pratiquement toutes les espèces qui ont vécu à ce jour sur cette planète ont maintenant disparu. À certaines époques [. . .] la moitié des espèces de la planète ont connu presque simultanément l'extinction. Le prochain siècle pourrait bien être une autre de ces époques. L'histoire de la vie est ponctuée de périodes de glaciation, d'hivers volcaniques, de collisions météoritiques, de disparitions massives ; en ce moment, c'est nous qui la ponctuons.*
>
> JONATHAN WEINER, *The Next Hundred Years*

Lovelock a observé que l'activité humaine perturbe gravement la constitution biophysique de la planète. Plusieurs organismes sauront indubitablement tirer avantage des nouvelles conditions engendrées par nos agissements perturbateurs. La vie est opportuniste et, quand survient un changement, les formes vivantes sont prêtes à lui trouver quelque usage. De fait, la végétation « reverdit » souvent en peu de temps de vastes étendues de forêts rasées par une coupe à blanc, et des ongulés comme les cerfs profitent alors de l'abondance de nourriture pour croître et se multiplier. Nul doute que des espèces microbiennes prospèreront sur nos détritus, de la même manière que les mouettes festoient dans les décharges publiques. Mais les mécanismes de rétro-action de Gaïa mettent du temps à se déployer, sans se soucier des espèces qui survivront ou disparaîtront à la fin. Le concept de Gaïa, ou de la Terre vivante comme totalité, pourrait nous ménager la pensée réconfortante que la vie survivra au spasme présent d'extinction induit par l'humanité, mais il faudrait cependant nous rappeler qu'elle n'assurera pas notre survie.

De nouveaux rapports

Les indices fascinants et les intuitions excitantes qui émanent des laboratoires et des esprits scientifiques modernes sont en train d'écrire une nouvelle histoire pour donner sens et valeur à notre présence. Nous sommes des créatures de la Terre, faites de poussière d'étoile, alimentées en énergie par le Soleil, et nous portons en nous des fragments des premières formes de vie — preuve de notre parenté avec toute autre créature sur cette planète. En tant qu'êtres terrestres, nous prenons part à la stratégie fondamentale de survivance déployée par la vie (la diversité, tant biologique que culturelle); et l'évolution nous a affinés pour que nous vivions en compagnie de formes de vie sœurs. Armés de notre vision naissante du monde, nous nous retrouvons à l'avant-scène, tenant dans nos mains tremblantes et incompétentes le sort de notre famille nouvellement trouvée — et le nôtre.

Dans les villes où habite une proportion grandissante de l'humanité, les liens étroits entre la vie humaine et celle des autres créatures sont souvent occultés par la technologie. En plus de nous fournir du sol, de l'eau et de l'air purs, les autres organismes vivants rendent chaque jour notre existence possible d'innombrables manières décisives. Chaque parcelle de notre nourriture a été un jour vivante, mais son origine est maquillée. Le sucre, la farine, les légumes, les fruits, la viande et les épices nous sustentent et font nos délices. Lorsque nous nous vêtons de coton ou de laine, consommons du bois, des plastiques et des combustibles fossiles, ou fertilisons nos champs avec du fumier, nous sommes redevables à des organismes jadis vivants. Les insectes

James Lovelock et le concept de Gaïa

James Lovelock s'est d'abord consacré à la recherche médicale. Dans sa quête pour trouver des moyens de détecter d'infimes quantités de molécules, il a mis au point un instrument d'une sensibilité telle qu'il décèle des parties par billion. À l'aide de cet appareil, il a découvert des CFC dans l'atmosphère, au-dessus de l'Antarctique, ce qui l'a conduit à constater que la couche d'ozone s'amenuisait.

Au début des années 1960, on l'a consulté pour la conception de l'engin spatial Surveyor, qui devait explorer la Lune. Peu après, la NASA a demandé à Lovelock de concevoir des expériences pour la sonde Viking, qui chercherait des traces de vie sur Mars. Méditant sur la question, Lovelock a été amené à s'interroger sur la vie elle-même, sa nature et ce qui la distingue du non-vivant. Il a pris conscience que Mars et Vénus ont des atmosphères presque exclusivement composées de gaz carbonique, sans oxygène libre. Au contraire, l'atmosphère de la Terre se compose à 21 % d'oxygène et comporte de petites quantités de gaz carbonique. L'oxygène est un élément hautement réactif, qui tend à s'échapper de l'atmosphère; toutefois, les plantes libèrent sans relâche de l'oxygène pour compenser cette perte.

Ce qu'il y a de remarquable, c'est que le niveau d'oxygène soit resté relativement constant sur une longue période de temps. Une petite augmentation du taux d'oxygène, de l'ordre de 25 % ou 30 %, pourrait provoquer l'embrasement de l'atmosphère, tandis qu'une réduction de 10 % s'avérerait probablement fatale pour la plupart des formes vivantes. Quelque chose a maintenu la quantité d'oxygène précisément à la concentration idéale depuis des millions d'années.

Lovelock a supposé que les océans étaient devenus salés par le lessivage, dans les fleuves et cours d'eau qui s'y jetaient, d'infimes quantités de sel tirées de la roche et du sol. Mais pourquoi, alors, les océans ne sont-ils pas devenus de plus en plus salés ? De la même manière, pourquoi la hausse des taux de gaz carbonique n'a-t-elle pas provoqué une élévation de la température sur Terre ? Son atmosphère riche en gaz carbonique a transformé Vénus en four. À l'opposé, la mince atmosphère de Mars, pauvre en gaz carbonique, est incapable de retenir la chaleur et, en conséquence, cette planète est glaciale. Et pourtant, ici, sur Terre, les océans ne se sont pas évaporés, même si l'intensité du Soleil s'est accrue de 25 % depuis sa formation. Quelque processus a fait en sorte que la température de la Terre et la concentration de sel dans les océans sont demeurées relativement constantes.

La conclusion audacieuse de Lovelock est que la somme de toutes les choses vivantes sur Terre s'est employée à garder constantes la concentration de gaz carbonique et d'oxygène, la quantité de sel dans l'océan et la température à la surface — non pas consciemment ni délibérément, mais dans le cours d'un processus automatique, exactement comme le corps augmente son rythme cardiaque à l'effort ou répare ses tissus en cas de blessure. Néanmoins, la technologie nous permet maintenant de générer de gigantesques quantités de gaz à effet de serre beaucoup plus rapidement que Gaïa n'a la capacité de les éliminer. Avec le temps, des changements compensatoires pourront vraisemblablement réduire les taux de gaz carbonique, mais pas avant que ne se soient produits de redoutables bouleversements écologiques. Au jeu de la disparition et de la survie des espèces, la persistance de Gaïa n'a pas de favori. □

fécondent les plantes dont nous dépendons, les chevaux et les bœufs fournissent leur force motrice, les végétaux et les animaux sont la source de nombreux médicaments. La nature nourrit notre corps et notre âme.

Alors qu'autrefois notre espèce vivait frugalement sur Terre, sa population, son habileté technologique et ses exigences en biens de consommation connaissent aujourd'hui une telle explosion qu'elle monopolise l'essentiel de la productivité de la planète pour son seul usage. Ce faisant, elle prive les autres espèces d'habitats et d'occasions, et les mène donc à l'extinction. L'équipe de l'écologiste Paul Ehrlich, de l'Université Stanford, estime que les humains, une espèce parmi des millions, accaparent maintenant pour leur seul usage 40 % de la production primaire nette de la planète. C'est-à-dire que les humains privent les autres espèces d'une importante portion de la lumière solaire totale captée par les plantes en se la réservant pour le pâturage, l'agriculture, l'exploitation forestière, etc. En nous appropriant cette énergie, nous la rendons indisponible aux autres espèces et signons leur arrêt de mort.

À mesure que nous asséchons les marécages, harnachons les systèmes fluviaux, polluons l'air, l'eau et le sol, rasons de vastes étendues de forêt et élargissons le territoire voué à l'agriculture, à l'étalement urbain ou à des parcs industriels, la biodiversité s'étiole, elle qui est la source de la capacité productrice de la planète. Résultat : le monde connaît un taux catastrophique d'extinction d'espèces.

Dans son article « Saving the Forests : What Will It Take ? », Alan Thein Durning illustre crûment la cadence et l'envergure sans précédent de l'activité humaine :

Imaginez un film ayant pour sujet la Terre, tourné en temps réel depuis l'espace. Faites rejouer en accéléré les 10 000 dernières années de manière à ce que chaque minute corresponde à un millénaire. Pendant plus de 7 des 10 minutes s'affiche à l'écran ce qui a tout l'air d'une image figée : la planète bleue qu'est la Terre, avec ses continents emmaillotés dans un manteau d'arbres. Les forêts couvrent 34 % des terres émergées. Hormis l'épisodique éclair d'un incendie de forêt, aucun changement naturel du couvert forestier n'est perceptible. La révolution agricole qui a transformé l'existence humaine dans la première minute du film est invisible.

Après 7 minutes et demie, les terres autour d'Athènes et des minuscules îlots de la mer Égée perdent leur forêt. C'est l'épanouissement de la Grèce classique. On ne relève guère d'autre changement. À la neuvième minute — il y a 1 000 ans — le manteau forestier s'éclaircit dans diverses régions d'Europe, d'Amérique centrale, de Chine et de l'Inde. Puis, à 12 secondes de la fin, il y a donc de cela 200 ans, l'éclaircissage gagne en ampleur, dénude des parties de l'Europe et de la Chine. À 6 secondes de la fin, voilà un siècle, on déboise l'est de l'Amérique du Nord. C'est la révolution industrielle. Hormis cela, bien peu semble avoir changé. Les forêts couvrent 32 % des continents.

Dans les 3 dernières secondes — après 1950 —, le changement s'accélère dramatiquement. De vastes étendues de forêt disparaissent au Japon, aux Philippines, en Asie continentale du Sud-Est, dans presque toute l'Amérique centrale, l'est de l'Amérique du Sud, le sous-continent indien et l'Afrique subsaharienne. Des incendies, allumés par des éleveurs de bétail et des paysans, font rage dans le bassin amazonien, où il n'en était jamais survenu jusque-là. Les forêts d'Europe centrale se meurent, empoisonnées par l'air et la pluie. Le Sud-Est asiatique ressemble à un chien galeux. On dirait que le Bornéo malaysien a été rasé. Dans les ultimes fractions de la dernière seconde, le déboisement gagne la Sibérie et le Nord canadien. À croire qu'une invasion de sauterelles s'est abattue sur la planète, tant les forêts disparaissent soudainement en de si nombreuses régions.

Le film s'immobilise sur la dernière image. Les arbres couvrent 26 % des continents. Un certain couvert forestier persiste encore sur les trois quarts de la forêt originale. Mais les éco-systèmes forestiers intacts n'occupent plus que 12 % de la surface de la Terre — soit un tiers du total initial. Le reste abrite des peuplements biologiquement appauvris de bois d'œuvre et des repeuplements fragmentaires. Telle est la réalité présente : un globe profondément dégradé par les succès — ou les ratés — de l'économie humaine.

Vues sous cet angle, les forêts de la planète sont en train d'être irrévocablement éliminées en une fraction de seconde, un « tic » à l'horloge du temps géologique. Représentée graphiquement sur à peine 10 millénaires, la courbe de dévastation des forêts, de notre vivant, déborde pour ainsi dire de la page. Et si nous ajoutons à ce tracé la pollution, la déperdition de terre arable, l'augmentation de la population humaine, la production de gaz à effet de serre et le reste, chacune de ces courbes grimpe à la verticale dans les tout derniers instants. Les catastrophes isolées, comme celle de Tchernobyl, les immenses coupes à blanc, l'explosion de Bhopal, la construction de mégabarrages ou les déversements de pétrole s'inscrivent tous dans un terrifiant spasme d'annihilation.

> [C]e n'est pas le Christ qu'on crucifie aujourd'hui ; c'est l'arbre lui-même, et cela sur le sinistre gibet de la cupidité et de la stupidité humaines. Seuls des crétins suicidaires, dans un monde déjà près de suffoquer, détruiraient le meilleur climatiseur naturel qu'offre la création [...].
>
> JOHN FOWLES, cité dans T. C. McLuhan, *Touch the Earth*

La crise d'extinction

Le peu que l'on sait de la vie dans le passé repose sur des restes fossiles qui suggèrent que les espèces grandissent en nombre et en complexité avant d'être soudainement affaiblies par des spasmes successifs d'extinction. Les scientifiques ont identifié cinq crises majeures d'extinction au cours des 500 derniers millions d'années, crises au cours desquelles ont disparu au moins 65 % de toutes les espèces recensées dans les archives fossiles de l'époque concernée. Les archives fossiles sont grandement biaisées : 95 % du quart de million d'espèces animales fossilisées connues sont des créatures marines. Néanmoins, ces cinq épisodes majeurs d'extinction témoignent de la disparition de groupes d'espèces à une très grande échelle, ce qui laisse supposer des événements de portée planétaire. Les cinq grandes crises sont survenues à la fin de l'ordovicien (il y a 440 millions d'années), dans le dévonien tardif (365 millions d'années), à la fin du permien (245 millions d'années), à la fin du triasique (210 millions d'années) et à la fin du crétacé (65 millions d'années). Les gens estiment souvent que les dinosaures étaient des perdants sur le plan de l'évolution parce qu'ils ont brusquement disparu ; dans les faits, ils ont été les maîtres des continents pendant quelque 175 millions d'années. À titre de comparaison, notre espèce n'existe que depuis moins de 1 million d'années.

Après chaque importante extinction, les espèces survivantes ont mis des millions d'années à se ramifier, à croître en nombre et en complexité, et à restaurer le niveau de biodiversité existant avant la catastrophe. Comme l'écrit Edward O. Wilson :

> Il a fallu environ 10 millions d'années d'évolution naturelle pour compenser [...] les cinq principaux spasmes des 550 derniers millions d'années. Ce que l'humanité est en train d'accomplir en l'espace d'une vie appauvrira à jamais ses descendants.

Nous avons de la chance de nous être développés au moment où la diversité biologique était au plus haut niveau jamais atteint. Les futures générations humaines n'auront pas autant de chance : la présente crise d'extinction est sans précédent ; jamais une espèce n'a été à elle seule responsable d'une perte de diversité aussi monumentale. En vérité, les êtres humains sont l'élément catalyseur de la sixième extinction massive sur Terre.

Quand les premiers colons européens sont arrivés sur le territoire qui est aujourd'hui les États-Unis, une forêt évaluée à 3,2 millions de km² recouvrait le continent. En seulement 500 ans, on l'aura complètement rasée, à l'exception de 220 000 km².

EDWARD GOLDSMITH *et al.,* Imperilled Planet

En comparant la vitesse estimée à laquelle disparaissent actuellement des espèces aux changements observés dans les archives fossiles,

Wilson conclut que le rythme actuel d'extinction est « de 1 000 à 10 000 fois plus rapide que celui des temps préhistoriques ». En se basant sur le rythme de destruction des forêts tropicales humides (environ 1,8 % par année), on peut avancer qu'environ 0,5 % de toutes les espèces se sont éteintes et s'éteignent encore annuellement. Plus de la moitié de toutes les espèces vivent dans les forêts tropicales humides ; si l'on estime de manière conservatrice qu'il existe 10 millions d'espèces, le nombre d'extinction excéderait donc les 50 000 par an — soit 137 espèces par jour, 6 espèces à l'heure ! Et il s'agit d'un estimé extrêmement conservateur, puisqu'il ne tient pas compte des espèces perdues par la faute de la pollution, des perturbations de la forêt autres que la coupe à blanc et de l'introduction d'espèces exotiques. Les calculs de Wilson l'ont conduit à conclure qu'au moins 20 % des espèces de la Terre auront disparu dans 30 ans, si l'activité humaine continue de s'accroître au rythme actuel. Depuis son entrée en scène, avance-t-il, l'être humain a déjà été responsable de l'élimination de 10 % à 20 % de toutes les espèces ayant existé pendant la même période.

On admet communément que les changements de la biodiversité causés par l'activité humaine se sont produits plus rapidement dans les 50 dernières années qu'à tout autre moment dans l'histoire de l'humanité. Ainsi, pour ce qui est de 2006, approximativement 1 amphibien sur 3, 1 conifère et 1 mammifère sur 4, et 1 oiseau sur 8 ont été menacés d'extinction. Avec la perte, à l'échelle planétaire, de 20 % des récifs coralliens et de 35 % des mangroves dans les deux dernières décennies, les océans sont particulièrement en péril. Dans l'Atlantique Nord, la biomasse des plus gros poissons au sommet de la chaîne alimentaire marine (par exemple, la morue) a diminué des deux tiers dans la seconde moitié du XXe siècle seulement, et est neuf fois moins importante qu'elle ne l'était au début du siècle. En 2003, un article paru dans la revue *Nature* signalait l'urgence : seuls 10 % de tous les grands poissons — y compris chez les espèces de haute mer comme le thon et le makaire, et de fond comme la morue et le flétan — peuplent encore nos océans. Le plus inquiétant, c'est notre manque de retenue quand nous découvrons de nouveaux bancs de poissons. La même étude, qu'on a mis 10 ans à compiler, montre aussi que les pêcheurs industriels n'ont mis que de 10 à 15 ans à réduire des stocks de poisson à un dixième de leur taille originelle. Pas étonnant que le prix Nobel Paul Crutzen ait surnommé notre époque l'Anthropocène pour souligner le profond retentissement négatif des humains sur les écosystèmes et le climat de la Terre. Le plus effrayant dans la présente crise d'extinction, c'est notre ignorance de ce que nous perdons et notre indifférence devant cette tragédie.

> Nous avons vu le bison, le cygne trompette et le mouflon des montagnes tomber sous les balles des chasseurs ; nous avons vu le chien de prairie, le putois d'Amérique et la grue blanche d'Amérique céder la place aux laboureurs ; nous avons vu les baleines géantes à fanons presque réduites à l'extinction par la cupidité des marchés internationaux. Le plus significatif, dans tout cela, est sans doute la tenace opinion populaire voulant que, si elle est regrettable, la disparition de ces animaux était inévitable et iné-luctable dans le contexte du progrès de l'humanité [...]
>
> Quoi qu'il en soit, l'homme devra bientôt, ne serait-ce que pour assurer sa propre survie, adopter une éthique en matière d'environ-nement. « L'environnement » embrasse tous les éléments non humains de la Terre, seule et unique patrie que nous ayons.

La préservation du tissu de la vie

Si l'extinction d'espèces est aussi nécessaire à l'évolution que leur for-mation, elle s'est cependant accélérée à un rythme inouï à la suite des ravages humains. Il y a de nombreuses raisons, toutes foncièrement égoïstes, de s'alarmer de la disparition d'espèces. Le regret de la perte d'espèces dont l'utilité potentielle pour l'humanité reste encore à découvrir est peut-être la raison la plus superficielle. Une autre tient à ce que des espèces comme la chouette tachetée et le guillemot mar-bré sont des « espèces témoins » de l'état de la planète, comme l'étaient les canaris de la qualité de l'air dans les mines de charbon. En d'autres mots, quand de telles espèces disparaissent, elles signalent que la planète dans sa totalité pourrait être devenue moins habitable par certains aspects importants pour l'humanité.

> *Les virus émergent de régions écologiquement mal en point de la Terre. Plusieurs vien-*
> *nent des lisières en loques de la forêt tropicale humide, ou de la savane tropicale rapide-*
> *ment colonisée par les populations humaines. Les forêts tropicales humides sont d'inson-*
> *dables réservoirs de vie sur la planète* [. . .] [y compris] *de virus puisque toutes les*
> *choses vivantes sont porteuses de virus. En un sens, la Terre prépare une réaction immu-*
> *nitaire contre* [. . .] *l'infection galopante de populations humaines, de taches mortes de*
> *béton qui parsèment la planète.*
>
> RICHARD PRESTON, *The Hot Zone*

En tant que biologiste, il me semble plus à propos de considérer l'agencement actuel de la vie sur Terre comme le plus récent stade dans l'évolution — la raison pour laquelle la planète se montre si productive. Si nous ne comprenons encore que très partiellement la nature des composantes de ce complexe tissu de vie, nous savons avec une absolue certitude que c'est ce tissu dans sa totalité qui a rendu possible l'existence des êtres humains. Abîmer ce tissu aussi massivement et avec si peu de considération pour notre propre avenir est une forme de démence collective suicidaire.

En 1990, le Worldwatch Institute désignait les dix années à venir comme la Décennie de la volte-face, période pendant laquelle il était essentiel d'infléchir la trajectoire de l'activité humaine vers le mode durable. Les années 1990 sont écoulées et, à mi-chemin de la première décennie du nouveau millénaire, la planète montre maintenant des signes de stress de plus en plus troublants. Plusieurs d'entre nous s'alarment et tentent de définir la meilleure stratégie d'action. Le réputé environnementaliste David Brower réclame pour la planète un programme de CPR : « Conservation, Protection et Restauration ». Brower a délibérément retenu ces 3 lettres pour que l'on garde à l'esprit la réanimation cardiorespiratoire (CPR, en anglais) qui lui a inspiré cet acronyme. Il m'a dit un jour croire que la restauration devait être notre priorité dans les années à venir, et je suis d'accord avec lui.

Mais comment ? La science donne des aperçus minuscules et morcelés du monde naturel. On ne sait presque rien de l'agencement biologique des formes de vie sur Terre, sans parler de la manière dont elles sont interconnectées et interdépendantes. Pas plus qu'on ne comprend les caractéristiques physiques et la complexité de l'atmosphère. C'est une dangereuse illusion de croire qu'on en sait assez pour « gérer » les forêts, le climat, l'eau et les animaux sauvages, terrestres ou marins.

Comme il n'y aura plus personne après l'extinction pour assumer des responsabilités, il faut assumer dès aujourd'hui toutes nos responsabilités.

JONATHAN SCHELL, *The Abolition*

Bien entendu, l'extinction est irréversible. Même des mesures héroïques pour assurer la pérennité d'espèces menacées de disparition n'ont guère de chances de réussite sans changements radicaux apportés au comportement humain et sans véritable protection de l'habitat des espèces concernées.

La mince couche de complexité biologique à l'intérieur de la biosphère assure la productivité et la propreté du sol, de l'air et de l'eau. Seuls le temps et la nature préservent et gardent intacts ces éléments qui entretiennent la vie. Fait remarquable, si nous nous retirons et réduisons, ou cessons nos agressions contre un environnement donné, la nature peut se restaurer elle-même. On a vu revenir la vie dans le lac Érié, jadis déclaré « mort » par eutrophisation ; on a vu renaître la végétation autour de Sudbury après qu'on eut installé des épurateurs perfectionnés pour réduire les émissions acides des cheminées des fonderies ; on a vu réapparaître le poisson dans la Tamise, en Angleterre, après l'imposition de législations antipollution.

Une journée dans une vie

La croissance économique est nécessaire pour satisfaire aux besoins de tous les membres de la société. Mais elle se fait aux dépens du reste de la vie sur Terre et il nous incombe donc de méditer sur ce qui satisfait le mieux nos besoins et nous apporte le bonheur. J'ai pu faire cet exercice en 1989, alors que mes filles de 6 et de 9 ans, ma femme et moi étions les invités de Paiakan, chef kayapo du village d'Aucre, au cœur de la forêt tropicale d'Amazonie. Pendant dix jours, nous avons mené une vie simple et dormi dans des hamacs tendus à l'intérieur d'une hutte de terre battue. La communauté la plus proche était à quatorze jours de canot et les 200 résidents d'Aucre ne connaissaient ni plomberie, ni eau courante, ni électricité. Le rythme de vie y était calme. Souvent, au réveil, nous ouvrions les yeux sur une pièce bondée d'enfants qui nous observaient à quelques pouces de distance. Nous étions de toute évidence un divertissement pour cet auditoire que n'avait pas rejoint la télévision. Le petit déjeuner se composait de bananes, ou de goyaves, et des restes du souper de la veille. Nous buvions de l'eau fraîche à une source et nous échangions entre voisins pendant un long bain matinal, tandis que les enfants et les femmes pêchaient un poisson délicieux qu'on appelle là-bas le piaau.

Chaque jour, nous partions en expédition dans la forêt pour cueillir des fruits et des plantes comestibles, ou nous nous déplacions dans des pirogues en quête de poisson, d'œufs de tortue ou de cabiais (des cochons d'eau). Au village, nous avons été témoins d'un festival spectaculaire d'une durée de trois jours qui célèbre les femmes et leur fertilité ; nous avons assisté aux funérailles chargées d'émotion d'un vieil homme mort de tuberculose et observé les hommes tresser des coiffures à plumes ou des sangles pour porter les bébés. On avait du temps pour réfléchir, pour observer et pour apprendre. Mes filles ont pleuré à chaudes larmes quand ont pris fin nos dix jours de visite et qu'il a fallu partir.

Quel contraste avec notre vie quotidienne au Canada, pays riche et industrialisé. Mes journées se passent à la réalisation d'émissions de télé, à Toronto, à la Fondation David Suzuki, ou encore à l'Université de Colombie-Britannique, à Vancouver, où j'habite. Engagements et obligations règlent mon horaire ; l'horloge, ma secrétaire et le programme de la journée dictent chacune de mes activités. Je me lève au son de la sonnerie d'un réveil et me précipite sous la douche, prépare le petit-déjeuner et le lunch des filles, puis file au bureau pour consulter les appels, lire mon courrier et répondre à des requêtes. La journée est découpée en courtes plages de temps qui excluent le moindre exercice d'observation et de réflexion.

Enfant, j'adorais lire des articles sur le monde à venir où les robots et les machines veilleraient à tous nos besoins et nous libéreraient pour que nous lisions, jouions et interagissions avec nos semblables. Eh bien, ce monde s'est concrétisé. À la maison, j'ai un four à micro-ondes, des plats minutes, un ordinateur, un télécopieur, un modem, un téléphone et un répondeur, un sèche-cheveux, un lave-vaisselle, un téléviseur et un magnétoscope, une chaîne stéréo, un lecteur de disques audionumériques, un lave-linge et un sèche-linge. Mais plus on se hâte, plus la vie s'accélère et moins il reste de temps pour contempler et pour méditer. En repensant à notre séjour à Aucre, je me demande souvent quel est le sens de ce mode de vie et de tous ces biens matériels. Suis-je plus heureux ou plus libre aujourd'hui que je l'étais en train de nager dans le cours d'eau, de pêcher ou de chanter à Aucre ? Mes filles n'ont pas encore été happées par l'agitation du monde des adultes et de l'économie, aussi n'est-il guère étonnant qu'elles aient connu la réponse à ma question. Et c'est pourquoi elles ont pleuré à chaudes larmes quand nous avons quitté Aucre. □

Ceux qui contemplent la beauté de la Terre y trouvent des réserves d'énergie qui dureront aussi longtemps qu'ils vivront. Il y a une beauté symbolique aussi bien que réelle dans les migrations d'oiseaux, dans le flux et le reflux des vagues, dans le bourgeon fermé prêt à éclore. Il y a quelque chose d'infiniment apaisant dans les refrains répétés de la nature — l'assurance que l'aube vient après la nuit et le printemps après l'hiver.

RACHEL CARSON, *Silent Spring*

Si l'on ne peut re-créer ce qui n'existe plus, on peut tout de même poser des gestes pour stimuler le processus naturel de régénération. Il faut d'abord abandonner nos comportements destructeurs, puis ménager les conditions qui favorisent le retour de la vie et sa croissance. On peut libérer le territoire et les ruisseaux des déblais, du béton ou du bitume, implanter une végétation spécifique, et même réintroduire des espèces végétales ou animales autrefois présentes. Par-dessus tout, il faut laisser aux forces restauratrices de la Terre le temps d'agir. Il existe des projets qui pourraient servir de modèle et d'inspiration pour amorcer la guérison de la planète. Du Japon jusqu'au Canada, des gens s'emploient à « exhumer » des ruisseaux et des rivières — c'est-à-dire à dégager des réseaux hydrographiques que le développement urbain avait ensevelis. Une fois exposée à l'air, libérée de cercueils bétonnés, libre d'arroser le sol et bordée de vie végétale, l'eau peut de nouveau accueillir la vie, s'épurer et épurer son milieu. Les Australiens ont réalisé une analyse économique et écologique dont la conclusion estime envisageable la démolition d'un barrage vivement contesté qui a submergé la rivière Pedder, en Tasmanie, voilà 20 ans. Aux États-Unis, on a réintroduit le loup dans le parc national Yellowstone et on repeuple de troupeaux de bisons d'élevage le Montana et le Wyoming.

Il y a des indices, à grande et à petite échelle, révélant que nous nous détournons de la destruction des systèmes naturels. Ainsi, sur les propriétés publiques et privées des villes et cités canadiennes, les pelouses et les plantes exotiques, qui nécessitent engrais chimiques et soins spécialisés, sont remplacées par des plantes indigènes qui fournissent un habitat aux insectes, aux oiseaux et aux petits mammifères. L'agriculture biologique s'impose peu à peu comme solution de rechange économique, à mesure que croît la demande pour les produits cultivés sans pesticides, ce qui permet aussi aux organismes du sol de se développer et de se multiplier au service de la productivité. Et des individus s'engagent dans de petits projets locaux de conservation pour permettre à de multiples formes de vie de coexister avec les êtres humains.

Il était possible, dans le passé, de détruire un village, une ville, une région, voire un pays.
Aujourd'hui, c'est toute la planète qui est menacée. Ce fait devrait obliger chacun à
affronter une considération morale fondamentale : à compter d'aujourd'hui, ce n'est que
par un choix délibéré, puis par des politiques conséquentes, que l'humanité survivra.

JEAN-PAUL II, « The Ecological Crisis :
A Common Responsability »

L'humanité s'est montrée capable d'actes de courage et de sacrifice héroïques en temps de crise. Lorsque les Japonais ont attaqué
Pearl Harbour, le 7 décembre 1941, les Nord-Américains ont compris
que la vie ne serait jamais plus la même. Ils n'ont pas débattu de coûts
économiques ; ils savaient qu'il faudrait faire le nécessaire pour gagner
et ils s'y sont employés. L'holocauste écologique qui a frappé la planète est l'équivalent de « un million de Pearl Harbour simultanés »,
selon les mots de Paul Ehrlich. Le défi est de rendre aussi réelle que
Pearl Harbour cette menace d'extinction.

S'inspirant de ses travaux consacrés aux fourmis du monde entier,
Edward O. Wilson propose un point de vue qui nous incite à l'humilité :

> Si nous devions disparaître aujourd'hui, l'environnement terrestre
> retrouverait l'équilibre fertile qui le caractérisait avant l'explosion
> de la population humaine. Mais si les fourmis devaient disparaître,
> des dizaines de milliers d'autres espèces végétales et animales péri-
> raient aussi, ce qui simplifierait et affaiblirait presque partout
> l'écosystème terrestre.

En fin de compte, le changement crucial est un changement d'attitude : il faut que les humains se perçoivent dans un rapport différent
avec le reste de la nature.

Le cantique de frère Soleil

Très haut, tout-puissant et bon Seigneur,
à toi louange, gloire, honneur,

et toute bénédiction ;
à toi seul ils conviennent ô Très-Haut,
et nul homme n'est digne de te nommer.
Loué sois-tu Seigneur, dans toutes tes créatures,
spécialement messire frère Soleil,
par qui tu nous donnes le jour, la lumière ;
il est beau, rayonnant d'une grande splendeur,
et de toi, le Très-Haut, il nous offre le symbole.
Loué sois-tu, mon Seigneur, pour sœur Lune et les Étoiles :
dans le ciel tu les as formées,
claires, précieuses et belles.
Loué sois-tu, mon Seigneur, pour frère Vent,
et pour l'air et pour les nuages,
pour l'azur calme et tous les temps
par lesquels tu donnes soutien à toute créature.
Loué sois-tu, mon Seigneur, pour sœur Eau,
qui est très utile et très humble,
précieuse et chaste.
Loué sois-tu, mon Seigneur, pour frère Feu
par qui tu éclaires la nuit :
il est beau et joyeux,
indomptable et fort.
Loué sois-tu, mon Seigneur, pour sœur notre mère la Terre
qui nous porte et nous nourrit,
qui produit la diversité des fruits
avec les fleurs diaprées et les herbes.
[...]
Louez et bénissez mon Seigneur,
rendez-lui grâce et servez-le
en toute humilité !

SAINT FRANÇOIS D'ASSISE

La loi de l'amour

Être un humain — dans le sens de naître à l'espèce humaine
— doit aussi se comprendre comme devenir un humain.
[U]n nouveau-né est seulement un humain en puissance ; il
doit grandir en humanité, dans sa société et sa culture, dans sa
famille.

ABRAHAM H. MASLOW, *Motivation and Personality*

Notre existence même — à nous qui sommes sortis de la Terre et avons été formés par ses éléments — est totalement dépendante de l'air et de la lumière solaire qui allument nos fourneaux métaboliques, de l'eau qui facilite les processus de la vie et leur donne forme, du sol qui fournit les atomes et les molécules grâce auxquelles les cellules sont capables de croître, de se renouveler et de se reproduire. La totalité des différentes formes de vie enrichit et soutient les fondements de toute vie. Ces facteurs réunis définissent l'essentiel véritable : les besoins qui doivent être satisfaits pour que nous vivions. L'importance de ces besoins se traduit dans l'organisme par des alarmes physiologiques parfaitement réglées qui nous forcent à chercher de l'air, de l'eau, du sol et de l'énergie quand cela s'impose. Notre capacité de grandir et de prospérer est directement liée à la quantité et à la qualité de ces conditions de base.

Mais les humains ne vivent pas que de pain. Le distingué psychologue Abraham Maslow fait valoir que la satisfaction des besoins physiologiques de base est notre devoir le plus urgent et qu'elle commande notre pensée et notre comportement. Quand l'air, l'eau, la nourriture et la chaleur sont fournis en quantités suffisantes, ils disparaissent de nos préoccupations, mais une autre constellation de besoins tout aussi essentiels à notre bien-être se manifeste alors :

> Qu'advient-il des désirs de l'homme quand il a du pain à satiété et que son estomac est toujours rassasié ? *Sur-le-champ des* besoins supérieurs apparaissent [...] et quand ceux-ci sont à leur tour satisfaits surgissent encore une fois de nouveaux besoins (toujours plus élevés). [...] Les besoins fondamentaux de l'homme s'ordonnent selon une hiérarchie de relative prédominance.

Nonobstant le fait que plusieurs d'entre nous sur cette planète n'ont pas de pain à se mettre sous la dent, nous pouvons nous réaliser pleinement quand sont satisfaits ces besoins « plus élevés » ; notre santé, physique aussi bien que psychologique, et notre bien-être dépendent de cet ensemble de besoins fondamentaux.

> [C]*omme un animal* [une personne] *doit respirer, manger, excréter, dormir, se maintenir en santé et procréer. Ces besoins fondamentaux constituent les conditions biologiques minimales que doit satisfaire tout groupe humain pour que ses membres survivent. Ces besoins physiologiques, ou biogéniques, et leurs interrelations fonctionnelles constituent la nature foncière de l'homme.*
>
> ASHLEY MONTAGU, *The Direction of Human Development*

Nous sommes des êtres sociaux, des animaux grégaires qui dépendent les uns des autres à chaque étape de leur vie. Comme bien d'autres animaux, nous sommes incapables à la naissance de prendre soin de nous-même ; pour grandir et apprendre en sécurité, nous avons besoin pendant une longue période que nos parents s'occupent de nous. À mesure qu'il se développe, chacun de nous a besoin de camarades pour définir et aiguiser son sens du moi, et d'une communauté dans laquelle il trouve des occasions de rencontrer un partenaire, de s'adonner à des activités gratifiantes et de fraterniser avec ses semblables. Ces besoins sont inconditionnels, inaliénables et, s'ils ne sont pas satisfaits, nous souffrons, nous dépérissons même. Comme le caribou qui s'aventure trop loin du troupeau, nous ne pouvons nous développer à l'écart de notre espèce. Depuis le tout début de sa vie, chacun de nous est fait pour et par d'étroites relations avec d'autres humains.

Le premier commandement

Un besoin irrésistible préside au développement de chaque individu dans toute société humaine. D'après Ashley Montagu, pour parvenir à un développement raisonnablement sain,

> le nourrisson humain a par-dessus tout besoin de soins tendres et aimants. Au strict minimum, la santé est la capacité d'aimer, de travailler et de raisonner solidement. [...] Le besoin d'amour du nourrisson est critique et sa satisfaction, nécessaire pour qu'il grandisse et devienne un humain bien portant.

De nombreuses études démontrent que l'amour est une dimension essentielle de l'éducation de l'enfant dès sa naissance ; l'amour aide l'individu à progresser, tout en lui enseignant les qualités nécessaires pour s'intégrer dans une communauté plus large. Être aimé nous apprend à aimer, à imaginer l'existence d'autrui et à y être sensibles, à partager, à collaborer. Sans ces habiletés, combien de temps pourrait survivre la cohésion de n'importe quel groupe humain ? Dans sa forme la plus pure, le lien entre le parent et l'enfant illustre la remarquable propriété de réciprocité caractéristique de l'amour. La joie engendrée par l'amour parental inconditionnel est pleinement rendue par l'objet de cet amour.

Cette attraction mutuelle est peut-être inhérente à la structure même de toute matière présente dans l'univers. L'amour est peut-être en vérité le moteur du monde — à tout le moins son ciment.

À mesure que l'énergie de la marmite natale du big-bang remplissait l'univers en perpétuelle expansion, voilà 15 milliards d'années, les particules nouvellement formées, qui finiraient par se combiner en atomes, ont éprouvé une attraction mutuelle alors même qu'elles s'écartaient vivement les unes des autres. Un corps doté de masse attire tout autre corps doté de masse. Quand les protons et les électrons ont fait leur apparition, cette attraction fondée sur la masse a été grandement amplifiée par la force entre des charges électriques contraires. Partout dans l'univers, mais imperceptiblement, toute matière tend à s'agglutiner.

Les galaxies sont apparues soudainement, 1 milliard d'années après le big-bang. Longtemps après que notre galaxie, la Voie lactée, et notre Soleil se furent développés, l'hydrogène s'est transformé lui-même sur Terre en matière vivante, sous forme de cellules. Une membrane trace une ligne de démarcation entre la cellule et son milieu ; elle forme une barrière qui permet aux matériaux de se concentrer à l'intérieur de la cellule et rend possible le processus métabolique. Les membranes séparent la vie de son environnement, mais elles éprouvent les unes pour les autres une attirance si forte que, lorsque deux cellules se rapprochent l'une de l'autre, elles fusionnent et leurs contenus cytoplasmiques se combinent alors en un seul. Les virus, les bactéries et les protozoaires, comme l'amibe et la paramécie, fusionnent dans cette opération de recombinaison des gènes. Toutes les plantes et tous les animaux pourvus de cycles sexuels sont mutuellement attirés dans la prodigieuse opération de reproduction biologique.

Il est possible de relever des traces d'amitié et d'amour dans les arbres et les plantes. [...] La vigne enlace l'orme et d'autres plantes s'accrochent à la vigne. De telle sorte que les choses dépourvues de capacités sensibles pour percevoir quoi que ce soit d'autre semblent ressentir intensément les avantages de l'union.

Même dépourvues de capacités de perception, parce qu'elles ont la vie, les plantes sont cependant certainement très proches des choses douées de facultés sensitives. Qu'est-ce qui, par exemple, est aussi complètement insensible qu'une substance rocheuse ? Pourtant, même en elle semble exister le désir d'union. De la même manière que la magnétite attire le fer et le retient fermement dans son étreinte, l'énergie de cohésion, comme une loi d'amour, fait sentir son action dans toute la nature inanimée.

ÉRASME

Quand nous admirons le soin avec lequel une guêpe maçonne aménage sa cellule de boue, y insère sa victime paralysée qui servira de nourriture, puis y pond un œuf, pouvons-nous être anthropocentriques au point de nier à ce comportement le nom d'amour ? Comment interpréter autrement le geste protecteur de l'hippocampe mâle qui accueille ses bébés, dans sa poche ventrale ou l'incubation longue de plusieurs mois d'un œuf de manchot empereur sur les palmes de son parent attentif, voire l'épique odyssée du saumon du Pacifique retournant à son cours d'eau natal pour s'accoupler et mourir afin d'engendrer la génération suivante ? S'il s'agit là de réflexes innés, dictés par des instructions génétiquement encodées, raison de plus pour conclure que l'amour dans ses multiples manifestations est inscrit dans l'épure même de la vie.

Dans le cadre d'études que l'on désapprouverait aujourd'hui, H. F. et M. K. Harlow ont procédé à des expériences classiques sur des singes en très bas âge qui avaient été séparés de leur mère peu après la naissance. Quand on leur laissait le choix entre une silhouette de fils métalliques par laquelle on leur dispensait de la nourriture et une figure recouverte d'un doux tissu éponge qui ne leur offrait aucun aliment, les petits préféraient la figure de substitution couverte d'étoffe à laquelle ils pouvaient s'accrocher, bien que la silhouette de fils métalliques fût leur source de nourriture. Même bien nourris et bien traités physiquement, ces singes ont présenté des comportements anormaux en grandissant, dont un total désintérêt pour l'éducation des petits. Ces expériences avec des primates révèlent donc à la fois l'intense besoin d'amour — en ce que la plus grossière image d'un parent aimant y a été préférée à de la nourriture — et les conséquences tragiques et permanentes de la privation d'amour. Dans un univers conçu selon les principes d'attraction mutuelle, de coopération et de cohésion — la « loi d'amour » d'Érasme — les humains,

qui sont encore plus sociaux que les singes, éprouvent un besoin fondamental d'aimer et d'être aimés. Comme le note Ashley Montagu :

> [L]e fondement biologique de l'amour réside dans le besoin omni-
> présent de l'organisme de se sentir en sécurité. Le fondement de
> toute vie sociale prend racine dans cette intégration de tous les
> besoins de base définis comme le besoin de sécurité, et l'amour est
> l'unique moyen de satisfaire ce besoin. [...] Le besoin émotif
> d'amour est aussi absolu et irrésistible que le besoin de nourriture.
> [...]. Pour qu'il [l'homme] puisse fonctionner de façon satisfai-
> sante en société, le plus essentiel de ses besoins sociaux de base doit
> être satisfait sur le plan affectif de manière convenable à sa sécurité
> et à son équilibre personnels.

L'amour nous modèle même avant la naissance. À l'abri, dans le
milieu stable de la matrice, le fœtus est subtilement en harmonie avec
l'état physiologique, physique et psychologique de la mère. En retour,
sa croissance et son développement à l'intérieur de la matrice influencent le cycle des changements d'origine hormonale qui s'opèrent dans
le corps de la mère pendant la grossesse. La mère et l'enfant sont
engagés dans une étroite collaboration.

> [L]e fœtus, explique Ashley Montagu, est capable de réagir aux
> sons aussi bien qu'à la pression, et son rythme cardiaque d'environ
> 140 pulsations par minute, combiné à celui de la mère dont la fré-
> quence est de 70 battements, lui procure un univers sonore syn-
> copé. Baignant dans le liquide amniotique, bercé par la cadence
> symphonique de deux cœurs, le fœtus est déjà en accord avec les
> rythmes les plus intimes de l'existence. La danse de la vie a déjà
> commencé.

Depuis les premiers pas hésitants jusqu'aux derniers, cette danse
est foncièrement interactive. Après la naissance, l'allaitement maternel
perpétue le rapport intime entre la mère et le bébé. Aux appels du
bébé, même à distance, les seins de la mère laissent s'écouler leur lait.

Et les bienfaits de l'allaitement sont réciproques comme l'amour qu'il nourrit et manifeste. Non seulement le geste de téter fournit la nourriture et stimule les zones orales du nourrisson, il en active aussi les appareils digestif, endocrinien, nerveux, génital, urinaire et respiratoire. Simultanément, le contact de l'enfant induit des contractions de l'utérus maternel, l'aidant à reprendre sa forme, sa dimension, et limite ainsi les tranchées utérines et les saignements de la muqueuse utérine. Il ne fait pas de doute que l'effleurement des peaux et l'allaitement induisent conjointement la libération d'endorphines qui créent un état de bien-être et de plaisir tant chez la mère que chez l'enfant. Alfred Adler croit cet état responsable de la perpétuation de l'espèce :

> Le premier geste d'un nouveau-né — celui de boire au sein de la mère — relève de la coopération et s'avère aussi agréable pour la mère que pour l'enfant. [...] *Nous devons probablement en très grande partie à l'expérience du contact maternel notre sentiment social humain et, conséquemment, l'essentielle perpétuation de la civilisation humaine.*

L'amour est le don déterminant qui confère santé et humanité à chaque nouvel être ; ce don se transmet indéfiniment, de génération en génération. Ashley Montagu l'exprime en ces mots :

> Si l'enfant est aimé, la capacité d'aimer les autres est libérée en lui. Voilà une leçon d'une extrême importance qu'il nous faut comprendre et assimiler en tant qu'êtres humains : favoriser la croissance et le développement de l'amour chez l'enfant devrait être un droit fondamental.

Philtres d'amour

Quand nous rencontrons pour la première fois une nouvelle flamme, nous parlons souvent d'une « chimie » qui nous attire l'un vers l'autre. La recherche montre maintenant que c'est là plus qu'une simple expression, c'est une vérité scientifique : notre corps a sa propre histoire d'amour en dépit de ce que nous croyons que ressent notre cœur ou de ce dont a besoin notre intellect. L'amour stimule naturellement une myriade de relais biochimiques dans notre corps, libère des substances chimiques qui nous procurent le sentiment d'aimer dans toutes ses manifestations, depuis l'exaltation d'être « follement amoureux » jusqu'à la satisfaction et à la rassurante intimité de la relation durable.

Les scientifiques pensent maintenant qu'il existe trois stades amoureux et que chacun est défini par un cocktail différent de substances chimiques émises par le cerveau qui influent sur nos émotions et nos agissements. La meilleure définition du premier stade est le désir. À cette étape, excitées par une petite dose d'endorphines « euphorisantes », les hormones sexuelles que sont la testostérone et l'œstrogène mènent le bal. Cette pressante pulsion sexuelle est la manière utilisée par l'évolution pour inciter les individus à maintenir la population, mais une sexualité frénétique avec de multiples partenaires ne donne pas nécessairement lieu à une société équilibrée. Celle-ci nécessite plutôt idéalement des relations entre individus qui durent suffisament longtemps pour que soient remplis les devoirs parentaux, à tout le moins pendant un certain temps. Nous passons alors au deuxième stade : l'amour romantique.

Au deuxième stade, une intense attraction, parfois appelée amour obsessif entre les personnes se manifeste. On ne peut plus dormir ni manger, on a des papillons dans l'estomac, les mains moites et on a parfois l'impression d'évoluer dans un brouillard de distraction baigné d'amour. Les sentiments de désir commencent alors à se raffiner. On entre sur le terrain de l'émotion, où le corps libère un nouveau mélange de substances chimiques dosées de manière à créer la capiteuse extase amoureuse.

L'anthropologue Helen Fisher et ses collègues ont fait subir des scintigraphies cérébrales à des gens qui se déclaraient « follement amoureux ». Quand on leur présentait des photographies de l'objet de leur passion, les parties du cerveau associées au plaisir — celles où abondent les récepteurs du neurotransmetteur qu'est la dopamine — s'animaient.

Dans les proportions adéquates, la dopamine génère une intense énergie, concentre l'atten-
tion et motive à obtenir des récompenses. C'est pourquoi, quand on est amoureux depuis
peu, on peut rester debout toute la nuit, admirer le lever du soleil, participer à une course,
ou descendre à toute vitesse une pente enneigée ordinairement trop abrupte pour ses compé-
tences. L'amour donne de l'audace, rend plus brillant, incite à prendre de vrais risques...

HELEN FISHER Ph. D., citée dans « Love : The Chemical Reaction »

L'amour romantique nous donne des ailes parce que des substances chimiques du cerveau déclenchent une rétroaction de motivation et de récompense. Quand nos taux de dopamine sont élevés,
nous nous concentrons sur les stimuli qui nous apportent du bien-
être. Nous sommes des plus motivés à obtenir notre « récompense »
— dans ce cas précis, les transports que nous éprouvons en présence
de l'être aimé. À ce stade d'amour romantique, la dopamine procure
un extrême plaisir pendant que la noradrénaline et la sérotonine pro-
voquent l'excitation — d'où le cœur battant la chamade et les paumes
moites. Ce trio hormonal se trouve sous le contrôle de la phényléthy-
lamine, ou PEA, qui contribue à notre engouement. Dans sa structure
chimique, la PEA est semblable aux amphétamines : c'est un excitant
naturel qui nourrit cette phase d'amour intense. On n'a jamais assez
de ces substances chimiques et des émotions qu'elles libèrent ; on se
sent euphorique quand on est amoureux. Mais le corps peut s'accou-
tumer à ces substances comme à la plupart des drogues, et on en veut
toujours plus. Voilà le hic. Nous serions tous des accros à l'amour —
perpétuellement en quête de cette insaisissable euphorie (lire : perpétuellement à la recherche de nouvelles relations passagères pour nourrir notre inextinguible désir) — si les relations durables ne menaient
un jour à un troisième stade amoureux, où s'opère un nouveau changement dans la chimie du cerveau. (Bien sûr, certaines relations n'atteignent jamais le troisième stade, qui survient quelque part entre la
deuxième et la quatrième année de vie de couple. À ce moment-là,
l'amour intense et passionné peut s'attiédir quelque peu à mesure que
se lève le « brouillard » de la passion initiale et qu'on commence à
voir l'autre sous un jour nouveau, plus rationnel).

Quand prend fin la lune de miel, que se passe-t-il donc ? Au troisième stade amoureux, la dopamine n'est plus aux commandes. L'ocytocine, « la drogue des câlins », lui succède. L'ocytocine est une hormone associée à l'affection et à l'attachement. Elle intensifie notre
rapport aux autres ; elle rend calme, à l'aise et confiant. Chacun des
partenaires libère de l'ocytocine pendant la relation sexuelle, ce qui
renforce l'attachement réciproque. L'ocytocine tisse aussi des liens
entre parent et enfant. Elle est libérée quand la mère allaite son bébé,
mais aussi quand nous câlinons ceux que nous aimons le plus. L'hormone qu'est l'ocytocine est un « ciment » naturel qui consolide les
liens affectifs et aide les gens à rester ensemble.

Une étude sur les campagnols des champs a montré le rôle puissant de l'ocytocine et d'une autre hormone, la vasopressine, dans le
ciment social. Trois pour cent des espèces de mammifères, dont les
campagnols des champs, sont monogames. (Les humains *ne* sont *pas*
généralement considérés comme faisant partie de ce club sélect.)
Avant de s'accoupler, le campagnol des champs batifole librement
avec mâles et femelles. Un jour, toutefois, il choisit un partenaire et,
pendant une intense période d'accouplement, ocytocine et vasopressine sont libérées. Dès lors et à jamais, le mâle sera indifférent à toutes
les autres femelles et protègera farouchement sa compagne. Les partenaires se toilettent l'un l'autre des heures durant. Quand naissent des
petits, les deux parents se montrent affectueux et attentionnés. Une
poussée d'hormones a scellé pour la vie leur appariement. Dans des
études ultérieures, on a bloqué la production de vasopressine et d'ocytocine ; les interactions des campagnols sont alors devenues fugaces, et
ont cessé de se solder par un attachement à long terme.

La famille et au-delà

La famille est l'unité fondamentale qui nourrit et fortifie l'amour
parental. C'est un groupement humain extraordinairement diversifié
qui va de la famille nucléaire des dernières années, en Occident, aux
familles très élargies courantes dans plusieurs régions de l'Afrique,

en passant par les kibboutz israéliens. Quelle que soit la forme de la famille — polygame, polyandre, soumise à l'autorité du frère de l'épouse ou au contrôle de la belle-mère —, son succès se mesure au bonheur de ses membres. Les sociologues savent depuis longtemps qu'il n'existe aucune corrélation entre bonheur et classe sociale, consommation par habitant ou revenu personnel. Le bonheur dépend plutôt apparemment des relations humaines intimes. L'une des constantes en ce domaine est le pourcentage beaucoup plus élevé de gens heureux parmi les couples mariés que parmi les personnes qui ne se sont jamais mariées, alors que les divorcés sont moins heureux que l'un et l'autre de ces deux groupes. Il semble que le « besoin omniprésent de se sentir en sécurité », besoin que comble l'amour, soit aussi essentiel au bonheur des adultes qu'à celui des bébés. L'amour est attraction, connexion, cohésion ; c'est un lieu d'appartenance, une succession de cercles entrecroisés qui se déploient à partir de chaque individu pour inclure tous les autres à des degrés divers d'intimité.

Nul homme n'est une Île, n'est entier en lui-même ; chaque homme est un morceau du Continent, une partie de l'arrière-pays ; si la Mer emporte une Motte de terre, l'Europe en est diminuée comme si elle avait perdu un Promontoire, comme si elle avait perdu le Château de tes amis, ou le tien ; la mort de tout homme me diminue parce que le Genre humain me concerne ; par conséquent, n'envoie jamais demander pour qui sonne le glas : il sonne pour toi.

JOHN DONNE, *Devotions Upon Emergent Occasions*

Chacun de nous est à la fois une expression de son bagage génétique et des expériences qui composent l'histoire de sa vie. Chacun est une partie du groupe, de même qu'un individu unique : nous sommes, pourrait-on dire, le produit de l'interaction de la nature et de la culture qu'il est souvent difficile de démêler. Par exemple, je suis né et j'ai été élevé au Canada, mais mes traits physiques reflètent mon bagage génétique purement japonais. Pendant la Seconde Guerre mondiale, des gens ont eu du mal à se rappeler que les Canadiens japonais, malgré leur ressemblance physique avec l'ennemi oriental, n'avaient pas hérité d'une allégeance au pays de leurs origines génétiques. La conséquence traumatisante de cette réalité dans mon existence — exode de Vancouver, incarcération dans des camps isolés dans les Rocheuses, expulsion subséquente de Colombie-Britannique — a modelé ma personnalité, mon comportement et constitué pour moi un exemple d'interaction de l'hérédité et de l'environnement. Chacun de nous vit des expériences uniques qui reflètent des différences de genre, de religion, d'ethnie ou d'origines socioéconomiques — et la totalité de ces expériences fait de chacun le type d'adulte qu'il devient. Le défi consiste à créer le type de société dans laquelle le potentiel de chacun pourra s'épanouir pleinement. Et, de l'avis de Montagu, ce type de société repose sur l'éducation d'enfants sains : « L'enfant est le héraut de l'humanité — héraut en ce sens qu'il est le détenteur de tous ces traits qui, sainement développés, produisent un être humain sain et épanoui, donc une humanité saine et épanouie. »

Selon Montagu, pour produire un être sain, il faut beaucoup plus que satisfaire ses besoins physiologiques pendant l'enfance. Voici la liste des besoins psychiques à satisfaire, à ses yeux, pour assurer le développement intégral du potentiel d'un enfant en pleine croissance :

1.   Le besoin d'amour
2.   L'amitié
3.   La sensibilité
4.   Le besoin de bien raisonner
5.   Le besoin de savoir
6.   Le besoin d'apprendre
7.   Le besoin de travailler
8.   Le besoin d'organiser
9.   La curiosité
10. La capacité d'émerveillement
11. L'entrain
12. L'imagination
13. La créativité
14. L'ouverture d'esprit

15. La flexibilité
16. Le goût de l'expérimentation
17. L'esprit d'exploration
18. La résilience
19. Le sens de l'humour
20. La gaieté
21. La capacité de rire et de pleurer
22. L'optimisme
23. L'honnêteté et la confiance
24. L'intelligence compatissante
25. La danse
26. Le chant

Comme société, on mesure la vitalité et la richesse collective des familles, et des communautés qu'elles composent, à leur capacité de combler ces besoins. Les humains ont besoin, en plus du lien capital entre parents et enfants, d'interagir avec d'autres membres de leur espèce. Nous sommes foncièrement des animaux sociaux, non des individus atomisés qui évolueraient librement et séparément de tout ce qui leur est extérieur. Notre histoire, notre identité, notre raison d'être et nos façons de penser émanent du groupement social dans lequel nous sommes nés, avons été élevés, et dont nous dépendons.

> *Homme ! le plus complexe des êtres, et c'est pourquoi, le plus dépendant des êtres. De tout ce qui t'a formé, tu dépends. Ne regimbe pas contre ce semblant d'esclavage. […] Débiteur de beaucoup, tu m'achètes tes qualités que par autant de dépendances. Comprends que l'indépendance est une pauvreté. Que beaucoup de choses te réclament ; que beaucoup se réclament de toi.*
>
> ANDRÉ GIDE, *Journal*

Le pouvoir du toucher

Par le premier baiser des lèvres maternelles, le premier tendre chuchotement paternel, le câlin hésitant d'une sœur ou d'un frère, l'amour trouve son chemin jusqu'au plus intime de l'être. Dans le minuscule cerveau du nouveau-né, la chimie est en effervescence et forge des relais neuraux à mesure que les sens de l'ouïe, de l'odorat et du toucher lui transmettent un flot d'informations en provenance de son nouveau monde.

Le cerveau se développe à une vitesse étonnante quand on est jeune. Nous savons, par exemple, que les jeunes enfants peuvent apprendre des langues beaucoup plus aisément que les adultes. Le cerveau rationnel apprend et assimile, et il n'en va pas autrement pour le cerveau émotionnel. Les nourrissons en pleine croissance ont besoin de se lier à d'autres, d'éprouver sécurité, compassion et amour. Le rôle du toucher est des plus déterminants dans le développement humain. Sans lui, nous manquons de nourriture affective dont nous avons besoin pour bien nous porter et peut-être même pour survivre.

L'organe le plus étendu du corps — la peau — est fait exprès pour le toucher. La peau est criblée de nerfs, de récepteurs tactiles grâce auxquels nous ressentons froid et chaleur, douleur et plaisir, picotements et chatouillements. Nous savons, grâce à des études sur les primates et d'autres animaux, que le toucher est indispensable au bon développement physiologique, psychologique et affectif. Dans le cadre d'une étude sur les singes, on a séparé les mères de leurs nourrissons par une cloison de verre. Dans un groupe, mères et enfants pouvaient encore se voir, se flairer et s'entendre mutuellement, mais ne pouvaient se toucher. Les conditions étaient les mêmes pour un second groupe, si ce n'est que mères et enfants pouvaient se toucher réciproquement par des orifices pratiqués dans la cloison. Les bébés incapables de toucher leurs mères poussaient des cris, allaient et venaient, tandis que les bébés en mesure de les toucher ne présentaient pas de graves problèmes de comportement. Une fois réunis avec leurs mères, les bébés qui avaient été privés de les toucher s'accrochaient maladivement à elles et ne parvenaient pas au même degré d'indépendance et de confiance que les autres singes.

La caresse d'un parent ne fait pas que réconforter et réjouir sa progéniture ; de récentes études montrent que le toucher modifie réellement le développement du cerveau. Comme les humains, les rats ont différents modèles d'autorité parentale, et certains se montrent plus attentionnés que d'autres. Michael Meaney, de l'Université McGill, a démontré que des différences de comportement maternel peuvent induire des changements physiologiques dans le cerveau et déterminer la manière dont les rats réagissent aux situations stressantes.

Meany a observé que la progéniture de rats qui ont passé plus de temps à lécher et à toiletter leurs petits sera mieux outillée pour composer avec le stress, plus tard dans la vie. Plus la fréquence du toilettage est élevée, plus les taux d'hormones de stress produites par les petits sont faibles. Cela signifie que les petits élevés par des mères particulièrement attentionnées sont par la suite plus calmes dans les moments stressants et font aussi preuve d'une plus grande capacité d'apprentissage. Leur état de santé général s'en trouve aussi amélioré puisque l'exposition à de hauts taux d'hormones de stress peut contribuer à des problèmes chroniques comme la cardiopathie et le diabète.

La stimulation procurée par les lèchements provoque en effet, à l'intérieur de certains gènes des bébés rats, un changement dans la chimie de l'ADN. Lorsque la mère lèche et toilette ses petits, elle « active un commutateur » qui déclenche des gènes réducteurs de la quantité d'hormones libérées dans les épisodes de stress. Un plus grand nombre de lèchements se traduit, dans le cerveau du petit, par un plus grand nombre de récepteurs qui régulent la production des hormones de stress.

De nos jours, parce que nous sommes informés du rôle décisif du toucher dans leur développement normal, les nouveaux-nés partagent souvent la chambre de leur mère, nous enseignons le massage du nourrisson et nous encourageons les parents à garder le bébé tout contre leur corps, dans une écharpe nouée en bandoulière. De nombreuses études démontrent clairement que le toucher favorise le développement humain. Les bébés que l'on touche sont plus alertes, éveillés, actifs et intéressés.

Si grand est notre besoin d'être touché que la thérapie par le toucher est la norme dans les unités de néonatalité et s'avère particulièrement utile pour les soins aux prématurés. Ainsi le « Traitement maternel à la kangourou » (TMK), inventé en Colombie par le pédiatre Edgar Rey, est l'application d'un principe simple : les enfants nés avant terme sont maintenus en contact cutané direct avec la poitrine dénudée de leur mère ou de quelque autre soignant. Au départ, le TMK était une solution à la pénurie d'incubateurs, mais il est maintenant évident que les « incubateurs humains » aident les enfants à s'épanouir. Le traitement maternel à la kangourou aide à stabiliser la température, la respiration et le rythme cardiaque des nourrissons les plus petits. Ces bébés dorlotés dorment de plus longues heures, prennent davantage de poids, pleurent moins souvent et sont alertes sur de plus longues périodes. Le contact physique constant calme l'enfant, resserre le lien mère-nourrisson et se traduit généralement par un départ plus rapide de l'hôpital.

Le toucher peut attacher l'enfant au parent, mais l'échange est bien évidemment réciproque. Nous savons que l'ocytocine monte en flèche chez la mère qui donne naissance à un enfant, l'allaite et le soigne ; chez les mammifères, les pères peuvent aussi connaître des fluctuations hormonales. La biologiste Katherine Wynne-Edwards a étudié les hamsters de Djoungarie, une espèce de mammifères assez exceptionnelle en ce que les pères y sont particulièrement attentionnés. Ces papas hamsters participent de très près à la naissance puisqu'ils extraient du col de l'utérus de la mère le bébé dont ils dégagent ensuite les voies respiratoires. Pendant qu'ils s'affairent ainsi, leurs taux d'estrogène et de cortisol augmentent. Si ces hormones sont inhibées, les mâles manifestent moins d'intérêt parental dans les jours suivants la naissance.

Wynne-Edwards a aussi découvert que les fluctuations hormonales peuvent survenir chez d'autres mammifères, y compris les humains. Dans une étude, on a observé, chez les hommes sur le point de devenir pères pour la première fois, des taux de testostérone et de cortisol plus bas et des taux d'œstrogène (spécifiquement d'œstradiol) plus élevés que chez les hommes dans la population générale. L'œstradiol est une hormone qui incite à un comportement maternel.

Le langage de l'amour est instinctivement inscrit dans notre corps. Excité par le toucher, mais aussi par les tourbillons d'autres informations sensorielles qui nous inondent, notre corps répond automatiquement et nous soude aux autres dans une expérience partagée. Lorsque nous interagissons avec nos enfants, nous leur enseignons ce que veut dire être aimé. Quand ces expériences sont inhibées, tous en sont appauvris.

Les leçons d'une tragédie

Grandir sans amour a de terribles répercussions sur le bien-être physique et social d'un individu.

> Pratiquement tous les thérapeutes, remarque Maslow, s'entendent pour dire qu'on trouve très fréquemment trace de privation d'amour dans les premières années d'existence quand on remonte aux origines d'une névrose. Plusieurs études semi-expérimentales sur des nourrissons et des bébés l'ont confirmé, à un point tel qu'on juge même dangereuse pour la vie de l'enfant la privation radicale d'amour. En d'autres mots, la privation d'amour conduit à la maladie.

Malheureusement, une horrible et effrayante capacité de brutalité contrebalance la capacité d'amour de l'humanité. Quand on voit ce qui arrive aux victimes de brutalité, on saisit l'importance critique de l'amour et de sa source la plus probable : la famille. L'exploration scientifique des effets de la privation d'amour chez de jeunes animaux, comme dans l'expérience décrite plus tôt, froisse aujourd'hui — et avec raison — la sensibilité du public. Mais les enfants des pays déchirés par la guerre, autour du globe, ont été soumis à une grave privation et les scientifiques ont eu la possibilité d'étudier ces enfants.

Après l'exécution du dictateur Nicolae Ceausescu, le 25 décembre 1989, nous avons appris le terrible sort des enfants confiés à l'assistance publique en Roumanie. Résolu à accroître la population du pays, Ceausescu avait créé une génération d'enfants non désirés, souvent abandonnés à l'État. On estime que de 100 000 à 300 000 enfants vivaient en institution au moment de la chute du dictateur. Surpeuplées et manquant de personnel, la plupart des institutions offraient à peine plus que le strict nécessaire en matière de nourriture, de vêtement et de logement.

Parmi les quelque 700 établissements d'accueil pour enfants, ceux du type *leagane* étaient réservés aux enfants non pas orphelins, mais abandonnés ou placés pour de longues périodes par leurs parents. Les scientifiques qui ont visité ces institutions y ont découvert des rangées de petits lits dans d'énormes dortoirs et un personnel si sollicité qu'il n'avait pas le temps de former les enfants à l'apprentissage de la propreté, ni de leur montrer à s'habiller et à se brosser les dents. Les enfants étaient laissés à eux-mêmes pendant de longues périodes et les membres du personnel ne les prenaient pas dans leurs bras pour les consoler ou pour les nourrir. Résultat : les enfants accusaient un retard considérable en matière de coordination motrice globale, de capacités motrices pointues, de compétences sociales et de développement du langage. Environ 65 % des enfants de 3 ans et moins présentaient des anomalies de structure et d'activité cellulaires et tissulaires imputables à la malnutrition.

Le pronostic pour les enfants privés si tôt, et pendant si longtemps, de contacts humains est très peu encourageant ; les scientifiques ont maintenant fait la preuve que la stimulation par des adultes est cruciale dans la toute première période de la vie d'un enfant :

> [L]es fondements neurologiques de la pensée rationnelle, de la solution de problèmes et du raisonnement en général semblent être largement établis vers l'âge de 1 an. [...] certains chercheurs affirment que le nombre de mots entendus chaque jour par un enfant est en soi le plus important indicateur de son intelligence et de ses compétences scolaires et sociales futures. [...] et ces mots doivent être prononcés par un être attentif et empressé.

L'exil de la famille humaine fait plus que retarder ou stopper le développement — il peut causer la maladie, voire la mort, comme Maslow l'a aussi observé. Une étude a constaté qu'en Roumanie, avant la chute de Ceausescu, jusqu'à 35 % des enfants confiés à l'Assistance publique décédaient chaque année.

Mais les êtres humains font preuve d'une remarquable capacité de récupération si on les ramène dans un milieu attentionné et si on répond à leurs besoins essentiels. Un orphelinat roumain pour enfants gravement handicapés abritait, à Babeni, 170 pensionnaires réputés « irrécupérables » et, de ce fait, cruellement négligés. L'établissement ne pouvait compter sur aucun pharmacien, diététicien, psychologue, travailleur social, ergothérapeute, kinésithérapeute ou éducateur spécialisé. Même s'ils recevaient une quantité suffisante d'eau et de nourriture, les enfants avaient si peu de contacts avec les adultes que 75 % d'entre eux ignoraient leur nom, ou leur âge, et que seuls quelques-uns avaient fait l'apprentissage de la propreté. Leurs besoins de base en nourriture, eau, air et chaleur, étaient satisfaits, mais ils étaient privés de contacts humains — privés d'amour attentionné et constructif. Un mois après l'introduction de plus nombreux contacts humains, d'aide psychologique, de soins d'hygiène de base, de bains, de kinésithérapie et d'un régime alimentaire amélioré, on a constaté des progrès impressionnants.

Les conséquences physiques et psychologiques de la garde en institution sont devenues manifestes quand on a rendue publique la condition des enfants roumains et qu'une avalanche d'adoptions s'en est suivie. En 1991 seulement, 7 328 enfants roumains ont été adoptés ; 2 450 l'ont été par des Américains. Des 65 adoptés américains qu'on a étudiés minutieusement, seulement 10 ont été jugés « physiquement bien portants et normalement développés » ; les autres présentaient « des signes de graves problèmes de comportement, de développement et de santé ». Les scientifiques ont découvert que 53 % d'entre eux étaient porteurs de l'hépatite B, que 33 % avaient des parasites intestinaux et que plusieurs étaient plus petits que la normale ou souffraient de déficit de capacité motrice globale, de retard de langage, d'accès de colère, d'aversion du regard ou de timidité. De toute évidence, la satisfaction des seuls besoins physiques de base et l'absence de tout contact social avaient eu de profondes répercussions sur leur développement. Par bonheur, selon les scientifiques, « il semble que plusieurs répondaient bien à un environnement familial aimant, à une meilleure alimentation et à l'intervention de spécialistes de la santé et du développement ».

Mais il n'est pas toujours aisé de surmonter le traumatisme de terribles expériences précoces. Depuis 1990, les Américains ont adopté environ 9 000 enfants dans les orphelinats d'Europe de l'Est et de Russie, et plusieurs présentent de graves problèmes qui ne semblent pas devoir facilement se résorber. Selon un article de Sarah Jay paru dans le *New York Times* :

> Certains de ces enfants peuvent être hyperactifs ou agressifs, refuser tout contact visuel et avoir des accès de colère, éprouver des difficultés de langage et d'élocution, des déficits de l'attention et une extrême phobie du moindre attouchement. Ils peuvent aussi être incapables de nouer des liens affectifs.

Victor Groze a étudié 399 familles adoptives d'enfants roumains et il estime qu'un cinquième de ces enfants sont, selon son expression, des « petits chenapans pleins de ressort » qui se sont remis de leur passé et se développent bien ; les trois cinquièmes sont, encore selon son expression, des « merveilles blessées » qui ont fait d'énormes progrès, mais ne se laissent pas moins distancer par leurs pairs, et un autre cinquième se composerait d'« enfants problèmes » qui présentent peu d'améliorations et sont presque impossibles à encadrer.

Aujourd'hui, des années après leur adoption, les répercussions de la privation de toucher et de contact humain significatif chez ces enfants sont flagrantes. Là encore, les hormones de l'attachement — l'ocytocine et la vasopressine — tiennent un rôle. Une étude sur des orphelins roumains adoptés par des familles de Milwaukee a montré que plusieurs de ces enfants ont encore des comportements associés au manque de soins dans leur toute petite enfance — dont l'absence d'attachement aux adultes qui prennent soin d'eux, qui se manifeste notamment par leur empressement à chercher du réconfort auprès d'adultes peu connus, même quand un parent adoptif est présent. Les chercheurs ont observé que les enfants qui ont tôt fait l'expérience du manque de soins présentent des taux de vasopressine inférieurs à la normale. Conséquence de cette précoce privation sociale, la libération de l'essentielle « substance chimique des câlins » a été inhibée. Malheureusement, la possibilité d'établir les relais neurologiques — ou ce que l'auteur Anthony Walsh appelle des « sillons amoureux » du cerveau — qui aident à sécuriser nos rapports avec les autres, a disparu.

Bien entendu, le fait d'emménager dans un foyer stable et aimant a grandement amélioré la santé physique, psychologique et affective de ces enfants. L'amour peut toujours exercer de l'effet. Les enfants se sont développés physiquement, une fois adoptés ; leur QI s'est aussi amélioré, comme leur capacité d'exprimer des émotions positives ; mais le manque de contact, de lien étroit et d'amour en bas âge a malgré tout laissé une marque indélébile.

La pédagogue Lucy LeMare a suivi l'évolution de 36 orphelins roumains adoptés par des familles en Colombie-Britannique. Les enfants avaient séjourné de 8 mois à 4 ans dans des orphelinats avant d'être adoptés. Dans le cadre de sa recherche, LeMare a appris qu'un des facteurs les plus importants qui détermine si un enfant éprouvera ou non des difficultés comportementales (comme le déficit de l'attention ou l'hyperactivité) est la durée de son séjour en institution. Des orphelins qui participaient au groupe d'étude de LeMare, 43 % présentaient ces troubles comportementaux, comparativement à seulement 5 % des enfants nés au Canada et à 16 % des orphelins roumains qui avaient passé moins de 4 mois en institution. D'autres études sont arrivées à des conclusions semblables. Même si, pour la plupart, les enfants des orphelinats ont montré des retards du développement et des troubles affectifs et comportementaux, ce sont les enfants adoptés plus tardivement (et ayant séjourné au moins 8 mois en crèche) qui faisaient face aux plus grands défis.

La sécurité et la confiance en soi, si nécessaires au développement de l'estime de soi chez l'enfant et que procure une famille saine, sont raffermies par le soutien de la communauté dans laquelle vit la famille. Pendant une guerre, il est difficile pour les adultes de protéger leurs enfants contre l'insécurité fort préjudiciable à leur bien-être. En Croatie, la guerre civile a créé plus de 100 000 réfugiés, pour plusieurs des enfants chassés de leur foyer et dont les plus jeunes étaient souvent séparés de leurs parents. Dans les camps, environ 35 % des enfants en âge d'entrer en première année avaient été séparés de leur mère.

Quand des enfants de niveau scolaire élémentaire sont séparés de leur famille, on note des signes d'anorexie ou de boulimie, des désordres du sommeil et des cauchemars, une perte d'intérêt pour les études, des difficultés de concentration et des troubles de la mémoire, de l'irritabilité, des peurs, des problèmes de communication, des maladies psychosomatiques, l'absence de sentiment, la rage, une tristesse persistante, des difficultés d'adaptation ou une profonde dépression.

Faire confiance à un adulte proche de soi, conclut un chercheur, est une source de soutien très importante pour un enfant. Se rendre compte que ses parents n'ont pas réussi à le protéger exacerbe l'expérience traumatique de l'enfant exposé à l'épouvante de la guerre. [...] le meilleur indicateur d'un dénouement positif pour l'enfant qui survit à un stress intense est la capacité d'adultes importants autour de lui, à commencer par ses parents, à faire face à l'événement traumatique.

À tout prendre, l'homme préhistorique était une créature plus pacifique, coopérative, douce et réfractaire à la guerre que nous le sommes ; nous, du monde civilisé, sommes devenus de plus en plus impuissants, agressifs et hostiles, et de moins en moins coopératifs dans les situations qui le commandent davantage, à savoir les relations humaines. Le sens que nous donnons au mot « sauvage » s'appliquerait plus justement à nous-mêmes.

ASHLEY MONTAGU, *The Direction of Human Development*

La guerre est une calamité sociale, économique et écologique. Elle est totalement indéfendable et ceux qui se soucient de répondre aux vrais besoins de tous les peuples et des générations futures doivent s'y opposer. L'effet de la guerre est des plus immédiats pour ceux qui sont tués, estropiés ou chassés de leur foyer, mais ses conséquences sociales et écologiques se répercutent sur des générations. On ne connaît pas encore toute l'étendue des dommages psychologiques subis par les enfants qui y survivent, et on ignore jusqu'à quel degré leurs problèmes se communiquent aux générations subséquentes. La guerre est la pire atrocité : elle déshumanise à la fois le vainqueur et le vaincu, arrache les enfants à leurs parents, brise les familles, disperse les communautés, prive ses victimes de leurs besoins fondamentaux d'amour et de sécurité dans la compagnie de leurs semblables.

Communautés humaines, passées et présentes

Les humains comptent parmi les primates les plus sociables. Pendant 99 % de notre existence à ce jour, nous, les humains, avons vécu en petits groupes familiaux de chasseurs cueilleurs nomades. En nous appuyant sur ces regroupements familiaux et tribaux, nous avons acquis la compétence et l'expérience nécessaires pour nous défendre contre les prédateurs, les maraudeurs et le malheur, pour capturer des proies, pour cueillir de la nourriture et pour réunir des ressources communautaires. Nous nous sommes rassemblés pour réaffirmer notre territoire, notre nation, et pour commémorer les étapes importantes dans la vie, développant ainsi un sentiment d'appartenance, une identité et une vision du monde. Les regroupements sociaux ont produit d'autres avantages : l'accès à des conjoints, des relations durables et le partage de musiques, de récits, d'arts, de divertissements.

Pendant la plus grande partie de notre histoire, nous, humains, avons été des populations tribales et locales ; nous rencontrions quelque 200 ou 300 personnes au cours de notre vie et ne franchissions guère plus que quelques centaines de kilomètres. Nous n'avions pas à nous soucier de ce que faisaient les tribus de l'autre côté du lac, de la montagne ou de l'océan. La nature semblait vaste, infiniment renouvelable et, si nous parvenions à en dégrader les ressources par le feu ou des outils, nous nous installions ailleurs. Mais nous occupons maintenant toute la planète et le contrecoup collectif de l'humanité sur Terre se répercute dans la totalité de la biosphère. Il nous faut mesurer la somme des effets que notre espèce a générés par la pêche, l'exploitation des forêts, la pollution, les barrages, le développement, etc., et cela n'est pas facile parce que nous ne nous sommes encore jamais conduits de la sorte. Pour cette raison, les négociations comme celles qui se sont déroulées au Sommet de la Terre, à Rio, et à la conférence sur le climat, à Kyoto, ont été péniblement ardues et lentes.

Tout au long de l'histoire, les peuples se sont largement appuyés sur leurs principaux traits responsables de leur survie : la mémoire et la faculté de prévoir. Dès l'aube des temps, ils ont évalué les conséquences potentielles de leurs actes en se fondant sur les connaissances acquises à partir des expériences passées. Comme un joueur d'échecs planifiant ses coups, ils se projetaient à leur guise, en esprit, dans le passé, le futur et le présent, ce à quoi nulle autre espèce n'était jamais parvenue.

Essentiellement, les premiers humains procédaient à ce qu'on appelle de nos jours une analyse des « coûts et rendements », compa-

Amitiés animales

Les sociétés humaines ne sont pas les seuls groupes à tisser des liens et à user de stratégies comme la thérapie par le toucher pour cimenter leur communauté. D'autres animaux, particulièrement des primates, présentent des comportements sociaux complexes qui consolident les relations. Les babouins, par exemple, expriment leur affection et affirment leur solidarité sociale par le toilettage. Quand ils se toilettent, leurs taux d'hormones de stress, les glucocorticoïdes, diminuent. Comme les humains, les babouins se tournent les uns vers les autres en temps de stress. Après un décès dans leur communauté, ils élargissent et renforcent leurs réseaux de toilettage, cherchent du réconfort auprès des autres. Pendant la toilette, les taux d'hormones de stress, qui avaient augmenté à la suite du traumatisme, commencent à baisser pour finalement revenir à la normale. Les chimpanzés manifestent un comportement semblable et consolent la victime d'une bagarre par des embrassades, des tapes dans le dos ou des séances de toilettage.

rant les bénéfices potentiels et les coûts à long terme. Dans le cadre de cérémonies et de rituels élaborés qui renforçaient les liens entre les membres de la communauté, on faisait appel aux connaissances tribales accumulées pour arrêter les décisions importantes. De nos jours, nous nous payons de mots quand vient le moment des analyses de coûts et rendements ; pourtant, comme les conséquences de nos agissements collectifs en tant qu'espèce ont pris une portée incalculable, il est devenu de plus en plus difficile d'en prédire les répercussions. Et les définitions des « coûts » et des « rendements » ont changé. Alors

Les membres de plusieurs espèces non primates se manifestent aussi de la sympathie. En consacrant de l'attention aux besoins des individus et en renforçant la solidarité sociale, ils consolident la communauté. Les cachalots entourent, par exemple, un membre blessé de leur bande ; on a aussi rapporté le cas d'épaulards, ces prétendus tueurs, restés auprès d'un membre de leur bande gravement blessé, jusqu'à ce qu'il meure, avant de poursuivre leur route. Si la plupart des animaux n'accordent qu'un intérêt passager aux membres de leur espèce qui sont décédés, les éléphants expriment ce qu'on pourrait interpréter comme de l'affliction. Ils prêtent une attention particulière aux crânes, aux défenses et aux ossements des éléphants morts, même à ceux décédés depuis longtemps. On a vu des éléphants bercer doucement avec leurs pattes des défenses d'ivoire et il leur arrive aussi de soulever une défense et de la transporter enveloppée dans leur trompe.

Le jeu est une autre manière de tisser des liens avec les proches et les membres de la communauté. Ainsi les singes à l'état sauvage usent-ils d'humour pour renforcer la solidarité sociale et faciliter la transition quand de nouveaux individus se joignent au groupe. Comme les humains, les orangs-outangs, les gorilles et les chimpanzés rient quand on les chatouille ; ils sont aussi capables de sourires et d'appels qui semblent suggérer amusement et humour. □

que, par le passé, le facteur le plus important était la survie à long terme ou le bien-être de la famille ou du groupe, les décisions se prennent aujourd'hui en fonction de leurs incidences sur l'entreprise, l'emploi, les titres en bourse ou les profits. Nous déterminons donc les coûts et rendements selon une échelle de valeurs très différente, en ne tenant par exemple aucun compte de l'écosystème ni de la santé de la communauté. Nous avons perdu l'habitude de nous arrêter aux choses qui importent réellement, ou peut-être notre perception de ce qui importe vraiment a-t-elle été pervertie. Au lieu de penser notre vie en pièces détachées, il faut la penser de manière plus intégrée. John Robinson et Caroline Van Bers ont proposé quelques moyens de nous faire une idée plus holistique de notre bien-être :

> Si nous, humains, avons du mal à assimiler le concept écologique de développement durable, nous n'en comprenons pas moins tous la notion de bien-être collectif. Nous sommes capables d'évaluer sans trop de mal notre bien-être personnel. Il dépend de notre plus ou moins grande satisfaction à l'égard de notre niveau de prospérité, du lieu où nous vivons, de nos familles et amis, de notre santé physique et d'une foule d'autres conditions. De même, nous pouvons généralement évaluer le bien-être de notre voisinage, ou de notre communauté, en recourant à des indicateurs presque intuitifs : vitalité de la communauté, absence de conflits, arbres et cours d'eau en santé, etc.

Le besoin de communauté et de rituels est un besoin primordial. Il s'est inscrit dans la psyché humaine sur des milliers de générations et des centaines de milliers d'années. S'il est frustré, nous nous sentons « aliénés » et devenons la proie de maladies psychiatriques et psychosomatiques.

ANTHONY STEVENS, « A Basic Need »

La guerre n'est pas la seule menace qui pèse sur la communauté ; nous sommes aveuglés par une mentalité, appelée modernité, qui voit dans le moderne et le récent ce qu'il y a de meilleur. Inversement, selon cette mentalité, ce qui est ancien ou traditionnel est perçu comme primitif et moins désirable. Éblouis par les changements incroyables qu'ont amenés la technologie et le matérialisme, nous avons donné notre adhésion à la croyance largement répandue voulant que, d'une certaine manière, les humains d'aujourd'hui soient différents de ceux d'hier ; parce que nous sommes mieux informés, voyageons davantage et sommes plus instruits que tous nos prédécesseurs, nos pensées et nos besoins seraient plus raffinés et d'un autre niveau que ceux de toutes les générations antérieures. En coupant ainsi les liens avec nos ancêtres, nous nous retrouvons désemparés dans un monde étourdissant de changement, dépourvus de mémoire et de projets d'avenir. Sans contexte, l'information devient vide de sens ; sans recul, il est impossible d'évaluer les événements ; sans connexions dans le temps et l'espace, on est seul et perdu.

> *Le placenta doit être enterré solennellement en présence du sorcier guérisseur. De la même manière que le cordon ombilical attache l'enfant à naître à la matrice, le cordon enterré attache l'enfant au territoire, à la Terre sacrée de la tribu, à la Grande Mère Terre. Si l'enfant quitte un jour cette contrée, il reviendra chez lui parce que la traction du cordon le tirera toujours vers les siens.*
>
> *Quand je rentrerai chez moi [. . .] je prononcerai ces mots : « Aujourd'hui, mon ventre est réuni au ventre de ma Grande Mère, la Terre ! »*
>
> PRINCE MODUPE, *I Was a Savage*

Les rituels sont une affirmation publique de sens, de valeur, de connexion. Ils relient les gens les uns aux autres, les relient à leurs ancêtres et à leur place dans le monde. Anthony Stevens observe que, si les pays industrialisés sont parvenus à d'extraordinaires niveaux d'opulence, de biens de consommation et de confort, de plus en plus de gens y ont la nostalgie de la communauté et des rituels qui servent de ciment. Cette soif s'exacerbe à mesure que se banalise la désintégration de la famille, ce dont pâtissent les adultes comme les enfants.

Pendant des milliers d'années, de petites communautés ont garanti une relative tranquillité à leurs membres, tout en répondant à leurs besoins de socialisation. Le rythme effarant auquel notre espèce s'est convertie en créature urbaine s'est accompagné d'une détérioration du tissu social qui en assurait la cohésion. Le XXe siècle a été le théâtre d'un changement sans précédent, d'un mode de vie essentiellement rural à un mode de vie majoritairement citadin. Dans les villes, loin de la nature et des moyens de production primaires — l'agriculture, la pêche, l'exploitation forestière et même la confection —, nous considérons comme acquis que l'économie subvient à nos besoins. La technologie nous a permis de voyager rapidement et de communiquer sur d'énormes distances, tandis que le téléviseur, l'ordinateur et les appareils de divertissement portatifs rognaient sur les activités pratiquées avec les voisins et les collectivités. La consommation a pris la place de la citoyenneté comme principal mode de contribution individuelle à la santé de la société. Des objectifs économiques, plutôt que sociaux, dictent les politiques des gouvernements et des entreprises. Les taux élevés de chômage qui en résultent engendrent stress, maladie, désintégration de la famille et de la communauté. Des collectivités et des voisinages stables sont indispensables au bonheur, à une existence productive et gratifiante, à un sentiment crucial de sécurité et d'appartenance. Ils sont déterminants pour la santé et le bonheur des êtres humains. Ce n'est pas l'économie qui crée la communauté, mais l'amour, la compassion et la coopération. Ces qualités, qui sont le fait d'individus, s'expriment entre personnes. Elles ne peuvent pleinement s'exprimer dans l'isolement, sans contexte, coupées de leur enracinement dans le temps et l'espace, de leur source dans le monde naturel.

À l'intérieur de la communauté, la stabilité de la famille — quelle qu'en soit la forme — fournit un environnement dans lequel l'enfant développe sa curiosité, son sens des responsabilités et son inventivité. La dégradation écologique — la déforestation, la déperdition de la couche arable, la pollution, les changements climatiques, etc. — déstabilise la société en attaquant les fondements d'un développement durable. L'interdiction de toute pêche commerciale de la morue dans l'Atlantique Nord, en 1994, aura été une brutale illustration de cette conséquence. Du jour au lendemain, 40 000 emplois ont disparu alors que s'effondraient les assises mêmes de la société terre-neuvienne vieilles de 500 ans. Dans tout le Canada, des villes ont explosé pendant qu'on rasait la forêt à leur périphérie, pour fermer sitôt que les arbres ont manqué. La côte de la Colombie-Britannique est parsemée de villages qui supportaient jadis des flottes de pêche et des conserveries, mais qui ont été abandonnés quand les populations de saumon ont décliné. La santé écologique est essentielle à la santé intégrale de la communauté.

La guerre, le terrorisme, la discrimination, l'injustice et la pauvreté sapent la stabilité sociale si importante. Des taux de chômage chroniquement élevés, comme ceux enregistrés de nos jours dans les provinces maritimes du Canada, dans les réserves indiennes des États-Unis ou dans les communautés aborigènes d'Australie, conduisent au désespoir, à la maladie, voire à la mort. Le besoin d'un emploi valorisant est critique pour le bien-être, non seulement de la famille, mais de la communauté. Outre les avantages économiques pour les gouvernements et les individus, il existe des motifs impérieux pour qu'une société se fixe comme objectif le plein emploi.

Jadis on créait une économie pour servir les humains et leurs collectivités. Aujourd'hui, les rationalistes économiques soutiennent que les citoyens doivent, au nom de l'économie, sacrifier et abandonner les services publics. Lorsque nous nous interrogeons sur nos besoins fondamentaux en tant qu'animaux sociaux, il apparaît clair que des familles et des communautés où biodiversité, plein emploi, justice et sécurité sont assurés, constituent les prémisses authentiques et non négociables de l'ébauche d'un avenir durable.

Qu'on l'accepte ou non, la loi de l'amour prévaudra, exactement comme prévaut la loi de la pesanteur. [L']homme qui met en pratique la loi de l'amour avec une précision scientifique peut réaliser d'étonnants prodiges. [. . .] Les hommes qui nous ont révélé la loi de l'amour étaient de plus grands scientifiques que n'importe lequel de nos scientifiques modernes. [. . .] Plus je me conforme à cette loi, plus je trouve de bonheur dans la vie,

de bonheur dans l'ordre de l'univers. Cela me procure un sentiment de paix et une intel-
ligence des mystères de la nature que je n'ai pas la capacité de décrire.

MAHATMA GANDHI, cité dans P. Crean et P. Kome (dir.),
Peace, A Dream Unfolding

De la famille au voisinage, du voisinage à la nation puis à la communauté de notre espèce — la connexion semble s'amenuiser à mesure qu'elle devient plus inclusive. Mais en explorant le continuum des relations dans toute existence humaine, nous sommes amenés à constater que le cercle d'inclusion s'étend même au-delà : le « continent » dont chacun de nous fait partie englobe la Terre.

La « loi de l'amour » est aussi fondamentale et aussi universelle que toute loi de la physique. Elle est écrite partout autour de nous et elle dresse la carte de notre connexion intime avec le reste du monde vivant.

Biophilie : ranimer les chaînons de notre évolution

Pensez à ce qu'a été notre vie sur Terre pendant tout ce temps. Pendant la presque totalité de notre évolution, nous avons vécu complètement immergés dans le monde de la nature, dont nous dépendions pour tous les aspects de notre existence. Sillonnant le paysage qui nous entourait, guidés par les saisons, nous avons vécu sobrement sur des terres dont la plénitude biologique nous sustentait.

Si la richesse de la diversité végétale et faunique dans l'Afrique d'aujourd'hui donne quelque indication de sa luxuriance passée (et les restes fossiles confirment cette luxuriance), une multitude renversante de formes animales et végétales entourait nos premiers ancêtres. Nous avons émergé de la matrice de formes vivantes avec lesquelles nous partagions notre milieu et auxquelles nous étions totalement liés. Elles étaient plus qu'une simple parenté génétique et des proies potentielles, elles étaient nos *camarades,* partageaient avec nous le spectacle des cieux, par nuit claire, et annonçaient invariablement leur présence par leurs appels. Encore aujourd'hui, les sociétés de chasseurs cueilleurs traitent toute source de nourriture avec respect et sympathie : les chasseurs kungs du Kalahari jeûnent avant la chasse pour se rendre dignes de leur mission. Après une prise, ils remercient l'animal pour le don qu'il a fait de sa vie, puis portent sa carcasse au camp où l'on procède au partage rituel. La nourriture est le don, par d'autres créatures, de leur chair, don qu'il faut saluer dignement.

> Le plus grand péril dans la vie d'un être humain, selon l'Inuit Ivaluardjuk, tient à ce que sa nourriture se compose entièrement d'âmes. Toutes les créatures que nous devons tuer et manger, toutes celles que nous devons abattre et terrasser pour nous vêtir, ont une âme comme nous, une âme qui ne périt pas avec le corps et qu'il faut donc apaiser pour éviter qu'elles ne se vengent de ce qu'on leur a ravi leur corps.

Le contexte évolutif de l'histoire de l'humanité permet de croire que le génome humain — l'empreinte d'ADN qui fait de nous ce que nous sommes — a développé avec le temps un besoin génétiquement programmé de se retrouver en compagnie d'autres espèces. S'inspirant des mots grecs signifiant « vie » et « amour » Edward O. Wilson a forgé le mot « biophilie » pour qualifier ce besoin. Il définit la « biophilie » comme « l'inclination naturelle à centrer l'attention sur la vie et les processus qui lui sont apparentés ». Ce qui conduit à un « lien affectif des humains avec les autres êtres vivants. [...] De multiples brins de réponse affective tissent des symboles qui composent un grand pan de la culture ».

Dans toutes les cultures, y compris la nôtre, les aînés, les poètes et les philosophes ont manifesté un semblable sentiment de fraternité, ou de sororité, de mutuelle compassion et d'intérêt partagé pour le monde vivant — un rapport qu'on ne peut décrire que comme de l'amour. Il puise sa source dans le « sentiment de camaraderie » : la conscience que nous sommes — comme toutes les autres formes de vie — enfants de la Terre, membres de la même famille.

L'innocence et la bienfaisance indescriptibles de la Nature — du Soleil, du vent, de la pluie, de l'été et de l'hiver — quelle santé, quelle gaieté elles nous apportent à tout jamais ! [...] Ne suis-je pas en intelligence avec la Terre ? Ne suis-je pas moi-même en partie des feuilles et du terreau ?

HENRY DAVID THOREAU, *Walden ou la vie dans les bois*

En milieu urbain, notre besoin génétiquement programmé d'être avec d'autres espèces est habituellement frustré, ce qui nous rend nostalgiques. De nos jours, la biophilie doit se satisfaire d'occasions lamentablement limitées : jardinage, animaux domestiques, visites au jardin zoologique. Ce n'est pas sans raison, explique Wilson, que les jardins zoologiques attirent plus de gens que tous les grands événements sportifs combinés. L'attrait de la biophilie peut être si forte que même une chose aussi simple qu'une chambre avec vue semble faire une réelle différence. Dans une prison d'État du sud du Michigan, par exemple, les prisonniers dont la cellule a des fenêtres qui donnent sur une terre agricole et une forêt ont requis 24 % moins de visites médicales que ceux dont les fenêtres donnent sur la cour intérieure.

Une interaction constructive avec d'autres êtres vivants peut nous aider à guérir. Dans une étude, des chercheurs ont suivi 71 nouveaux propriétaires d'animal domestique et les ont comparés à des gens vivant sans animal de compagnie. En un mois, les propriétaires d'animal domestique présentaient une diminution de leurs problèmes de santé. On se sert d'animaux domestiques, particulièrement de chiens, dans plusieurs programmes thérapeutiques pour fournir réconfort et compagnie aux gens dans les hôpitaux, les maisons de retraite, les écoles et les centres communautaires.

On peut aussi trouver la guérison dans le jardinage. La thérapie horticole améliore la santé mentale et le jardinage devient partie intégrante des thérapies de rééducation dans les écoles, les maisons de retraite, les hôpitaux, les prisons et ailleurs. L'auteur Oliver Sacks relate l'importance qu'a tenu le jardinage dans sa propre guérison après une grave blessure à la jambe quand, après avoir passé presque un mois dans une chambre sans fenêtre, on l'a conduit dans le jardin :

C'était une immense joie — d'être dehors, en plein air... Une joie pure et intense, une bénédiction, de sentir le soleil sur mon visage et le vent dans mes cheveux, d'entendre les oiseaux, de voir, de toucher et de caresser des plantes vivantes. Une forme de connexion et de communion essentielles avec la nature était rétablie après l'isolement et l'aliénation horribles que j'avais connus.

OLIVER SACKS, *A Leg to Stand On*

Tous ces exemples montrent à l'évidence que les interactions avec les choses vivantes font une différence, mais il est aussi extrêmement important que nous soyons également en contact avec la nature. L'expérience de la nature sauvage ne se limite pas aux seuls voyages d'aventures et sports extrêmes : une chose aussi simple qu'une marche dans un parc ou une pause sur la berge d'un ruisseau peuvent aider grandement à se détendre, à restaurer ses forces et à rétablir des liens. Ainsi, par exemple, j'ai assisté à des séances de méditation pour cancéreux en phase terminale, qui avaient connu successivement des sursauts d'espoir et des abîmes de désespoir après une chimiothérapie, une radiothérapie ou une chirurgie. Tous attestaient des effets salutaires et réconfortants de la nature. Ils m'ont confié que le fait de vivre avec leur mal leur avait permis de « vivre vraiment » pour la première fois, et presque tous ont mentionné l'importance « d'être dans la nature » — que ce soit en marchant dans la forêt, en flânant sur la plage, en se reposant à la ferme ou à la maison de campagne.

La vérité, c'est que nous n'avons jamais conquis le monde, ne l'avons jamais compris ; nous nous imaginons seulement en être aux commandes. Nous ne savons même pas pourquoi nous réagissons d'une certaine manière face aux autres organismes et, de tant de façons, en avons si intimement besoin.

EDWARD O. WILSON, *Biophilia*

Regardez un enfant réagir à une guêpe ou un papillon. Les nourrissons semblent attirés par le mouvement et la couleur d'un insecte, tendent souvent la main pour le toucher. Ils ne manifestent ni crainte ni dégoût, seulement de la fascination. Pourtant, au moment où ils entrent au jardin d'enfants, leur ravissement devant la nature a souvent fait place à la répugnance ; plusieurs petits ont alors un mouvement de recul inspiré par la peur, ou le dégoût, à la vue d'un coléoptère ou d'une mouche. En enseignant aux enfants à craindre la nature, nous augmentons notre sentiment d'aliénation et échouons à satisfaire nos besoins « biophiliques » innés. Nous nous coupons de connexions, de l'amour qui inspire nos gestes de compassion pour nos semblables. Il est triste qu'il faille des crises exceptionnelles — dépression nerveuse, grave blessure, solitude ou mort — pour nous ramener au bien-être thérapeutique de notre patrie.

La biophilie offre une grille conceptuelle pour examiner le comportement humain et suggérer des mécanismes évolutifs. C'est une nouvelle histoire qui nous inclut dans le monde vivant autour de nous et nous rend notre famille depuis longtemps perdue. Les études qui corroborent l'hypothèse de la biophilie se multiplient. Ainsi, le professeur d'architecture Roger S. Ulrich rapporte

> une conclusion invariable de plus de 100 études sur les activités de détente en pleine nature et en zones naturelles urbaines, à savoir que l'allégement du stress en est l'un des plus importants bénéfices perçus et verbalement signifiés.

Il semble scientifiquement vérifiable que les êtres humains ont un profond besoin de lien intime avec le monde naturel ; d'où l'hypothèse que

> la dégradation de la dépendance humaine à la nature augmente la probabilité d'une existence insatisfaisante et diminuée. [...] Pour l'essentiel, la quête humaine d'une existence cohérente et gratifiante dépend intimement de notre rapport à la nature.

L'amour, comme nous le savons d'expérience, est formateur : il façonne l'être qui le donne, tout comme il touche l'être qui le reçoit,

parce qu'il forme un trait d'union entre eux deux. L'enfant chéri
apprend de cette expérience qu'il est aimable, ce qui le rend capable
d'aimer autrui. La biophilie ne nous enseigne pas autre chose, d'après
Wilson :

> Plus nous en savons sur les autres formes de vie, plus nous nous
> apprécions et nous respectons. [...] Si on exalte l'humanité, ce
> n'est pas parce qu'elle surclasserait de loin les autres créatures
> vivantes, mais parce que le fait de les bien connaître ennoblit le
> concept même de vie.

Le mariage de la psychologie et de l'écologie

Les psychologues ont généralement adopté la démarche prônée par la
science réductionniste ; ils se sont concentrés sur la psyché individuelle, sans tenir compte de l'environnement dans lequel existe une
personne. Le réductionnisme s'emploie à isoler, à séparer, à contrôler
des parcelles de la nature et il a été un outil de connaissance efficace,
qui a assuré une profonde compréhension des propriétés et du comportement de ces fragments de la nature. En nous concentrant ainsi
sur un fragment, nous perdons toutefois de vue le contexte, les
rythmes, les modèles et les cycles à l'intérieur desquels il trouve sa
place. Il s'agit donc d'un mode de connaissance terriblement fragmentaire. Bien entendu, les relations avec les autres êtres humains sont une
partie essentielle d'une psychanalyse, mais les autres créatures biologiques de notre milieu, les conditions chimiques et physiques dans
lesquelles nous vivons, travaillons et nous divertissons, nous influencent aussi immensément. L'écopsychologie adopte enfin une
démarche qui permet d'élargir notre champ d'investigation de
manière à inclure les déterminants environnementaux de notre nature
et de notre santé psychiques. Quand nous oublions que nous sommes
partie intégrante du monde naturel, nous oublions aussi que ce que
nous faisons à notre milieu, c'est à nous-mêmes que nous le faisons.
L'écopsychologie tente de nous remettre en contact avec notre patrie

naturelle et de remédier à certains maux causés par notre exil dans les villes modernes. Le tort que nous infligeons à notre environnement et que nous nous infligeons à nous-mêmes, soutiennent les écopsychologues, est la conséquence de notre divorce d'avec la nature. Pour que nous jouissions d'une authentique santé mentale, ils affirment qu'il est nécessaire de nous défier de la norme et de tenir compte de l'interrelation des humains et de toutes les autres formes de vie au lieu d'essayer de nous ajuster à l'ordre social existant et d'accepter le *statu quo*.

> Ce n'est que par une construction mentale propre à l'Occident, observe Anita Barrows, que nous estimons vivre dans un « dedans » délimité par notre peau, tenant ainsi pour extérieurs tous les autres et toutes les choses. Dans le nouveau paradigme du moi, le théâtre où surviennent les phénomènes transitionnels [...] pourrait être perçu comme une membrane perméable qui suggère ou esquisse notre présence dans le milieu où nous évoluons, mais sans nous en couper.

Si nous continuons à nous imaginer que nous sommes séparés de notre milieu, nous ne serons jamais sensibles aux conséquences de nos actes et ne verrons pas que notre trajectoire est potentiellement suicidaire. Si nous ne nous percevons pas comme une partie du monde naturel, nous risquons d'en éprouver un esseulement plus pénible, de souffrir de manque de sens, de raison d'être et de sentiment d'appartenance. Privés d'expériences dans la nature, nous devenons ignorants et apathiques. Ainsi, par exemple, nos yeux et nos narines peuvent nous informer que l'air de la ville n'est désormais plus le gaz incolore, inodore, insipide et invisible décrit dans les manuels de physique, et cependant nous semblons ignorer l'existence d'un lien entre la pollution de l'air et le nombre grandissant d'enfants asthmatiques.

La manière dont nous construisons notre habitat accentue cette rupture avec la nature. La plus grande partie des humains dans le monde industrialisé et une proportion rapidement grandissante d'entre eux dans les pays en développement habitent des villes dans lesquelles urbanistes, architectes et ingénieurs dictent la nature de leur milieu.

Dans l'environnement urbain qui est aujourd'hui l'habitat humain le plus commun, la science et la technologie perpétuent notre illusion d'omnipotence et façonnent notre manière de voir le monde. Les villes reflètent un mode de pensée qui reproduit des modèles mécaniques et technologiques fondés sur la standardisation, la simplicité, la linéarité, la prévisibilité, l'efficacité et la production. Comme le signale Vine Deloria, le type d'habitat que nous avons créé trahit cette mentalité :

> Dans les villes, la nature sauvage convertie en rues, métros, immeubles gigantesques et usines, a abouti pour l'homme urbain à la complète substitution du monde réel par un monde artificiel. […] Plongés dans un univers artificiel où les signaux d'alarme ne sont pas l'aspect du ciel, les cris des animaux, la succession des saisons, mais le banal clignotement de feux de circulation ou les sirènes des ambulances et des voitures de police, les citadins n'ont aucune idée de ce à quoi ressemble l'univers naturel.

L'endroit où nous passons le plus clair de notre existence modèle nos priorités et notre perception de notre environnement. Un habitat d'asphalte, de béton et de verre aménagé par l'homme, renforce notre prétention voulant que nous vivions en dehors et au-dessus de la nature, immunisés contre l'incertitude et l'inattendu inhérents à l'état sauvage. Nous sommes à même de mesurer à quel point vie et valeurs ont changé depuis nos origines en observant les rares communautés de peuples indigènes qui réussissent à vivre encore selon leurs traditions, comme l'ont fait nos ancêtres pendant presque toute l'histoire de l'humanité.

> Leur mode de vie, explique Paul Shephard, est celui-là même auquel notre ontogénie s'est adaptée par sélection naturelle ; il a favorisé la coopération bienveillante, le leadership, un calendrier de développement mental et l'étude d'un monde splendide et mystérieux où les indices du sens de la vie se concrétisaient dans les choses naturelles, où la vie de tous les jours était indissociable d'une signification et d'une rencontre spirituelles, où les membres

du groupe célébraient les étapes et les passages des individus comme une participation rituelle à la création originelle.

Selon Shephard, la relation humaine fondamentale qui façonne la personne en devenir reste le lien mère-enfant. Une fois ce lien établi, notre milieu nous influence toutefois puissamment.

Shephard avance aussi que, faute de faire vraiment l'expérience de la nature à intervalles très spécifiques pendant l'enfance, on échoue à susciter un lien affectif étroit avec la faune et la flore sauvages, ce qui influence la manière dont on les traite une fois devenu adulte. Par conséquent, en l'absence d'interdits qui préviendraient le développe-ment d'attitudes matérialistes, nihilistes et d'autres attitudes écologi-quement destructrices, on devient

insouciant du gaspillage, on se vautre dans les ordures, on exter-mine ses ennemis, on consomme immédiatement tout ce qui est nouveau, on dénigre le grand âge, on renie l'histoire naturelle de l'humanité, on se fabrique de pseudotraditions, on s'enlise dans des images redondantes de l'histoire américaine. Tels sont les signes — sous des climats bouleversés où les technologies qui cherchent à s'imposer créent des problèmes toujours plus graves — de cauchemars personnels d'incohérence et de désordre, des cauchemars personnels qui gagnent la société tout entière.

À l'évidence, il nous faut changer de cap pour en arriver à une conscience plus vive de notre connexion avec la nature, dont nous sommes inséparables. Comme le concluaient en 1990 les délégués d'un congrès de psychologie à Harvard : « si le moi s'étend jusqu'à inclure le monde naturel, tout comportement menant à la destruction de ce monde sera éprouvé comme autodestruction ».

Pour guérir notre planète et nous guérir nous-mêmes, nous devons nous défaire de ce que l'écopsychologue Sarah Conn appelle notre « individualisme pathologique ». Après tout, explique-t-elle, « nous ne vivons pas sur la Terre, nous vivons en elle ». Nous devons commencer par concevoir que nous sommes partie prenante de notre environnement, et non pas séparé de lui. Notre identité ne s'arrête pas à notre peau, à notre sang, à nos gestes, à nos pensées. Notre identité inclut notre monde naturel, la manière dont nous y évoluons, dont nous interagissons avec lui et dont il nous soutient. Si ces connexions d'appartenance les uns aux autres et à la Terre n'existent pas, il nous faut les forger pour reconnecter les gens et la nature de façon à ce que les premiers comme la seconde puissent guérir.

L'amour nous rend humains

L'attraction mutuelle qu'on pourrait concevoir comme la base de l'amour participe des propriétés fondamentales de la matière. Pour les humains, l'amour, qui s'exprime d'abord par le lien entre la mère et le nourrisson, est la force humanisante qui confère santé au corps et à l'esprit. Recevoir de l'amour libère la capacité d'aimer et de compatir — élément crucial de la vie en groupe des êtres sociaux. L'amour ne s'arrête pas aux individus de notre espèce ; nous avons des affinités naturelles avec d'autres formes de vie. Pour planifier à bon escient un avenir durable, il est fondamental que chacun de nous ait la possibilité de faire l'expérience de l'amour, de la famille et des autres espèces.

8

Du sacré

> *L'âme bat des mains, chante, plus fort chante*
> *Pour chaque accroc dans sa robe mortelle.*

W. B. YEATS, « Sailing to Byzantium »

Répondre aux besoins physiques inaliénables et fondamentaux de l'humain n'est que le premier pas vers son bien-être. Comme nous l'avons vu, la privation d'amour, de compagnie et de communauté cause de sérieux et, parfois, de fatals préjudices au développement de l'être humain. Mais au-delà de nos besoins physiques et sociaux, nous avons un autre besoin, tout aussi vital pour notre bonheur et notre santé à long terme. Un besoin qui englobe tout le reste, un aspect si mystérieux de la vie humaine qu'on le méconnaît ou le nie souvent. Comme d'air et d'eau, comme de l'amour et de la compagnie de nos semblables, nous avons besoin de connexion spirituelle ; nous avons besoin de comprendre nos origines.

Nos histoires nous apprennent d'où nous venons et pourquoi nous sommes ici. Au commencement, disent ces histoires, il y avait de l'eau ; ensuite il y eut le ciel et le feu, il y eut la Terre et il y eut la vie. Nous, humains, soit nous nous sommes extirpés des entrailles de la planète soit nous avons été façonnés d'argile et d'eau, sculptés dans des branches, fabriqués à partir de graines et de cendres, extraits de l'œuf cosmique. D'une façon ou d'une autre, on nous a façonnés à partir des éléments sacrés qui ensemble composent la Terre. Nous sommes faits de la Terre que nous inhalons à chaque inspiration, que nous buvons et mangeons, et nous partageons l'étincelle qui anime la planète entière. Voilà ce que nous disent nos histoires, et notre science également.

D'après nos mythes, on nous a créés pour une variété de raisons d'être. On nous a ordonné d'être féconds et de nous multiplier, comme toutes les autres choses vivantes ; de nous réjouir et de rendre grâce au créateur ; de nommer les merveilles de la création et de veiller sur elles, ou simplement de leur donner une voix. La Femme araignée, dans le mythe hopi, dit à Sotuknang, le dieu manifesté :

> Comme vous me l'avez commandé, j'ai créé cette Première Nation. Ses membres sont pleinement et solidement constitués : ils sont d'une belle couleur, ils ont la vie, ils ont le mouvement. Mais ils ne peuvent parler. Voilà la qualité qui leur manque. Alors je veux que vous leur donniez la parole. Et aussi la sagesse et la capacité de se reproduire, pour qu'ils puissent prendre plaisir à l'existence et rendre grâce au Créateur.

Les récits cosmogoniques créent ou recréent le monde dans lequel vivent les humains, modèlent ce que voient les humains et leur suggèrent des règles qui devraient guider leur conduite. Incroyablement nombreuses et diversifiées, ces fables de la genèse du monde sont considérées par les gens qui s'y réfèrent comme les récits les plus sacrés et l'origine de tous les autres. Les mythes nous aident à surmonter les conflits, les contradictions, et dépeignent une réalité cohérente. Ils produisent un sens qui assure la cohésion du groupe et expriment un corpus de croyances ; même dans notre société sceptique, nous vivons de mythes, si profondément ancrés que nous les confondons avec la réalité.

En plus de nous apprendre d'où nous venons, les mythes nous disent que quelque chose a décidément mal tourné ; que nous, humains, avons été exilés de notre patrie, bannis du jardin. Plusieurs histoires différentes décrivent comment nous avons perdu notre place dans l'harmonie de la création. Le premier homme et la première femme ont mangé le fruit de l'arbre de la science du bien et du mal, croyant que cela les rendrait semblables aux dieux. Prométhée a volé le feu sacré réservé aux dieux et attiré sur les hommes un châtiment. Plusieurs mythes africains racontent une fable semblable :

> Tous les animaux surveillaient pour voir ce que feraient les humains. Ils ont fait du feu. Ils ont frotté deux bâtons l'un contre l'autre, d'une certaine manière, et ont ainsi produit du feu. Le feu a enflammé la brousse, a grondé dans la forêt, et les animaux ont dû courir pour échapper aux flammes.

Selon ce récit venu du Yao, dans le nord du Mozambique, les humains auraient apporté le feu et la mort aux « braves et paisibles bêtes ». Leur cruauté a chassé les dieux eux-mêmes de la face de la Terre. La plupart des systèmes de croyances comportent des récits de ce genre qui décrivent comment nous avons désobéi aux dieux, les avons abusés, avons tenté de nous faire leurs égaux et avons nargué les cieux. En nous comportant différemment du reste de la création, en nous dissociant de la volonté divine, nous avons rompu l'harmonie. Parce que le récit de notre chute est commun à la plupart des cultures, le problème est sûrement humain plutôt que culturel. Nous vivons dans un monde qui ne tourne pas rond, où conflits et tragédies sont courants, où nous sommes souvent seuls et déboussolés ; nos mythes expliquent ce désordre.

Qu'est-ce qui nous différencie tant des autres créatures sur Terre ? Désobéissance, esprit querelleur, ambition, cupidité — tels sont les crimes qui nous ont coupés du reste de la nature. Mais ils pourraient bien être les conséquences de notre nature consciente. La conscience et sa création, la culture, sont les premiers outils d'adaptation des humains. Notre cerveau prodigieux nous permet de reconnaître des motifs en discernant répétition, similarité, différence. Nous lui devons le sens de l'histoire et la faculté de prévoir, de planifier. Parce que nous apprenons de nos expériences, nous pouvons enseigner à nos enfants plus que ce que nous connaissions à leur âge. Nous pouvons changer plus rapidement que l'évolution ne nous le permettrait, réagir aux menaces en puisant dans notre expérience et en décidant de modifier notre mode de vie.

Ton ombre qui court le matin dans ton dos
Ou ton ombre qui vient le soir à ta rencontre :
La peur, je te la montrerai dans une poignée de cendres.

T. S. ELIOT, *The Waste Land*

La conscience nous aide à interpréter les stimuli sensoriels qui nous bombardent à chaque instant de veille. Sans la conscience, la parole, par exemple, serait simplement un phénomène physique : des sons créés par des ondes d'énergie. Au lieu de cela, par ces sons, nous évoquons de l'émotion et des relations. Les sons facilitent la conscience de soi : nous ouvrons la bouche et des sons en sortent. Le son peut n'être que physique, mais notre attention et l'interprétation des sons — par la conscience — donnent un contexte personnel à ces phénomènes et à notre existence.

Grâce à la conscience, nous sommes à même de percevoir qu'il y a un lien entre notre environnement et nous-mêmes. La chaleur du soleil vous rend heureux ; vous voyez l'orange éclatant d'un coquelicot, vous sentez l'odeur des toasts brûlés ; vous pouvez éprouver de la douleur ou en infliger. Chacune de ces expériences est pourtant subjective, et la variation de perception entre les individus fait qu'il est si difficile de cerner la conscience. Les individus perçoivent-ils la même nuance de bleu ? Leurs pensées intimes empruntent-elles les mêmes voies ? Comment ressentent-ils le plaisir, la douleur ? Avec la conscience, nous devenons attentifs à la vie mentale d'autrui. Et cette attention engendre à son tour d'autres facultés plus abstraites, dont la compassion, la honte, l'envie.

Jadis à la frange de la science, vu sa nature subjective et abstraite, l'étude de la conscience s'est enrichie à mesure que les neuroscientifiques, les psychologues et les philosophes s'efforçaient de parvenir à une compréhension du fonctionnement de la conscience. Comme le dit le philosophe David Chalmers : « Il n'y a rien que nous ne connaissions plus intimement que l'expérience consciente, mais rien qui soit plus difficile à expliquer. » Directeur du Centre for Consciousness de l'Australian National University, Chalmers postule que l'étude de la conscience soulève différents types de problèmes : des problèmes faciles — par exemple, comment des processus physiologiques qui se déroulent à l'intérieur du corps engendrent la cognition (essentiellement, les facultés objectives, les choses que nous pouvons mesurer par la cause et l'effet) — et des problèmes difficiles, dont la nature de nos pensées, de nos perceptions et de nos émotions. Quels processus physiologiques à l'intérieur du cerveau engendrent ces expériences subjectives ? Là réside le vrai mystère de l'esprit. Comment les changements chimiques et électriques à l'intérieur de notre cerveau se traduisent-ils en pensées, en émotions, en comportements ? Peut-être la réponse nous échappera-t-elle toujours. Chalmers pense, par exemple, que la conscience pourrait être comme l'espace, le temps, la masse, une réalité physique de notre univers qui existe tout simplement.

À mesure que nous commençons à comprendre la conscience, nous pouvons graduellement étendre cette compréhension pour répondre à des questions comme : à quel moment la conscience fait-elle son apparition chez l'humain ? Les animaux non humains sont-ils eux aussi pourvus de conscience ? Certaines études démontrent que des animaux non humains montrent des signes de conscience, ou à tout le moins d'une certaine conscience de soi, de la capacité de reconnaître leur propre existence. Le test le plus commun de la conscience de soi consiste à vérifier si le sujet se voit lui-même ou croit voir un étranger quand il regarde dans un miroir. Un chimpanzé, par exemple, enlèvera une tache de peinture sur son front s'il se regarde dans un miroir, ce qui prouve qu'il comprend que la peinture se trouve sur son front et non sur celui d'un autre chimpanzé. Les chimpanzés partagent avec les orangs-outangs, et peut-être même avec les dauphins, cette capacité à *devenir* conscients de soi (en général, ils ne se reconnaissent pas instantanément eux-mêmes). Alors, que veut dire la reconnaissance de soi ? En étant conscients de notre moi et de la manière dont nos expériences nous influencent, nous pouvons inférer de cette connaissance une compréhension de l'état d'esprit d'autrui. Nous apprenons que nous pouvons être altruistes ou cruels, empathiques ou égoïstes. Grâce à la conscience, nous nous forgeons une place dans la communauté humaine.

La conscience enrichit notre existence de couches de facultés subjectives, mais elle a aussi des inconvénients. Conscients du temps, nous connaissons notre origine et notre destinée : nous nous savons condamnés à mourir. Cette pensée ne nous quitte jamais : le précieux « *Je, me, moi* », centre de toute conscience, finira par disparaître.

> *Dans ma plainte, j'élève la voix. Je m'afflige en me rappelant que nous devrons quitter les magnifiques fleurs, les nobles mélodies ; amusons-nous un moment, chantons, parce que nous devrons partir pour de bon, nous sommes promis à l'anéantissement dans notre lieu de séjour.*
>
> *Bien sûr, nos amis savent à quel point me chagrine et me courrouce le fait qu'ils ne pourront plus jamais naître, qu'ils ne pourront plus jamais être jeunes sur cette Terre.*
>
> *Encore un bref moment, ici, avec eux, puis jamais plus ne serai-je avec eux ; jamais plus ne goûterai-je leur présence, jamais plus ne les connaîtrai-je.*
>
> *Où mon âme résidera-t-elle ? Où est ma patrie ? Où sera ma maison ? Sur Terre, je suis malheureux.*
>
> *Nous prenons, nous étalons les bijoux, les fleurs bleues s'entrelacent au-dessus des jaunes, puissions-nous les offrir aux enfants.*
>
> *Que mon âme se drape de fleurs variées ; qu'elle s'en grise : puisqu'il faudra bientôt me présenter en larmes devant la face de notre Mère.*
>
> LAMENTATION AZTÈQUE, dans Margot Astro (dir.),
> *American Indian Prose and Poetry*

Nous comprenons que certaines morts sont temporaires. Pendant que la Terre décrit ses révolutions autour du Soleil, les saisons se succèdent et les humains ont appris d'elles que la mort de la nature précède sa renaissance. Peut-être l'Éden de nos mythes a-t-il été la région tropicale où nous sommes d'abord apparus, où le Soleil monte haut dans le ciel en hiver, où l'air est toujours humide et chaud, où les arbres portent des fruits suivant une séquence perpétuelle et détermi- née. Depuis que nous nous sommes disséminés dans les zones tempé- rées et par-delà, nous avons vu tomber les feuilles, avons subi l'étreinte de l'hiver et appris que, si nous procédions aux rituels et sacrifices appropriés, le printemps reviendrait. Mais nous avons aussi vu la vieillesse céder la place à la mort, assisté au spectacle d'enfants fou- droyés, souffert la perte de bien-aimés. Contrairement aux morts de la nature, nos pertes sont permanentes. Comme le chante Shelley dans son élégie « Adonais » : « Ah, malheur à moi ! L'hiver est venu, puis reparti, / Mais le chagrin revient avec l'année qui recommence. » Dans la nature, le temps est cyclique ou cumulatif ; le temps humain est linéaire. À cause de cette contradiction entre la récurrence de la nature et l'irrévocabilité de notre destinée, nous nous tournons vers quelque chose d'éternel, quelque chose d'absolu, d'immuable, qui échappe au temps : l'essentielle « irréductibilité » du moi — l'âme, l'esprit. Privés d'eau, d'air, d'énergie, de nourriture, privés d'autres formes de vie et de compagnie humaine, nous mourons. Mais la notion d'esprit nous est tout aussi indispensable. Sans quoi, nous sommes vraiment condamnés, engloutis dans le temps et le change- ment, contraints à regarder se rétrécir inexorablement l'écart entre *maintenant* et *la fin*. Le temps et la mort menacent amis, famille, bon- heurs et beautés de la vie ; l'esprit nous est nécessaire pour guérir de cette pénible certitude.

Le mot « esprit » est un mot mystérieux et profond ; son sens se déploie, comme un invisible réseau, dans toutes les sphères de l'exis- tence. Il est air, comme on l'a vu dans un chapitre antérieur ; il est souffle et, par extension, vie et parole. Planant au-dessus des eaux, il est le moteur de la divine création et la divinité elle-même : le Grand Esprit, le Saint-Esprit, le Seigneur de Toute Chose. Les esprits sont insaisissables, invisibles, influents ; certains sont éternels. Ils peuvent enivrer, fortifier, habiter, hanter, ou encore exprimer l'essence d'une chose. Par-dessus tout, ils animent le monde — le rendent saint. La « spiritualité », telle que nous la concevons, est l'intelligence du sacré,

du saint, du divin. Dans notre monde moderne, la matière et l'esprit
nous semblent antithétiques, mais nos mythes traduisent une conception différente. Ils décrivent un monde pénétré par l'esprit, où matière
et esprit sont simplement des aspects différents de la totalité qui,
réunis, constituent l'« être ». Toutes les cultures ont cru en un pouvoir
au-delà du pouvoir humain, en une vie au-delà de la mort, en l'esprit.
Plusieurs d'entre elles ont cru en un monde sacré, habité et animé, qui
les entourait : le monde naturel qui constitue la réalité. Ces croyances
rétablissent notre sentiment d'appartenance, de coexistence, sentiment
menacé par notre cerveau conquérant et diviseur ; elles nous fournissent des règles et des rituels pour restaurer l'harmonie, pour réintégrer
le monde dont nous faisons partie et pour le célébrer. L'aptitude de
l'esprit à fabriquer des mythes, son habileté à trouver la cohérence dans
le chaos, à créer du sens, pourrait être pour notre espèce l'antidote aux
périls de la conscience — un remède contre la mort.

Les mondes de l'esprit

Les cultures traditionnelles vivent dans un monde animiste. Les montagnes, les forêts, les cours d'eau, les lacs, les vents et le Soleil peuvent
tous se réclamer d'un dieu tutélaire, et chaque arbre, pierre et animal,
avoir ou être un esprit. Les esprits des morts, ou des êtres à naître,
peuvent aussi être éternellement présents, exercer une profonde
influence sur le monde des vivants, partie prenante du cercle infini du
temps. Semblables visions du monde accueillent toute mort, y compris celle des humains, comme une simple étape dans le continuum
des naissances, des existences, des morts et des renaissances qu'on
observe dans la nature. Les êtres humains sont inclus dans cette totalité de la création ; ils participent de diverses manières à l'esprit créateur de la vivante Terre. Au lieu d'être séparés du monde à cause de
leur singulière conscience, ils appartiennent à un monde conscient
dans lequel toute chose interagit avec toute autre dans un processus
continuel de création. Dans cette vision du monde sont intégrés des
rituels qui permettent de redresser les torts, d'apaiser les esprits et

d'expliquer le monde comme il convient. Ces rituels sont la responsabilité du rameau humain de la création (peut-être parce que nous
sommes souvent la cause de bouleversements).

La conception traditionnelle du monde chez les Hawaïens n'est
qu'un exemple, parmi une multitude d'autres, de ce genre de vision du
monde. Michael Koni Dudley résume ainsi une partie de leurs
croyances :

> Les Hawaïens ont toujours perçu le monde entier comme un être
> vivant de la même manière que les humains sont vivants. Pour eux,
> *toute* la nature est consciente — capable de comprendre et d'agir —
> et capable d'interagir avec les humains. [...] Les Hawaïens consi-
> dèrent aussi le territoire, le ciel, la mer et toutes les espèces de la
> nature qui les ont précédés, comme de la famille — comme des
> ancêtres doués de conscience qui sont apparus plus tôt dans
> l'échelle de l'évolution, qui ont pris soin des humains, les ont pro-
> tégés, et qui en retour méritent un traitement analogue (*aloha'aina*,
> l'amour du territoire).

De la même façon, les aborigènes d'Australie vivent sur un territoire perpétuellement en voie de création, en partie grâce à leur action.
Pour eux, les Ancêtres, par leur chant, ont amené le monde à l'existence
dans le Temps du rêve. Comme l'expose l'écologiste David Kingsley,
les aborigènes contemporains « ont la responsabilité de perpétuer le
caractère sacré du territoire en le recréant, ou en se le remémorant » par
le moyen des mêmes chants transmis de génération en génération. Une
femme aborigène devient enceinte lorsqu'elle traverse un espace sacré
du paysage et qu'un esprit ancestral décide d'entrer en elle. L'esprit
parvient à terme et naît dans le monde sous forme d'humain.

> Tout humain est donc, d'une certaine manière essentielle, un esprit
> du territoire, un être qui entretient une connexion éternelle et
> intime avec le territoire. Il est un esprit du territoire qui s'est
> incarné, qui habite temporairement une apparence et une forme
> humaines.

Pour connaître la véritable identité d'une personne, les aborigènes doivent découvrir de quel lieu sacré est venu l'esprit ancestral.

Une personne n'est pas simplement la progéniture de ses parents biologiques. Chaque individu est d'abord une incarnation du territoire, un être spirituel qui appartient intimement et spécifiquement à la géographie locale. Leurs croyances concernant la fécondation spirituelle constituent une affirmation non équivoque que les êtres humains s'enracinent dans le territoire et seront désorientés, souffriront et finiront par mourir s'ils sont déracinés et déportés de leur lieu de naissance.

Un grand nombre de religions ont en commun ce sens de l'esprit, du surnaturel. Mais pourquoi les religions ont-elles vu le jour? Certains pensent que la religion a fourni un cadre permettant d'interpréter les phénomènes observés par les premiers humains — la marche du soleil, la succession des saisons — et qu'elle a apporté des réponses à des questions quant aux êtres ou aux forces qui contrôlent ces phénomènes et, surtout, peut-être, quant à ce qui arrive après la mort. À mesure que les nouvelles sociétés tentaient de répondre à ces questions, des systèmes de croyances religieuses se sont élaborés, chacun doté de ses propres rituels, chefs, attentes, codes de conduite et réponses aux grandes questions de l'existence.

La religion a pu s'avérer aussi un avantage sur le plan de l'évolution. En réunissant des gens en tant que membres d'une communauté partageant les mêmes idées sur le monde, les religions ont fourni le ciment social qui assure la cohésion des sociétés. Certains croient qu'en offrant une structure pour transmettre un savoir sur le monde, les religions ont constitué un outil qui a aidé les gens à survivre.

En apportant des réponses sur le sort qui nous attend une fois que nous avons cessé d'être mortels, la religion fournit aussi contexte et sens à une existence qui a été éphémère et souvent pleine de danger et de chaos. La religion a pu servir à alléger les fardeaux affectifs des gens et à atténuer leurs peurs. Et, que la vie après la mort réserve réincarnation ou paradis, le seul fait de « connaître » son sort a pu apporter quelque réconfort aux humains. (Nous savons aujourd'hui que la religion a aussi une incidence sur le bien-être de l'individu. Certaines études démontrent ainsi que, comparées aux gens qui n'ont pas de religion, les personnes religieuses vivent plus longtemps et en meilleure santé.)

Il existe dans le monde des dizaines de religions, traditionnelles ou autres ; fait intéressant, presque toutes ont un trait commun : elles partagent en effet des histoires de monde surnaturel, d'âmes, de miracles ou de création divine, histoires qui semblent contredire ce que la science nous dit sur le monde. Les êtres spirituels dont elles font état peuvent diviser les eaux, traverser les murs ou encore habiter les rochers et les arbres, voire les cieux. Fantaisiste ? Peut-être. Pourtant même ceux qui sont le plus solidement enracinés dans la physique de notre univers peuvent être fascinés par ces idées séduisantes. Le psychologue Paul Bloom estime qu'il y a une bonne raison à ce penchant ; nous serions, pense-t-il, prédisposés à croire à l'esprit. Bloom avance que nous sommes des dualistes nés, enclins à croire, particulièrement quand nous sommes jeunes, que notre corps physique et notre entité consciente (esprit ou âme) sont distincts. Pour bien des gens, suggère Bloom, il n'importe guère que cette idée entre en contradiction avec la science ; elle leur semble aller de soi, un point c'est tout. Par exemple, bien des gens — même parmi ceux qui ne sont pas particulièrement religieux — ont naturellement tendance à dire que l'âme des défunts se réfugie ailleurs après la mort. Même si nous n'y croyons pas, nous pouvons *comprendre* l'idée d'un corps sans âme (un cadavre) et même, peut-être, d'une âme sans corps (anges, esprits, ou déité qui entend nos prières — Dieu, par exemple).

Les enfants, en particulier, ont tendance à croire intuitivement au surnaturel et à considérer que le corps et l'âme sont distincts. Ainsi, dans le cadre d'une étude, on a raconté à des enfants le récit de la mort d'une souris ; quand on les a interrogés après coup, les enfants avaient compris que le corps de la souris n'était plus, qu'elle ne pouvait donc ni entendre ni faire ses besoins, mais plus de la moitié des enfants avaient le sentiment que, même morte, la souris était encore friande de fromage et qu'elle aimait toujours sa maman. Dans leur jeune cerveau, l'esprit et le corps de la souris étaient distincts. Son corps avait peut-être disparu, mais son âme survivait. S'appuyant sur cet exemple et plusieurs autres, Bloom suggère que le concept de vie après la mort est une éventualité que nous sommes naturellement disposés à envisager plutôt qu'un principe inculqué par quelque religion institutionnalisée.

> Les enseignements religieux, dit Bloom, peuvent certainement modeler les croyances spécifiques que nous entretenons. Personne ne naît avec l'idée que le jardin d'Éden a été le berceau de l'humanité, que l'âme entre dans le corps au moment de la conception ou que les martyrs seront récompensés par de perpétuels ébats sexuels avec des armées de vierges. Ces idées-là sont acquises. Mais les thèmes universels des religions ne sont pas acquis. Ils sont le sous-produit accidentel de nos structures mentales. Ils participent de la nature humaine.

Toutes les religions explorent la place des humains dans les mondes naturel et culturel qui les entourent. Elles proposent des explications aux mystères, comme la mort et le désordre, et se servent des mythes et des enseignements moraux pour relier les sphères humaine et non humaine. Les toutes premières formes des religions mondiales contemporaines — tels l'hindouisme, le judaïsme, le christianisme et l'islam — présentaient un monde animiste et intégré, semblable en cela aux visions du monde traditionnelles. Lao-tseu l'exprime ainsi dans le *Tao te king* :

> La vertu de l'univers est la complétude,
> Pour lui toutes choses sont égales.

Mais certaines de ces religions universelles ont modifié leurs prémisses au fil des siècles, favorisant ainsi le développement d'une représentation très différente de la réalité et de notre place dans la réalité.

L'aliénation de l'esprit

Nous ne sommes plus des primitifs ; aujourd'hui, le monde entier semble profane. Nous avons épuisé la lumière des rameaux sacrés, nous l'avons mouchée sur les hauteurs des collines et sur les rives des fleuves sacrés. Collectivement, nous sommes passés du pan-théisme au pan-athéisme.

ANNIE DILLARD, *Apprendre à parler à une pierre.*

Ici, en Occident, nous avons exorcisé les esprits et nous sommes coupés du tissu vivant du monde. Au lieu de nous percevoir comme physiquement et spirituellement connectés à la famille, au clan, au territoire, nous vivons maintenant d'abord et avant tout par notre cerveau, comme des individus séparés qui entrent en rapport avec d'autres individus séparés et avec un monde muet et sans vie par-delà le corps, sur lesquels ils exercent une influence. Appliquant notre esprit à la matière qui nous entoure, nous avons produit une culture extraordinairement matérialiste : des villes et des autoroutes, des grille-pain et des mélangeurs, la micro-informatique, la techno-logie médicale, les trombones, les armes offensives et les téléviseurs. Mais nous nous retrouvons séparés, dispersés, esseulés, effrayés par la mort. Nous avons inventé un mot pour désigner cet état d'esprit : « aliénation », qui signifie être étranger. Nous sommes des étran-gers dans le monde ; nous n'avons plus de racines. Parce qu'il est séparé de nous, nous pouvons agir sur le monde, nous en abstraire, nous en servir, le démanteler ; nous pouvons le ruiner parce qu'il est *autre*, parce qu'il est *étranger*. Si nous nous permettons d'éprouver du désespoir, du chagrin et de la culpabilité pour le tort que nous cau-sons, nous semblons incapables de changer notre mode de vie. Com-ment cela est-il arrivé ? Est-ce parce que nous avons perdu la foi ? Ou cette perte est-elle une conséquence plutôt qu'une cause ? Peut-être est-ce là l'inévitable conséquence de la « modernisation », par laquelle les sociétés humaines se sont affranchies de leur dépendance directe au territoire.

Cet affranchissement du monde naturel a été rendu possible par un raisonnement très remarquable — par les idées mêmes qui ont modelé notre civilisation. Aujourd'hui, nous considérons tellement ces idées comme acquises que nous ne les tenons plus pour des idées (susceptibles d'être repensées, révisées, écartées), mais pour des réalités. Plusieurs penseurs font remonter notre particulière et brutale disgrâce, notre exil du jardin, à Platon et Aristote, qui ont enclenché l'irréversible processus de séparation du monde-comme-principe-abstrait d'avec le monde-comme-expérience — c'est-à-dire le divorce de l'esprit d'avec le corps et celui des êtres humains d'avec le monde qu'ils habitent. Du coup, ils ont posé les rudiments de la science expérimentale.

Avec Galilée, qui a vu dans les mathématiques (ce langage abstrait inventé par les hommes) la langue de la nature, et Descartes, qui a appris à parler cette langue avec autorité, le monde moderne a émergé. La célèbre définition de l'existence proposée par Descartes (« Je pense, donc je suis ») parachève un nouveau mythe quant à notre rapport au monde : les humains sont des êtres qui pensent (les *seuls* du genre, et c'est *tout* ce qu'ils sont) ; le reste du monde se compose d'êtres susceptibles d'être mesurés (ou « pensés »). Sujet ou objet, âme ou corps, matière ou esprit : tel est le monde duel que nous habitons depuis lors, où la faculté du cerveau à distinguer et à classifier impose sa loi. De cette dualité découlent les idées qui guident notre existence et que William Blake qualifie de « menottes forgées par l'esprit », ces constructions mentales, en apparence trop évidentes pour qu'on les remette en question, qui charpentent et circonscrivent notre vision de la réalité.

Il y a longtemps — mais cela n'a rien d'un conte de fée ni d'une histoire pour endormir les enfants —, nous en savions moins qu'aujourd'hui sur le monde naturel. Bien moins. Mais nous comprenions mieux le monde, bien mieux, parce que nous vivions depuis toujours tellement plus proches de ses rythmes.

La plupart d'entre nous se sont beaucoup écartés de cette intelligence première, de cette intimité d'antan. Nous considérons comme acquis ce que nos ancêtres n'ont pu, n'ont pas voulu considérer comme allant de soi : nous nous sommes isolés du monde des saisons, du monde des inondations, des arcs-en-ciel et des nouvelles lunes. Impossible d'inverser

le cours des choses en reconnaissant tout simplement notre erreur, ou de prétendre à l'in-
nocence pour retrouver cette intimité. Trop d'obstacles s'y opposent.

DANIEL SWARTZ, « Jews, Jewish Texts and Nature »

Ce monde divisé fait de chacun de nous un esprit enfermé à l'intérieur des limites de son corps. Voici, dans cette pellicule de peau, la
frontière de mon *moi*, estime chacun de nous ; et voici l'organisme que
je meus dans le monde, environné de choses, récepteur de messages
sensoriels — odeurs, saveurs, spectacles — par divers orifices et terminaisons nerveuses, messages qui peuvent m'aider à connaître le
monde extérieur ou se révéler être de dangereux malentendus. Cette
représentation du corps comme mécanique — très récente dans l'histoire de notre espèce — a engendré une technologie pour remédier à
ses limites : davantage de machines pour allonger la portée, accélérer
le mouvement, augmenter la force et l'acuité sensorielle du corps-
machine lorsqu'il exerce une action sur le monde extérieur. Une âme
dans un corps — le fantôme dans la machine — voilà ce que notre
culture nous dit que nous sommes et ce que nous tenons pour évident, normal, réel.

Nous trayons la vache du monde et, ce faisant,
Nous lui murmurons à l'oreille : « Tu n'es pas réelle. »

RICHARD WILBUR, « Epistemology »

Piégés dans ce corps, nous sommes rattrapés par cela même que
nous redoutons le plus : notre mortalité. La médecine moderne fait
tout ce qu'elle peut, mais elle participe de la même vision du monde :
elle opère à l'intérieur d'un monde duel et séparé. Aucune borne ni
frontière ne guide la marche de la médecine moderne. Son impératif
premier semble être au contraire qu'il faut tenter tout ce qui peut
l'être. Pour la médecine, les limites biologiques ne sont qu'un défi à
relever : une fois qu'on a aidé un bébé prématuré de 1 kilogramme

à survivre, l'objectif suivant est d'en faire autant pour un bébé de 0,5 kilogramme. Si la chirurgie peut corriger les malformations congénitales d'un nourrisson, alors les mêmes techniques devraient rendre possible l'intervention chirurgicale sur le fœtus. Les accouchements par césarienne, l'ovulation multiple induite par hormonothérapie, la fécondation *in vitro*, les transplantations d'embryon — toutes ces interventions confèrent au médecin homme de science un rôle directif dans le processus très intime de la reproduction et du développement. À l'autre extrémité de l'existence, le processus de vieillissement est souvent dépeint comme une affection, une panne des organes, des tissus ou des systèmes génétiques — une défaillance de la machine. Dès qu'on le perçoit comme une anomalie, le vieillissement devient une gêne ou une disgrâce plutôt qu'une étape honorable et admirable dans la vie humaine.

> *Peut-être pour la première fois, le paysage des faits supplante le paysage du sens. Avant la Renaissance, les êtres humains, comme les autres créatures, habitaient un monde qualitativement hétérogène, émaillé de lieux signifiants. Seuls les rejetons de la Renaissance l'ont imaginé partout le même, comme de la matière neutre vouée à la transformation et à l'exploitation. Ils en sont arrivés là en dépouillant l'environnement de toute trace de valeur qu'ils ont reportée uniquement à l'intérieur des frontières du moi. Avec, pour conséquences, l'exaltation de l'individu humain et la création d'un environnement nu, sans couleur.*
>
> NEIL EVERNDEN, *The Natural Alien*

Un jour, le corps finit par s'affaiblir et mourir : la machine s'use. Et quand cela arrive, le fantôme doit disparaître. Voilà les conséquences, non pas de notre nature mortelle, mais de la manière dont nous la concevons. Coupés les uns des autres, nous tentons d'entrer en contact par-delà nos *moi* limités, nous nous dépensons pour constituer et maintenir une communauté dans un monde construit autour de l'individu ; nous recherchons une connexion stable. Séparés du monde naturel, nous sommes solitaires, destructeurs et coupables — nos

solutions à la destruction de l'environnement sont le fruit de la disposition d'esprit qui a engendré division et isolement. « Sauvegarder
la nature » parce que cela est économiquement sensé, parce que le
monde naturel pourrait receler des remèdes capables de guérir des
maladies humaines, ou même parce qu'agir ainsi n'est que « justice
naturelle » — tous ces *arguments* relèvent d'un univers cartésien dans
lequel l'esprit exerce son action sur le monde, observe, analyse, quan-
tifie. Par-dessus tout ce sont des *arguments*, et tout argument génère un
gagnant et un perdant.

> *Cette idée froide et austère* [de la connaissance objective comme seule source
> de vérité authentique], *qui ne propose aucune explication, mais impose un ascétique
> renoncement à toute autre nourriture spirituelle, ne pouvait calmer l'angoisse innée ; elle
> l'exaspérait au contraire. Elle prétendait, d'un trait, effacer une tradition cent fois mil-
> lénaire, assimilée à la nature humaine elle-même ; elle dénonçait l'ancienne alliance ani-
> miste entre l'Homme et la nature, ne laissant à la place de ce lien précieux qu'une quête
> anxieuse dans un univers glacé de solitude.*
>
> JACQUES MONOD, *Le Hasard et la Nécessité*

La méthode scientifique est un raffinement de la manière dont
nous, Occidentaux, apprenons à voir et à comprendre le monde, du
début de la vie jusqu'à sa fin, dégagée (c'est du moins ce qu'on nous
enseigne) de tous les désarrois et de toutes les inconséquences de l'expérience personnelle transitoire. La science moderne confirme et
reproduit cette représentation de la réalité, examine et explore morceau par morceau la nature dans l'espoir de la reconstituer en un système abstrait, rationnel et intelligible, qui contienne tout-ce-qui-
existe. Comme si nous avions accepté les risques de la conscience et
nous étions exilés nous-mêmes pour *abstraire* le sens et la valeur du
monde. Nous avons en même temps répudié les sacrifices et rituels
oubliés qui auraient guéri cette blessure.

Il y a aujourd'hui de nombreux signes que notre culture commence à reconsidérer son penchant à coloniser et à exploiter le reste

de la planète. La recherche d'une réconciliation spirituelle prend des formes diverses : on trouve de la vertu aux cristaux ; on cherche conseil dans le mouvement des planètes ; on se soumet aux exigences de sectes et de cultes ; on cherche une renaissance dans de nouvelles expressions d'anciennes religions ; on fait des pèlerinages ; on se rassemble en des lieux saints. Tout cela, comme de nombreuses autres incursions dans le « surnaturel » ou le « paranormal », témoigne d'une aspiration universelle, profondément ressentie, à une plénitude et à une raison d'être sur cette Terre. En explorant le besoin de reconnaître le sacré dans l'ici-et-maintenant plutôt que dans l'au-delà, théologiens et écologistes se découvrent des terrains d'entente et s'efforcent d'aider les êtres humains à réintégrer leur patrie, leur place dans la création.

Le retour au jardin

Seuls les êtres humains en sont venus au point de ne plus savoir désormais pourquoi ils existent. Ils [. . .] ont oublié la science secrète de leur corps, de leurs sens, de leurs rêves.

LAME DEER, cité dans D. M. Levin, *The Body's Recollection of Being : Phenomenal Psychology and the Deconstruction of Nihilism*

Des millions d'années d'expérience ancestrale sont stockées dans les réactions instinctives de la matière organique ; une science vivante, d'une portée presque universelle, est incorporée dans les fonctions biologiques.

ERICH NEUMAN, *The Origins and History of Consciousness*

Comment pouvons-nous réintégrer le monde, restaurer ses esprits et célébrer le sacré ? Le psychologue David Michael Levin croit que nous devons d'abord réintégrer notre corps, explorer la façon dont la technologie nous a coupés de la sagesse du corps. Toutes les histoires humaines s'emploient à produire du sens et de l'ordre à partir de la désunion et de la confusion, mais l'histoire racontée par le monde occidental exclut spécifiquement l'expérience humaine comme source de vérité. Nous nous réclamons d'une « réalité objective », faite de principes universels abstraits, plus correcte et plus exacte que le monde sensible brouillon dont nous faisons chaque jour l'expérience. Mais ce monde sensible est celui-là même dont nous faisons partie, qui nous imprègne et que nous créons et recréons continuellement. Un court moment de réflexion suffit à nous révéler à quel point ce monde est en fait « subjectif ». Promenez-vous dans votre jardin au cœur de l'été et voyez comme ça bouge et se transforme autour de vous. Chaque plante a une histoire qui vous est connue : d'où elle vient, qui l'a apportée au jardin, en quel autre lieu elle a poussé, à quel point elle a profité. Chaque plante est riche de rapports tissés et nourris par votre conscience, comme un champ de signification qui se déploierait dans le temps et l'espace. Les plates-bandes s'accroissent elles aussi d'autres significations : certaines vous parlent sans détour — de réussite, peut-être, ou vous adressent un reproche pour un désherbage ou un émondage qui se fait toujours attendre ; d'autres encore laissent entrevoir des possibilités, des relations avec d'autres parties du monde jardinier. Le changement de couleurs de cette feuille trahit-il la chimie du sol, signale-t-il l'arrivée d'un autre organisme — un mildiou peut-être, ou un champignon ? Les fourmis infestent-elles toujours les gros bourgeons de pivoine et comment affectent-elles la fleur ? Une multitude d'êtres vivants, dont le jardinier, créent et entretiennent ce champ de signification : papillons, oiseaux, insectes, organismes du sol se déplacent et agissent dans leur sphère spécifique, s'entrecroisent — absorbés, résolus, admirables. Est-ce la « réalité objective » ? Bien évidemment non. Cela est-il la réalité ? Bien évidemment.

Car si le corps est la matière sur laquelle s'exerce la conscience, il est coextensif à la conscience. Il englobe tout ce qu'on perçoit ; il s'étend jusqu'aux étoiles.

HENRI BERGSON, cité dans D. M. Levin, *The Body's Recollection Of Being : Phenomenal Psychology and the Deconstruction of Nihilism*

Tenir compte de son expérience, remettre l'esprit à l'œuvre dans le bout des doigts, cela permet de redéfinir la conscience qui, au lieu d'être piégée à l'intérieur de la pensée, devient une extension, une zone d'attentions, la conversation que l'on entretient avec le jardin autour de soi. « La conversation de l'humanité, selon l'écologiste Joseph Meeker, est un dialogue ouvert et ininterrompu qui connecte intimement le corps et la pensée avec les processus naturels dont sont pétries toutes les formes de vie. » Comme n'importe quel dialogue, il requiert attention :

> Pour apprendre à bien converser avec le monde, on commencera par prêter une oreille attentive aux messages qu'envoient sans cesse notre corps et d'autres formes de vie qui partagent cette planète avec nous. Les meilleures conversations sont encore celles qui proposent des variations sur cet antique thème fécond : « Je suis ici. Où es-tu ? »

> *Voir un Monde dans un grain de sable,*
> *Et un Paradis dans une fleur sauvage,*
> *Tenir l'Infini dans la paume de ta main,*
> *Et l'Éternité dans une heure.*

> WILLIAM BLAKE, « Auguries of Innocence »

Nous rêvons d'échapper à la mort, aussi rejetons-nous le corps mortel et son rapport avec le monde autour de lui, et recherchons-nous une connaissance abstraite, éternelle. Mais, comme nos mythes, la science nous apprend où se trouve l'immortalité : dans le monde où nous résidons, dans la matière dont nous sommes faits. La matière n'est pas mortelle ; comme nous l'avons vu plus tôt, la matière n'est pas transitoire, elle est transformationnelle, elle évolue dans le temps et l'espace, d'une forme à une autre, elle ne se perd jamais. Nous sommes au fait de cette forme d'immortalité ; les indices de cette réalité prennent des millions d'expressions physiologiques : l'arrondi du crâne d'un enfant, hérité d'un arrière-grand-père ; la posture familière d'une femme en pleurs, transmise depuis des temps immémoriaux ; la main levée en signe d'au revoir ; le dessin de lèvres au sourire accueillant — autant de modèles sociaux et génétiques que les humains reproduisent depuis toujours. Mais la transformation de notre substance personnelle déborde l'univers génétique et social des humains ; la matière dont chacun de nous est fait provient du monde qui nous entoure et y retourne. Dans « Transformations », Thomas Hardy expose une version toute simple de ce processus sans fin :

De cet if est portion,
Là, dans le renflement du tronc,
Un homme que connut grand-père ;
Cette branche pourrait être son épousée,
Une vie humaine empourprée
Maintenant devenue sarment vert…

Ils ne sont donc pas sous terre ;
Mais, comme abondent veines et nerfs
Dans les pousses des hautes ramures,
Ils jouissent du soleil et de la pluie,
Et de l'énergie aussi
Qui les fit ce qu'ils furent !

Ce couple humain, non pas matière inanimée, mais vivant sous forme de nerfs et de veines, de facultés sensorielles et d'énergie, participe encore à la conscience, à l'être de la Terre. Le fait de rentrer dans son corps ranime le monde autour de soi : les esprits sont de retour dans les rameaux sacrés.

Huit mai 1994
Notice nécrologique
Carr Kaoru Suzuki s'est éteint paisiblement le 8 mai. Il avait 88 ans. Ses cendres seront dispersées aux vents, sur l'île Quadra. Il a trouvé une force admirable dans la tradition japonaise panthéiste. Peu avant sa mort, il disait : « Je retournerai à la nature d'où je viens. Je

serai partie des poissons, des arbres, des oiseaux — voilà ma réincarnation. J'ai connu une existence riche et pleine ; je n'ai pas de
regrets. Je vivrai dans vos souvenirs et dans mes petits-enfants. »

La vision écologique

On assiste aujourd'hui à la naissance d'une nouvelle manière de penser le monde — comme des faisceaux de relations plutôt que des
objets séparés — que nous appelons l'écologie. Nous avons tendance
à percevoir un arbre comme une excroissance de vert et de brun qui se
dresse au-dessus du sol. Même en incluant ses racines, on exclut l'essentiel de l'arbre. L'air qui circule autour de lui, l'eau qui passe en lui,
la lumière solaire qui l'anime, le sol qui le supporte font tous partie
intégrante de l'arbre. Et que dire des insectes qui le fécondent, des
champignons qui l'aident à capter des nutriments et de toutes les
autres formes de vie associées à cet arbre ? Sa portion solide et visible
est-elle sa seule partie « réelle », ou existe-t-il aussi comme processus,
comme relation, même comme connexion ? Nous connaissons très
bien la réponse : une copie grandeur nature, faite de matériaux pareils
à ceux d'un arbre réel, ne nous abuserait guère plus d'une minute.
Nous savons reconnaître un arbre quand nous en voyons un. Nous
savons qu'il est plus que ce qu'en affirme notre définition culturelle, et
certains écologistes s'approprient aujourd'hui le langage de la science
pour nous donner une description plus complète de notre monde.

> *Un arbre, pourrait-on dire, n'est pas tant une chose qu'un rythme d'échanges, ou peut-*
> *être un centre de forces organisationnelles. La transpiration induit l'écoulement ascendant*
> *de l'eau et des matériaux dissous, ce qui en facilite la montée depuis le sol. Si nous étions*
> *éveillés à cette réalité plutôt qu'au seul aspect de l'arbre, nous pourrions considérer l'arbre*
> *comme le centre d'un champ de forces vers lequel l'eau est attirée. [. . .] La configuration*
> *des forces nécessaires à l'être de l'arbre, tel est l'objet auquel nous attachons de l'importance.*
> *[L']attention braquée sur les frontières peut faire écran à l'acte même d'être.*
>
> NEIL EVERNDEN, *The Natural Alien*

Cette redéfinition d'une chose aussi familière qu'un arbre a une étrange résonance au premier abord. Mais on peut reconnaître la forme-dépassant-l'arbre qu'elle décrit, tout comme on sait qu'une forêt est plus que les arbres qui y poussent et que les relations de l'humain avec le monde ne s'arrêtent pas à la surface de la peau. À cause de la manière dont on nous a appris à percevoir le monde, nous manquons de mots pour exprimer notre compréhension des choses. Nous venons du monde qui nous entoure, nous en sommes faits et nous y réagissons de manière qui dépasse l'entendement.

> *Ô châtaignier en fleurs, aux racines pesantes,*
> *Es-tu la feuille, la fleur ou le tronc ?*
> *Ô corps possédé de musique, ô lueur blanchissante,*
> *Comment discerner le danseur de la danse ?*
>
> W. B. YEATS, « Among School Children »

Le monde, pourrait-on objecter, n'est pas un jardin et ce n'est pas en pensant comme une feuille que les hommes ont inventé les ascenseurs et les vaccins. De fait, le monde que nous avons créé est une réalisation extraordinaire, inouïe, une construction de l'impressionnant pouvoir d'abstraction et de schématisation du cerveau. Mais il lui manque l'ingrédient dont nous dépendons pour notre bien-être : cette notion d'intégralité et de connexion que nous appelons esprit. Les humains avaient toujours cru en un pouvoir supérieur au pouvoir humain, à la vie après la mort et à la présence parmi eux de l'esprit (du sacré, du saint). Mais *notre* tradition culturelle exclut ces croyances ; l'expérience que nous en avons est de ce fait chétive, tronquée, douloureuse. Les conséquences en sont réellement inquiétantes : déni de valeur, négation de l'être. Mais en y regardant de plus près, nous verrons que l'histoire primitive se raconte encore en nous et autour de nous, même dans notre culture déspiritualisée.

L'esprit parle

> *Joie au ciel ! exulte la terre !*
> *Que gronde la mer, et sa plénitude !*
> *Que jubile la campagne, et tout son fruit*
> *que tous les arbres des forêts crient de joie,*
> *à la face de Yahvé, car il vient,*
> *car il vient pour juger la terre ;*
> *il jugera le monde en justice*
> *et les peuples en sa vérité.*

Psaume 96,11-13

Ce psaume proclame le chant de la Terre en l'entonnant. Prêter sa voix à la Terre a été depuis les origines une tâche spécifiquement humaine, s'il faut en croire les histoires que nous nous racontons, les airs que nous chantons, nos rituels et nos poèmes. Répétition, rythme, rime, gestuelle, mouvement et langage : tels sont les moyens par lesquels nous nous exprimons et donnons cohérence à notre expérience, affirmons notre connexion avec tout le reste. Ces formes de discours et de mouvement, répétitives et évocatrices, fabriquent du sens à partir de l'aléatoire, imitent et rendent sensibles les processus cycliques et interdépendants qui créent et entretiennent la vie sur Terre — ce tissu dont nous faisons partie. Plutôt que le temps linéaire de la mortalité, la danse et la poésie épousent une mesure circulaire, suivent la cadence du monde.

Les mortels *sautillent* et *dansent* par obéissance à la Terre, présence primordiale du terrain ; les mortels sautillent et dansent à un *rythme* d'autorité, un rythme qui tire sa mesure du terrain infini sous leurs pieds. Précis, les gestes de la danse sont une célébration. Ils commémorent et rendent grâce. Ils soumettent la volonté du moi à l'autorité ; en signe d'acceptation de notre mortalité, ils la rendent à la toute-puissante Terre, terrain de notre intelligence.

Le langage humain a été le don de l'autorité, un instrument de création analogue à celui des dieux, comme le suggère la Femme araignée du mythe hopi dont il a été question au début de ce chapitre, quand elle réclame « parole », « sagesse » et « reproduction » pour la Première Nation. De la même façon, le Créateur de la Genèse confère à Adam le pouvoir de nommer :

> Yahvé Dieu modela encore du sol toutes les bêtes sauvages et tous les oiseaux du ciel et il les amena à l'homme pour voir comment celui-ci les appellerait : chacun devait porter le nom que l'homme lui aurait donné.

Nommer une chose lui crée une identité : les noms déterminent valeurs et fonctions ; ils donnent une vie, une existence propre. Nous *sommes* notre nom de manière indescriptible ; nous nous entendons appelés, même dans une pièce bruyante ; nous avons d'une certaine façon l'impression que les lettres mêmes de notre nom sont nôtres. Le langage, qui tisse des mondes d'être et de sens, est une épée à double tranchants. En appelant « bois d'œuvre » une forêt, « ressource » le poisson, « matière première » la nature sauvage, on s'autorise à les traiter en conséquence. La propagande des pratiques sylvicoles destructrices nous informe que « la coupe à blanc est un pré transitoire ». La définition identifie, spécifie et circonscrit une chose, précise ce qu'elle est et ce qu'elle n'est pas : elle est l'outil de notre superbe cerveau classificateur. La poésie, au contraire, est l'instrument de la synthèse, de l'art narratif. Elle s'en prend aux frontières dans un effort pour signifier davantage, inclure davantage, dénicher l'universel dans le particulier. Elle est danse des mots ; elle crée plus que du sens, elle rattache le nom, la chose, à tout ce qui l'entoure.

> *Le sens jailli de l'ancien cerveau est ma seule boisson,*
> *Celle que boivent les oiseaux, les herbes, les pierres.*
> *Que tout remonte*

Jusqu'aux quatre éléments,
Jusqu'à l'eau et la Terre et le feu et l'air.

SEAMUS HEANEY, « The First Words »

Depuis l'origine de la poésie, poètes et chansonniers ont com-
battu la dichotomie corps-âme, chantant leur sentiment que l'univers,
le corps et l'esprit évoluent éternellement de concert dans le monde.
La poésie prend la créature humaine blessée, mortelle, inachevée, et
lui redonne le sentiment d'être en harmonie. Les mots ouvrés tentent
de résoudre les contradictions de la conscience en saisissant la parole
(aussi immatérielle que l'air, aussi fugitive que le souffle) dans son
mouvement même et en la fixant dans l'éternel.

Et j'ai senti
Une présence qui me trouble, avec la joie
Des pensées élevées ; le sentiment sublime
D'une chose profondément infuse en moi,
Qui demeure dans la lumière des soleils
Couchants, dans le rond océan, dans l'air vivant,
Et dans le ciel bleu, et dans l'âme de l'homme :
Mouvement, esprit, qui donne impulsion à toute
Chose pensante, a tout objet de la pensée,
Et coule à travers tout.

WILLIAM WORDSWORTH,
« Vers composés sur la Wye, en amont
de Tintern Abbey ».

Tandis que la vision cartésienne du monde resserrait son étreinte
sur l'Occident, les poètes, écrivains et philosophes ripostaient en
employant leur expérience personnelle de la nature comme une arme
contre les principes d'abstraction de la science. À la fin du XVIIIe siècle

et au début du XIXe siècle, en Angleterre et en Europe, le mouvement romantique produisait une poésie extraordinaire souvent tenue, aujourd'hui comme alors, pour sentimentale et antirationnelle. En fait, les meilleures pages de la poésie romantique sont foncièrement subversives et s'en prennent aux idées reçues de ce temps et du nôtre. Des poètes comme Blake, Schiller et Wordsworth affirment la réalité et la primauté de la perception humaine et la compréhension déterminante qui en découle.

Des artistes de toute sorte tendent à concevoir leur travail comme similaire, voire identique à celui du monde naturel et à son processus incessant de création. « Les grandes œuvres d'art, si l'on en croit Goethe, sont tout aussi authentiquement filles de la nature que les montagnes, les rivières et les plaines. » Thomas Huxley, le grand scientifique victorien, a inversé la comparaison : « La nature vivante n'est pas une mécanique, mais un poème. » Paul Klee puisait l'inspiration pour ses tableaux dans toute la création : « Je m'immerge préalablement dans l'univers, puis me tiens dans un rapport fraternel avec mes voisins, avec tout ce qu'il y a sur cette Terre. » Dans bien des sociétés, l'art est pratique (parce qu'il est efficace), c'est une structure indissociable des nécessités de l'existence : colonnes sculptées qui supportent la toiture et montent la garde devant le domicile ; rituels de guérison ; danses de la pluie ; peintures de sable. Ces expressions sont des moyens de rendre visibles les structures de l'univers, les câbles qui nous attachent à la Terre. Dans notre société, cette valeur intrinsèque de l'art a été oblitérée. Dans certains cas, une valeur marchande s'y est substituée : par exemple, dans les folles surenchères pour les *Iris* de Van Gogh ou dans le prix des billets pour le ballet. Le discours officiel veut aussi que d'autres objets ou procédés soient sans valeur : rondes enfantines, chansons de marche des soldats, contes pour endormir les enfants, châteaux de sable (objets des plus paradoxaux, ces constructions fortifiées et crénelées qu'emportera la prochaine marée). Ce ne sont que des jeux, disons-nous, que des passe-temps. Et, ce disant, nous sommes pertinemment au fait d'une autre vérité plus fondamentale : le monde, ce jeu auquel se livrent ensemble la vie, la matière et l'esprit, n'est ni plus ni moins lui aussi qu'un passe-temps. Nous sommes des participants à ce jeu, nous l'exprimons, nous en relatons le cours. Nous parlons, donc nous communiquons. Nous chantons, donc nous nous joignons au chant de la création.

Vivre selon l'esprit

Une éthique solidement fondée sur l'écologie est la prochaine étape cruciale. D'abord, il nous faut résoudre les contradictions douloureuses de notre existence. Nous savons qui nous sommes, d'où nous

---

Par-delà la valeur économique

On remet des prix Nobel à des économistes qui tentent d'accoler une valeur économique à tout ce qui nous importe, non seulement à la main-d'œuvre et aux biens matériels, mais aux relations humaines, à la famille, au divorce, aux enfants, à l'amour, à la haine. Ce phénomène renforce l'opinion voulant que l'économie soit le trait dominant de la vie moderne et que rien n'échappe à son empire. Pourtant, bien des choses sont inestimables, échappent à toute évaluation en dollars et en cents. Chacun de nous possède de semblables trésors : vieilles lettres d'amour, colifichet ayant appartenu à un arrière-grand-parent ou à la tante préférée, album bien garni de souvenirs d'enfance.

Une lettre d'un courtier en immeubles me pressant de vendre ma maison à la faveur d'un marché survolté m'a incité à me pencher sur ce que j'apprécie dans ma maison, sur les choses qui en font mon foyer. Le terrain est en bordure de l'océan, avec une vue imprenable sur la baie des Anglais, sur le centre de Vancouver et les montagnes qui se découpent derrière Vancouver Ouest et Vancouver Nord. Mais ce qui m'importe vraiment n'est pas monnayable. Il y a la poignée de la grille que mon meilleur ami a sculptée lorsqu'il a séjourné chez nous une semaine pour m'aider à construire la clôture ; chaque fois que je franchis la grille, je pense à lui. Chaque année, je cueille les asperges et les framboises plantées pour moi par mon beau-père qui les savait mes préférées. Le jardin à l'anglaise qu'il a créé est sa fierté et, chaque fois que je m'arrête pour l'admirer, je le revois debout, un pied sur la pelle, tirant des bouffées de sa pipe.

Nous avons enterré Pasha, le chien de la famille, sous le cornouiller, dans un coin que mes filles ont transformé en cimetière hébergeant un hamster, une salamandre et d'autres créatures mortes trouvées dans le voisinage. Dans les branches du cornouiller, il y a une cabane ; j'ai passé de nombreuses heures agréables à la construire et de bien plus nombreuses encore à observer mes enfants s'y amuser. Une clématite court sur la clôture, à l'arrière de la maison. Quand ma mère est décédée, nous avons répandu ses cendres sur cette plante et, quand la fille de ma sœur est morte à son tour, nous avons ajouté une partie de ses cendres à celles de grand-mère. Maintenant, lorsque les fleurs pourpres éclosent, ma douleur d'avoir perdu ma mère et ma nièce est adoucie du fait que je les sens proches.

Dans la maison, nous nous servons encore d'un buffet que mon père a fabriqué pour Tara et moi, aux premiers jours de notre mariage. Nous l'avons réchappé de notre appartement ; il est à la fois un peu de mon père et de mes premières années de vie commune avec Tara. Dans toutes les pièces de la maison je retrouve le souvenir de ma femme, d'anniversaires de naissance, de jours de Noël et d'Action de grâces que nous avons passés ensemble.

Sur le marché de l'immobilier, rien de cela n'ajoute un cent à la valeur de la propriété ; pour moi, c'est pourtant ce qui fait de ma maison mon chez-moi et lui donne une valeur inestimable. Ce dont je parle n'existe que dans ma tête et dans mon cœur ; il s'agit d'expériences et de souvenirs importants à mes yeux, qui enrichissent ma vie et lui donnent sens. Il s'agit de richesses intérieures. Aucun économiste ne sera jamais capable de les inclure dans une équation, mais elles sont tout aussi réelles et même bien plus importantes que n'importe quelle somme d'argent ou n'importe quel objet matériel. □

venons et la raison de notre présence, mais ce savoir nous importe peu ; notre culture a tendance à nier ou à dissimuler cette clairvoyance et, convaincus que la vérité est « objective » plutôt qu'incarnée, nous nous en trouvons aliénés et craintifs. Un monde qui n'est que matériaux bruts, ressources, matière inanimée destinée à être transformée en biens, n'a en soi rien de sacré. Nous rasons donc le bosquet sacré, le laissons en friche et déclarons cela sans importance parce qu'il ne s'agit là que de matière. De la même manière, les négriers d'un autre siècle déclaraient leur marchandise incapable de « sentiment proprement humain ». De la même manière aussi, au nom de la recherche, on a sacrifié des générations d'animaux de laboratoire. Des pesticides qui empoisonnent lacs et rivières, le poisson qui disparaît des océans, les forêts tropicales qui s'envolent en fumée — tel est le monde que nous avons appelé si impérativement à l'existence et nous continuerons d'y vivre à moins de chanter un autre air, de raconter une autre histoire.

Nous savons très bien ce qui compte le plus pour nous : les êtres que nous chérissons, l'endroit où nous habitons. « Ta patrie est là où est ton cœur » : cet adage incarne une vérité éprouvée. Nous savons aussi ce que nous craignons le plus : la séparation, la perte, l'exclusion, l'exil et la mort — exil définitif. La spiritualité — les moyens par lesquels nous touchons le sacré, résistons à la désintégration — pourrait être notre principal instrument d'adaptation locale. Les formes et variétés de croyances spirituelles et de rituels des différentes cultures pourraient bien fournir un autre exemple de l'incroyable et prodigue fécondité dont a fait preuve la vie en matière de moyens de survie, au fil de l'évolution. Nous ne pouvons pas retourner intégralement à notre ancienne vision du monde qui nous incorporait si intimement dans notre écosystème ; trop d'eau est passée sous les ponts. Mais nous pouvons revenir à certaines de nos plus anciennes questions et trouver leurs réponses évidentes. Quel est le sens de la vie ? Réponse : la vie. Pourquoi sommes-nous ici ? Réponse : pour être ici, pour être en harmonie, pour être. Le monde fait des tas de choses : il boucle le cycle de l'eau, forme le sol, fait pousser les champignons, crée les bactéries, produit l'or, le granit, le rayonnement électromagnétique, les châtaigniers. Et, à travers nous, il devient conscient. Si nous pouvons voir (aussi clairement que nous le voyions jadis) que notre conversation avec la planète est réciproque, mutuellement créatrice, nous ne pourrions nous empêcher de marcher prudemment dans ce champ de sens.

Si nous n'étions pas si entêtés
à garder notre vie sur son erre d'aller
et, pour une fois, savions nous arrêter,
peut-être qu'un silence immense
pourrait suspendre cette peine
de ne jamais nous comprendre nous-mêmes
et de nous menacer de mort.

PABLO NERUDA, cité dans R. S. Gotlieb,
This Sacred Earth

9

Restaurer l'équilibre

Raconte-moi l'histoire du fleuve et de la vallée, des ruisseaux, des bois et des marécages, des crustacés et des poissons. Une histoire qui dise où nous sommes, la manière dont nous y sommes arrivés, les personnages et les rôles que nous jouons. Raconte-moi une histoire, une histoire qui sera mon histoire aussi bien que l'histoire de toute personne et de toute chose qui m'entourent, une histoire qui nous réunisse en une communauté de la vallée, une histoire qui réunisse l'entière communauté humaine à chaque être vivant dans la vallée, une histoire qui nous réunisse sous la voûte du grandiose ciel bleu, le jour, et sous les cieux étoilés à la nuit tombée [. . .].

THOMAS BERRY, *The Dream of the Earth*

L'humanité est une espèce encore jeune, récemment sortie des entrailles de la vie. Et quelle magnifique espèce que la nôtre : nous pouvons ouvrir les yeux et nous sentir spirituellement transportés par la beauté d'une vallée couverte de forêts ou d'une montagne arctique sous son manteau de glace ; nous sommes confondus à la vue des cieux criblés d'étoiles et pénétrés d'un profond respect quand nous entrons dans un lieu sacré. Par la beauté, le mystère et le merveilleux que perçoit et exprime notre cerveau, nous ajoutons une touche spéciale à cette planète.

Mais notre impudente exubérance devant notre inventivité et

notre productivité incroyables au XXᵉ siècle nous a fait oublier nos origines. Pour pondérer et gouverner notre remarquable puissance technologique, nous devrons nous réapproprier certaines vertus tradi-tionnelles : l'humilité de reconnaître qu'il nous reste encore beaucoup à apprendre ; le respect qui nous permettra de protéger et de restaurer la nature ; l'amour qui portera nos regards vers de lointains horizons, bien au-delà des prochaines élections, des prochains chèques de paye ou dividendes d'actions. Par-dessus tout, il nous faut reconquérir notre foi en nous-mêmes, en tant que créatures de la Terre vivant har-monieusement avec toutes les autres formes de vie.

Quel signe de maturité ce serait pour notre espèce de reconnaître les profondes limites inhérentes au savoir humain et les conséquences destructrices de ses technologies rudimentaires mais puissantes. Prêter attention aux écosystèmes dessinés par la nature — chaînes de mon-tagnes, bassins hydrographiques, fonds de vallées, réseaux de lacs et de rivières, marécages — plutôt qu'aux régions définies par le politique et l'économique marquerait le commencement de la sagesse. Par toute la Terre, le flux et le reflux des organismes — poissons, oiseaux, mammifères, forêts — sont le reflet des rythmes territoriaux naturels qui méritent respect. Les éléments qui ont servi d'étincelle à la vie sur cette planète et qui continuent à l'alimenter — l'air, l'eau, le sol, l'énergie, la biodiversité — sont sacro-saints et devraient être traités comme tels. Il n'y a pas de honte à admettre notre ignorance ou à confesser notre incapacité à gérer la vie sauvage, à maîtriser les forces de la nature, ou à comprendre les forces cosmiques qui façonnent nos existences. Reconnaître et accepter nos limites avec humilité marque-raient le commencement de la sagesse et l'amorce d'un espoir, celui que nous redécouvrions un jour notre place dans l'ordre naturel des choses.

Quand nous reconnaissons notre dépendance à l'égard des fac-teurs biophysiques qui entretiennent toutes les autres formes vivantes, croire que nous avons la responsabilité de leur « gestion » se trans-forme en un terrible fardeau. Mais si nous regardons le monde par la lunette de la vie dans son ensemble, nous pourrons reconnaître les ori-gines de notre cheminement destructeur et saisir que nous ne sommes pas les « gestionnaires » du monde ; il y a suffisamment de sagesse dans le tissu des créatures vivantes qui survivent depuis plus de 3,6 milliards d'années pour en assurer l'autogestion. Au lieu de tenter sans succès de gérer les systèmes de survie de la planète, chacun d'entre nous pourrait gérer l'influence qu'il exerce sur eux.

Savoir comment nous comporter est la première grande difficulté. Bien des gens pressés de travailler à un changement personnel et collectif se sentent de plus en plus déconcertés par les messages souvent contradictoires des experts, et par les clichés que répètent *ad nauseam* les médias. Nous ne faisons désormais plus confiance à notre sens commun inné, ni à la sagesse de nos aînés. Quand j'ai demandé au grand chef nisga'a James Gosnell comment il avait réagi la première fois qu'il avait vu une coupe à blanc, il a répondu : « Je n'arrivais plus à respirer. On aurait dit que la Terre avait été écorchée. Je n'arrivais pas à croire que quelqu'un ait pu faire ça à la Terre. » Au fond de son cœur, Gosnell savait, comme la plupart d'entre nous, qu'une vaste coupe à blanc, là où il y avait jadis une forêt ancestrale, est un affront à la vie elle-même. Mais alors que Gosnell se fiait à son bon sens, selon lequel de telles pratiques sont sacrilèges, nous nous sentons rassurés par les « experts » en sylviculture s'ils affirment que « ce spectacle désolant ne durera qu'un court moment et que tout reverdira bientôt ». Ces experts, pour qui les « forêts » sont des peuplements d'arbres, nous affirment que les animaux s'y multiplieront, nous répètent qu'on pourra « récolter » les arbres dans moins d'un siècle et soutiennent avec assurance que c'est là une « saine pratique sylvicole ». Mais, en notre for intérieur, nous savons qu'il en va autrement. Et nous sommes dans le vrai.

Quand nous voyons un petit cours d'eau dont on a redressé les méandres et dont on a enseveli les berges sous du béton, quand nous nous servons d'un produit une seule fois puis le jetons, quand nous consommons une nouvelle molécule, un succédané de gras, qui traverse notre organisme sans avoir été digérée, quand nous entendons parler du clonage d'une brebis ou d'un être humain, quand nous apprenons que l'on modifie génétiquement des porcs pour obtenir des organes que l'on transplantera à des humains, nous savons viscéralement que ce n'est pas acceptable. Et si nous exprimons nos craintes, on nous reproche souvent d'être « trop émotifs », comme si le fait de nous intéresser à une question au point d'en concevoir de l'émotion pouvait invalider nos inquiétudes. Ou bien on nous rétorque que l'expertise nécessaire nous manque pour poser un jugement. Nous devrions nous fier à notre première réaction viscérale et exiger que les experts nous démontrent la justesse de leurs prétentions.

Que pouvons-nous faire ?

En ce moment critique de notre histoire sur Terre, nous ne posons pas les bonnes questions. Au lieu de : « Comment réduirons-nous le déficit ? » ou : « Comment nous taillerons-nous un créneau dans l'économie globale ? », nous devrions plutôt nous demander : « Quel est l'objet de l'économie ? » et : « À quel moment en a-t-on assez ? » Quelles choses dans la vie procurent joie et bonheur, paix de l'esprit et satisfaction ? La pléthore de biens que notre économie de production intensive distribue si efficacement pave-t-elle la voie du bonheur et de la satisfaction ? Ou les rapports entre humains et non-humains constituent-ils encore le noyau des choses importantes dans la vie ? L'uniformité de la nourriture et des autres produits qu'on retrouve partout sur le globe est-elle un substitut acceptable à la variété et à l'inattendu ? Nous semblons avoir oublié ce qui compte vraiment et il nous faut définir nos besoins fondamentaux véritablement essentiels de manière à rétablir un équilibre avec notre milieu. Chacun de nous peut beaucoup en ce sens. Voici seulement quelques démarches d'ordre très pratique pour changer votre mode de pensée et de vie.

• Considérez avec un esprit critique l'information dont on vous inonde. Vérifiez-en soigneusement la source. Les organisations subventionnées par des intérêts privés — dont l'industrie pétrochimique, les compagnies forestières ou l'industrie du tabac — peuvent ne pas être fiables. Les militants environnementalistes ont eu de l'influence sur les entreprises, dont plusieurs ont adopté des mesures pour diminuer leurs émissions polluantes et leur consommation d'énergie. Le producteur d'énergie BP en est un exemple patent. BP a reconnu les périls du réchauffement climatique, réduit ses émissions de gaz à effet de serre et changé son nom de British Petroleum en Beyond Petro- leum (Par-delà le pétrole). D'autres compagnies ont lancé d'habiles opérations de relations publiques pour donner à entendre qu'elles res- pectaient l'environnement, se « verdissant » elles-mêmes alors qu'elles font peu pour atténuer leurs répercussions sur l'environnement. Sou- vent le porte-parole de ce genre de groupe se réclamera de son expé- rience dans le domaine de l'environnement pour se donner de la cré- dibilité. Après avoir trahi Jésus, Judas aurait été peu crédible s'il avait déclaré : « Faites-moi confiance. J'étais de ses premiers disciples. » La raison pour laquelle les organisations non gouvernementales, ou groupes communautaires, jouissent d'une telle crédibilité tient à ce que leurs motifs sont transparents. Ils ne courent pas après des profits maximums, des parts de marché ou le pouvoir ; ils se dépensent pour des communautés qui pratiqueront le développement durable, pour un avenir qui soit digne de leurs enfants, pour un environnement sain ou pour la protection de la nature sauvage.

• Faites confiance à votre sens commun, à votre capacité d'évaluer l'information. Il y a un monde entre l'information publiée dans un tabloïd comme le *National Inquirer* et dans des périodiques tels *Scientific American*, *New Scientist* ou *Ecologist*. Il ne faut jamais perdre de vue, en lisant les articles publiés dans le *Wall Street Journal*, dans le *Globe and Mail* torontois ou dans l'*Australian*, le parti pris de ces quotidiens pour le monde des affaires. Bien des ouvrages affichent un préjugé forte- ment anti-environnementaliste et se targuent néanmoins d'objectivité et de modération. Pour une réfutation et un exposé irréprochables du contenu de ces livres, lisez *Betrayal of Science and Reason* de Paul et Anne Ehrlich.

• Mesurez vous-même toute la gravité de la crise écologique plané- taire évoquée dans l'« Avertissement des scientifiques du monde à l'humanité ». Nul besoin de vous laisser distraire en vous demandant quel « expert » croire ; causez simplement avec des aînés autour de vous, des gens qui ont vécu les 70 ou 80 dernières années dans votre région du monde. Demandez-leur quel souvenir ils gardent de l'air, des autres espèces, de l'eau, de leur quartier et communauté, de l'entraide entre les gens et des manières dont ils communiquaient les uns avec les autres et se recevaient réciproquement. Nos aînés nous révèlent les immenses changements survenus en l'espace d'une vie humaine ; il vous suffira de transposer dans l'avenir le rythme de changement qu'ils ont connu pour avoir une idée de ce qui pourrait subsister du monde dans les décennies à venir. Est-ce un progrès ? S'agit-il d'un mode de vie durable ?

• Projetez-vous en esprit loin dans le futur et considérez les problèmes que nous sommes en train de léguer en héritage à nos enfants et petits-enfants. À quoi ressemblera la qualité de leur air, de leur eau et de leur sol ? Quel genre de nourriture mangeront-ils ? De quelle fraction de la nature sauvage auront-ils encore la jouissance ? Si nous nous montrons incapables d'agir énergiquement pour atténuer les problèmes de pollution toxique, de déforestation ou de changement climatique, les générations à venir pourront-elles résoudre les problèmes que nous leur laisserons ?

• Réfléchissez mûrement à certains de nos postulats les plus largement répandus : plusieurs sont à l'origine de la voie destructrice dans laquelle nous sommes engagés.
— On estime communément que les êtres humains sont spéciaux, que leur intelligence les a élevés au-dessus du monde naturel, dans un environnement créé par eux. Notre besoin absolu d'air, d'eau, de sol, d'énergie et de biodiversité oppose un démenti à ce postulat.
— De nos jours, bien des gens croient que la science et la technologie nous assurent l'intelligence et les outils pour gérer la nature et trouver des solutions aux problèmes que cette même science et cette même technologie ont contribué à engendrer. La technologie fournit des outils puissants, mais grossiers, destinés à des interventions très précises. Mais la science morcelle notre perception du monde,

aussi ne disposons-nous d'aucun contexte nous permettant d'évaluer les répercussions de nos interventions et de nos applications technologiques.

— Certaines personnes croient qu'on ne peut se payer un environnement sain que dans le cadre d'une économie forte, alors qu'en fait c'est le contraire : la biosphère est ce qui nous donne la vie et de quoi assurer notre subsistance. Les êtres humains et leurs économies doivent trouver leur place au sein de l'environnement. L'axiome économique selon lequel la croissance infinie serait non seulement possible mais nécessaire est suicidaire pour toute espèce vivant dans un monde fini.

— Nous considérons comme acquis, même si nous ne constituons qu'une espèce parmi quelque 30 millions, que la planète entière nous appartient. Nous nous croyons capables de gérer nos ressources naturelles par l'intermédiaire des bureaucraties gouvernementales et industrielles. Nous nous croyons capables de procéder à des évaluations environnementales et à des analyses de coûts et rendements pour minimiser les conséquences de nos actions. Tous ces axiomes et bien d'autres encore, qui ne résistent pas à l'analyse critique, sont cependant rarement contestés et mis en doute.

• Pensez à vos connexions avec le tissu vivant. Comment l'utilisation d'une automobile, pour vous rendre à un commerce situé à deux pâtés de maison, affecte-t-elle la planète ? Quels sont les coûts et rendements réels d'un vêtement aujourd'hui à la mode et demain mis au rebut ?

• Dressez une liste hiérarchisée de vos besoins personnels fondamentaux, de ces choses qui vous sont absolument nécessaires pour vivre, vous accomplir et être heureux. Vous pouvez y arriver en répondant à quelques questions très simples. Passer du temps avec des gens que vous aimez est-il plus important pour vous que magasiner ? Gagner plus d'argent, être propriétaire d'une plus grosse voiture, ou posséder le tout dernier gadget technologique est-il nécessaire pour combler vos réels besoins biologiques, sociaux et spirituels ? Quelle est la valeur de la communauté, de la justice, de la nature sauvage et de la diversité des espèces pour vos enfants, leurs petits-enfants et vous-même ?

Ce livre avait pour objectif de montrer que nos besoins fondamentaux, non négociables, s'organisent en au moins trois niveaux. Le premier regroupe des facteurs qui répondent à nos nécessités biologiques : air pur, eau pure, sol pur, aliments, énergie et biodiversité. Aussi longtemps que ces besoins fondamentaux ne sont pas comblés, les humains sont incapables de songer à autre chose qu'à les satisfaire sans délai et à n'importe quel prix. Un deuxième niveau d'exigences concerne les besoins découlant de notre nature sociale. Pour mener une vie gratifiante et enrichissante, nous avons par-dessus tout besoin d'amour, et le meilleur moyen de satisfaire ce besoin est de veiller à la stabilité de la famille et de la communauté. Pour développer pleinement nos possibilités, nous devons être assurés d'un emploi valorisant, de justice et de sécurité, conditions sans lesquelles nous nous sentons dévalorisés et incomplets. Et finalement, en tant qu'êtres spirituels, nous devons savoir qu'il existe dans le cosmos des forces qui échappent à l'entendement et au contrôle de l'humanité, que nous formons une part indissociable de la totalité de la vie sur Terre et sommes engagés dans un processus de création sans fin. Ce n'est qu'en respectant chacun de ces échelons de besoins qu'une société procure à ses membres pleine satisfaction, possibilité de se réaliser, et parvient elle-même à une authentique durabilité.

• Méditez sur les manières dont nous pouvons répondre à nos besoins fondamentaux tout en gagnant notre vie. Pour y parvenir, il faut que notre économie soit branchée sur la vraie nature de la biosphère. La mondialisation veut que l'agneau expédié de Nouvelle-Zélande, où on l'a élevé, soit meilleur marché à Vancouver que la brebis provenant de la vallée de Chilliwack, à 60 kilomètres de là. Ce qui a peut-être du sens d'un point de vue économique, mais n'en a pas d'un point de vue écologique. On estime que le coût annuel des « services » rendus par la nature — dont ceux de purifier l'air et l'eau, de

voir à la pollinisation des plantes, de contrer l'érosion et les inondations, de construire la couche arable, etc. — s'élève à des dizaines
de billions de dollars. Une authentique économie de la Terre tien-
drait compte de ces services. L'idée que le progrès se définit par la
croissance est suicidaire. Comme le dit l'écologiste Paul Ehrlich,
la croissance infinie dans un monde fini est le credo de la cellule can-
céreuse et y adhérer conduit à la mort.

Nos efforts pour parer aux conséquences négatives de notre activité doivent s'exercer à « l'entrée », non à la sortie. C'est-à-dire que
nous devons nous efforcer d'écarter les problèmes, comme la pollution ou les changements climatiques, en éliminant leur cause plutôt
qu'en cherchant à les résoudre une fois qu'ils existent. Notre système
d'évaluation de coûts des produits et des activités humaines doit
inclure les coûts écologiques aussi bien que les autres, depuis l'extraction jusqu'à l'ultime mise au rebut — à savoir une comptabilité de
prix de revient dite du « berceau à la tombe ». Les pratiques actuelles
en économie omettent plusieurs coûts pertinents.

• Protégez la vigueur et la diversité des communautés locales. L'unité
sociale qui jouira dans l'avenir de la meilleure stabilité et résilience est
la communauté locale, qui inspire aux individus et aux familles un
sentiment d'enracinement et d'appartenance, de fraternisation et de
soutien, de raison d'être et d'utilité. La communauté locale procure
une histoire et une culture communes, des valeurs et un avenir collectifs. Pas surprenant que, lorsqu'une compagnie forestière a présenté à
certaines communautés autochtones un « plan décennal d'exploitation », celles-ci l'aient rejeté en requérant qu'on « leur soumette un
plan d'exploitation sur 500 ans ». Ce genre de vision à long terme est
le propre d'une communauté profondément enracinée et investie dans
un territoire.

Comment dispenser les types de services communautaires que
nous souhaitons tout en faisant fond sur nos besoins de base ? Une
communauté soucieuse de s'épargner l'alternance de périodes fastes et
néfastes, résultat de l'exploitation à courte vue d'une ressource ou
d'une conjoncture industrielle, doit assurer des possibilités d'emploi

stable et à long terme, un relatif affranchissement des incertitudes de l'économie planétaire et des forces du marché, et les services les plus vitaux en recourant à ses propres ressources et main-d'œuvre. Il importe que nous soutenions la communauté locale pour en protéger le dynamisme parce que, sans communautés locales fortes, nous serons certainement incapables de sauvegarder en totalité la mosaïque des communautés sur cette planète. Acheter chez soi, se nourrir de produits locaux et saisonniers, embaucher, travailler et se divertir dans la communauté constituent quelques principes simples pour soutenir la communauté locale.

• Nous pouvons d'abord entreprendre de rétablir nos connexions avec tout ce qui existe sur Terre, d'inventer une nouvelle vision intégrée du monde en instituant ou en redécouvrant rituels et cérémonies qui célèbrent ces liens et nos communautés. Il ne manque pas de rituels sur lesquels nous pourrions bâtir : Action de grâces, Halloween, festivals saisonniers consacrés à un fruit, un légume, à l'eau ou à quelque spécialité locale.

• Engagez-vous. À longue échéance, un mode de vie durable nécessite un renversement radical des valeurs. L'action précède invariablement tout profond renversement des valeurs, aussi est-il important d'agir. Ce faisant, on apprend et on se commet.

Sur un mode plus superficiel, mais néanmoins important, appuyez par un don en argent une organisation environnementaliste. La plupart d'entre elles ont un tout petit budget d'opération ; même des dons minimes permettent de faire beaucoup de chemin. Faites le tour des groupes environnementalistes de votre localité et trouvez celui (ou ceux) qui reflète(nt) vos valeurs et appuyez-le(s). Offrez vos services, non seulement à des organisations environnementalistes, mais à l'un des nombreux groupes d'entraide qui se préoccupent de répondre aux besoins de la famille et de la communauté. La plupart des organisations non gouvernementales dépendent de bénévoles, et il est à la fois agréable et formateur de fréquenter ces bénévoles et de collaborer avec eux. J'ai été renversé par le nombre et la qualité des bénévoles de la fondation qui porte mon nom. J'y travaille sans rétribution à plein temps depuis le début, et cette activité a été l'une des plus gratifiantes et des plus valorisantes de mon existence. Le bénévolat vous donne le sentiment de travailler vraiment pour le bien de l'humanité et du monde à venir. Vous en retirerez un plaisir immense, tout particulièrement quand vous trouverez des camarades qui partagent vos objectifs et s'emploient avec vous à les atteindre.

Je rencontre parfois des gens qui demandent : « Comment savez-vous que vous avez la moindre influence ? » Ou qui soupirent avec résignation : « À quoi bon ? Nous sommes quantité négligeable. » Baisser les bras est un faux-fuyant : personne ne sait ce que réserve l'avenir. Si ce que chacun de nous fait, parmi 6,5 milliards d'individus, semble négligeable, une foule d'individus négligeables peut constituer une force bien réelle. La Fondation David Suzuki s'est employée, de concert avec la Union of Concerned Scientists des États-Unis, à déterminer les mesures les plus efficaces que nous pourrions prendre, comme individus, de manière à réduire notre influence négative sur notre milieu. Nous avons concentré notre attention sur l'habitat, le transport et l'alimentation, les trois domaines où nos choix et nos gestes ont les plus grandes répercussions. Nous avons donné le nom de « Défi de la nature » aux 10 mesures les plus efficaces que des centaines de milliers de Canadiens se sont engagés à mettre en pratique. Voici nos 10 suggestions :

1. Réduire de 10 % sa consommation domestique d'énergie.
2. Prendre des repas sans viande, un jour par semaine.
3. Acheter une voiture qui consomme peu et pollue peu.
4. Choisir une habitation et des appareils ménagers à haut rendement énergétique.
5. Renoncer à l'utilisation des pesticides.
6. Pour se rendre à ses destinations habituelles, marcher, aller à vélo ou emprunter les transports en commun.
7. Apprêter ses repas avec des aliments produits localement.
8. Choisir une maison plus proche de ses destinations habituelles.

9. Appuyer les solutions de remplacement à la voiture.

10. S'engager et se tenir informé.

Ma récompense pour m'être ainsi engagé, c'est que je serai capable de regarder mes enfants dans les yeux et de leur dire : « J'ai fait du mieux que j'ai pu. » Vous voyez, je crois ce que mon père m'a enseigné — à savoir que je suis ce que je fais, pas ce que je dis. Si chacun y met tout son cœur et si la chance nous sourit, je pourrais même être en mesure de rassurer mes enfants comme j'avais coutume de le faire, à leur réveil après un mauvais rêve, en leur disant : « Ça va aller. » Pour l'instant, on ne peut pas le dire avec beaucoup de conviction.

• Efforcez-vous de rendre votre maison aussi inoffensive que possible écologiquement. Des trois R — réduire, réutiliser, recycler —, « réduire » est de loin le précepte le plus important. Commencez par vous défaire de l'idée que les articles jetables sont acceptables. Que le mot « jetable » soit pour vous obscène et, de préférence, optez pour le réutilisable plutôt que le recyclable. Notre économie repose en grande partie sur la consommation de babioles prétendument essentielles, des articles inutiles qui titillent brièvement, qu'on oublie vite et qu'on met au rebut. La prolifération des biens de consommation est alimentée par le désir de trouver un créneau de marché plutôt que par celui de satisfaire un authentique besoin humain ; nous pouvons donc, comme consommateurs, signifier notre désaccord en n'achetant pas ce genre de produit. Je m'empresse d'ajouter qu'un monde durable n'a pas à être terne et monotone, dénué de couleur ou de fantaisie. C'en est un où l'on fabrique des produits qui répondent à un réel besoin humain et qui incorporent des principes de durabilité et de recyclage, à de faibles coûts écologiques et énergétiques. Tels sont les principes qu'il faut considérer comme allant de soi pour concevoir des produits amusants et attrayants.

Un mode de vie qui satisfait nos besoins biologiques, sociaux et spirituels, n'a pas à être nécessairement synonyme de souffrance et de sacrifice, d'existence morne, sans plaisir, sans fantaisie ni rire. De fait, j'estime que le temps passé à partager des conversations, des moments d'intimité et des activités avec ceux qu'on aime est bien plus agréable que la jouissance fugitive qu'on tire de la possession d'un gadget, ou de la surexcitation sensorielle que propose la réalité virtuelle.

• Il existe plusieurs petits trucs, pour modifier votre mode de vie, qui seront bénéfiques à votre santé, à votre portefeuille et à la santé de la planète. Il s'agit de simples notions de gros bon sens auxquelles on adhérait tacitement il y a de cela deux générations. Les adopter renforce notre certitude de pouvoir vivre en intelligence avec la Terre.

— Avant d'acheter un article, demandez-vous : « En ai-je vraiment besoin ? »

— Utilisez, autant que possible, les transports en commun pour vous rendre au travail.

— Pour parcourir une distance de moins de 10 pâtés de maisons, marchez, enfourchez votre vélo ou chaussez vos patins à roues alignées.

— Utilisez le recto et le verso de chaque feuille de papier.

— Préparez à vos enfants des casse-croûte qui ne laissent pas de déchets.

— Il existe bien des livres remplis de suggestions utiles pour vivre plus simplement sur cette planète. Procurez-vous-en un et mettez dès maintenant en pratique ce qu'il suggère.

• Les industries qui conçoivent les moyens de production pourraient s'inspirer de la nature, où les résidus d'une espèce sont une occasion pour une autre espèce. La plante qui utilise l'énergie du Soleil pour croître et se reproduire peut également nourrir une foule de parasites et d'herbivores et, après sa mort, servir d'aliment à d'autres formes de vie tout en retournant au sol des matières organiques qui subviendront aux besoins des futures générations de plantes. La matière est utilisée, transformée et réutilisée dans un cycle sans fin. La nature a mis au point des mécanismes subtils pour survivre et prospérer sur de très longues périodes tandis que la Terre connaissait des bouleversements climatiques et géologiques. Nos connaissances scientifiques sont précieuses, mais nous commençons à peine à déchiffrer les secrets de la nature et notre technologie, quoique puissante, est encore grossière. Trop souvent, nous manquons de connaissances pour prévoir les conséquences de nos manipulations, comme nous l'avons appris avec l'énergie nucléaire, le DDT, les CFC et les OGM. Mais la science et la technologie nous sont nécessaires pour comprendre la nature des défis qui se posent à nous et pour minimiser les dangers qui nous attendent. Nous devons pousser beaucoup plus loin la recherche fondamentale et user de la technologie avec humilité et respect à l'égard de la nature. Janine Benyus a suggéré que nous recourions, pour guider nos actions, à ce qu'elle appelle le principe du *biomimétisme* : copier la nature plutôt que de soumettre notre milieu par la force. Nous pouvons modifier notre mode de pensée linéaire — extraction, transformation, fabrication, vente, usage et mise au rebut — et lui faire épouser la circularité des cycles naturels.

• Sortez dans la nature. La nature n'est pas notre ennemie, elle est notre patrie ; en fait, elle nous soutient et elle est en chacun de nous. Tous les êtres vivants sont nos proches et ont leur place avec nous dans la biosphère. En plein air, on apprend très rapidement qu'il existe un rythme et un ordre du jour différents du rythme et de l'horaire frénétiques des humains. Sentez la caresse du vent et de la pluie sur votre visage, humez la bonne odeur du sol et de l'océan, contemplez le spectacle des myriades d'étoiles dans l'air cristallin, ou des animaux innombrables dans leur migration annuelle. Le fait d'être en accord avec le monde naturel, qui est notre patrie, ranime en nous cette faculté d'émerveillement et d'enthousiasme que nous avions tous, enfants, en découvrant le monde ; cela éveille aussi en nous un sentiment de paix et d'harmonie.

• Ne vous sentez pas coupable. La culpabilité épuise et étouffe ; personne n'est parfait. J'ai radicalement réduit mes déplacements en automobile, mais je monte très souvent à bord d'avions et chacun d'eux émet d'énormes quantités de polluants et de gaz à effet de serre pour mon compte. Si j'ai renoncé à la viande rouge, je mange encore du poisson. Bien des choses dans ma vie m'empêchent d'être écologiquement irréprochable. Le plus important, à l'heure actuelle, est l'échange d'idées ; il faut se passer le mot et s'employer tous à réduire notre effet négatif sur la planète, en mettant au point des infrastructures qui permettront d'adopter un mode de vie durable et de susciter dans le public un appui qui finira par changer l'ordre des priorités politiques. Voilà la tâche importante qui nous incombe pour l'instant. Mais il y a des choses que nous pouvons faire pendant cette période de transition vers un mode de vie durable. Ainsi ai-je acheté la première automobile hybride, propulsée à l'électricité et à l'essence, vendue au Canada, la Prius ; elle consomme deux fois moins d'énergie que mon précédent véhicule. De même, pour chaque mille que je parcours en avion ou en voiture, j'achète des « crédits de carbone » et j'injecte de la sorte de l'énergie propre dans le réseau électrique, comme de l'énergie solaire ou éolienne, pour contrebalancer les émissions produites à mon compte.

Tant qu'on ne s'est pas engagé, l'hésitation, le risque de retour en arrière, l'inefficacité permanente dans tous les gestes initiateurs (et créateurs) persistent. [D]ès qu'on s'engage, la Providence s'en mêle. Toutes sortes de choses qui ne se seraient jamais produites autrement viennent à votre secours. [...] Quoi que vous soyez capables ou rêviez de faire, mettez-vous au travail. Il y a du génie, de l'énergie et de la magie dans l'audace. Mettez-vous à l'œuvre dès maintenant.

GOETHE, cité dans *Peace, A Dream Unfolding*
de P. Crean et P. Kome (dir.)

Apporter sa contribution à une force irrésistible

Pour que personne ne désespère, il est bon de rappeler les mots de Margaret Mead : « Ne doutez jamais qu'un petit groupe de citoyens engagés et bien intentionnés puisse changer le monde. De fait, c'est la seule force qui y soit jamais parvenue. »

En 1985, on aurait déclaré cinglé quiconque aurait osé émettre les hypothèses voulant que l'Union soviétique cesserait bientôt d'exister et mettrait ainsi fin à la course aux armements, que le mur de Berlin serait démoli et l'Allemagne réunifiée, que l'apartheid disparaîtrait, que Nelson Mandela sortirait de prison et deviendrait président de l'Afrique du Sud. Pourtant, moins de 10 ans plus tard, l'inconcevable s'était produit presque sans effusion de sang. Il ne faut jamais perdre espoir ; des choses incroyables arrivent et personne ne peut prévoir quel sera l'ultime facteur déterminant. Qu'on songe seulement à Al Gore, ex-vice-président américain et candidat défait aux présidentielles. L'homme a exprimé son intérêt et ses craintes pour l'environnement dans son succès de librairie *Sauver la planète* et, après avoir essuyé une cuisante défaite politique même s'il avait obtenu la majorité des voix, Gore a continué à parler de changement climatique. Avec la sortie du film *Une vérité qui dérange*, du livre qui s'en inspire et le prix Nobel de la paix, Al Gore a gagné le respect et la reconnaissance planétaire pour son invitation à lutter contre les menaces du réchauffement climatique. Dans *Sauver la planète*, Al Gore expose les résultats de la recherche sur les propriétés physiques des tas de sable en formation. Quand on ajoute un à un des grains de sable à un tas, il grossit jusqu'à atteindre un point critique où l'ajout d'un seul autre grain provoquera des avalanches, des glissements et des changements majeurs. Il s'agit là d'une heureuse métaphore de la manière dont les individus peuvent créer des revirements soudains dans l'opinion publique et l'action communautaire. Personne ne peut prédire quand le point critique sera atteint, quand un grain additionnel sera l'agent qui provoquera un énorme bouleversement. Pris isolément, chaque personne, groupe, ou organisation qui travaille à la construction d'un monde différent peut sembler impuissant et négligeable, mais, ensemble, ils peuvent constituer une force susceptible de devenir irrésistible.

En 1972, quand l'Organisation des Nations unies a convoqué la première conférence mondiale sur l'environnement, seulement 10 institutions gouvernementales nationales s'occupaient d'environnement sur la planète. Aujourd'hui, presque tout gouvernement — tant fédéral, provincial que municipal — a son ministère, son service ou son comité de l'environnement. La quasi-totalité des délégués à cette conférence provenaient de pays industrialisés. Aujourd'hui, il existe

dans le monde en développement de nombreux groupes environnementalistes communautaires, non gouvernementaux. À elle seule, l'Indonésie en compte plus d'un millier et, du Brésil à la Malaysia, du
Japon au Kenya, des groupes et organisations communautaires aspirent à un mode de vie durable.

De nos jours, tout périodique ou quotidien qui affiche un parti
pris environnementaliste (*Earth Island*, *Worldwatch*, *Ecologist*, *Utne Reader*,
entre autres exemples) fait place dans ses manchettes aux bonnes nouvelles. Et il y a des centaines, voire des milliers de reportages du genre.
Des prix de l'environnement — dont les Goldman décernés annuellement, les Global 500 des Nations unies, le Blue Planet Prize et
d'autres — honorent quelques-uns des centaines de candidats méri-
tants. Voilà de quoi réellement conforter l'espoir que le changement
est en train de s'opérer.

On accuse souvent les environnementalistes d'être « négatifs »,
« rétractaires au développement », « réactionnaires » ou « trop dépri-
mants ». C'est pourquoi, au tournant du millénaire, la chercheuse
Holly Dressel et moi-même avons entrepris de déterminer s'il existait
des solutions de remplacement aux pratiques destructrices de l'environnement. Nous nous sommes informés de ce que faisaient les individus, les entreprises, les organisations et les gouvernements pour
trouver des solutions de rechange, différentes et durables. Nous
avions prévu un livre bien mince. À notre surprise et notre grande
joie, nous aurions pu remplir 10 volumes. Nous avons intitulé l'ouvrage *Enfin de bonnes nouvelles : Mille et un moyens d'aider la planète* ; nous y
documentons de nombreuses interventions, dans des pays riches et
pauvres, qui visent à établir un équilibre avec la nature. Ces milliers
d'histoires positives, rapportées de tous les coins du monde, mettent
en scène des pays, des États, des provinces, des municipalités, des
entreprises et des groupes. Mais, plus fondamentalement encore, des
individus se sentent tenus d'agir ; ce faisant, ils ont une influence non
seulement locale, mais souvent planétaire. Voici une sélection très
personnelle de quelques-unes des très nombreuses histoires qui m'ont
inspiré. Elles montrent bien tout le pouvoir que détient chacun
d'entre nous sur l'avenir de la Terre.

Le rappel d'un enfant au Sommet de la Terre

[. . .] sous la conduite d'un petit garçon.

ISAÏE 11,6

Je ne suis qu'une enfant et pourtant je sais quel merveilleux endroit serait la Terre si on dépensait tout l'argent consacré à la guerre pour mettre fin à la pauvreté et trouver des solutions environnementales [. . .].

SEVERN CULLIS-SUZUKI, douze ans, Sommet de la Terre,
Rio de Janeiro, juin 1992

En 1989, ma famille a passé 10 jours dans le village d'Aucre, dans la forêt humide brésilienne ; mes filles Severn et Sarika avaient alors respective-ment neuf ans et cinq ans. En nous éloignant du village à bord d'un avion, nous avons pu constater l'empiètement des chercheurs d'or sur les rivières qu'ils polluent, dont ils détruisent les berges, et des fermiers sur la forêt qu'ils réduisent en cendres dans leur quête désespérée de terres pour produire de quoi se nourrir. Severn en a conçu de l'inquié-tude pour l'avenir de ses amis de fraîche date, à Aucre. À notre retour à Vancouver, elle a fondé une association appelée ECO (pour Environ-mental Children's Organization). Cinq fillettes de dix ans se sont mises alors à parler haut et fort de la beauté des forêts tropicales, des ani-maux, des plantes et des gens qui y vivent, de la nécessité de les proté-ger. Avec le temps, on les a invitées à s'adresser à des classes et à donner des causeries, ce qui leur a valu une certaine notoriété sur la scène locale.

En 1991, Severn m'a informé qu'elle voulait assurer la présence d'ECO au Sommet de la Terre, à Rio de Janeiro, en juin 1992. Cette conférence constituerait le plus grand rassemblement de chefs d'État dans l'histoire. « Je pense que tous ces adultes discuteront de notre avenir, a dit Severn, et ils auront besoin de nous, là-bas. Nous serons leur conscience. » Deux mois plus tard, Severn exhibait fièrement un chèque de 1 000 $, libellé à l'ordre d'ECO par un philanthrope améri-cain à qui ma fille avait parlé de son rêve.

Ma femme, Tara, et moi avons alors compris que les gens réunis au Sommet de la Terre devaient à tout prix entendre le point de vue des enfants. Nous avons donc offert de contribuer 1 $ pour chaque dollar recueilli par l'association. Nullement intimidées par le défi, les fillettes ont entrepris de fabriquer et de vendre des salamandres décoratives en plastique (des éco-geckos), en plus d'organiser la vente de livres usagés et de pâtisseries. Elles ont attiré l'attention d'un autre philanthrope et de Raffi, ce chanteur si populaire auprès des enfants. Tous deux ont donné généreusement. Finalement, les filles ont organisé un événement pour présenter des diapositives et exposer leur objectif. À notre stupéfaction, ECO a recueilli plus de 13 000 $ — suffisamment, avec notre quote-part, pour défrayer le voyage de cinq enfants et trois adultes à Rio.

Au Sommet de la Terre, ECO s'est inscrit à titre d'organisation non gouvernementale et, comme des centaines d'autres groupes, a loué un stand au forum mondial. Les membres du groupe ont exposé un montage de photos et d'affiches, distribué des journaux et des tracts sur ECO, se sont entretenus avec de nombreuses personnes. Bientôt des reporters et des caméramans de télévision se sont pointés pour interviewer les cinq fillettes du Canada. Le ministre canadien de l'Environnement, Jean Charest, a fait une apparition avec des caméras à sa remorque. Enfin, William Grant, responsable de l'Unicef, a entendu les filles s'exprimer et a pressé Maurice Strong, organisateur du Sommet de la Terre, d'inviter Severn à s'adresser à l'assemblée plénière — ce à quoi Strong a acquiescé.

Severn avait 12 ans. Elle a rédigé son discours avec l'aide de ses camarades, membres d'ECO, et l'a répété encore et encore dans le taxi qui la conduisait au Rio Centro, lieu de la conférence. Elle a été la dernière à prendre la parole, dans une immense salle où s'étaient entassés les quelques centaines de délégués. Voici des extraits de son intervention :

Je ne suis qu'une enfant et je n'ai pas toutes les solutions, mais je veux que vous compreniez que vous ne les avez pas non plus. Vous ne savez pas comment réparer les trous dans la couche d'ozone.

Vous ne savez pas comment faire revenir le saumon dans un cours d'eau mort. Vous ne savez pas comment ramener à la vie un animal maintenant disparu. Et vous ne pouvez pas faire revivre une forêt, là où il y a maintenant un désert. S'il vous plaît, arrêtez de briser ce que vous ne savez pas réparer. [...]

Dans mon pays, nous produisons tellement de déchets ; nous achetons et jetons, achetons et jetons. Pourtant les pays du Nord refusent de partager avec les nécessiteux. Même quand nous avons plus que nécessaire, nous avons peur de perdre une partie de notre richesse, peur de lâcher prise. [...]

Vous nous enseignez comment nous comporter dans le monde. Vous nous enseignez à ne pas nous battre entre nous, à régler les différends, à respecter les autres, à nettoyer nos gâchis, à ne pas blesser d'autres créatures, à partager, à ne pas être avares. Alors pourquoi, une fois dehors, faites-vous ce que vous nous dites de ne pas faire ? [...]

Mon papa dit toujours : « Tu es ce que tu *fais*, pas ce que tu *dis*. » Eh bien, votre façon d'agir me fait pleurer, la nuit. Vous autres, les grandes personnes, vous dites que vous nous aimez. Je vous lance un défi. S'il vous plaît, faites que vos actes reflètent vos paroles.

Dites avec conviction, ces paroles ont électrisé la salle de conférence et se sont rapidement propagées au-delà. Dans son discours de clôture du Sommet de la Terre, Maurice Strong a cité Severn pour rappeler aux délégués la raison de leur présence en ces lieux.

Severn a continué de parler de questions qui ont trait à l'environnement et à la jeunesse par le truchement de Skyfish, une organisation qu'elle a fondée et qui incite les jeunes à assumer leurs responsabilités, à agir pour assurer un avenir durable. Dans le monde entier, des enfants ont pris l'initiative d'interpeller les adultes sur les répercussions à long terme de leurs décisions et de leurs gestes.

Ian Kiernan et sa décisive course de yachts

> *En faisant le tour du monde à la voile, j'ai vu de mes yeux que les gens se servaient des océans comme d'une poubelle. Au moment où je rentrais chez moi, j'avais pris la décision d'entreprendre une action en ce sens, en commençant dans ma cour : le port de Sydney.*
>
> IAN KIERNAN, entretien avec David Suzuki

Ian Kiernan est une tornade originaire de Sydney, en Australie. L'existence de ce navigateur professionnel a été transformée en 1986-1987 quand il s'est associé à 24 personnes de 11 pays différents pour une course en solitaire autour du monde. Commencée à Newport dans le Rhode Island, l'odyssée de 42 000 kilomètres à bord d'une embarcation de 20 mètres, l'a mené de l'autre côté de l'océan Atlantique, à Cape Town en Afrique du Sud, puis jusqu'à Sydney en contournant l'Antarctique.

Jusque-là, dans les régates, Kiernan avait toujours jeté ses déchets par-dessus bord ; cette fois-ci, comme la course était suivie par 33 000 écoliers américains, les concurrents avaient accepté d'entreposer leurs déchets à bord. La prise de conscience de sa conduite passée a rempli Kiernan de honte : passant de longues heures à contempler la mer, il a constaté que des détritus produits par l'homme, particulièrement des polystyrènes et des plastiques, souillaient même les eaux limpides les plus reculées. Dans sa jeunesse, Kiernan avait entendu parler de la vaste forêt d'algues, grouillante de vie, dans la mer des Sargasses et il se faisait une fête de la voir de ses yeux pendant cette course. À sa consternation, les premiers objets qu'il y a croisés étaient une sandale en caoutchouc, un sac et un tuyau de plastique. Dans sa déception et sa rage, il a décidé de remédier à ce gâchis en commençant par sa cour : le port de Sydney.

Lorsque Kiernan est arrivé à Sydney, il était devenu un héros national pour les Australiens et il s'est servi de sa notoriété pour propager son idée de nettoyer le port. Il a consacré 85 % des fonds qu'il a amassés pour promouvoir cette idée. En mars 1989, il tenait sa première corvée de nettoyage du port de Sydney, espérant que quelques milliers de personnes se présenteraient pour donner un coup de main. À sa grande surprise, 40 000 personnes sont venues et ont ramassé 5 000 tonnes d'immondices ! Par hasard, le jour du grand nettoyage, la presse révélait qu'on déversait sans traitement des eaux usées dans le port de Sydney ; la nouvelle a fouetté la détermination des citoyens à agir personnellement et sans délai.

Cet événement sensationnel a galvanisé l'Australie ; des invitations d'autres villes ont commencé à affluer. Kiernan s'est rendu en Tasmanie pour y offrir son aide, à Darwin dans le Territoire-du-Nord, de même qu'à Wollongong où les gens ont retiré du lac Illawarra 158 automobiles et 2 autobus. Cette réponse a fait comprendre aux politiciens que la population avait vraiment à cœur son environnement. Les gens d'affaires y ont vu une occasion pour leurs sociétés de se signaler comme de bons citoyens et de faire de l'argent en prenant des engagements en ce sens. En 1990, Kiernan a étendu son programme à l'ensemble du territoire australien et le « Clean Up Australia Day » a attiré 300 000 personnes. Depuis lors, le premier dimanche de mars est le Clean Up Australia Day : 850 villes et cités et un demi-million de citoyens y participent. L'idée de Kiernan a donné naissance à « Clean Up the World » et le Programme des Nations unies pour l'environnement (PNUE) montre aux gens la manière d'assurer le bon fonctionnement de leurs propres comités Clean Up. En 1996, 110 pays y étaient inscrits et 40 millions de personnes y prenaient part dans le monde entier. Kiernan remarque que les gens des pays riches semblent moins interpellés que ceux des pays plus pauvres où la santé des enfants dépend de ce grand nettoyage. En Afrique, en Corée, en Pologne et en Russie, on est en train de mettre sur pied des opérations Clean Up. Kiernan a converti la honte et la rage que lui avait inspirées sa vigie solitaire sur les océans de la planète en un plan d'action qui permet à des populations d'assumer la responsabilité de leur environnement local.

Un architecte nouveau genre : William McDonough

> [L']*esthétique industrielle permet l'expression de l'intention humaine et, pour que ce que nous créons de nos mains soit sacré et honore la Terre dont nous tenons la vie, les choses que nous créons doivent non seulement sortir du terrain, mais y retourner — le sol au sol, l'eau à l'eau — de telle manière que tout ce que nous recevons de la Terre lui soit librement rendu, sans causer de tort à quelque système vivant que ce soit. Voilà ce qu'est l'écologie. Voilà ce qu'est l'esthétique industrielle bien pensée.*

> WILLIAM MCDONOUGH, *Restoring the Earth :*
> *Visionary Solutions From the Bioneers*

Dans la nature, certains animaux recueillent des matériaux de leur milieu dont ils se servent, comme nous, pour survivre. La larve de la phrygane incorpore du sable ou des brindilles dans un fourreau protecteur ; le crabe décorateur dépose délibérément sur sa carapace des anémones ou des algues pour se camoufler ; les gorilles construisent avec soin, pour y dormir, des plateformes de branches, de vignes et de feuilles. Mais les humains diffèrent de toutes les autres espèces par la manière dont ils prélèvent des matériaux de leur milieu pour s'en servir comme vêtements, abris et marchandises, et par les quantités qu'ils prélèvent.

Nous admirons les objets, créés par l'homme, qui allient forme et fonction d'une manière esthétiquement agréable : l'arc gracieux du sabre de samouraï, le Concorde supersonique, la tour Eiffel ou la cathédrale St. Paul. L'intégration de la forme et de l'efficacité dans l'esthétique industrielle a quelque chose d'instinctivement satisfaisant. Mais selon William McDonough, doyen de l'École d'architecture de l'Université de Virginie à Charlottesville, l'architecture moderne s'est épanouie à une époque où l'énergie et les matériaux comme le verre étaient bon marché. En conséquence de quoi, nos immeubles sont impressionnants d'aspect, mais gaspillent l'énergie et croulent sous les émanations chimiques toxiques provenant des colles, des moquettes et du mobilier. « Notre culture, ajoute McDonough, a adopté une stratégie de l'esthétique industrielle qui décrète : "Si la force brute ne suffit pas, c'est que tu n'en emploies pas assez." »

McDonough est un architecte nouveau genre. Son enfance passée à Hong-Kong, où les pénuries chroniques d'eau étaient un rappel constant des ressources limitées de la Terre, a façonné son attitude et ses valeurs. En 1976, il obtenait à Yale un diplôme en architecture. C'était seulement deux ans après que l'embargo pétrolier arabe eut ébranlé le monde ; pourtant les meilleurs architectes semblaient ignorer la réalité des pénuries. Critique du manque de prévoyance de sa profession, McDonough aime citer une histoire relatée par l'écophilosophe Gregory Bateson. Au New College d'Oxford, en Angleterre, les énormes poutres de chêne du hall principal de l'université font quelque 12 mètres de long et 0,5 mètre d'épaisseur. En 1985, une pourriture sèche les a tellement affaiblies qu'il a fallu les remplacer. Si on avait pu trouver des chênes de cette taille en Angleterre, ils auraient coûté environ 250 000 dollars américains chacun ; au total, les coûts de remplacement se seraient élevés à environ 50 millions de dollars américains. L'arboriculteur de l'université a alors avisé les administrateurs que, lorsqu'on avait construit le hall principal, 350 ans plus tôt, les architectes avaient donné instruction de planter et d'entretenir une chênaie pour qu'on puisse remplacer les poutres quand la pourriture sèche s'y installerait, environ trois siècles et demi plus tard. Voilà ce qui s'appelle de la planification à long terme et, selon McDonough, cela devrait devenir la règle en architecture.

McDonough a ajouté un autre *R* à la triade « réduire, réutiliser, recycler » : *remodeler*. Pour éviter la toxicité des matériaux de construction d'aujourd'hui, il recherche inlassablement des produits non toxiques. Il note que 30 % des matériaux de remblai sont des rebuts de construction et que 54 % de l'énergie consommée aux États-Unis est utilisée dans la construction. Une esthétique architecturale s'appuyant sur des principes de durabilité pourrait avoir un effet considérable sur l'élimination des déchets aussi bien que sur la consommation énergétique.

En 1986, McDonough a été embauché par le Environmental Defense Fund pour concevoir un immeuble qui allierait conservation et esthétique. Il a fixé de nouveaux objectifs d'efficacité énergétique, amélioré de 600 % la norme courante de circulation d'air, remplacé les matériaux synthétiques par des fibres naturelles comme le jute, et substitué les clous aux colles. McDonough s'inquiète particulièrement de la pléthore de matériaux de construction et de fournitures qui dégagent des gaz toxiques. « Nous exsudons le poison, commente-t-il. Nous fabriquons des produits ou des composants de produits que personne ne devrait acheter. » Il a contribué à la recherche de matériaux écologiquement inoffensifs. Les critères sur lesquels il fonde leur acceptabilité sont : « l'absence de mutagènes, de cancérigènes, de toxines persistantes, de métaux lourds, de substances biocumulatives, de perturbateurs endocriniens. Point. » Parmi plus de 8 000 produits chimiques passés au crible, seulement 38 répondaient aux critères et présentaient la possibilité d'être transformés en produits si inoffensifs qu'on pouvait non seulement en faire du compost, mais aussi les manger.

McDonough a eu une occasion inespérée de propager ses idées quand on lui a demandé de concevoir un nouveau magasin Wal-Mart à Tulsa, en Oklahoma. Les très grandes surfaces comme celles de Wal-Mart attirent souvent l'ire, sur des bases écologiques et sociales, des petits commerçants et des citoyens qui se soucient du sort des communautés locales, mais McDonough a néanmoins saisi l'occasion. Tous les deux jours, Wal-Mart construit quelque part un nouveau magasin, ce qui nécessite une énorme quantité de matériaux de construction et de produits dont, entre autres choses, presque 1 kilomètre de lanterneaux par jour. McDonough s'est fait la réflexion que, si on intégrait des principes écologiques au programme de construction de Wal-Mart, l'ampleur même des besoins de l'entreprise suffirait à lancer de nouveaux fabricants de produits écologiques. Chaque magasin Wal-Mart est construit en fonction d'une rentabilité présumée de 40 ans, aussi McDonough a-t-il conçu le magasin de Tulsa de telle manière qu'on puisse le convertir en immeuble d'habitation après ce laps de temps. Il n'a pas utilisé de CFC (chloro-fluorocarbones) dans ce bâtiment dont les besoins énergétiques ont été réduits de 54 % par l'introduction de puits de lumière. Au lieu d'acier, dont la fabrication requiert beaucoup d'énergie, l'architecte a opté pour du bois dans la toiture. Pour s'assurer que ce bois soit le produit de techniques forestières inspirées des principes de durabilité, il a fondé Woods of the World, un.système sans but lucratif d'information sur la recherche sylvicole dont les bases de données sont accessibles aux architectes et aux entrepreneurs en bâtiments.

McDonough estime que pensée écologique et durabilité doivent devenir aussi naturelles dans la vie que le simple fait de respirer :

> Chacun doit être un esthéticien industriel. Ce qu'il nous faut, c'est une créativité débordante. La place légitime des humains dans le monde de la nature, voilà le problème fondamental auquel nous cherchons une réponse. Comment faire en sorte d'être partie du projet de la nature ?

McDonough croit que toute durabilité s'enracine dans les communautés locales et repose sur la reconnaissance que toutes choses sont interdépendantes. Charlottesville est la patrie de Thomas Jefferson, rédacteur de la Constitution américaine et de la déclaration d'Indépendance, à qui McDonough projette de rendre hommage :

> [N]ous allons déclarer l'*interdépendance*. Jefferson le ferait s'il vivait de nos jours. C'est un manifeste pour la vie, la liberté, la poursuite du bonheur affranchies de la vieille tyrannie. Sauf que, cette fois-ci, la tyrannie en cause est vieille d'une génération et les tyrans sont notre piètre esthétique industrielle et nous-mêmes.

En 2002, McDonough et le chimiste allemand Michael Braungart ont publié *Cradle to Cradle : Remaking the Way We Make Things*, un livre qui tente de nous faire entrer dans la prochaine révolution industrielle : la conception, intelligente et délibérée, d'une technologie qui soit durable :

> *Je crois pouvoir accomplir de grandes choses salutaires à l'intérieur d'un nouveau cadre conceptuel — un cadre qui valorise notre héritage, qui fasse honneur à la diversité, qui*

nourrisse les écosystèmes et les sociétés. [...] *Le temps des esthétiques congénitalement créatrices, foisonnantes, florissantes et intelligentes est venu.*

WILLIAM MCDONOUGH

Reboiser le Kenya : Wangari Maathai

Nous portons tous en nous un Dieu et ce Dieu est l'esprit qui unifie toute vie, tout ce qui se trouve sur cette planète. C'est sans doute cette voix qui me dit de tenter quelque chose et je suis sûre que la même voix parle à chacun sur cette planète — au moins à quiconque semble préoccupé du sort du monde, du sort de la planète.

WANGARI MAATHAI

Wangari Maathai ne passe pas inaperçue dans une foule, spécialement en Amérique du Nord, parce qu'elle est imposante, porte des vêtements africains à motifs colorés, et a la peau presque de jais. C'est une femme remarquable selon les critères de n'importe quelle société. Elle détient un baccalauréat ès arts obtenu aux États-Unis, une maîtrise décrochée en Allemagne et un doctorat complété au Kenya ; son mari a demandé le divorce, sous prétexte qu'elle était « trop instruite, trop volontaire, trop accomplie, trop têtue et trop difficile à contrôler ». Un groupe de femmes kényanes associées de très près au gouvernement l'ont accusée de violer les traditions africaines parce qu'elle n'est pas docile et ne se soumet pas aux hommes. Elles l'ont aussi accusée d'avoir contredit ouvertement des hauts personnages du gouvernement, dont le président. Ces critiques révèlent son formidable engagement et son intrépidité.

Le Kenya importe tout son pétrole, son électricité et son charbon ; la plupart de ses citoyens dépendent, pour leur combustible, du bois à brûler local. Au XXᵉ siècle, les forêts du Kenya ont été abattues à un rythme tel que Maathai estime le couvert forestier du pays maintenant réduit à 2,9 % de ce qu'il était jadis. La plupart des villageois sont victimes de pénuries chroniques de bois :

Pauvreté et nécessité, explique Maathai, sont très étroitement associées à un environnement qui se dégrade. [...]
[Q]uand on parle des problèmes, on a tendance à déresponsabili-
ser les gens. On a tendance à leur donner l'impression qu'ils ne
peuvent rien faire, qu'ils sont condamnés, qu'il n'y a pas d'espoir.
J'ai compris que, pour briser ce cercle vicieux, il fallait commencer
par une démarche positive, et je me suis dit que planter un arbre est
très simple, très facile — un geste positif à la portée de tout le
monde.

Maathai a remarqué que bien des enfants, au Kenya, étaient nourris de pain blanc produit industriellement, de margarine et de thé
sucré, un régime alimentaire qui les gardait maladifs et sous-alimen-
tés. Elle a pris conscience que ce régime inadéquat était une conséquence directe de la rareté du bois à brûler pour la cuisson des aliments. Elle a fait le lien entre le grand nombre d'enfants en mauvaise
santé et la dégradation du territoire, résultat de la coupe à blanc des
forêts pour les plantations et le combustible. Les champs ont été soumis à des cultures intensives ; sans arbres pour le protéger du soleil et
de la pluie, le sol s'est desséché a été emporté par les eaux. Secouée par
ce constat, Maathai a planté sept arbres dans sa cour pour souligner la
Journée mondiale de l'Environnement, en 1977. Cet humble geste
devait donner naissance à ce qui est devenu le « Green Belt Movement ».

Maathai a entrepris de convaincre les fermiers kényans, dont
70 % sont des femmes, de planter des arbres qui agiraient comme une
ceinture protectrice autour de leurs champs. Elle a fait la tournée
des écoles pour inciter les élèves à convaincre leurs parents de planter
des espèces d'arbres indigènes : baobabs, acacias, papayers, crotons,
cèdres, citronniers et figuiers. Recrutant enfants et femmes, le Green
Belt Movement de Maathai est devenu une force de premier plan
dans son pays. On y dénombre aujourd'hui plus de 1 500 pépinières
qui ont distribué gratuitement 30 millions d'arbres. En 1986, les
membres du Green Belt kényan ont commencé à enseigner leurs
méthodes à des gens de différents pays d'Afrique, une initiative qui a

donné naissance au Pan African Green Belt Movement, dont des groupes sont à l'œuvre en Tanzanie, en Ouganda, au Malawi, au Lesotho, en Éthiopie et au Zimbabwe.

Le Green Belt Movement fournit du travail aux jeunes handicapés, pauvres et sans emploi. Il rejoint de nombreuses femmes pauvres et illettrées, gagne leur confiance et les responsabilise. L'organisation leur enseigne les rudiments d'une saine alimentation, des recettes traditionnelles, et fait la promotion de la planification des naissances. Dans les régions rurales, le personnel du mouvement distribue des outils et apprend aux populations à recueillir et à planter des semences. Il est devenu une importante force de changement au Kenya et l'Organisation des Nations unies a reconnu en lui un modèle de conservation irremplaçable.

En 2002, Maathai remportait une victoire écrasante aux élections et se retrouvait au Parlement où elle s'est inlassablement employée à susciter l'intérêt pour les questions environnementales et à faire annuler la dette internationale des pays pauvres d'Afrique, dette qui est pour eux un terrible fardeau. En 2004, elle recevait le prix Nobel de la Paix pour ce qu'elle a accompli avec le Green Belt Movement.

Karl-Henrik Robèrt et la démarche naturelle

> Sur des milliards d'années, des cellules ont transformé une soupe toxique de composés inorganiques en dépôts minéraux, en forêts, en poissons, en sol, en air respirable et en eau — fondements mêmes de notre économie et de notre bien-être. Avec pour unique source d'énergie la lumière solaire, ces ressources naturelles ont été le fruit de cycles autoconservateurs en développement — les « déchets » d'une espèce servant de nourriture à une autre. Les seuls processus sur lesquels nous puissions indéfiniment compter sont cycliques ; tous les processus linéaires ont inévitablement une fin.
>
> KARL-HENRICK ROBÈRT, *In Context*

L'histoire de Karl-Henrik Robèrt ressemble à un scénario hollywoodien. Robèrt était un médecin et scientifique renommé, spécialiste du cancer chez les enfants. Au fil des ans, il s'est peu à peu rendu compte que plusieurs des enfants qu'il recevait en consultation présentaient des formes de cancer probablement induites par des agents environnementaux. L'amour que les parents vouaient à leurs enfants le renversait. « Ils auraient fait tout ce qui était en leur pouvoir pour ces enfants », me racontait-il, mais ils étaient loin de se soucier autant de l'environnement qui pouvait avoir été la cause des problèmes de leurs enfants. Robèrt a médité là-dessus et a finalement rédigé un document dans lequel il s'efforçait à sa manière de définir les conditions nécessaires pour parvenir à une société durable et bien portante. Il y affirmait que

> jusqu'à maintenant, l'essentiel du débat sur l'environnement a eu l'allure d'un babil de singes parmi les feuilles dépérissantes d'un arbre agonisant — dont les feuilles représentent des problèmes spécifiques, isolés [...] mais très peu d'entre nous ont accordé la moindre attention au tronc et aux branches de l'environnement en train de se dégrader par la faute de développements qui ne soulèvent guère ou pas de polémique. Des milliers de problèmes individuels, sujets de tant de débats, sont en fait des symptômes d'erreurs systémiques qui sapent les fondements mêmes de la société.

Dans son analyse, Robèrt s'avisait de ce que l'utilisation de l'énergie et des ressources est circulaire dans la nature : les résidus produits par une espèce sont une occasion pour une autre espèce. Les humains ont changé cela en rompant les boucles et en créant des modèles linéaires de production dans lesquels le matériau extrait de la Terre est transformé, ou utilisé, avant d'être finalement rejeté sous forme de résidus ou de déchets.

Le geste qu'a ensuite posé Robèrt est exceptionnel. Il a envoyé son document à 50 des scientifiques les plus éminents de Suède et leur a demandé de critiquer ses idées. Il a reçu une avalanche d'observations critiques ; au lieu d'en être démonté, il a incorporé ces suggestions dans une nouvelle version, qu'il a renvoyée aux mêmes personnes, en sollicitant de nouveaux commentaires. Il a répété 21 fois le

même exercice, jusqu'à résumer ses idées en quatre concepts fondamentaux avec lesquels aucun des 50 scientifiques consultés ne se trouvait en désaccord. Robèrt tenait un consensus scientifique !

Puis il a porté le document au roi de Suède et l'a prié d'y donner
son aval — ce à quoi le monarque a consenti. Robèrt s'est ensuite
rendu à la télévision suédoise, a demandé et obtenu du temps d'an-
tenne pour débattre de ses idées. Il a communiqué avec des artistes
suédois très en vue qu'il a invités, avec succès, à collaborer à une émission. Enfin, il a envoyé un exposé de ses idées, sur support imprimé et
audiovisuel, à chaque foyer et chaque école de Suède — un tirage de
4,3 millions d'exemplaires.

Les idées de Robèrt sont maintenant connues sous le nom de
« Natural Step » et on les enseigne dans toutes les institutions sco-
laires de Suède. Plus de 50 entreprises de ce pays les ont adoptées
comme normes. Depuis, Natural Step s'est répandu dans plusieurs
autres pays, dont les États-Unis, l'Angleterre, l'Australie et le Canada.
Quelles sont les quatre « conditions systémiques » que les scientifiques s'accordent à dire essentielles à des sociétés durables ? Apparemment simples, ces principes n'en représentent pas moins un profond changement dans la manière dont nous percevons nos
interventions sur cette planète :

> • La nature ne peut supporter une accumulation systématique de
> matière dispersée, extraite de la croûte terrestre (minéraux, pétrole,
> etc.).
> • La nature ne peut supporter une accumulation systématique de
> composés persistants produits par les humains (par exemple, les
> BPC).
> • La nature ne peut supporter une dégradation systématique de sa
> capacité de renouvellement (par exemple : une pêche excédant la
> capacité de reconstitution des stocks de poisson ; la conversion
> d'un territoire fertile en désert).
> • Par conséquent, si nous voulons que la vie continue, nous
> devons (a) nous montrer efficaces dans notre utilisation des res-
> sources et (b) promouvoir l'équité — parce que faire comme si la

pauvreté n'existait pas conduira le pauvre, pour sa survie à court terme, à épuiser les ressources (par exemple, les forêts humides) dont nous avons tous besoin pour notre survie à long terme.

> *Nous vivons dans deux mondes qui s'interpénètrent. Le premier, le monde vivant, a été forgé dans le creuset de l'évolution, sur une période de quatre milliards d'années. Le second, le monde des routes et des villes, des fermes et des artéfacts, les humains l'ont conçu pour eux-mêmes au cours des tout derniers millénaires. Le danger qui menace ces deux mondes — la « non-durabilité » — résulte de leur manque d'intégration.*
>
> SIM VAN DER RYN ET STUART COWAN, *Ecological Design*

Les idées de Robèrt ont fait leur chemin dans plusieurs entreprises et pays. Des communautés comme celle de Whistler, en Colombie-Britannique, et de Canmore, en Alberta, connaissent une croissance fulgurante et travaillent de conserve avec The Natural Step Canada pour trouver des moyens d'assurer leur durabilité ; de grandes compagnies comme Interface et IKEA ont adopté le plan Natural Step pour réduire leur contrecoup écologique. En repensant totalement la manière dont elles font des affaires et en changeant des façons de faire — l'achat de matériaux, la fabrication, le transport, la construction des installations, le programme d'entretien et la gestion des déchets — des entreprises réduisent leurs résidus, deviennent plus efficaces et augmentent leur rentabilité.

La capacité de régénération et d'absorption de la Terre est la norme à partir de laquelle Natural Step évalue l'activité humaine ; ce qui dispense les experts d'avoir à fixer des limites en s'appuyant sur un savoir fragmentaire. En acceptant les conditions du programme, les entreprises et les groupes doivent trouver des manières et des moyens bien à eux de s'y conformer de leur mieux, et s'approprier de la sorte le processus. Il s'agit d'un processus positif, fascinant, qui a un énorme retentissement.

Je ne crois pas que les solutions dans la société viendront de la gauche ou de la droite, du nord ou du sud. Elles viendront [. . .] d'îlots de personne qui en toute honnêteté veulent faire quelque chose [. . .] C'est à cela que devrait servir un réseau : identifier les personnes qui aimeraient faire quelque chose de bien. Et il s'en trouve partout. C'est ainsi que le changement s'opérera : la différence sera imperceptible. Personne n'aura raison de personne. Cela se répandra simplement [. . .] Ce sera ce que font les gens intelligents. . .

KARL-HENRIK ROBÈRT, *In Context*

Vandana Shiva, championne de la biodiversité

La famille terrestre ne se compose pas seulement de tous les humains des diverses sociétés, mais de tous les êtres. Les montagnes et les fleuves sont aussi des êtres. En hindi, les mots Vasudhaiva Kutumbam signifient « famille terrestre » : c'est la démocratie de toute vie, de tous les êtres, petits et grands, sans hiérarchie, parce qu'on n'a pas la moindre idée de la manière dont les choses s'imbriquent écologiquement dans le tissu de la vie.

VANDANA SHIVA, *Restoring the Earth*

Vandana Shiva est une Indienne qui doit sa passion et son engagement à l'éducation qu'elle a reçue. Haut fonctionnaire de l'éducation, sa mère est devenue fermière après la séparation de l'Inde et du Pakistan. Sa maman, se rappelle Vandana, répétait souvent que la forêt est un modèle de vie. Le père de Vandana était un chef forestier et il l'amenait fréquemment avec lui dans ses expéditions au pied de l'Himalaya. En fait, elle n'avait jamais vu de ville avant d'avoir 15 ans et elle avait alors développé un rapport très intime avec la nature, rapport qui dicte tout ce qu'elle pense et entreprend.

Son amour de la nature a conduit Shiva à poursuivre au Canada des études supérieures en physique quantique, science qui traite de la structure fondamentale de la matière. Cette spécialité lui a révélé l'imprévisibilité et la diversité des particules les plus élémentaires de l'univers, des concepts qui teintent ses idées et ses actions présentes. Pendant ses années d'université, elle a consacré une partie de ses étés à faire de la randonnée en forêt dans des régions qu'avait parcourues son père, et c'est au cours d'une de ces excursions qu'elle a fait la connaissance de femmes du célèbre mouvement Chipko (littéralement, « embrasseuses d'arbres »), dont les membres étreignaient les arbres pour empêcher qu'on les abatte. Elle a décidé de s'engager avec elles.

Avant même d'avoir obtenu son doctorat, elle avait refusé des offres d'emploi en Amérique du Nord pour rentrer plutôt en Inde, juste au moment où l'on mettait en doute les bénéfices tant vantés de la révolution verte. La révolution verte avait en partie consisté, dans bien des pays, à remplacer les souches traditionnelles de semences, génétiquement variées et adaptées à la région, par quelques rares variétés soigneusement sélectionnées qui requéraient de grandes quantités de fertilisants, d'eau, d'herbicides (pour réduire la compétition végétale) et d'insecticides, de même qu'une lourde machinerie agricole pour la plantation et la récolte. Dans un pays comme l'Inde, où 70 % de la population s'adonne à l'agriculture paysanne, les répercussions de la révolution verte ont été immenses. Des communautés autosuffisantes, qui cultivaient des produits pour les seuls besoins locaux, avaient été transformées en pourvoyeuses de marchés extérieurs ; de ce fait, elles étaient devenues grandement dépendantes d'une expertise étrangère et contraintes à une forme onéreuse d'agriculture qui exigeait le recours à davantage de machinerie.

> Le monde moderne, explique Shiva, a élaboré ses concepts de nature et de culture sur le modèle de la manufacture : il juge, par exemple, une forêt à la valeur de ses billots plutôt qu'à sa capacité d'entretenir la vie.

Shiva a compris que la révolution verte avait eu pour effet d'appauvrir la diversité, indispensable bouclier contre la recrudescence d'insectes nuisibles. La diversité est nécessaire pour enrichir le sol, fournir le pâturage au bétail et nourrir les humains. Sans elle, en fin de compte le sol se dégrade, les communautés souffrent et seules les compagnies font de l'argent. Shiva a commencé à travailler avec les fermiers pour lutter contre les semencières multinationales et pré-

server la diversité génétique qu'avait perpétuée l'agriculture traditionnelle. En 1991, elle écrivait *The Violence of the Green Revolution* pour contes-
ter les soi-disant bénéfices de cette « révolution » agricole.

Shiva a également créé la Research Foundation for Science, Technology and Natural Resources Policy. Par le truchement de cette fondation, elle a découvert, entre autres choses, que des entreprises en
Inde avaient obtenu des jugements leur permettant de faire breveter
comme « inventions » des semences hybrides, ce qui leur assurait un
contrôle total sur la base même de l'agriculture. Une fois brevetée, une
semence ne peut être réutilisée, échangée ou revendue sans paiement
de droits au détenteur du brevet. En outre, en manipulant un gène ou
deux des quelque 30 000 à 100 000 gènes d'une plante, une entreprise
peut prétendre avoir créé une nouvelle forme de vie. Lorsqu'elle a pris
conscience des conséquences de cet état de fait, Shiva a résolu de lutter
contre le contrôle des semences par les grandes sociétés :

> Si, pour la révolution textile, Gandhi a choisi le rouet, à l'heure de
> la bio-ingénierie, la semence s'impose comme un choix logique.
> [...] Chaque grain de semence raconte l'histoire de la commu-
> nauté. La semence est le manifeste politique du genre de vie qu'on
> veut, du genre d'agriculture qu'on veut, du genre de rapport au sol
> qu'on veut.

En tant que physicienne quantique, Shiva sait qu'il y a partout de
la *potentialité* et toujours une variété de résultats possibles. La liberté,
pour nous, c'est de garder ouvertes les potentialités et les options, de
ne pas restreindre les possibilités. Quand de grandes organisations
contrôlent les moyens de production et propagent des techniques ou
des idées uniformes pour homogénéiser une production et imposer
leurs convictions, nos options s'en trouvent réduites et nous devenons
vulnérables aux imprévus.

Quand la société Cargill, le plus important négociant céréalier du
monde avec des actifs de 47 milliards de dollars, a déposé des
demandes de brevet, dont certains pour des semences indiennes traditionnelles, Shiva a compris qu'il faudrait affronter cette entreprise. Si

les brevets étaient accordés, les fermiers pourraient à la fin être empêchés d'utiliser leurs propres semences. Les fermiers indiens considè-
rent les semences comme leur propriété intellectuelle et ils ont été
outrés par les agissements de Cargill. En 1993, ils envahissaient les services administratifs de Cargill à Delhi et y brûlaient leurs dossiers.
Des mois plus tard, des fermiers rasaient les installations de traitement des semences de Cargill, évaluées à 2,5 millions de dollars ; peu
après, plus d'un million d'entre eux se rassemblaient à Bangalore pour
protester contre les lois permettant de breveter des végétaux. Après
cette manifestation monstre, Cargill annonçait prestement qu'elle ne
ferait plus breveter de semences en Inde.

Pour Shiva, la biotechnologie et le droit de breveter des formes de
vie sont une extension grotesque de l'utilitarisme, une tournure d'esprit qui scrute le monde et y jauge chaque chose en fonction de son
utilité et de sa maîtrise potentielles :

> Quand la vie devient une mine de gènes, plus rien n'est à l'abri.
> Voilà réellement le fondement de notre résistance, en Inde, au
> commerce des matériaux génétiques, cette traite des esclaves du
> XXe siècle.

Shiva a compris l'une des leçons les plus importantes de la biologie : la diversité est la clé de la résilience de la vie et de la récolte du
fermier.

> Le devoir de cultiver la diversité est un devoir cosmique pour
> maintenir un plus large équilibre. C'est de cette manière que nous
> nous sommes engagés, en Inde, dans la conservation des semences.

Elle a créé 10 banques communautaires de semences pour préserver la diversité des variétés locales de graines utilisées par les fermiers.
Elle sait qu'avec le temps ces banques deviendront un patrimoine inestimable pour les générations futures qui se prémuniront ainsi contre
les incertitudes d'un monde changeant. Elle veut qu'on établisse en
Inde des zones libres de brevet et elle est au service d'un réseau mon-

dial de fermiers et de jardiniers qui collaborent à la préservation des souches de semences. Simultanément elle travaille en collaboration avec le Third World Network, qui a son siège social en Malaysia, à se tenir au fait des rapides changements en biotechnologie et à combattre les projets à but lucratif des sociétés multinationales et des organisations économiques comme l'Organisation mondiale du commerce.

Muhammed Yunus et la banque Grameen

> *Il faut faire sauter le mythe voulant que le crédit soit le privilège de quelques personnes fortunées. Il faut penser au plus petit village et à la plus petite personne de ce village : une personne très capable, une personne très intelligente. Il suffit de créer l'environnement adéquat pour subvenir aux besoins de ces gens-là et ils pourront changer eux-mêmes leur existence.*

> MUHAMMED YUNUS, « The Barefoot Bank with Cheek »

Pour les personnes incapables de trouver un emploi stable, ou qui ne possèdent ni voiture ni maison, obtenir un prêt d'une institution bancaire est hors de question. Ces gens sans caution ni emploi stable sont perçus comme des emprunteurs peu sûrs. La situation d'une personne vivant seule est déjà assez difficile dans des pays comme l'Australie, le Canada ou les États-Unis ; imaginez alors ce que doit être celle d'un citoyen de l'un des pays les plus pauvres de la Terre. Il y a quelques années seulement, on considérait le Bangladesh comme un cas désespéré et certains suggéraient de mettre fin à l'aide à ce pays parce que sa population ne pouvait être sauvée. Eh bien, Muhammed Yunus a prouvé le contraire.

Yunus a entamé des études doctorales en économie aux États-Unis, dans les années 1960, et le militantisme étudiant d'alors a fouetté son idéalisme. De retour au Bangladesh en 1972, Yunus s'est empressé de contribuer à améliorer le sort de ses concitoyens. En 1974, pendant une terrible famine au Bangladesh, Yunus a eu l'inspiration de financer un petit groupe de familles pour qu'elles puissent créer de petits produits à vendre. Il croyait que le fait de consentir ce genre de prêt pourrait soulager la pauvreté rurale endémique. Il a donc organisé pour ses étudiants des rencontres avec des fermiers et des villageois de la région, dans le but d'aider ces derniers. En 1976, pendant son mandat à la direction du département d'Économie de l'Universïté de Chittagong, Yunus déambulait dans un village quand il a eu un trait de génie en conversant avec la veuve Sufiya Khatun. Elle tressait des tabourets de bambou qu'elle vendait et Yunus a été choqué d'apprendre qu'elle n'empochait que deux petits cents de profit par jour. Quand il lui a demandé pourquoi elle gagnait si peu, Khatun lui a expliqué qu'elle devait payer comptant son bambou et que la seule personne disposée à lui prêter de l'argent exigeait des intérêts si élevés qu'elle faisait à peine un profit.

Yunus a décidé de s'informer pour savoir si, au village, d'autres personnes faisaient face au même problème et, avec ses étudiants, il a dressé une liste de 42 individus qui avaient, ensemble, besoin de 26 $ pour acheter des matériaux et travailler en toute liberté.

> Je me suis senti extrêmement honteux, dit Yunus, d'appartenir à une société incapable de prêter 26 $ à 42 êtres humains, habiles et expérimentés, qui s'efforçaient de gagner leur vie.

Dans les banques conventionnelles, pour des emprunts de sommes aussi minimes, les formalités administratives coûteraient davantage que les sommes prêtées. En outre, ces gens extrêmement pauvres et illettrés n'avaient rien à offrir en garantie.

Deux ans plus tard, Yunus instituait la première succursale de la banque Grameen (*grameen* signifie « village »). Cette banque est différente des autres en ce que (1) les prêts doivent y être remboursés au terme convenu ; (2) seuls les plus pauvres — et les sans-terre — y sont éligibles à des prêts et (3) les emprunteurs recherchés y sont de préférence des femmes, qui occupent le plus bas échelon social et économique. Les prêts sont consentis à des femmes dont les actifs domestiques sont de loin inférieurs aux exigences des banques ordinaires. Au lieu de fournir une caution, chaque femme devient membre d'un groupe composé de cinq personnes qui assument collectivement la dette personnelle des cinq membres. À tour de rôle, elles deviennent associées d'un centre de 40 membres qui tient une réunion hebdomadaire.

Cette banque a connu un succès formidable. En 1983, la banque Grameen comptait 86 succursales au service de 58 000 clients et, en mai 2006, plus de 2 185 comptoirs bancaires répondaient aux besoins de 69 140 villages et de 6,39 millions de clients, dont 96 % étaient des femmes. Fait remarquable, 98,45 % des prêts consentis ont été remboursés au terme convenu. Depuis ses débuts, la banque Grameen a consenti des prêts totalisant 5,34 milliards de dollars américains, dont 4,73 milliards ont déjà été remboursés. Sur les quelque 30 millions d'emprunteurs de la Grameen au Bangladesh, plus de la moitié se sont arrachés à une extrême pauvreté, ce qui se mesure par le fait que tous les enfants d'âge scolaire sont inscrits à l'école, tous les membres de la maisonnée mangent trois repas par jour, disposent d'un cabinet d'aisances, ont un toit imperméable, ont l'accès à de l'eau potable et la capacité de rembourser hebdomadairement un prêt de 8 $ américains. Pour cette œuvre de pionnier, Yunnus a reçu le prix Nobel de la Paix en 2006.

Plus de 400 différents types d'entreprises ont été lancées grâce à des prêts de la banque Grameen — entre autres, des entreprises qui mondent le riz, produisent des bâtonnets pour les glaces ou transforment l'huile de moutarde. L'exemple de la banque Grameen a depuis inspiré la création de banques semblables dans bien des régions du monde, y compris aux États-Unis, pays le plus prospère de la planète. Les mots *micro-économique*, *micro-prêt* et *micro-banque* ont même été portés à l'attention de la Banque mondiale et de l'Organisation des Nations unies. C'est un juste hommage rendu à l'œuvre de Muhammed Yunus.

Provoquer des changements

Ce ne sont là que quelques-uns des centaines de héros de l'écologie qui ont déjà exercé une influence certaine sur leur société et au-delà. Des millions de personnes s'unissent à eux — soit par des dons en argent soit par du travail bénévole dans l'ombre, en s'acquittant de tâches diverses : rédaction de lettres, recrutement d'effectifs pour dresser des barricades, participation à des manifestations publiques. On retrouve joie et espoir dans la compagnie d'autres personnes qui travaillent à provoquer des changements au profit des générations futures. Chacun d'entre nous a la capacité de participer activement au changement ; ensemble, nous pouvons recouvrer l'antique et fortifiante harmonie grâce à laquelle les besoins des humains et ceux de tous leurs compagnons sur la planète s'équilibreront avec les processus sacrés d'autorégénération de la Terre.

> *Le monde naturel est à la fois un sujet et un objet. Le monde naturel est la source maternelle de notre être à nous, habitants de la Terre, et l'aliment fécondant de notre vie biologique, affective, esthétique, morale et religieuse. Le monde naturel est la plus large communauté sacrée à laquelle nous appartenions. Être coupé de cette communauté, c'est être dépouillé peu à peu de tout ce qui fait de nous des humains. Porter atteinte à cette communauté, c'est rapetisser notre propre existence.*
>
> THOMAS BERRY, *The Dream of the Earth*

Remerciements

Je suis redevable aux nombreuses personnes qui ont généreusement répondu à mes demandes d'information, dont Dr Brian Holl (Université de Colombie-Britannique), Dr Craig Russel (Université de Colombie-Britannique), Dr Darrin Lehman (Université de Colombie-Britannique), Dr Robert Jin (Richmond, Colombie-Britannique), Dr Bill Fyfe (Université Western Ontario) et Dr Tony Bai (Hôpital St. Paul, Vancouver, Colombie-Britannique).

J'ai été renversé par la générosité des gens qui ont accepté de réviser mon travail dans des délais très courts. Mes remerciements, pour leur révision de la première édition, à Dr Digby McLaren (chapitre 1), Dr David Bates (chapitre 2), Dr Jack Vallentyne (chapitre 3), Dr Les Lavkulich (chapitre 4), Dr David Brooks (chapitre 5), Dr Charles Krebs (chapitre 6), Dr Janine Brody (chapitre 7) et au Révérend Peter Hamel (chapitre 8). Toutes les opinions émises, bien entendu, n'engagent que moi.

Mille remerciements aux bénévoles suivants de la Fondation David Suzuki, qui m'ont aidé à faire décoller la première édition du projet : Gina Agelidis, Robin Bhattacharya, Dr Leslie Cotter, Catherine Fitzpatrick, Anna Lemke, Nicole Rycroft, Cathy St. Germain et Nick Scapillati. Merci à Caterina Geuer pour son aide inestimable et à son partenaire, Chris Knight, d'avoir porté à mon attention la merveilleuse citation de Harlow Shapley. Merci à Christian Jensen d'avoir accepté la lourde tâche de recueillir toutes les autorisations.

Je suis profondément reconnaissant à l'éditeur Jack Stoddart qui me respecte assez, et respecte assez mon travail, pour m'avoir libéré d'une longue association de manière que je puisse faire paraître ce livre, par l'intermédiaire de Greystone Books, à la Fondation David Suzuki.

Nancy Flight a été une merveilleuse éditrice, meneuse de ban et chef de corvée. Rob Sanders a partagé avec moi bien des molécules d'air et communié à la vision de ce livre au point de l'appuyer avec enthousiasme.

Evelyne de la Giroday a assuré le bon fonctionnement du bureau pour que je puisse compléter la première édition du projet et Elois Yaxley a tenu le même rôle pour que j'en achève la seconde édition.

Tara Cullis a assumé seule la charge de répondre aux besoins des enfants, de la maison, des amis et de la fondation pour que je puisse écrire ce livre.

Amanda McConnell a non seulement ajouté de la poésie lyrique à mes réflexions et à mes idées, elle a aussi écrit le merveilleux chapitre sur les besoins spirituels. C'est un privilège de l'avoir pour coauteur.

Finalement, ma reconnaissance va à la Arcangelo Rea Family Foundation pour son assistance financière.

Références

Prologue

Rachel Carson, *Silent Spring*, Boston, Houghton Mifflin, 1962 (Paru en français sous le titre *Le Printemps silencieux*).

Union of Concerned Scientists, « Avertissement des scientifiques du monde à l'humanité », communiqué de presse, 18 novembre 1992.

L'Avertissement « pas digne de faire la manchette », communication personnelle avec Henry Kendall.

Bernard Lown et Evjueni Chazov, cités dans P. Crean et P. Kome (dir.), *Peace, A Dream Unfolding*, Toronto, Lester & Orpen Dennys, 1986.

Chapitre 1 • *Homo sapiens* : nés de la Terre

Thomas Berry, *The Dream of the Earth*, San Francisco, Sierra Club Books, 1988.

Taille du cerveau, Carl Sagan, *Broca's Brain*, New York, Random House, 1974. (Paru en français sous le titre *Le Cerveau de Broca*.)

Besoin de créer de l'ordre qu'a le cerveau, François Jacob, *The Logic of Living Systems : A History of Heredity*, Londres, Allen Lane, 1970. (Paru originellement en français sous le titre *La Logique du vivant*.)

« Synapses per neuron », Alison, Gopnik, Andrew N. Meltzoff et Patricia K. Kuhl, *The Scientis in the Crib : What Early Learning Tells Us About the Mind*, New York, HarperCollins, 1999.

Claude Lévi-Strauss, « The Concept of Primitiveness », dans R. B. Lee et I. de Vore (dir.), *Man the Hunter*, Hawthorne, New York, Aldine, 1968.

Gerardo Reichel-Dolmatoff, *Amazonian Cosmos : The Sexual and Religious Symbolism of the Tukano Indians*, Chicago, University of Chicago Press, 1971.

Maria Montessori, *To Educate the Human Potential*, s.l., Kalakshetra, 1948.

John Donne, « The First Anniversary », *The Poems of John Donne*, New York, Oxford University Press, 1957.

Bernard Lown et Evjueni, cités dans P. Crean et P. Kome (dir.), *Peace, A Dream Unfolding*, Toronto, Lester & Orpen Dennys, 1986.

Charles R. Darwin, *L'Origine des espèces au moyen de la sélection naturelle ou la lutte pour l'existence dans la vie*, traduction de J.-J. Moulinié, Verviers (Belgique), Éditions Gérard & Co., « Marabout Université », n° 234, 1973.

Stephen Jay Gould, *La vie est belle. Les surprises de l'évolution*, Paris, Seuil, coll. « Science ouverte », 1991.

Donald R. Griffen, *Animal Thinking*, Cambridge (Mass.), Harvard University Press, 1984.

Santiago Ramón y Cajal, *Recollections of My Life*, Cambridge (Mass.), Harvard University Press, 1969.

Roger Sperry, « Changed Concepts of Brain and Consciousness : Some Value Implications », *Zygon, Journal of Religion and Science*, n° 20, 1985, p. 1.

Stuart Kauffman, *At Home in the Universe : The Search for Laws of Self-Organization and Complexity*, New York, Oxford University Press, 1995.

Ian Lowe, communication personnelle. Millennium Ecosystem Assessment, *Ecosystems and Human Well-being : Biodiversity Synthesis*, Washington, D.C., World Resources Institute, 2005.

R. W. Kimmerer, *Gathering Moss : A Natural and Culture History of Mosses*, Corvallis, Oregon State University Press, 2003.

Richard Cannings et Sydney Cannings, *British Columbia : A Natural History*, Vancouver, Greystone Books, 1996.

Nathan Cobb, *Nematodes and Their Relationships*, Washington, D.C., Department of Agriculture, 1915, www.ars.usda.gov/Main/docs.htm ?docid=9626 (consulté le 20 mars 2007).

Census of Marine Life, www.coml.org (consulté le 15 juin 2006).

Ronald W. Clark, *Einstein : The Life and Time*, New York, Avon Books, 1971.

Jonathan Marks, *Human Biodiversity : Genes, Race and History*, Hawthorne (N.Y.), Aldine de Gruyter, 1995.

U.S. Department of Energy Office of Science, Office of Biological Environmental Research « Human Genome Project », www.ornl.gov/sci/techno resources/Human_Genome/home.shtml (consulté le 15 juin 2006).

« The Chimpanzee Sequencing and Analysis Consortium », « Initial Sequence of the Chimpanzee Genome and Comparison with the Human Genome », *Nature*, n° 437, 2005, p. 69-87.

Eric Lander, dans « Episode 1 : Journey Into New Worlds », *The Sacred Balance*, Toronto, CBC, 2005.

Brian Goodwin, cité dans John Brockman, « A New Science of Qualities : A Talk with Brian Goodwin », *Edge*, n° 15, 29 avril, 1997.

Brian Swimme, *The Hidden Heart of the Cosmos*, New York, Orbis Book, 1996. Vidéo disponible auprès du Centre for the Story of the Universe, Mill Valley, Californie.

Robert Browning, « Caliban Upon Setebos », *The Norton Anthology of English Literature*, New York, W. W. Norton, 1987.

Simon Nelson Patten, cité dans H. Allen, « Bye-bye America's Pie », *Washington Post*, 11 février 1992.

Paul Wachtel, *The Poverty of Affluence : A Psychological Portrait of the American Way of Life*, Gabriola Island (Colombie-Britannique), New Society, 1988.

« La consommation comme solution », Alan Thein Durning, *How Much Is Enough ? The Consumer Society and the Future of the Earth*, New York, W. W. Norton, 1992.

Victor Lebow, cité dans Vance Packard, *The Waste Makers*, New York, David McKay, 1960.

« L'ultime raison d'être » de l'économie américaine, R. Reich, *The Work of Nations : Preparing Ourselves for 21st Century Capitalism*, New York, Alfred A. Knopf, 1991.

Jean Chrétien, cité dans Jill Vardy et Chris Wattie, « Shopping is Patriotic, Leaders Say », *The National Post*, 28 septembre 2001.

Communiqué de presse de la Maison-Blanche, « At O'Hare, President Says "Get on Board" », 27 septembre 2001, www.whitehouse.gov.news/releases/2001/09/20010927-1.html (consulté le 25 juin 2006).

Donald R. Keough, cité dans R. Cohen, « For Coke, World Is Its Oyster », *New York Times*, 21 novembre 1991.

Campaign for a Commercial-Free Childhood, « Marketing to Children : An Overview », www.commercialfreechildhood.org (consulté le 25 juin 2006).

Juliet Schor, *Born to Buy : The Commercialized Child and the New Consumer Culture*, New York, Scribner, 2004.

P. M. McCann, K. Fullgrabe et W. Godfrey-Smith, *Social Implications of Technological Change*, Canberrra, Department of Science and Technology, 1984.

Allen D. Kanner et Mary E. Gomes, « The All-Consuming Self », *Adbusters*, été 1995.

Benjamin Franklin, cité dans H. Goldberg et R. T. Lewis, *Money Madness : The Psychology of Saving, Spending, Loving, Hating Money*, New York, William Morrow, 1978.

« All-Consuming Passion : Waking Up From the American Dream », brochure de la New Road Map Foundation, Seattle.

Center for a New American Dream, « Facts About Marketing to Children », www.newdream.org/kids/facts.php (consulté le 25 juin 2006).

Michael Cockram, « Deep and Merely Tinted Green », *Architecture Week*, 31 mars 2006.

Richard Louv, *Last Child in the Woods : Saving Our Children from Nature-Deficit Disorder*, Chapel Hill, Algonquin Books, 2005.

George Eliot, *Middlemarch*, Londres, Penguin Books, 1871. (Paru en français sous le titre *Middlemarch, étude de la vie de province*, Paris, Presses de la Cité, coll. « Omnibus », 1995.)

Albert Einstein, cité dans P. Crean et P. Kome (dir.), *Peace, A Dream Unfolding*, Toronto, Lester & Orpen Dennys, 1986.

Commission mondiale sur l'environnement et le développement de l'ONU, *Notre avenir à tous*, Montréal, Éditions du Fleuve, 1988.

P. Ehrlich, *The Machinery of Nature*, New York, Simon & Schuster, 1986.

« Preserving and Cherishing the Earth : An Appeal for Joint Commitment In Science and Religion », cité dans Peter Knudtson et David T. Suzuki, *Wisdom of the Elders*, Toronto, Stoddart, 1992.

Lyall Watson, *Supernature*, s.l., Anchor Press, 1973.

Chapitre 2 • Le souffle de toute verdure

Harlow Shapley, *Beyond the Observatory*, New York, Scribners, 1967.

Gerard Manley Hopkins, *The Blessed Virgin Compared to the Air We Breathe*, Oxford, Oxford University Press, 1948. (Nous avons consulté *A Hopkins Reader*, édition revue et augmentée, New York, Image Books, D203, 1966, p. 70-73 [*Ndt*].)

Platon, *Phédon*, texte établi et traduit par Paul Vicaire, Paris, « Les Belles Lettres »/Gallimard (1983), 1991, p. 81.

Julie Payette, dans « Episode 1 : Journey Into New Worlds », *The Sacred Balance*, Toronto, CBC, 2003.

Père José de Acosta, *Historia natural de los Indios...* (1590), cité dans D. T. Blumenstock, *The Ocean of Air, op. cit.*

Jonathan Weiner, *The Next One Hundred Years*, New York, Bantam Books, 1990.

Mesures de sécurité intégrées, A. Despopoulus et S. Silbernagl, *Color Atlas of Physiology*, 4ᵉ édition, New York, Theime Medical Publishers, 1991.

Cynthia Beall *et al.*, « Ventilation and Hypoxic Ventilatory Response of Tibetan and Ayamara High Altitude Natives », *American Journal of Physical Anthropology*, n° 104, 1997, p. 427-447.

Cynthia Beall, « Andean, Tibetan and Ehtiopian Patterns of Adaptation to High-Altitude Hypoxia », *Integrative and Comparative Biology*, n° 46, 2006, p. 1.

Composition de l'atmosphère primordiale, James Lovelock, *Gaia : The Practical Science of Planetary Medecine*, Londres, Allen & Unwin, 1991.

Lynn Margulis, « Gaia Is a Tough Bitch », dans *The Third Culture*, New York, Simon and Schuster, 1995.

Pression de la basse atmosphère, D. T. Blumenstock, *The Ocean of Air, op. cit.*

Eric Dewailly, cité dans Marla Cone, *Silent Snow : The Slow Poisoning of the Arctic*, New York, Grove Press, 2005.

Jules M. Blais, David W. Schindler *et al.*, « Accumulation of Persistent Organochlorine Compounds in Mountains of Western Canada », *Nature*, n° 395, 1998, p. 585-588.

David Schindler, dans « Episode 2 : The Matrix of Life », *The Sacred Balance*, Toronto, CBC, 2003.

E. Goldsmith, P. Bunyard, N. Hildyard et P. McCully, *Imperilled Planet*, Cambridge (Mass.), MIT Press, 1990.

V. Shatalov, dans K. W. Kelley (dir.), *The Home Planet*, Herts (R.-U.), Queen Anne Press, 1988.

Chapitre 3 • Les océans qui coulent dans nos veines

Psaume 104,10-11, La Sainte Bible, traduite en français sous la direction de l'École biblique de Jérusalem, Paris, Éditions du Cerf, 1956. À l'avenir : La Bible de Jérusalem.

« Quantité d'eau sur Terre », M. Keating, *To the Last Drop : Canada and the World's Water Crisis*, Toronto, MacMillan Canada, 1986.

William Shakespeare, *La Tempête*, dans *Les Comédies*, nouvelle traduction française par Pierre Messiaen, Bruges, Desclée de Brouwer, 1961, « Bibliothèque européenne », p. 31.

Mark A. McMenamin et Dianna L. S. McMenamin, *Hypersea : Life on Land*, New York, Columbia University Press, 1994.

« Sept cents tonnes d'eau circulent dans un arbre », Michael Keller, *The Sacred Balance*, « Episode 2 : The Matrix of Life », Toronto, CBC, 2003.

Jack Vallentyne, *American Society of Landscape Architects* (chapitre sur l'Ontario), vol. IV, n° 4, septembre-octobre 1987.

Capture de l'hydrogène, James Lovelock, *Gaia : The Practical Science of Planetary Medicine*, Londres, Allen & Unwin, 1991.

Vladimir Vernadsky, dans M. I. Budyko, S. F. Lemeshko et V. G. Yanuta, *The Evolution of the Biosphere*, Dordrecht, D. Reidel Publishing, 1986.

Daniel Hillel, *Out of the Earth : Civilization and the Life of the Soil*, Herts (R.-U.), Maxwell MacMillan, 1986.

« Équilibre de l'apport d'eau et des pertes quotidiennes », A. Despopoulus et S. Silbernagl, *Color Atlas of Physiology*, 4e édition, New York, Theime Medical Publishers, 1991.

Seth Shostak, « 8 Worlds Where Life Might Exist », SETI Institute, 23 mars 2006, www.space.com/search-forlife/060323_seti_biomes.html (consulté le 5 juillet 2006).

Peter Warshall, « The Morality of Molecular Water », *Whole Earth Review*, printemps 1995.

Richard Saykally, dans « Episode 2 : The Matrix of Life », *The Sacred Balance*, Toronto, CBC, 2003.

Samuel Taylor Coleridge, « The Rime of the Ancient Mariner », dans *The Norton Anthology of English Literature*, New York, W. W. Norton, 1987. (Paru en français sous le titre de *Dit du vieux marin*, Paris, José Corti, coll. « Romantique », 1989.)

« L'eau douce, forme d'eau la plus rare sur Terre », W. E. Akin, *Global Patterns in Climate, Vegetation and Soils*, Norman, University of Oklahoma Press, 1991.

Léonard de Vinci, cité dans D. Hillel, *Out of the Earth, op. cit.*

« Les Grands Lacs, réservoirs de 20 % de toute l'eau douce sur Terre », K. Lanz, *The Greenpeace Book of Water*, Newton Abbot (R.-U.), David and Charles, 1995.

« Volume et usage fait de l'eau », M. Keating, *To the Last Drop, op. cit.*

Samuel Taylor Coleridge, *Kubla Khan*, cité dans *The Norton Anthology of English Literature, op. cit.*

Organisation mondiale de la Santé, « Water Sanitation and Health », www.who.int/water_sanitation_health/publications/facts2004 (consulté le 10 juillet 2006).

Conseil mondial de l'eau, « Water Crisis », www.worldwatercouncil.org/index.php ?id=25 (consulté le 10 juillet 2006).

Fred Pearce, « The Parched Planet », *New Scientist*, n° 189, 2006, p. 32-36.

Natural Resources Defense Council, « Bottled Water : Pure Drink or Pure Hype ? », www.nrdc.org/water/drinking/bw/bwinx.asp (consulté le 25 juin 2006).

Consumer Reports, « What's in That Bottle ? », www.consumerreports.org/

cro/food/drinkingwater-safety-103/whats-in-bottled-water/index.htm (consulté le 20 mars 2007).

Theo Colborn, Dianne Dumanoski et John Peterson Myers, *Our Stolen Future*, New York, Dutton Books, 1996.

Rachel Carson, *Silent Spring*, Boston, Houghton Mifflin, 1962.

Chapitre 4 • Façonnés à même le sol

Daniel Hillel, *Out of the Earth : Civilization and the Life of the Soil*, Herts (R.-U.), Maxwell MacMillan, 1991.

Luther Standing Bear, *My People the Sioux*, E. A. Brininstool (dir.), réédition, Lincoln, University of Nebraska Press, 1975.

Aldo Leopold, *A Sand County Almanac*, New York, Oxford University Press, 1949. (Paru en français sous le titre *Almanach du comté des sables*, Paris, Aubier, 1995.

Philip Cohen, « Clay's Matchmaking Could Have Sparked Life », *New Scientist*, n° 23, 2003, www.news-scientist.com/article.ns ?id=dn4307 (consulté le 15 juillet 2006).

Philip Ball, « Shaped from Clay : Mineral Help Molecules Thought to have Been Essential for Early Life to Form », *Nature*, 3 novembre 2005, www.news.nature.com/news/2005/051031-10htlm (consulté le 15 juillet 2006).

Gisday Wa et Delgam Uukw, *The Spirit of the Land*, Gabriola (Colombie-Britannique), Reflections, 1987.

S. Lomayaktewa, M. Lansa, N. Nayatewa, C. Kewanyama, J. Pon-gayesvia, T. Banyaca père, D. Monogyre et C. Shattuck, mémoire polycopié de déclarations de chefs religieux hopis, 1990, cité dans Peter Knudtson et David T. Suzuki, *Wisdom of the Elders*, Toronto, Stoddart, 1992.

Carl Sagan *et al.*, « Preserving and Cherishing the Earth : An Appeal for Joint Commitment in Science and Religion », cité dans P. Knudtson et D. T. Suzuki, *Wisdom of the Elders, op. cit.*

Yvonne Baskin, *Under Ground : How Creatures of Mud and Dirt Shape Our World*, Washington, D.C., Islands Press, 2005.

Léonard de Vinci, cité dans D. Hillel, *Out of the Earth, op. cit.*

Elaine Ingham, *The Soil Foodweb : Its Importance in Ecosystem Health*, www.rain.org/~sals/ingham.htlm (consulté le 8 juillet 2006).

Elaine Ingham, dans « Episode 1 : Journey into New Worlds », *The Sacred Balance*, Toronto, CBC, 2003.

Tullis Onstott, dans « Episode 2 : The Matrix of Life », *The Sacred Balance*, Toronto, CBC, 2003.

Homère, cité dans R. S. Gotlieb, *This Sacred Earth : Religion, Nature, Environment*, Londres, Routledge, 1996.

S. W. Simard et D. M. Durall, « Mycorrhizal Networks : A Review of Their Extent, Function and Importance », *Canadian Journal of Botany*, n° 82, 2004, p. 1140-1165.

N. A. Campbell *et al.*, *Biology*, San Francisco, Benjamin Cummings, 1999.

Horizons de sol, voir Frank Press et Raymond Siever, *Earth*, San Francisco, W. H. Freeman & Company, 1982.

Besoin de vitamines, voir A. Despopoulus et S. Silbernagl, *Color Atlas of Physiology*, 4ᵉ édition, New York, Theime Medical Publishers, 1991.

Gaia Vince, « Your amazing Regenerating Body », *New Scientist*, n° 190, 2006, p. 2556.

Vernon Gill Carter et Tom Dale, *Topsoil and Civilization*, Norman, University of Oklahoma Press, 1974.

Sénateur Herbert Sparrow, *Soil at Risk : Canada's Eroding Future*, Ottawa, Gouvernement du Canada, 1984. (Paru en français sous le titre : *Nos sols dégradés.*)

Épuisement de la couche arable aux États-Unis, D. Helms et S. L. Flader (dir.), *The History of Soil and Water Conservation*, Berkeley, University of California Press, 1985.

Épuisement de la couche arable en Australie, *Australia : State of Environment*, Victoria, CSIRO, 1996.

Citation anonyme, de source non identifiée, dans V. G. Carter et T. Dale, *Topsoil and Civilization, op. cit.*

David Pimentel, 1994, « Constraints on the Expansion of Global Food Supply », *Ambio*, n° 23, 1994.

D. Pimentel, « Soil as an Endangered Ecosystem », *Bioscience*, n° 50, 2000, p. 947.

D. Pimentel et M. Pimentel, « World Population, Food, Natural Resources, and Survival », *World Futures*, n° 59, 2003, p. 145-167.

« Recours au brûlis par les aborigènes », T. Flannery, *The Future Eaters*, Victoria (Australie), Reed Books, 1994.

Deborah Bird Rose, *Nourishing Terrains : Australian Aboriginal Views of Landscape and Wilderness*, Parkes, Australian Heritage Commission, 1996.

Bernard Campbell, *Human Ecology*, New York, Heinemann Educational, 1983.

David Pimentel, « Natural Resources and an Optimum Human Population », *Population and Environment*, vol. 15, n° 5, 1994.

W. C. Lowdermilk, « Conquest of the Land Through 7,000 Years », *Soil Conservation Service*, bulletin 99, Washington (D.C.), U.S. Department of Agriculture, 1953.

Citation sur les Waswanipis, P. Knudtson et D. T. Suzuki, *Wisdom of the Elders, op. cit.*

Marq de Villers, *Water,* Toronto, Stoddard, 1999. (*L'Eau,* Paris, Actes Sud, 2000.)

P. P. Micklin, « Desiccation of the Aral Sea : A Water Management Disaster in the Soviet Union », *Science,* n° 241, 1998, p. 1170-1176.

Nicola Jones, « South Aral Sea "Gone in 15 Years" », *New Scientist,* 21 juillet 2003, www.newscientist.com/article.ns ?id=dn3947 (consulté le 29 mars 2007).

Miguel Altieri, *Agroecology : The Science of Sustainable Agriculture,* 2ᵉ éd., comté de Boulder, Westview, 1995.

Heather Archibald, « Organic Farming : The Trend is Growing ! », *Canadian Agriculture at a Glance,* Catalogue Statistiques Canada, n° 96-325-XOB, Ottawa, Statistiques Canada, 1999.

Aldo Leopold, *A Sand County Almanac,* New York, Oxford University Press, 1949.

Chapitre 5 • Le feu divin

Hildegarde de Bingen, citée dans D. MacLagan, *Creation Myths : Man's Introduction to the World,* Londres, Thames & Hudson, 1977.

Wallace Stevens, « Sunday Morning », dans *The Norton Anthology of Poetry,* New York, W.W. Norton, 1923.

Rig-Veda, X-129, cité dans D. MacLagan, *Creation Myths, op. cit.*

Le corps comme maison équipée de systèmes de climatisation et de chauffage, A. Despopoulus et S. Silbernagl, *Color Atlas of Physiology,* 4ᵉ édition, New York, Thieme Medical Publishers, 1991.

« Mythe de Prométhée », *Larousse Encyclopedia of Mythology,* Londres, Batchworth Press, 1959.

Stanley L. Miller, « A Production of Amino Acids Under Possible Primitive Earth Conditions », *Science,* n° 117, 1953, p. 528-529.

Expériences de génération des molécules nécessaires à toutes les macromolécules, C. Ponnamperuma, *The Origins of Life,* New York, Dutton, 1972.

A. Melis, L. Zhang *et al.,* « Sustained Photobiological Hydrogen Gas Production upon Reversible Inactivation of Oxygen Evolution in the Green Alga *Chlamydomonas reinhardtii* », *Journal of Plant Physiology,* n° 122, 2000, p. 127-136.

American Society of Plant Biologists, « Scientists Use Algae to Find Valuable New Source of Fuel », www.aspb.org/publicaffairs/news/melis.dfm (consulté le 10 août 2006).

Les combustibles fossiles comme don non réitérable, E. J. Tarbuck et F. K. Lutgens, *The Earth : An Introduction to Physical Geology*, Columbus, Merril Publishing, 1987.

Jeffrey Dukes, « Burning Buried Sunshine : Human Comsumption of Ancient Solar Energy », *Climate Change*, n° 61, 2003, p. 31-44.

Colin Campbell, cité dans John Vidal, « The End of Oil is Closer Than You Think », *The Guardian*, 21 avril 2005, www.guardian.co.uk/life/feature/story/0,13026,1464050,00.html (consulté le 29 mars 2007).

Commentaire de Malcom Smith à la vue de photos de la Terre prises de nuit, cité dans le *Guardian*, 25 avril 1989.

Maurice Strong, cité dans le *Guardian*, 25 avril 1989.

Naomi Oreskes, « Beyond the Ivory Tower : The Scientific Consensus on Climate Change », *Science*, n° 306, 2004, p. 1686.

Fred Pearce, « Climate Change : Menace or Myth ? », *New Scientist*, n° 185, 2005, p. 38-43.

Amory Lovins, « More Profits with Less Carbon », *Scientific American*, n° 293, 2005, p. 74-83.

Nicholas Stern, *The Economics of Climate Change. The Stern Review*, Cambridge, Cambridge University Press, 2007.

« Ébauche d'une économie », David Pimentel, *Natural Resources and an Optimum Human Population, op. cit.*

Voitures expérimentales capables de franchir 150 kilomètres par litre d'essence, A. Lovins et L. H. Lovins, « Reinventing the Wheels », *Atlantic Monthly*, n° 271, 1995, p. 75-81.

Consacrer du temps à la conception et à la construction d'espaces habitables, M. Safdie et W. Kohn, *The City After the Automobile*, Toronto, Stoddart, sous presse.

Procédés de fabrication qui réduisent la consommation d'énergie et de matériaux, E. von Weizsacker, A. Lovins et L. H. Lovins, *Factor 4 : Doubling Wealth — Halving Resources Use*, Londres, Allen & Unwin, 1997.

Chapitre 6 • Protégés par notre parenté

Charles R. Darwin, *L'Origine des espèces au moyen de la sélection naturelle ou la lutte pour l'existence dans la nature*, traduction de J.-J. Moulinié, Paris, Flammarion, coll. « GF », 1992, p. 490-491.

Lynn Margulis, *Five Kingdoms*, San Francisco, W. H. Freeman & Company, 1982.

Black Elk, cité dans *Pieds nus sur la terre sacrée*, textes réunis par T. C. McLuhan, traduction de M. Barthélémy, Paris, Éditions Denoël, « Bibliothèque Médiations », n° 141, 1976, p. 166.

Bernard Campbell, *Human Ecology*, s.l. Heinemann Educational, 1983.

« Pourcentage de toutes les espèces maintenant disparues », R. Leaky et R. Lewin, *The Sixth Extinction : Biodiversity and Its Survival*, Londres, Weidenfield & Nicolson, 1995. (Paru en français sous le titre *La Sixième Extinction*, Paris, Flammarion, coll. « Nouvelle bibliothèque scientifique », 1997.)

Bepkororoti est un chef kayapo du Brésil. Ses propos sont cités dans un rapport d'Oxfam, « Amazonian Oxfam's Work in the Amazon Basin ».

Sunderlal Bahuguna est le porte-parole du mouvement Chipko. Ses propos sont cités dans E. Goldsmith, P. Bunyard, N. Hildyard et P. McCully, *Imperilled Planet*, Cambridge (Mass.), MIT Press, 1990.

Biomasse de microorganismes comparée à la biomasse des plus grands organismes, Stephen Jay Gould, *Full House : The Spread of Excellence From Plato to Darwin*, New York, Crown, 1996.

Stephen Jay Gould, « Planet of the Bacteria », *Washington Post Horizon*, n° 119, 1996, p. H1.

Richard Strohman, « Crisis Position », *Safe Food News 2000*, www.mindfully.org/GE/Strohman-Safe-Food.htm (consulté le 29 mars 2007).

Victor B. Scheffer, *Spire of Form : Glimpses of Evolution*, Seattle, University of Washington Press, 1983.

Catherine Larrère, « A Necessary Partnership with Nature », *UNESCO Courrier*, mai 2000.

George Wald, « The Search for Common Ground », *Zygon : The Journal of Religion and Science*, n° 11, 1996, p. 46.

Citation de Black Elk, J. G. Neilhardt, *Black Elk Speaks*, New York, Washington Square Press, 1959.

Stephen Jay Gould, *The Mismeasure of Man*, New York, W. W. Norton, 1981. (Paru en français sous le titre *La Mal-Mesure de l'homme*, Paris, Odile Jacob, 1997.)

Edward O. Wilson, *The Diversity of Life*, Cambridge (Mass.), Harvard University Press, 1992.

Pertes causées par la rouille du maïs venue du Sud, Gail Schumann, « Plant Diseases : Their Biology and Social Impact », *American Phytopath Society*, 1991.

George P. Buchert, « Genetic Diversity : An Indicator of Sustainability », communication donnée dans le cadre d'un séminaire intitulé « Advancing Boreal Mixed Management in Ontario », tenu à Sault-Sainte-Marie (Ontario), les 17-18 octobre 1995.

Introduction d'espèces en forêts tropicales, Francis Hallé, communication personnelle.

John Pickrell, « Instant Expert : Human Evolution », *New Scientist*, www.newscientist.com/article.ns ?id=dn990 (consulté le 3 avril 2007).

Vandana Shiva, *Monocultures of the Mind : Perspectives on Biodiversity and Bio-technology*, New York, Oxford University Press, 1993.

Lynn Margulis, « Symbiosis and Evolution », *Scientific American*, n° 225, 1971, p. 48-57.

Lynn Margulis, *Symbiotic Planet : A New Look at Evolution*, New York, Basic Books, 1998.

Edward O. Wilson, « Learning to Love the Creepy Crawlies », *The Nature of Things*, Toronto, Radio-Canada (CBC), 1996.

Howard T. Odum, *Environment, Power and Society*, New York, John Wiley & Sons, 1971.

Jonathan Weiner, *The Next One Hundred Years*, New York, Bantam Books, 1990.

« La nourriture venant de la nature », Y. Baskin, *The Work of Nature : How the Diversity of Life Sustains Us*, Washington (D.C.), Island Press, 1997.

« Harnachement par l'humanité de la productivité primitive de la planète », P. M. Vitousek, P. R. Ehrlich, A. H. Ehrlich et P. A. Matson, « Human Appropriation of the Product of Photosynthesis », *BioScience*, n° 36, 1986, p. 368-373.

Alan Thein Durning, « Saving the Forests : What Will It Take ? », *Worldwach Paper*, n° 117, décembre 1993.

John Fowles, cité dans T. C. McLuhan, *Pieds nus sur la terre sacrée*, Paris, Éditions Denoël, 1976.

Edward O. Wilson, « Biophilia and the Conservation Ethic », dans S. R. Kellert et E. O. Wilson (dir.), *The Biophilia Hypothesis*, Washington (D.C.), Island Press, 1993.

E. Goldsmith, P. Bunyard, N. Hildyard et P. McCully, *Imperilled Planet*, Cambridge, MA, MIT Press, 1990.

E. O. Wilson, « Biophilia and the Conservation Ethic », *op. cit.*

IUCN Red List 2006, 2 mai 2006, www.incnredlist.org (consulté/visité le 29 mars 2007).

Millennium Ecosystem Assessment, *Ecosystems and Human Well-Being, Biodiversity Synthesis*, Washington., D.C., World Resources Institute, 2005.

Ransom Myers et Boris Worm, « Rapid Worldwide Depletion of Predatory Fish Communities », *Nature*, 15 mai 2003, p. 280.

Paul Crutzen et Eugene Stoermer, « Anthropocene », www.mpch-mainz.mpg.de/~air/anthropocene/Text.htlm (consulté le 15 août 2006).

John A. Livingston, *One Cosmic Instant*, Toronto, McClelland & Stewart, 1973.

Richard Preston, *The Hot Zone*, New York, Pantheon Books, 1994.

Jonathan Schell, *The Abolition*, New York, Alfred A. Knopf, 1984.

Rachel Carson, *Silent Spring*, Boston, Houghton Mifflin, 1962.

Barrage en Tasmanie, « Pedder 2000 : A Symbol of Hope at the New Millenium », bulletin n° 13 du *Global 500 Forum*, février 1995.

Pape Jean-Paul II, « The Ecological Crisis : A Common Responsability ». Message pour la Journée mondiale de la Paix, 1er janvier 1990. (Ce titre n'est pas celui du message papal, publié cette année-là, qui s'intitulait plutôt : « La paix avec Dieu créateur, la Paix avec toute la création », mais concernait néanmoins l'écologie.)

Saint François d'Assise, « Le Cantique de frère Soleil ou des créatures », dans *Écrits*, traduction de D. Vorreux, ofm, Paris, Éditions franciscaines, 1972, p. 126-127.

Chapitre 7 • La loi de l'amour

Abraham H. Maslow, *Motivation and Personality*, New York, Harper & Row, 1970.

Ashley Montagu, *The Direction of Human Development*, New York, Harper & Brothers, 1955.

Ashley Montagu, *Growing Young*, New York, McGraw-Hill, 1981.

Erasme (1469-1536), cité dans P. Crean et P. Kome, *Peace, A Dream Unfolding*, Toronto, Lester & Orpen Dennys, 1986.

Expériences avec des bébés singes, H. F. Harlow et M. K. Harlow, « Social Deprivation in Monkeys », *Scientific American*, n° 207, 1962, p. 136-146.

Alfred Adler, *Social Interest : A Challenge to Mankind*, New York, Putnam, 1938.

Lauren Slater, « Love : The Chemical Reaction », *National Geographic*, février 2006, p. 32-49.

Society for Neuroscience, « Love and the Brain », *Brain Briefings*, décembre 2005, http://apu.sfn.org/index.cfm ?page name=brainBreifings_loveAndThe-Brain (consulté le 20 août 2006).

Society for Neuroscience, « Scientists Uncover Neurobiological Basis for Romantic Love, Trust and Self », *Science Daily*, 11 novembre 2003, www.sciencedaily.com/releases/2000/11/03111106458.htm (consulté le 21 août 2006).

Corrélation entre le bonheur et d'autres facteurs, D. G. Myers et E. Diener, « The Pursuit of Happiness », *Scientific American*, mai 1996.

John Donne, *Devotions Upon Emergent Occasions*, Méditation XVII, dans *Complete Poetry and Selected Prose*, New York, Random House, 1929.

André Gide, *Journal 1889-1939*, Paris, Galimard/NRF (1948), 1951, p. 46.

Liz Warwick, « More Cuddles, Less Stress ! », *Bulletin of the Centre of Excellence for Early Childhood Development*, n° 4, 2005, p. 2.

J. G. Guiz-Pelaez, N. Charpak et L. G. Cuervo, « Kangaroo Mother Care, an Example to Follow from Developing Countries », *British Medical Journal*, n° 329, 2004, p. 1179-1181.

Deborah MacKenzie, « Hamster Dads Make Wonderful Midwives », *New Scientist*, n° 106, 2000, p. 13.

K. E. Wynne-Edwards et S. J. Berg, « Changes in Testosterone, Cortisol and Estradiol Levels in Men Becoming Fathers », *Mayo Clinic Proceedings*, n° 76, 2001, p. 582-592.

Conditions prévalant dans les *leagane : Children's Health Care Collaborative Study Group*, « *Romanian Health and Social Care System for Children and Families : Future Directions in Health Care Reform* », *British Medical Journal*, n° 304, 1992, p. 556-559.

Citation sur le nécessaire engagement des adultes auprès des enfants, S. Blakeslee, « Making Baby Smart : Words Are Way », *International Herald Tribune*, 18 avril 1997.

Étude sur les décès d'enfants en Roumanie, D. R. Rosenberg, K. Pajer et M. Rancurello, « Neuropsychiatric Assessment of Orphans in One Romanian Orphenage for "Unsalvageables" », *Journal of the American Medical Association*, n° 268, 1992, p. 3489-3490.

Citations sur les enfants roumains adoptés par des Américains, D. E. Johnson *et al.*, « The Health of Children Adopted From Romania », *op. cit.*

Citation sur la réaction des enfants à de meilleures conditions, *ibid.*

Sarah Jay, « When Children Adopted Overseas Come With Too Many Problems », *New York Times*, 23 juin 1996.

Citation à propos des conclusions de Victor Groze, *ibid.*

Paroma Basu, « Psychologists Glimpse Biological Imprint of Childhood Neglect », communiqué de presse, University of Wisconsin-Madison, 2005, www.eurekalert.org/pub_releases/2005-11/uow-pgb111705.php (consulté le 20 août 2006).

Diane Luckow, « Tracking the Progress of Romanian Orphans », SFU Public Affairs and Media Relations, communiqué de presse, n° 28, 2003, p. 1.

Elinor Ames, *The Development of Romanian Children Adopted into Canada : Final Report*, Burnaby, Simon Fraser University, 1997.

Anthony Walsh, *The Science of Love*, Buffalo, Prometheus Books, 1991.

Pourcentage des enfants de première année scolaire séparés de leur mère, I. Zivcic, « Emotional Reactions of Children to War Stress in Croatia », *Journal of The American Academy of Child Adolescent Psychiatry*, n° 32, 1993, p. 709-713.

Symptômes des enfants séparés de leur famille, L. C. Terr, « Childhood Traumas : An Outline and Overview », *American Journal of Psychiatry*, n° 148, 1991, p. 10-20.

Nécessité pour les enfants de faire confiance à un adulte proche, I. Zivcic, « Emotional Reactions of Children to War Stress in Croatia », *op. cit.*

A. L. Engh, J. C. Beehner *et al.*, « Behavorial and Hormonal Response to Predation in Female Chacma Bagoons *(Papio hamadryas ursinus)* », *Proceedings of the Royal Society B : Biological Sciences*, n° 273, 2006, p. 707-712.

Greg Lester, « Baboons in Mourning Seek Comfort among Friends », communiqué de presse, University of Pennsylvania, 2006.

J. Gamble, « Humour in Apes », *Humour* 14-2, 2001, p. 163-179.

Frans de Wall, *Good Natured*, Cambridge, Harvard University Press, 1996.

Rossella Lorenzi, « Elephants Mourn Their Dead », *News in Science*, 4 novembre 2005.

John Robinson et Caroline van Bers, *Living Within Our Means*, Vancouver, David Suzuki Foundation, 1996.

Anthony Stevens, « A Basic Need », *Resurgence Magazine*, janvier-février 1996.

Prince Modupe, *I Was a Savage*, Londres, Museum Press, 1958.

Conséquences de la prééminence donnée aux objectifs économiques sur les objectifs sociaux, J. P. Grayson, « The Closure of a Factory and Its Impact on Health », *International Journal of Health Sciences*, n° 15, 1985, p. 69-93.

Conséquences de la prééminence donnée aux objectifs économiques sur les objectifs sociaux, R. Catalano, « The Health Effects of Economic Insecurity », *American Journal of Public Health*, n° 81, 1991, p. 1148-1152.

Conséquences de la prééminence donnée aux objectifs économiques sur les objectifs sociaux, S. Platt, « Unemployment and Suicidal Behaviour : A Review of the Literature », *Society Science Medicine*, n° 19, 1984, p. 93-115.

Conséquences de la prééminence donnée aux objectifs économiques sur les objectifs sociaux, L. Taitz, J. King, J. Nicholson et M. Kessel, « Unemployment and Child Abuse », *British Medical Journal Clinical Research Edition*, n° 294, 1987, p. 1074-1076.

Conséquences de la prééminence donnée aux objectifs économiques sur les objectifs sociaux, M. Brenner, « Economic Change, Alcohol Consumption and Heart Disease Mortality in Nine Industrialized Countries », *Social Science Medicine*, n° 25, 1987, p. 119-132.

Besoin d'un emploi valorisant, R. L. Jin, C. P. Shah et T. J. Svoboda, « The

Impact of Unemployment on Health : A Review of the Evidence », *Canadian Medical Association Journal*, n° 153, 1995, p. 529-540.

Besoin d'un emploi valorisant, J. L. Brown et E. Pollitt, « Malnutrition, Poverty and Intellectual Development », *Scientific American*, février 1996, p. 38-43.

Mahatma Gandhi, cité dans P. Crean et P. Kome, *Peace, A Dream Unfolding*, Toronto, Lester & Orpen Dennys, 1986.

Citation d'Ivaluardjuk, dans K. Rasmussen, « Intellectual Culture of the Caribou Eskimoes », *Report of the Fifth Thule Expedition, 1921-1924*, vol. 7, 1930.

Définition de la « biophilie », Edward O. Wilson, *Biophilia : The Human Bond With Other Species*, Cambridge (Mass.), Harvard University Press, 1984.

Henry David Thoreau, *Walden ou la vie dans les bois*, traduction de J.-C. Fournier et T. Fournier, Lausanne, L'Âge d'Homme, 1985, p. 120.

Howard Frumkin, « Beyond Toxicity : Human Health and the Natural Environment », *American Journal of Preventative Medicine*, n° 20, 2001, p. 234-240.

Francesca Lyman, « The Geography of Health », *Land & People*, automne 2002.

Robin Marwick, « Therapy and Service Dogs : Friends and Healers », *About KidsHealth*, 2006.

Oliver Sacks, *A Leg to Stand On*, Londres, Gerald Duckworth & Co. Ltd., 1984.

Études appuyant l'hypothèse de la biophilie, S. R. Kellert et E. O. Wilson (dir.), *The Biophilia Hypothesis*, Washington (D.C.), Island Press, 1993.

Anita Barrows, « The Ecological Self in Childhood », *Ecopsychology Newsletter*, n° 4, automne 1995.

Nombre croissant d'enfants souffrant d'asthme, « The Scary Spread of Asthma and How to Protect Your Kids », *News-week*, 26 mai 1997.

Vine Deloria, *We Talk, You Listen*, New York, Delta Books, 1970.

Paul Shephard, *Nature and Madness*, San Francisco, Sierra Club Books, 1982.

Carin Gorrell, « Nature's Path to Inner Peace », *Psychology Today*, n° 34, 2001, p. 62.

Sarah Conn, dans « Épisode 4 : Coming Home », *The Sacred Balance*, Toronto, CBC, 2003.

Chapitre 8 • Du sacré

W. B. Yeats, « Sailing to Byzantium », *The Norton Anthology of English Literature*, New York, W. W. Norton, 1927.

Mythe hopi, B. C. Sproul, *Primal Myths : Creating the World*, New York, Harper & Row, 1979.

Mythes africains, *ibid.*

T. S. Eliot, *The Waste Land*, « I, The Burial of the Dead », cité dans *The Norton*

Anthology of English Literature, New York, W. W. Norton, 1922. (*The Waste Land* a paru en français sous le titre *La Terre vaine,* École des loisirs, coll. « École des lettres », 1995.)

Than Ker, « Why Great Minds Can't Grasp Consciousness », *Live Science,* www.livescience.com/humanbiology/050808_human_conscousness.html (consulté le 1ᵉʳ septembre 2006).

David J. Chalmers, « Facing Up to the Problem of Consciousness », *Journal of Consciousness Studies,* nᵒ 2, 1995, p. 200-219.

Kenneth Marten et Suchi Psarakos, « Evidence of Self-awareness in the Bottle-nose Dolphin (Tursiops truncatus) », dans *Self-awareness in Animals and Humans : Developmental Perspectives,* New York, Cambridge University Press, 1995.

Gordon Gallup, James Anderson et Daniel Shillito, « The Mirror Test », dans *The Cognitive Animal : Empirical and Theoretical Perspectives on Animal Cognition,* Cambridge, MA, MIT Press, 2002.

Lamentation aztèque, dans Margot Astrov (dir.), *American Indian Prose and Poetry,* New York, Capricorn, 1962.

M. K. Dudley, dans R. S. Gottlieb (dir.), *This Sacred Earth : Religion, Nature, Environment,* Londres, Routledge, 1996.

Citations sur les croyances autochtones, D. Kingsley, Ecology and Religion : Ecological Spirituality in Cross-Cultural Perspective, New York, Prentice-Hall, 1995.

Paul Bloom, « Is God an Accident ? », *The Atlantic Monthly,* www.theatlantic.com/doc/200512/god-accident (consulté le 10 septembre 2006).

Robin Dunbar, « We Believe », *New Scientist,* nᵒ 189, 2006, p. 28-33.

Paul Bloom, « Natural-Born Dualists », *Edge,* 13 mai 2004, www.edge.oerg/3rd_culture/bloom04/bloom04_index.htlm (consulté le 9 septembre 2006).

Lao Tzu, *The Complete Works of Lao Tzu : Tao Te Ching and Hua Hu Ching,* traduction de Hua-Ching Ni, Santa Monica (CA.), SevenStar Communications, 1979. (Paru en français sous le titre *Tao te king ou Le Livre de la voie et de la vertu.*)

Annie Dillard, *Apprendre à parler à une pierre. Expéditions et rencontres,* traduction de Béatrice Durand, préface de Marc Chénetier, Paris, Christian Bourgois Éditeur, 1992, coll. « Fictives », p. 88.

Daniel Swartz, « Jews, Jewish Texts and Nature », dans R. S. Gottlieb (dir.), *This Sacred Earth : Religion, Nature, Environment,* Londres, Routledge, 1996.

Richard Wilbur, « Epistemology », dans R. Ellman et R. O'Clair (dir.), *The Norton Anthology of Modern Poetry,* New York, W. W. Norton, 1973.

Neil Evernden, *The Natural Alien : Humankind and Environment,* Toronto, University of Toronto Press, 1993.

Jacques Monod, *Le Hasard et la Nécessité. Essai sur la philosophie naturelle de la biologie moderne*, Paris, Éditions du Seuil, 1970, « Points/Essais », n° 43, p. 213.

Lame Deer, cité dans D. M. Levin, *The Body's Recollection of Being : Phenomenal Psychology and Deconstruction of Nihilism*, Londres, Routledge & Kegan Paul, 1985.

Erich Neumann, *Origins and History of Consciousness*, Princeton, Princeton University Press, 1954.

Henri Bergson, cité dans D. M. Levin, *The Body's Recollection of Being : Phenomenal Psychology and Deconstruction of Nihilism*, Alameda, Ca, Latham Foundation, 1988.

Joseph Meeker, *Minding the Earth*, Alameda (CA), Latham Foundation, 1988.

William Blake, « Auguries of Innocence », *Complete Writings*, New York, Oxford University Press, 1972.

Thomas Hardy, « Transformation », New York, Penguin Books, 1960.

W. B. Yeats, « Among School Children », *The Norton Anthology of English Literature*, op. cit.

Citation sur les mortels qui sautillent et dansent, D. M. Levin, *The Body's Recollection of Being : Phenomenal Psychology and Deconstruction of Nihilism*, op. cit.

Genèse 2,19, La Bible de Jérusalem.

La coupe à blanc comme pré, P. Moore, *Pacific Spirit*, West Vancouver, Terra Bella, 1996.

Seamus Heaney, « The First Words », *The Spirit Level*, Londres, Faber & Faber, 1996.

William Wordsworth, « Vers composés sur les bords de la Wye en amont de Tintern Abbey », *Poèmes*, choix, présentation et traduction de François-René Daillie, Paris, NRF/Gallimard, 2001, coll. « Poésie », n° 359, p. 35.

Citations d'artistes, B. Roszak et T. Roszak, « Deep Form in Art and Nature », *Resurgence*, 1996, n° 176.

Pablo Neruda, cité dans R. S. Gottlieb (dir.), *This Sacred Earth : Religion, Nature, Environment*, op. cit.

Chapitre 9 • Restaurer l'équilibre

Thomas Berry, *The Dream of the Earth*, San Franciso, Sierra Club Book, 1988.

Paul Ehrlich et Anne Ehrlich, *Betrayal of Science and Reason : How Anti-Environmental Rhetoric Threatens Our Future*, Washington (D.C.), Island Press, 1997.

Goethe, cité dans P. Crean et P. Kome (dir.), *Peace, A Dream Unfolding*, Toronto, Lester & Orpen Dennys, 1986.

Al Gore, *Earth in the Balance*, Boston, Houghton Mifflin, 1992.

Nombre d'institutions gouvernementales s'occupant d'environnement, M. K. Tolba, « Redefining UNEP », *Our Planet*, vol. VIII, n° 5, 1997, p. 9-11.

Severn Cullis-Suzuki, *Tell the World*, Toronto, Doubleday, 1993.

Le paragraphe consacré à Ian Kiernan s'inspire d'un entretien avec David Suzuki à Sydney, le 22 avril 1997.

Le paragraphe consacré à William McDonough s'inspire de K. Ausubel (dir.), *Restoring the Earth : Visionary Solutions From the Bioneers*, Tiburon (CA), H. J. Kramer, 1997.

William McDonough et Michael Braungart, *Cradle to Cradle : Remaking the Way We Make Things*, New York, North Point Press, 2002.

Citation de Wangari Maathai, P. Sears, *In Context*, printemps 1991.

Seconde citation de Maathai, Aubrey Wallace, *Eco-Heroes : Twelve Tales of Environmental Victory*, San Francisco, Mercury House, 1993.

Wangari Maathai, *The Green Belt Movement : Sharing the Approach and the Experience*, New York, Lantern Books, 2004.

Karl-Henrik Robèrt, « Educating the Nation : The Natural Step », *In Context*, printemps 1991.

Sym van der Ryn et Stuart Cowan, *Ecological Design*, Washington (D.C.), Island Press, 1996.

Karl-Henrik Robèrt, *The Natural Step Story : Seeding a Quiet Revolution*, Gabriola Island (Colombie-Britannique), New Society Publishers, 2002.

Karl-Henrik Robèrt, « That Was When I Became A Slave », extraits d'une entrevue accordée à Robert Gilman et Nikolaus Wyss, *In Context*, 1991, p. 28.

Le paragraphe consacré à Vandana Shiva s'inspire de K. Ausubel (dir.), *Restoring the Earth : Visionary Solutions From the Bioneers*, Tiburon (CA), H. J. Kramer, 1997.

Vandana Shiva, citée dans *E/The Environment Magazine*, janvier-février, s.d.

Le paragraphe consacré à Muhammed Yunus s'inspire de D. Borstein, « The Barefoot Bank With Cheek », *Atlantic Monthly*, décembre 1955.

Muhammed Yunus, *Banker to the Poor : Micro-lending and the Battle against World Poverty*, New York, Public Affairs, 1999.

Muhammed Yunus et Alan Jolis, *Banker to the Poor : The Autobiography of Muhammed Yunus, Founder of Grameen Bank*, Londres, Aurum Press Ltd., 1998.

Thomas Berry, *The Dream of the Earth*, San Francisco, Sierra Club Books, 1988.

Les auteurs

David Suzuki est un généticien et un environnementaliste acclamé, l'animateur de l'émission *The Nature of Things*, et le président fondateur de la Fondation David Suzuki. Il est l'auteur de plus de 40 livres dont *Good News for a Change (Enfin de bonnes nouvelles)* et *From Naked Ape to Super-species*, tous deux coécrits avec Holly Dressel, de même que *David Suzuki : The Autobiography (Ma vie)*. Il a reçu le prix Kalinga de l'Unesco pour la Science, la médaille de l'Environnement des Nations Unies, le prix Global 500 de l'UNEP (Programme des Nations unies pour l'environnement) et il a été fait Compagnon de l'Ordre du Canada. On lui a en outre décerné 21 diplômes universitaires honorifiques et il a aussi été adopté par trois tribus des premières nations et honoré de huit noms. Il vit à Vancouver, en Colombie-Britannique.

Amanda McConnell a écrit plus d'une centaine de documentaires, dont plusieurs pour *The Nature of Things*. Détentrice d'un doctorat. en littérature anglaise, elle écrit et jardine à Toronto, en Ontario.

Adrienne Mason est l'auteur de nombreux livres pour adultes et pour la jeunesse dont *The Nature of Spiders*, *The Green Classroom*, *Living Things* et *Oceans*. Elle est directrice de la revue *KNOW : The Science Magazine for Curious Kids* et elle a été à quatre reprises en nomination pour le prix littéraire Science in Society. Détentrice d'un baccalauréat en biologie de l'Université de Victoria, elle vit à Tofino, en Colombie-Britannique, avec son mari et leurs deux filles.

La Fondation David Suzuki

La Fondation David Suzuki œuvre par la science et l'éducation du public à protéger la diversité de la nature et la qualité de vie des humains, maintenant et pour l'avenir.

La Fondation, qui aspire à un mode de vie durable en l'espace d'une génération, collabore avec des scientifiques, des entreprises, des industries, des milieux universitaires, des organisations gouvernementales et non gouvernementales. Elle à l'affût des meilleures recherches susceptibles d'apporter des solutions innovatrices et d'aider à construire une économie compétitive et propre, non menaçante pour les processus naturels qui supportent toute vie.

La fondation est enregistrée sous charte fédérale comme un société de bienfaisance indépendante qui subsiste grâce à l'aide de plus de 50 000 donateurs individuels, au Canada et dans le monde entier.

Nous vous invitons à devenir membre. Pour plus d'information sur la manière de soutenir notre travail, prière de communiquer avec nous :

The David Suzuki Foundation
219-2211 West 4th Avenue
Vancouver, BC – Canada V6K 4S2
www.davidsuzuki.org
contact@davidsuzuki.org
Téléphone : 604-732-4228 – Télécopie : 604-732-0752

On peut libeller des chèques à l'ordre de The David Suzuki Foundation. Tous les dons sont déductibles aux fins de l'impôt sur le revenu.

Nº d'enregistrement d'œuvre de bienfaisance au Canada : (BN) 127756716 RR0001

Nº d'enregistrement d'œuvre de bienfaisance aux États-Unis : #94-3204049

Index

Table des matières

L'impression de ce livre sur du papier 100 % postconsommation
(traité sans chlore, certifié Éco-Logo et fabriqué dans une usine
fonctionnant au biogaz) a permis de sauver 74 arbres
et de réduire la quantité d'eau utilisée de 202 906 litres
et les émissions atmosphériques de 4 710 kilogrammes.

MISE EN PAGES ET TYPOGRAPHIE :
LES ÉDITIONS DU BORÉAL

ACHEVÉ D'IMPRIMER EN NOVEMBRE 2007
SUR LES PRESSES DE MARQUIS IMPRIMEUR
À CAP-SAINT-IGNACE (QUÉBEC).